华商功勋45年45人

致敬改革开放四十五周年

华商领袖编委会／著

CEPH
中国经济出版社
CHINA ECONOMIC PUBLISHING HOUSE

著　　者：华商领袖编委会
网　　址：www.hs-lingxiu.com
邮　　箱：info@hs-lingxiu.com
联 系 人：李伟锋

前　言

2023年，中国改革开放45周年。

改革开放是决定当代中国命运的关键一招，也是决定中国式现代化成败的关键一招。正如习近平总书记所言，小岗破冰，深圳兴涛，海南弄潮，浦东逐浪，雄安扬波……四十五载征途如虹，改革开放让一个古老的东方民族实现了从“站起来”“富起来”再到“强起来”的旷世飞跃，激荡出广泛而深远的世界回响。

这是一个高瞻远瞩的战略擘画。

这是一场义无反顾的勇毅笃行。

在中国迈向现代化国家的伟大进程中，数千万海外华侨华人，与祖国（祖籍国）同气连枝，他们锐意进取，勇于创新，以各自不同的方式绽放于异国他乡，并将光彩辐射于华夏大地。

时值改革开放45周年，亦是全面贯彻党的二十大精神的开局之年，华商领袖编委会特编撰《华商功勋45年45人》主题人物报道文献，甄选记录45位海外华商领袖的工商成就与社会贡献，从他们无可复制的传奇性创业视角，见证改革开放45年来中国发生的翻天巨变，纪念这段乘风破浪的光辉岁月。

荣誉入编《华商功勋45年45人》的华商领袖，既包括李嘉诚、谢国民、陈永栽等声名远播的商界巨擘，亦包括一批果敢创业的新生代企业家。本着“传承 · 眺望”的出版理念，华商领袖编委会致力于将整组报道区别于传统的文献综述，以更具纪实性的笔法，以及更为丰满的篇章架构进行撰写与传播，为全球华商群体搭建交流共享平台。

旧岁荣光已被历史永铸，伟大使命正在召唤秉怀初心的奋斗者继往开来。华商领袖编委会将与全球华商一道，在中国式现代化的全新语境下，锚定实现中华民族伟大复兴的宏伟目标，砥砺新征程。

时间奔涌，唯有矢志前行。

华商领袖编委会
2023年12月

CONTENTS 目录

从闻名全港的“牛仔裤大王”，到最早一批援建中国内地改革开放的香港商人，再到积极投入公益事业的善心人士，杨钊很清楚在人生不同的时期要如何做，才能令自己和社会向更美好的路径发展。

彭云鹏创立的印度尼西亚巴里多太平洋集团，在20世纪80年代及90年代以林木种植和木材加工为主，曾为世界最大的胶合板制造生产者及出口商，因此他当时被誉为印度尼西亚新一代“木材大王”和“胶合板大王”。20世纪90年代中后期以来，集团重点经营石油化工和地热发电等行业。目前，集团所属石化公司为印度尼西亚最大石化企业，集团也是世界最大的地热能源生产商。彭云鹏也因此被印度尼西亚经济界公认为“石化大王”和“地热大王”。

彭云鹏在支援中国经济建设、体育事业、抗震救灾等方面更是不遗余力。早在20世纪90年代初，他就在陕西省咸阳市投资建造了通往西北五省的渭河斜拉桥，为开发大西北作出贡献。

香港自1997年正式回归祖国的怀抱后，在国家坚定的支持下，在“一国两制”伟大方针的引领下，香港的发展依旧稳步向前，国际金融、国际贸易、世界航运中心的领先地位始终屹立不倒。

这26年间，香港碰上多个机遇，跨越多重挑战，今天仍然稳步踏上新的征程。这26年来的高低起伏，香港繁荣稳定的背后有着一众心系祖国、爱港爱澳的商业领袖，他们以传承、创新、开拓、进取的理念，砥砺前行，带领企业上下一心、斗志昂扬，为粤港澳大湾区发展、为国家建设积极付出。其中就包括一位巾帼翘楚：信德集团行政主席兼董事总经理何超琼。

从一家酒厂的承包商起步，吴聪满历时40余载，将他一手创建的安德集团（AGI）发展成为横跨酒类制造与分销、房地产开发、连锁快餐店经营与综合旅游业的多元化超级企业集团。

多年来，集团不仅致力于始终如一地提供符合国际市场标准的产品和服务，更在助力菲律宾经济建设、引领当地产业创新的过程中，持续关助贫困学子与需要帮助的弱势群体，同时积极投身环境保护、动物保护等公益事业，造福社会。

创新和速度，是根植于庄文甫事业团队的核心DNA，亦是他两次从零创业的成功“密码”。前一次，他参与并主导新加坡三德集团，历时17年发展成为全球最大的按键制造公司；后一次，他应邀创办万德国际集团，用12年时间将其发展成为全球第二大按键制造公司，并成功推动两家公司在新加坡股票交易所上市。

截至目前，万德国际集团已发展成为一家专注于汽车工业、3C消费电子、移动通信、工业医疗四大领域的高精密模具与关键零部件供应商，为全球客户提供一站式高科技增值解决方案，并针对多元行业的快速变化，以及不断迭代的客户需求做出敏捷响应。

陈志成从不认为，房地产开发只是单纯为人们提供“有瓦遮顶”的居所。在过去30多年间，他率领自己一手创立的丽阳机构，秉承集团独特的发展基因，旨在为居民提供安全、优良、便利、理想的家居环境，从马来西亚围篱式社区与度假式风格家居生活的开创先锋，一路成长为该国首屈一指的地产界标杆企业。

集团旗下所有的地产项目，都承袭丽阳独树一帜的品牌DNA——在绝佳的地理位置打造令人神往的生活方式，并凭借匠心独具的佳作，连年斩获诸多颇具威望的业界嘉奖。

史立德博士，香港太平绅士，香港中华厂商联合会第42届会长，华彩集团主席。曾任及现任公职：中国人民政治协商会议第十二届广西壮族自治区委员会委员、香港广东社团总会副会长、香港医疗辅助队长官联会副主席、香港黄大仙区健康安全城市董事局主席、香港商界助更生委员会董事、香港潮州商会会董、香港理工大学院士协会管理委员会联席主席等。

多年来，史立德坚持参与各种社会及公益活动，为慈善团体出力。他坦言自己也是基层出身，又受过伤，自然明白社会各阶层的需要，既然自己有一定能力，理应回馈社会。

在陈志玲看来，企业的社会责任，是支撑城市和区域持续发展的重要动力。作为企业、雇主及澳门社区的一分子，永利以承担社会责任为荣。

植根澳门21年来，她率领的永利，稳踞全球高端综合度假酒店巅峰，并致力于以旅游休闲业推动澳门与永利品牌实现“共生式”繁荣。永利积极响应澳门特区政府的“1+4”适度多元发展策略，奋力与各界沟通合作，持续推动澳门旅游业与体育、文化艺术、美食、会展、电商等行业联动融合，更在这个过程中，配合特区政府倡导的“旧区活化行动计划”，帮扶中小企业共谋发展商机，实现企业与城市社区的共生共荣。

HIWIN源自Hi–Tech Winner的缩写，公司创始人卓永财当初取此英文名的用意是“With us, you are a hi–tech winner”，即“帮助客户成为市场赢家”。当然，这个名字也饱含着他的个人抱负：上银科技要成为创新科技的赢家。

从iPhone到高铁，部分核心零部件上都打着“HIWIN”字样。HIWIN不是欧美的品牌，也不是日本的品牌，而是来自中国台湾的华人品牌。

简耀强博士是德勤会计师事务所东南亚区域的领导者，新加坡交易所中国资本市场的开拓者，亦是新加坡社区服务的引领者。

20世纪90年代起，简耀强带领团队立足东南亚商圈，凭借高质量的上市咨询审计服务，奠定了德勤在东南亚IPO市场的领跑者地位，更通过一系列多元化服务，帮助客户预见性地把握未来商机，为走向全球市场的中国企业保驾护航。2018年，简耀强加入新加坡交易所，成为中国资本市场的首席顾问官，在这个新中两国政府间的平台上继续为中国企业走向世界出谋划策。

刘相尚，祖籍广东，印度尼西亚华侨，于1979年在中国香港创立力劲集团。集团主要为制造业客户提供生产的解决方案，量身定制生产所需的机器。

经过40多年的努力，刘相尚带领力劲从一间小小的机械厂，发展成为香港上市企业、全球知名的压铸机生产商、中国主要的注塑机制造商及最具解决方案的加工中心制造商，成为代表民族工业的世界机械制造业品牌。

新加坡著名企业家傅春安，经常被形容为文化商人，也有人呼他为儒商，因为傅春安的骨子里始终流着“文化与艺术”的血液。

不管在企业界还是文化艺术界，傅春安都有非凡的表现，而且即使人到高龄也依然活跃在此两大不同的领域。企业界，他是新加坡民营运输业巨子；文化艺术界，他是许多团体的积极分子，还是业余的作曲人、音乐制作人，他不但自己醉心投入，而且出钱出力从不落于人后。这让他变得很特殊，在文化艺术界，他是一位大“商家”；而在商界，他又是位大“文人”。

陈家宝（Viola Chan）相信，每件婚纱都承载着灵魂，并正在寻找完美合身的主人。

作为全球知名的婚纱与晚装礼服设计师，她身兼多职，包括Oleg Cassini创意设计总监、Viola Chan International和The House of VC创办人兼执行创意总监、David Bridal设计及产品开发总监和多个国际婚纱品牌的设计开发总监，她和公司团队打造出平均每年生产价值上亿美元的国际婚纱晚装王国，她管理着全球逾8000人的庞大团队，生意遍及欧美、亚洲及中东，并在不断迭代服务模式的探索中执着前行。因专业成就和对设计行业的重要贡献，陈家宝获得“2021年度大湾区杰出女企业家奖”和第四届“金紫荆女企业家奖”殊荣。

马来西亚林木生集团用30多年的时间从中型建筑公司经历千辛万苦、步步为营发展成为闻名遐迩的房地产开发商，并成功挂牌上市。堪称商业传奇。在董事经理林福山看来，这是“生命气魄”的呼唤，是“永不言休”的持续精进。

在林福山的思想世界里，生命的价值不仅在商业，还在广阔的社会舞台上。他先以“居者有其屋”为使命，后将“屋”的定义扩大到“品质化生活”，让马来西亚各阶层人民广为受益；他将父亲林木生“饮水思源”的思想传承并发扬光大，在马来西亚福建联合会和林氏宗亲总会的总会长任上殚精竭虑，还为祖籍地福建安溪等地建设乡公所、祠庙、办公楼等众多社会公益设施，成为一方慈善典范；他更以超前眼光和过人魄力投身“一带一路”建设，先行设立里程碑式项目，助力“海上丝路”建设。

创建全球第一大高尔夫球会是一件不可思议的事情，若以“全球第一”为基础攀登新高峰更是难上加难。朱鼎健做到了。

父亲朱树豪，在连一盏路灯都没有的深圳观澜镇，在荒山与贫瘠的土地上，一手建起了全球第一大高尔夫球会，而且多次承办有“高尔夫奥林匹克”之称的高尔夫世界杯。朱鼎健接管后，开辟新疆界。他以“Golf & more”为主旨，将观澜湖升级为世界闻名的休闲旅游度假胜地，升级为内地与港澳、中国与“一带一路”各国间的“超级联系人”。所有到访过观澜湖的海内外人士，无不欣然把观澜湖看作最亮的“中国名片”。

董尚真拥有过人的胆识和气魄以及敢于冒险、开拓进取的精神。29岁时，他从父亲手中接棒，挑起家族企业的大梁，经过大胆革新和悉心经营，将一家产销家电的小公司，发展成集电子通信设备、家用电器、工程设计施工、房地产开发与金融投资等多项经营于一身的大型跨国公司，在菲律宾具有举足轻重的地位。

这位商界风云人物对社会公共事务的投入和建树更为世人所称道。多年来，他兢兢业业，倾力而为，积极在政治与社团的舞台发光发热，为菲华社会的稳定以及中菲友好关系的发展作出了不可磨灭的贡献，是菲华社会最具影响力的华人领袖之一。

自1993年创业伊始，赵芝胜就带领承创互连在“研发型制造”与“数字化管理”的双重赛道上全力奔跑，坚实成长。

作为世界一流的工业连接器、线束及电缆成型组件制造商，承创互连如今的业务版图遍布全球28个国家和地区，服务的客户类型横跨超过60个细分领域。“如果用一句话来总结我们的愿景：承创互连立足于香港，扎根祖国，面向世界，志在成为全球顶级的研发制造型企业。”这是赵芝胜全力奔赴的方向，亦是终将抵达的彼岸。

酷爱运动的佘桂福骨子里透着敢于拼搏、永不服输的精神，无论是在职场中提升自我、单枪匹马创业，还是只身回到祖国开拓市场，不管遇到多大困难，他都凭借坚强的毅力持续向前，并不断超越自我，成就一番事业。

黄舜华是香港知名室内设计师，她以“低调奢华、永恒经典、贵气质感”的设计哲学，打造出众多高雅而出色的设计作品。

在过去10多年的室内设计事业中，她与中国香港及内地多家地产发展商合作，其中不乏大型发展商，如中信泰富、霍英东集团、信和置业、会德丰地产、澳门银河娱乐等。设计作品遍及香港、澳门、广州、深圳、上海、北京、成都、青岛、大连、海南，以及欧洲国家和地区。

在父亲创建的金锋集团奋战37年，为公司成为东南亚最大的铝片厂和印度尼西亚最大的钢管厂立下汗马功劳之后，林文英转换赛道、另辟新路，带出一个声名日隆的鑫旺集团。集团在房地产、制造业、酒店、服务和贸易等方面都有了自己的版图，并在各个方向上持续精进。

林文英深知“创业”意味着直面纷繁复杂的挑战。因为父亲林学善是“东南亚铝业大王”、著名侨领，从零开始创业造就今天金锋这份庞大事业，其间历经的波折和苦难让林文英深感着迷并永远铭记，父亲成为他榜样，更促使他开启像父亲一样的人生：自创新的商业！如今回望这10年艰苦又卓有成效的创业历程，他对得起辞世的父亲，也给他的孩子们树立了标杆。

20世纪80年代，当中国改革开放的号角在神州大地吹响时，金铿集团北上进入广东投资建厂，积极参与到中国内地改革开放事业中。

陈洁盈接棒后，通过自己的努力，展现出一部真实的“创二代勇闯柬埔寨的现代创业史”。在商业领域之外，陈洁盈积极关注社会事务和公益事业。她深信企业家应承担社会责任，为社会的发展作出贡献。

从“两手空空”到华商巨子，钟声坚一手创立并执掌的仁恒集团，先后历经贸易、工业、地产三大主要发展阶段，并在实现自身跨越式成长的同时，紧密契合时代需求，完美见证并深度参与了中国改革开放的宏伟传奇。

如今，仁恒置地已成为新加坡重要的上市房企。集团立足中国，致力于聚焦高增长、战略性重点城市，开发高端精装住宅、商业及综合物业项目，并以“打造百年老店”为终极目标。

招彦焘相信每一个人都应该掌握自身健康的实时信息，以便作出更明智的预防和治疗选择。他研发的革命性样本制备技术，为检测领域带来颠覆性新突破，启发全新健康理念，提升全民健康素养。

他说：“我相信我的创新技术可为医疗检测领域带来重大新发展，通过技术的突破性应用，在癌症液态活检和传染病快速检测范畴作出巨大贡献。”

练肇础热爱运动，少年时多次参加过国际自行车赛事，并曾立志成为一名优秀的职业自行车运动员。但因在一次训练中意外受伤，他不得不黯然离场，远赴英国求学。

在英国期间，他深受姨丈——国际著名华裔设计师拿督周仰杰的影响和启发，将创意设计行业，作为新的人生奋斗目标和方向，并为此积极学习，不断思考、不断创新，最终赢得了属于自己的创意设计事业。

总部位于菲律宾的Fredley集团公司，是一个由250家餐饮门店组成的“商业王国”，拥有2500多名员工和9个独立品牌，包括澳门皇茶(Macao Imperial Tea)、大满屋日式烧肉(Mitasu Yakiniku)、Nabe火锅居酒屋、纽约薯条与蘸酱（New York Fries and Dips)、粮手抓(Liang Crispy Rolls)、Café Kitsuné等。

作为公司的创始人兼首席执行官，许长兴在创业9年后成功实现了自己的目标：带领Fredley从“强大的行业参与者”晋升为“游戏规则改变者”，并持续在革新菲律宾餐饮体验的赛道上全力奔跑。

麦耀华曾经的理想是成为一名救死扶伤的医生，但事与愿违，他最终跨界进入律师行业。执业30多年来，他始终不忘母亲的叮嘱：“要对社会作出贡献，做一个有用的人。”

他竭尽全力帮助社会大众特别是弱势社群解决难题，积极帮助伤亡诉讼案中的伤者和家属，为他们争取最公平最大的权益。同时，他也希望为业界培育人才，将法律工作中的经验传授给年轻的律师，愿他们日后能独当一面，不断地帮助有需要的人，以实现扶弱济困、贡献社会的宗旨。

《美国国家地理》杂志曾将他称为世界“珍珠之皇”，美国《时代》杂志也将他誉为“大溪地珍珠之王”。他旗下出产的黑珍珠不仅是世界最高品质珍珠的代表，更被法国政府定为“法国唯一的国产宝石”。他的人生就如珍珠的孕育，始于磨难，在历经了长年的不懈奋斗后，凭借坚韧的意志，才取得今天如此辉煌的成就！

他就是大溪地罗伯特·温（Robert Wan）集团创始人、珍珠产商职业工会（SPPP）主席、大溪地珍珠国际宣传协会前任主席、大溪地东莞同乡会名誉主席温惠仁。

“爱出者爱返，福往者福来”，这是香港商界新星冯焯衡的生活信条和工作指南。在生活中，他把大部分时间留给了独居老人、脑痫症患者，因为爱心从不休假；在工作中，他创立了ESSERE集团，代理意大利进口橱柜及多个欧洲著名家居品牌，业务覆盖中国内地、香港和澳门。ESSERE集团义工队远近闻名，在中国香港、内地和东南亚地区开展了一系列慈善活动。

冯焯衡担任众多公职，包括清远市清新区政协委员、香港清远友好协进会副主席、香港清远市清新区同乡会名誉副会长、中西区文化艺术协会副主席、香港警务处禁毒领袖学院常务会董、中区街坊福利会名誉会长、香港伤健协会儿童基金会委员会会员、香港经贸商会会董、全国工商联房地产商会会员、香港长沙商会会董、新界总商会董事等。另外，冯焯衡亦获得2019年度“亚洲华人领袖奖”、2018年度“杰出人物奖”等殊荣。

张新彬一手创立的“名策”，致力于成为协助企业迈向成功的策略专家。

作为全领域财税服务的先行者，名策以香港为基点，历时33年，从运营工商注册、代理记账等单一业务的小公司起步，逐步成长为面向中国和亚太区跨境企业提供一站式定制化企业管理、财务专业咨询服务的综合性、全品类财税服务公司，并在此过程中为中国财税服务标准化升级贡献了坚实力量。

宁波、上海、香港……一如众多在香港发迹并获享美誉的宁波商人的人生足迹，祖父与父亲的奋斗历程，使徐珊雯在耳濡目染中获得了“巾帼不让须眉”的商业勇气与智慧，开山劈石经历三番创新事业，悦纳创新异见，凝聚精英团队共识，终于铸就时尚与钟表业界不凡商业领袖。曾为香港钟表业总会的首位女性会董、副主席和多个慈善团体的中坚分子，她积极参与社会及公益事项，尽心贡献于业界及社会，在参与实践中帮助业界及他人共同前进。

罗宗正白手起家，以学识颠覆行业，独占泰国锑矿市场，被各界称为“泰国金属大王”。他稳中求进，依势而变，不断升级、多元化集团业务，先后涉足铅、煤、焦炭等各类矿品，不仅创立了矿业寡头集团，更以与时俱进的锐意精神和授人以渔的团队理念，继续开疆拓土，一手创办了中国企业在泰国投资的乐土——金池工业园，为泰矿源集团奠定了活力焕发的长青之业。

事业有成的同时，他不忘回馈社会，鼎力支持泰国华文教育，并为中泰友谊作出了卓越贡献。

活跃在商界，微笑面对一切，何芷韵是一个冉冉升起的商界新星。她品格高洁，性格和善，商业才能卓越。她不仅在家庭上收获了满满的幸福，更是在事业上取得了傲人的成绩。

多年来，在何芷韵及其团队的共同努力下，理文如今发展成为一家规模达数十亿美元和年产超过700万吨的纸板、卫生纸、纸浆制造企业，旗下工厂遍布中国内地（广东、江苏、重庆、江西）、越南、马来西亚，并在中国香港、中国澳门、美国、加拿大及欧洲设有办事处，在同行业内居全国第二位、全球第五位。

40多年前，程练传只身闯荡香港，在繁华都市中凭泥水工的手艺以及坚韧个性安身立命。在敢闯敢干、求新求变、不怕失败的香江精神鼓舞之下，他径直敲开了李嘉诚的家门并受到李嘉诚的热情招待，这令他定下创业的决心。因为准确预判新界丁屋建设将大范围兴起，他的创业之路一出发就登高直上，让他成就香港“丁屋大王”的美誉，事业进而遍布香港以及内地。

因为在做泥水工时意外受伤而得到当地医院的免费治疗和无微不至的照顾，他决意要把善行当作自己的终生事业一直传播开去。几十年来，他扶贫济弱、奉献社会，救助医疗和教育困难人群，铺路搭桥，兴修校舍，善行洒遍中国香港、内地以及柬埔寨等地。截至目前，他为公益慈善事业捐款已超过1亿港元。

作为首位在亚洲地区销售公务机的女性，盛龙通航集团（Dragon General Aviation Group）创始人、主席曹其敏（Diana Chou）自1999年进入通用航空领域至今已有24年。

在这个以男性角色、欧美企业为主宰的专业领域中，曹其敏致力于打造以大中华为核心区域的通用航空全产业服务平台。24年的付出与耕耘，在为她开创了一片属于自己的事业版图之外，也谱写出一段自强、自立、勇于拼搏的人生故事。

苏用发极重传承。

于家业，他与父亲共同创立的印度尼西亚苏钢集团，历经三代人拼搏，已发展成为领跑印度尼西亚经济的多元化产业集团；于祖籍国情脉，他寻根问祖，逢善必举，以善款、良策惠及苏氏血脉姻亲；于印度尼西亚华裔的文化承袭，他一力担当，牵头重建名校，复兴印度尼西亚华文教育，以拳拳赤子之心，力促多民族文化深度交融。

李嘉诚

2022年，李嘉诚向香港中文大学医学院捐款1.5亿港元，这也令李嘉诚在慈善事业上的累计捐款总额超过300亿港元。

目前，95岁的李嘉诚已经将自己的商业帝国交棒第二代，其个人的精力全部放在慈善事业上。在他看来，他的商业成就来自“服务社会”的理念，而这个理念也势必是他以及其他知名人士寻求圆满人生的终极途径。

开心见诚 服务社会

——长江和记实业有限公司资深顾问李嘉诚

没上过什么学，在店里当小伙计出身的李嘉诚，已经当了多年的香港首富、亚洲首富。他的励志故事传唱了几十年，引无数华人投身于创业创造的时代大潮中。

和李嘉诚的财富传奇在内地传播一样久远的，是他在内地慈善事业上的积功累行。李嘉诚相信，慈善事业能影响社会。自 1980 年以来，他一直支持教育改革和推动医学研究，至今向社会事业捐款超过 300 亿港元，其中约 80% 用在了支持大中华地区的项目上。汕头大学的创建就来自李嘉诚的倾力支持，截至目前，李嘉诚基金会对汕头大学的支持款额逾 100 亿港元。

李嘉诚把“李嘉诚基金会”看作自己的第三个儿子，并有巨大的期待：“我们要用知识和智慧，赋予科技与时间新的意义，为自己、国家与全人类社会建造共同的尊严和福祉。”

磨难炼就的首富

李嘉诚，1928 年 7 月 29 日生于广东潮州北门街面线巷，爷爷是清朝最后一次科举考试时录取的秀才，两位伯父是东京帝国大学（现东京大学）博士毕业，父亲李云经是潮州一所小学的校长，母亲庄碧琴亦是知书达理的大家闺秀。教育世家出身的李嘉诚，最明确的未来是当教师，而不是经商。

李嘉诚 5 岁入学，每天放学可以沉浸在长辈们用以藏书的书房，但 1940 年日军侵入广东后，他的美好童年便结束了。父亲李云经带着妻子和李嘉诚兄妹前往香港，投奔李嘉诚舅父庄静庵。一开始，李嘉诚到香港中学继续学业，父亲在他舅父的钟表行工作养家。1941 年，日军攻陷香港，香港经济受到极大打击，李家的日子变得非常艰难。1943 年，劳累过度的父亲罹患肺结核，15 岁的李嘉诚不得不放弃学业去茶馆当跑堂，用 20 港元的微薄薪水应付家中的花销和父亲的药费。大半年后，父亲辞世，因为母亲和弟弟妹妹远在潮州，李嘉诚只能独自面对父亲的离世。

送走了父亲，李嘉诚既要谋生还要养母亲和弟弟妹妹。他说，自己 15 岁时就有了 20 岁的心智。他在舅父的钟表行当泡茶扫地的小学徒，每天工作 10 多个小时。不久后，舅父提拔他当了营业员。

工作 3 年后，日本战败投降，迎接香港新生的李嘉诚进入一家塑料贸易公司工作，并在两年内晋升为总经理，管理着 200 名工人及 20 名文员，拿着一家人都花不完的薪水。

但年轻的李嘉诚一心想证明自己，他要创办自己的公司。1950 年 1 月 1 日，李嘉诚拿出所有积蓄，又找舅父庄静庵借了些钱，用 5 万港元本金在香港西环筲箕湾租了一间厂房，创办“长江塑胶厂”，专门生产塑胶玩具和简单日用品。开业当天，22 岁的李嘉诚对 20 多名员工说：“我们公司虽小，但我懂得这一行，人家懂的，我们懂更多，我们懂的，人家未必懂。一步一步，我们一定会扩大，会一路变好，你们的收入，也会一路变好！”

在创业最初的一段时间，李嘉诚凭着“待人以诚，执事以信”的原则让工厂顺利进入正轨。不过，

李嘉诚在卡内基慈善奖成立十周年之际获卡内基基金会颁发慈善奖

野心很大的他急切地扩大工厂规模，接更多的订单，最终出现次品危机，以致工厂走到濒临破产的境地。那段时间，李嘉诚眼睛每天都布满血丝忙于应付上门要钱的银行职员、供应商、客户和要工资的员工。

1950 年—1955 年，是李嘉诚投身商海最为困难和悲壮的时期。机缘巧合的是，自感文化缺乏的李嘉诚，一直自学英文并坚持阅读专业书籍，这个习惯帮助了他。1956 年，他在阅读英文版《塑胶》杂志时，看到一个有关意大利一家公司用塑胶原料设计制造的塑胶花即将倾销欧美市场的消息。那时，塑胶花还是新生事物。李嘉诚当即前往意大利，想尽办法到那家公司工作，“偷学”技术。不久后“艺成”，他另外购置了大量在款式、色泽上各具特色的塑胶花带回香港，同时聘请专业人才进行“逆向研究”。紧接着，“长江塑胶厂”的塑胶花投向市场，因为价格公道和良好的广告攻势，一举打开了香港市场。1957 年，“长江塑胶厂”成为香港最大的塑胶花出口厂，李嘉诚“塑胶花大王”之誉不胫而走。

1957 年底，李嘉诚将“长江塑胶厂”改名为“长江工业有限公司”。李嘉诚常常这样告诉身边的人：“我们长江要生存，就得要竞争；要竞争，就必须有好的质量。只有保证质量，才能保证信誉，才能保证客观，才能保证长江的发展壮大。”他宣布：“从今以后，长江的产品，没有次品。”

1958 年，李嘉诚在港岛北角建起了第一幢 12 层高的工业大厦，正式介入地产市场。当时，香港地产业正经历第二波浪潮尾声，地价较为便宜。李嘉诚认定地产业前景和香港经济前景，并增加地产投资。1967 年香港出现暴动，李嘉诚以低价大量购入地产物业。彼时，他的地产业务利润已远超工厂收入。

为更好地发展地产业务，1971 年，李嘉诚正式成立长江地产有限公司，第二年又将长江地产有限公司易名为长江实业（集团）有限公司（以下称“长实”），并于香港证券交易所上市，获得超额认购 65.4 倍。从资本市场获得更多资金后，李嘉诚大展拳脚。在董事会上，他多次表达出“做香港最大地产商”的雄心壮志，并最终超越当时香港地产业的老大——英商置地（The HongKong Land Investment and Agency Co.,Ltd.），成为香港地产排名第一的企业，并将强大实力保持至今。

在成为利润丰厚的地产业最大企业后，李嘉诚打开了并购的闸门。1979 年夏天，李嘉诚通过渠道得知，汇丰银行有意把所持 22.4% 的和记黄埔（以下称“和黄”）股份全部出售，他立即与汇丰银行商洽。和记黄埔是由 1863 年成立的香港黄埔船坞公司与 1877 年成立的和记企业有限公司合并而成的，经营多元化业务，包括货柜码头、零售连锁集团、地产发展与基建业务、电讯及电台广播服务等。如能将和黄收入囊中，对长实的多元化经营将大有裨益。多番努力之后，1979 年 9 月 25 日深夜，李嘉诚宣布了当时市值仅 21.8 亿港元的长实对市值达 23.6 亿港元的和黄实施并购的消息，并在此后 1 年动用全部资金从股市收购和黄股份。到 1980 年底，加上从汇丰购入的股票，长实已经持有超过 40% 的和黄股份，稳夺和黄的控制权。李嘉诚因此成为香港华人入主外资集团的第一人，而和黄之后更在他的带领下成为全球 500 大企业之一。

拿下和黄之后，李嘉诚又出手收购了香港电灯集团有限公司（2011 年 2 月易名为：电能实业有限公司），跨入电力行业。通过这些并购，长实逐渐成为一个多元化经营的跨国集团，被称为“长和系”

李嘉诚于汕头大学毕业典礼上，为其中一位博士毕业生颁发博士学位证书

（取“长实—和黄”之意）。1986 年，他被香港媒体封为“香港十大财阀之首”，并赢得“李超人”的誉称。

构建“上天、入地、下海”的超级商业王国

香港是国际化的港口城市，李嘉诚最早也是从国际的技术潮流中获益，这让他从未被一时一地所局限。

早在 1977 年，他就在温哥华购置物业；1981 年，斥资 6 亿多港元收购多伦多希尔顿酒店；1981 年，再以 32 亿港元投得温哥华世博会会址 204 英亩[①]的黄金地段，用于住宅楼宇的开发；20 世纪 80 年代末，在加拿大帝国商业银行 CIBC 的撮合下，李嘉诚带领和黄以 3 亿港元购入加拿大赫斯基能源 52% 的股权。之后，他又通过收购其他股东股份累计获得赫斯基能源 95% 的股权。控制赫斯基后，李嘉诚对公司的经营模式进行改革并制定一系列经营振兴计划，最终于 2000 年 8 月 28 日让赫斯基重新在多伦多证交所上市。李嘉诚让一家濒临破产的能源企业起死回生，也因此成了加拿大的投资英雄。这次收购也被誉为李嘉诚最成功的收购行动之一，当时石油价格低迷，石油公司股价跌到低谷，30 多年来，赫斯基能源公司给李嘉诚带来巨额回报。

李嘉诚一直对加拿大保持关注，2010 年，他投资了加拿大电子书网 Kobo。2016 年 6 月，他以 6000 万美元投资加拿大铀矿公司 NexGen，铀价自 2011 年日本福岛核事故前高位 70 美元 / 磅，至今已下跌超过 60%，至 27 美元 / 磅。2017 年铀价平均水平在约 44 美元 / 磅，当中潜在升幅超过六成。2016 年 12 月，李嘉诚公司旗下的长江实业及长江基建共斥 3.476 亿加元，收购从事机场外围停车场服务的 Park’N Fly 等。

加拿大商务官员为了方便与李嘉诚接触，甚至把办公室搬进了唐人街。2016 年，加拿大总理特鲁多在访问中国香港期间，首先与李嘉诚会面，之后才见了时任中国香港特首梁振英。

与投资加拿大类似，李嘉诚在英国的投资同样久远，投资力度也更大。自 20 世纪 90 年代中期开始，李嘉诚透过和黄大举投资港口行业，引领和黄港口业务走向全球化。1991 年，和黄收购了英国最繁忙的港口——菲力斯杜港。1994 年，随着和黄业务的国际化，和黄成立了专营港口和码头业务的“和记黄埔港口”。此后，和记黄埔港口业务扩展至全球的策略性地点，遍及亚太区、中东、非洲、欧洲和美洲等 26 个国家或地区。至今，和记黄埔港口成为领导全球的港口投资、发展与营运商，网络覆盖全球 52 个港口超过 320 个泊位。2012 年，和记黄埔港口的环球港口网络共处理了 7680 万个 20 尺标准货柜。2011 年，和记黄埔港口将其香港及盐田的深水港业务分拆成和记港口信托，成为全球首项公开交易的货柜码头信托，并成功于新加坡交易所主板上市。

21 世纪以来，李嘉诚在英国的大手笔投资更加惊人。2002 年，他以 8.3 亿英镑的价格向荷兰零售商 Kruidvat Beheer 购买屈臣氏集团和一些位于欧洲的商店。2011 年，李嘉诚以 24 亿英镑购买英国水务公司，这是英国主要的供应水和污水处理公司。接着陆续购买了英国的北方天然气公司、南部自来水公司、威尔士能源公司、英国电网公司和多个英国优质港口。2015 年，李嘉诚出手收购英国第二大电信运营商 O2，成为英国最大的电

① 1 英亩 =4046.86 平方米。——编者注

信运营商。从药品连锁巨头屈臣氏到港口，李嘉诚的投资几乎遍及英国的每一个领域内。大约 25% 的英国家庭使用的天然气都需要通过李嘉诚公司的天然气管道。李嘉诚公司旗下的英国电力网络为超过 30% 的英国居民提供电力供应，其电力网络覆盖伦敦和英国东南部。

根据长和（2015 年 1 月，长江实业、和记黄埔合并后分拆为长江和记实业有限公司与长江实业地产有限公司）发布的 2016 年业绩公告，长和 2016 年欧洲业务占比 49.16%，与中国香港、内地和亚太业务总和相当。

加拿大、英国、澳大利亚，李嘉诚将数以千亿的资本源源不断地投向这些地区。与此不同，李嘉诚在内地的投资经历了潮起潮落的过程。

从 1978 年李嘉诚首次回到阔别 38 年的内地，参加了北京天安门的国庆庆典，并与邓小平见面开始，李嘉诚的事业轨迹一多半都围绕内地展开。改革开放后，李嘉诚毅然投资内地。旗下产业有第一个进入内地零售业的外资超市、第一个进入北京地产业的外资开发商、第一个进入内地港口业的外资企业，如北京的东方广场、北京盈科中心、上海世纪汇、无人不知的屈臣氏等。

李嘉诚极好地抓住了内地发展的机遇，他曾说："内地有太多的机会，到处是金矿。"李嘉诚和长和系在内地累计投资千余亿港元，一度是长和系除了香港之外投资比重最大的地区，也曾是长和系最主要的利润源。

不过，以上提及的地标建筑和品牌已经被李嘉诚悉数出售，而李嘉诚在英国等其他地区的投资远超内地。这引来无数非议，外界认为李嘉诚"逃离"中国，不厚道。

"哪里有回报，我就去哪里投资。"2017 年初李嘉诚在长江集团的周年晚宴中如此说。在 3 月 22 日长和与长实地产的业绩发布会上，他又表示："海外收购，香港只占整个零售业务的 3%，我在全世界赚钱，拿回来分给香港股东，这有什么不好？"

对于长和系这样的世界级企业，不可能"逃离"任何一个市场，而是会选择性配置投资以获取回报。

外界可见的是李嘉诚旗下四大旗舰公司：长和、长实地产、长江基建集团、电能实业，核心业务包括电信、港口、地产、基础设施等诸多领域，业务遍布 50 多个国家和地区。其实李嘉诚的投资要比以上概况更加多元，包括零售、铁路、水务、3D 打印技术、人工智能和大数据等科技，他都有涉猎。

李嘉诚领导的长和系，被称为"上天、入地、下海"的超级商业王国。长和系也是目前华人世界最具影响力、最国际化的跨国企业之一。

其实以市值估算李嘉诚身家是一个错误的做法，李嘉诚曾在节目中透露，有时外界对他的财富至少低估了 40%。

作为《福布斯》富豪榜上的常客，李嘉诚已经做了多年的香港首富、华人首富、亚洲首富。如今，内地企业家崛起，李嘉诚首富头衔"丢失"。但《福布斯》富豪榜创立者斯蒂夫·福布斯对李嘉诚的评价为："不仅是我们时代最伟大的企业家，在任何时代都是最伟大的企业家"，至今在华人圈还没有第二人获此嘉评。

顺大势 基业长青

退休之前，李嘉诚还出席公司业绩发布会，这对李嘉诚来说，更多的是一种习惯。外界评议，李嘉诚对大势的把握是他的两个儿子所不能比拟的。而这种眼界和格局，完全来自李嘉诚的生活。

做学徒时，李嘉诚每天工作 10 多个小时。工作间隙，他从旧《辞海》、教科书中寻找不足和启迪。他攒钱买了本英汉词典，自学英语，后来他从英文版《当代塑料》中觅得商业机会。

李嘉诚一向目的明确，他喜欢读《曾国藩家书》《论语》《老子》《三国志》与《水浒传》等中华经典，学习为人处世的哲学；读上市公司的财报，掌握公司和行业全貌。

"在阅读的过程中，我深深感受到知识改变命运。"李嘉诚曾说。因此，后来他多次在接受媒体采访时谈到，成功领袖必备条件之一，就是善用知识："经济的竞争，是以知识为基础的战争；知识的创造与应用，是企业成败的关键。"

这种实践中自学的经验，也让李嘉诚更具思辨性，并且不会迷信所谓专家和权威。"老实说，我对许多人云亦云的表面专家所做的分析，是'尊敬

2018 年 2 月，李嘉诚探访惜食堂小区中心与长者拜年，并捐助 1000 万港元扩展小区服务工作

有加，心里有数’。说得俗一点，有时大家方向都正确，要的却是花拳绣腿，姿势又不对。”李嘉诚曾私下评论 MBA（企管硕士），说不少 MBA 是“姿势漂亮，但使不出力”。

尽管已届高龄，但李嘉诚依然保持自学的习惯。除此之外，他还有一颗永不改变的好胜心。

李嘉诚小时候只要看到行人就想超越，养成后来走路比人快的习惯，“这是我好胜习惯使然”，他坦言。

与好胜心相对应的是，他有超人的自律，任何错误不允许自己犯第二次。他旗下公司取名“长江”，就有他警示自己渺小的意思，希望自己能如长江一样汇聚百川，奔腾不息。

做好这一切还只是基础，李嘉诚对机会的把握并不是快人一步那么简单。

在准备出手一个项目时，李嘉诚表示自己“会不停研究每个项目要面对可能发生的坏情况下出现的问题，并且往往花 90%的时间考虑失败”。他说：“从前我们中国人有句做生意的话‘未买先想卖’，你还没有买进来，你就先想怎么卖出去，你应该先想失败会怎么样。因为成功的效果出现 100%或 50%的差别根本不是太重要，但是如果一个小漏洞不及早修补，可能带给企业极大损害，所以当一个项目发生亏蚀问题时，即使所涉金额不大，我也会和有关部门商量解决问题，所付出的时间和以倍数计的精神都是远远超乎比例的。”因为这样的审慎的态度，从 1950 年到今天，长江（实业）从来没有遭遇贷款紧张，也没有一年交过亏损的答卷。

他曾讲过这样一个案例：“有一天我去酒会，后面有两个外国人在讲话，一个说中区有一个酒店要卖，对方就问他卖家在哪里？他们知道，酒会上太多人知道不好，他就说，在 Texas（德州），我听到后立刻便知道他们所说的是希尔顿酒店。酒会还没结束，我已经跑到那个卖家的会计师行（卖方代表）那里，找他的 auditor（稽核）马上讲，我要买这个酒店。他说：‘奇怪，我们两个小时之前才决定要卖的，你怎么知道？’”当时，李嘉诚对酒店业以及较大的品牌已经有很深的研究，也清楚地知道香港的经济状况：“全香港的酒店，在两三年内租金会直线上扬。（卖家）是一家上市公司，在香港拥有希尔顿，在里岛是 Hyatt Hotel（凯悦饭店），但我只算它香港希尔顿的资产，就已经值得我跟它买。”

用一句很耳熟能详的话——机会留给有准备的人。李嘉诚想要业务多元化，也为多元化做足准备，只等机会出现或创造机会。“最要紧的就是要追求最新的信息，做哪行都一样。”李嘉诚强调。

抓得住机会，更要让机会变现，这就要靠制度与人才团队。李嘉诚强调公司的管理架构及企业文化，必须兼顾来自不同地方同事的期望与顾虑，要有灵活的架构给不同业务的管理层自我发展的生命力，甚至让他们互相竞争，不断寻找最佳发展机会，给公司带来最大利益，同时也一定要有完善的治理守则和清晰的指引，才可以确保创意空间。李嘉诚说，企业越大，单一的指令与行为就越不可行，因为这会限制不同的管理阶层发挥他的专业和经验。

李嘉诚曾在汕头大学介绍自己的管理心得和经验。当时，他特别强调的是，要做一个领袖，而不是做一个老板。“做一个成功的管理者，态度与能力一样重要。领袖领导众人，促动别人自觉甘心卖力。”

“我认为做人成功的重要条件——让你的敌人都相信你”。李嘉诚答应的事，即使吃亏也会做。曾经有人问李嘉诚的一个对手，李嘉诚可靠吗？对方说，他讲过的话，就算对自己不利，他还是按诺言照做，这是他的优点。

李嘉诚曾经告诉自己的儿孙，做人如果做到“仁慈的狮子”，你就成功了！他说：“仁慈是本性，你平常要仁慈，但单单仁慈，业务不能成功，除了合法经营之外，更要合理地去赚钱。但如果人家不好，狮子是有能力去反抗的，我想做人应该也是这样。非常好的一个人，但如果人家欺负到你头上，你不能畏缩，要有能力反抗。”

诺贝尔文学奖获得者莫言竖起拇指，向李嘉诚盛赞汕大毕业典礼是让他最激动的毕业典礼

当外界非议重重，或许只有李嘉诚这只“仁慈的狮子”才能时刻微笑面对。

成就华商首善

2006 年，李嘉诚在长和系业绩发布会上宣布，未来将把 1/3 的个人财产捐作公益慈善之用，有关资产会放入其名下的“李嘉诚基金会”。他当时的个人财富（上市资产）约 188 亿美元（约合 1500 亿元人民币）。而当时，他已累计透过旗下基金会向社会事业捐款近 80 亿港元，他也是当时华人界捐款公益事业最多的人。

李嘉诚基金会，被李嘉诚称为自己的“第三个儿子”。媒体对此盛赞如潮，香港《文汇报》刊文：李嘉诚建立商业王国的天赋是难以复制的，但他为人处世的原则和价值观却是可以学习的。

这的确值得大书特书，即便李嘉诚一手缔造的商业王国也从没被他与两个儿子相提并论。

李嘉诚在公益慈善上被内地人所熟知的是他赞助汕头大学的创建。汕头是李嘉诚老家，汕头大学在新中国成立前就有筹建计划但总是无法落到实处。1980 年，筹备中的汕头大学终于迎来外部援建资金，意向出资人即李嘉诚。1981 年 4 月，汕头大学筹委会宣告成立，李嘉诚将首笔捐款 3000 万港元汇到了汕头大学筹委会的账户上，汕头大学开始破土动工。之后，李嘉诚不断地出资帮助汕头大学完善及扩大建设，即便在他生意出现困难的时候，所捐资金也按时到账。

1986 年 6 月 20 日，改革开放总设计师邓小平在人民大会堂接见了李嘉诚，称赞他说：“你资助教育事业这件事，很值得赞赏，因为教育是个薄弱环节，很需要支持。你为祖国作出了扎扎实实的贡献。”李嘉诚谦逊地说：“办汕头大学，是我作为一个中国人应尽的责任！”邓小平感慨地说：“在当代华侨教育家中，福建有个陈嘉庚，广东有个李嘉诚！”

截至 2023 年 12 月，李嘉诚基金会对汕头大学赞助支持款额逾 100 亿港元。

李嘉诚对汕头大学还投入很多精力，“的确，我放了不少心血在家乡，没有任何一个生意比汕头大学更占用我的时间，最初 10 年我每次到汕大都工作至凌晨两三点。”他曾在采访时表示。而且，在退休之前，他连续 17 年坚持参加汕头大学的毕业典礼，并对毕业学子发表演讲，鼓舞大家开创美好人生，建设美好家园。对一些汕大的活动，他也倍加上心。2017 年 2 月 19 日上午 11 时，汕头大学划艇队经过 8 天 8 夜的海上行程，划了 640 公里，终于在香港九龙海逸君绰酒店码头上岸。李嘉诚到场欢迎，他对队员们说："欢迎大家来到香港！"

2018 年 6 月 29 日，李嘉诚抵达汕头大学，受到学生们的热烈欢迎

除汕头大学之外，李嘉诚基金会在内地公益慈善领域赞助的长期项目，还有内地第一家具有独立法人资格的非营利性教育机构长江商学院，累计赞助数十亿港元。"长江"也是中国第一所且唯一一所实行"教授治校"新型管理体制的商学院，是国内三大商学院之一。

为落实科教兴国战略，延揽海内外中青年学界精英，培养造就高水平学科带头人，带动国家重点建设学科赶超或保持国际先进水平，李嘉诚基金会与教育部共同启动实施了在中国高校具有重要影响的"长江学者奖励计划"，包括特聘教授、讲座教授岗位制度和"长江学者成就奖"。

"长江学者奖励计划"的实施，得到社会各界尤其是学术界、高教界的高度评价。诺贝尔物理学奖获得者杨振宁认为"长江学者奖励计划"是中国实现"科教兴国"一个非常重要的环节，是一个"非常了不起的壮举"。

在医疗领域，李嘉诚创办汕头大学医学院，并将其建设成中国最好的医学院校之一；向香港大学李嘉诚医学院捐出数亿港元巨款，用于研究及学术发展；耗资 1680 万英镑创建剑桥大学李嘉诚中心，聘请 20 个研究小组共 300 名科研专家携手合作专攻癌症。

此外，李嘉诚还赞助内地残疾人事业、为四川特大地震捐资……在一次次紧要关头，李嘉诚无负我心。

自 1980 年以来，李嘉诚在推动教育、医疗、公益扶贫项目上捐款超过 300 亿港元，其中约 80% 用在了支持大中华地区的项目上。

李嘉诚基金会的宗旨：一是推动改变；二是提升能力；三是建立同慈能量；四是启迪社会创进。

李嘉诚期待："我们要用知识和智慧，赋予科技与时间新的意义，为自己、国家与全人类社会建造共同的尊严和福祉。"華

谢国民

泰国籍华人首富谢国民被称为“饲料大王”，垄断了泰国国内的饲料市场，又把市场延伸到中国、美国以及东南亚、欧洲及大洋洲。他又被称作“农牧巨子”，因为泰国人一日三餐都少不了他的食品。

他缔造了一个又一个商业传奇。1987 年，他带领企业跻身世界 500 强；1988 年，他被权威财经杂志《亚洲金融》评为亚洲最杰出的企业家；2003 年，他被《财富》杂志评为全球最具影响力的十位全球商界领袖之一……

农牧业的领航者

——泰国正大集团资深董事长谢国民

正大集团是世界上最大的华人跨国集团之一，这艘“企业巨轮”的掌舵人谢国民，以他的精明强干和富于创新的经营策略享誉世界。

他从父辈的饲料企业起家，在农业领域深耕几十年。他把农产品看作“地面上的石油”，与农民共同依存，共同发展。他身上承载的，更多的是关于农民的愿望和诉求。

以农业为基础，时至今日，正大集团已经覆盖农牧、食品、零售、电信、金融、地产等多个领域。

对于中国，谢国民有着血浓于水的牵绊。20世纪80年代，谢国民领导的正大集团成为最早来中国投资的外资集团之一。如今，正大集团已经成为在中国投资项目最多、投贸额最大的外资公司之一。

谢国民始终秉承“利国、利民、利企业”的“三利”经营宗旨，把正大集团做成“世界的厨房”和“人类能源的供应者”是他的目标。

艰辛创业

谢国民的祖辈是广东省汕头澄海蓬中村的地主，父亲谢易初1896年11月出生，祖父早早去世，之后父亲谢易初和三叔谢少飞担负起养家重任，开始经商。

谢易初从年轻时便擅长农作和园艺，热衷实业。1921年，他与人合股创办了一家小型织布厂。然而，这次创业并不顺利，1922年“八·二”台风（俗称海风潮）突然来袭，谢易初的织布厂损失惨重，也吞噬了他的“实业梦”。

为了生存，谢易初怀揣着仅剩的本钱购进潮汕菜籽，漂洋过海直奔曼谷创业。谢易初和弟弟谢少飞一道在曼谷创办“正大庄”，贩卖家乡的菜籽，后来成立了“正大庄菜籽行”。

但是当时曼谷的菜籽市场上，初创者被垄断、排挤、打击的情况时有发生。为了解决困境，谢易初以“光明正大”为经营宗旨，采取一系列积极举措，使“正大庄”的商务迅速拓展，成为当时著名的种子商号之一。

二战爆发后，“正大庄”被迫停业。待到二战结束，“正大庄”已濒临崩溃，谢易初20年的心血付诸东流。谢易初重整旗鼓，又开始经营鸭毛出口生意。历经两年艰辛拼搏，“正大庄”得以重获新生。

那两年，除了重整“正大庄”，谢易初还为在家乡创办更大规模的育种农场筹措资金。1948年，他将“正大庄”交给弟弟管理，自己重返故乡，创办了颇具规模的选种农场，并在汕头创办“光大庄”。

“正大”的声名与日俱增，谢易初又在泰国南部和马来西亚开设了分店，并在泰国清迈购买土地，开办了正大蔬菜培植实验农场。从菜籽销售公司到种植、改良、经销蔬菜良种的经济联合体，彼时的正大集团已初现雏形。

1953年，谢易初将其产业正式注册了集团公司，取名为“Charoen Pokphand Group”，简称“卜蜂集团”，在中国则被称为“正大集团”。

谢易初有六个儿子，其中四个儿子的名字分别是正民、大民、中民、国民，合起来就是“正大中国”。谢国民出生于 1939 年，完美地继承了父亲有远见的个性和踏实肯干的品格，所以深受父亲器重，也为他今后掌舵“正大集团”奠定了基础。

初试啼声

1950 年，刚刚成立的新中国号召海外华侨回乡建设祖国。谢易初把 11 岁的谢国民送回汕头念书，后来又送他到香港学习经济管理和商务。18 岁时，谢国民回到了泰国，这时的“正大庄”已经由仅仅经营菜籽变成了以经营菜籽、肥料、农药、饲料等多种农牧产品为主的“正大集团”了。

回到泰国后，谢国民被父亲告诫要“从基层干起”。他先在泰国国营蛋类合作社等单位工作了近 5 年，通过接触不同的工作和环境，学到不少生意经。25 岁时，谢国民才回到正大集团，接手饲料业务。当时的正大集团拥有 200 名员工，已经是泰国最大的饲料企业。

1968 年是谢国民人生重大的转折点，父亲谢易初几经考虑后，决定将集团的大权移交给他。“父亲看我喜欢养鸡，说由我来管这个事业，应该不错。”对于选择自己接班的原因，谢国民这样开玩笑说。

其实当时谢国民兄弟四个，他年纪最小，几个哥哥能接受他做董事长，是因为他们把公司的发展放在第一位。当时谢国民已在正大工作多年，展示出了能力，也树立了一定的威信，所以哥哥们就让他放手去做。于是，只有 29 岁的谢国民顺利接班，成为正大集团的掌舵人。

谢国民没有辜负父亲和哥哥的信任，很快显示出了成熟且有战略眼光的企业家特质。

20 世纪 70 年代，正大集团的资本扩展到中国台湾、中东和美国。1971 年，正大集团开始与美国洛克菲勒集团下属的“爱白益加”种鸡公司合作，成立了“爱白益加泰国有限公司”。“爱白益加”当时是美国最大的养鸡公司，拥有最先进的技术和设备。双方约定，由“爱白益加”公司提供资金和技术、设备、管理，正大集团提供场地、人员和销售，双方利润共享。

这次合作，使正大集团形成了从种鸡培育到销售一条龙全产业链条，取消了中间商，也使泰国的鸡肉 15 年没有涨价。

正大集团迎来了真正的发展。同一时期，正大还开始了在中东的投资，每年向中东国家供应大量粮食。1977 年，正大集团进驻中国台湾。

之后，正大集团与日本公司合作迅速进入和占领屠宰业、冷冻业和养虾业；与美国奥斯卡梅耶公司（Oskar Myer）合作进入速食业；与比利时的比利时国际塑胶集团（Vinyl）合作，进入了石油化学工业；与英国电信（British Telecom）合作又进入了电信业等。

谢国民认为，以世界的原料为原料，以世界的市场为市场，这样，企业才能在更大的空间生根、开花、结果。他领导下的正大集团向农、牧、工、商方向高速发展，成为一家大型跨国企业。

进军中国内地

1978 年之前，正大集团和中国内地基本无业务联系。直到 1978 年 12 月，中国实行了改革开放，打开了贸易的窗口，正大集团才迎来了机会。

面对新开放的中国，大部分外资企业都举棋不定，但谢国民深受父亲影响，对中国非常有信心，他毫不犹豫地选择了对华投资。

谢国民把第一个落脚点选在了刚辟为经济特区的深圳，取得了深圳市“001 号”中外合资企业营业执照。正大集团与世界知名的农牧企业——美国大陆谷物公司合资建厂，共同建立了正大康地有限公司，成为深圳特区最早也是最大的外商投资项目。之后，正大集团又相继在珠海、汕头领取了“001 号”外商营业执照，成为改革开放后最早在华投资的外商集团之一。

1988 年，得知中国海南将被辟为经济特区的消息后，谢国民立即采取行动，成立了海南正大投资有限公司，投资 3 亿美元，与相关企业合作，在海口兴建了一个占地 25 万亩的养虾场；投资 1 亿多美元，开办了一个年饲养 108 万头瘦肉型生猪的养猪基地。正大集团还与海南省政府签订合同，投资 20 多亿美元，建设海南石油化工的两个项目。

谢国民积极在华投资的举措赢得了中国政府的赞扬和支持。

和父亲谢易初一样，谢国民不仅爱国，而且很有远见，他认为机会比金钱更重要。当时中国还处于投资空白期，有强大的需求潜力。所以，在许多外资企业对中国的发展前景表示怀疑，纷纷撤离中国时，谢国民却断定，中国必将迎来一个新的经济飞速发展的时期。他甚至在公开场合表示，会加大在华投资，并相信中国的改革开放会继续进行下去。

1990 年，正大集团在中国开展了一项非常成功的市场宣传。集团联合中央电视台，推出首个集知识性、趣味性和娱乐性为一体的节目《正大综艺》。在当时尚未接受太多外来信息的中国，《正大综艺》打开了中国人看世界的一扇窗户，产生了巨大的社会影响。

此外，正大集团更没有错过当时正大力发展的上海浦东新区。1997 年，正大集团零售品牌卜蜂莲花第一家门店落户上海浦东，并在上海浦东新区陆家嘴金融贸易区投资兴建正大广场。

此后一段时间，正大集团在中国的发展十分迅猛，各项业务开展得如火如荼。短短几年时间，正大集团的产业群扩展到农牧、水产、石化、房地产、医药、零售、摩托车、电讯等八个领域，仅农牧集团旗下就有上百家企业。

改革开放之初，中国经济发展急需资金和外汇，也需要伴随外资而来的先进技术、就业机会、企业示范效应以及人才的培养模式等。谢国民的正大集团在改革开放的早期能顺利进入中国，正因为满足了中国的这一需求。

正大集团一开始在中国的发展就顺风顺水。但随着中国的发展，外企数量增多，同时国内企业也发展迅速，市场上出现了更多更强势的竞争者，正大集团的压力也随之而来。谢国民任何时候都不敢懈怠，他曾表示："你来中国投资之前，要想想自己有什么特点，如果只是有钱，你就不要来了。"

对于中国的经济，谢国民多年来一直抱着强大的信心。他透露，当年之所以在中国经济薄弱、基建落后、法规不完善的情况下进入中国，就是因为想为中国农民造福。这个双赢的初衷也被中国政府认可。

20 多年过去，面对已经取得巨大硕果的中国经济，谢国民的信心更足，2013 年，谢国民收购了平安保险 15.6%的股权，称"要搭上中国经济建设的顺风车"。

现在，中国正在全面推进"一带一路"倡议。对此正大集团在泰国做了一个模型，在泰国 200 平方公里中，完整地布局了海运、空运、陆运，整个泰国百分之八九十的工业，70%的经济，都在这条 200 公里的路上。谢国民认为，中国全面推进的"一带一路"是正大集团的一个重要机会，要好好抓住。

谢国民承诺正大集团将同中国企业在技术、融资、建设方面进行合作，投资泰国高铁建设，使其成为"一带一路"建设的组成部分，并作为合作典范在其他国家和地区推广。

除了积极在中国投资建厂，创造工作机会，正大集团还积极帮助中国企业在泰国拓展海外市场。比如几年前，上汽集团就与正大集团合作在泰国建设了一家整车工厂，使上汽的自主品牌汽车第一次在中国以外生产制造。

谢国民和正大集团 40 多年来对中国投资的经验，以及对中国新农村建设所作出的卓越贡献，被写入美国哈佛商学院经典案例中。

危机中断臂求生

一直以来，谢国民都保持着危机感。企业经营中的任何一次成功，他都没有大肆庆祝过，因为他知道下一步有更多困难等着自己。谢国民说起这些年来经营中遇到的困难，最严重的莫过于 1998 年的亚洲金融危机。

那次金融风暴让泰国损失惨重，众多企业破产。而作为泰国最大的企业，正大集团遭受的打击可想而知。快速的扩张在顺境会促使集团不断壮大，而当面临危机时，也会让集团面临更大的灾难。曾经主动要求为正大集团提供贷款的银行，变得对正大集团避之不及，生怕正大集团会倒闭，纷纷讨债、冻结正大集团的资产，连当时正大集团在中国内地和香港的产业都受到影响。

2011 年，谢国民接受央视财经频道《对话》访谈时，称这一次金融风暴为自己“一生中碰到的最大的困难”，面临“四面楚歌”。

困难归困难，但谢国民强调正大集团总部一毛钱的债都不能欠。他迅速采取了应对措施。首先是“断臂求生”，因为“一艘大船在经过风浪的时候一定要减轻重负”。

他向哥哥们说：“第一，从农业到食品业都不要动，这是我们的祖业；第二，超市是我们新创的事业，把这个卖掉就够了。”另外，他认为正大的电信业价值第一，如果卖掉电信，就什么事情都能解决了，但“留得青山在，不怕没柴烧”，他要留着把事业再做大。

谢国民卖掉了泰国境内“莲花超市”80%的股份，还清债务，以保全集团总部的资产，并对集团上下进行紧急裁员，削减高级职员薪资，减少开支。

当时，谢国民的侄子谢炳负责财务工作，银行冻结账户对他影响最大。谢炳主张关闭或卖掉效益不好的产业，但谢国民不同意，他认为做企业对社会和国家是有责任的，要卖就卖掉效益好的产业，其余的产业还有机会再发展。

谢国民一直强调品牌声誉是几代人创立起来的，一定要保住，保住信誉集团就会再次崛起。

为了应对危机，谢国民还在正大集团内部推行开源节流政策。当时情况下，开源很难。泰国的莲花超市业务卖掉了，中国的还保留着，不发展就等着倒闭，发展起来则是逆水行舟。谢国民采取了各种方式，最关键的是把资本用在最需要的地方。

虽然要节约资本，但不能缩减人员薪水。谢国民称，公司要想办法挣钱，而不是从员工身上省钱，“我们有二十几万人,每个人都为公司作贡献的话，这股力量不得了”。

事实证明，食品行业在风暴来临之时更有优势，更有利润。正大集团不仅在全球的市场份额得以扩大，利润率也从以前的 5%提升到 15%，通过这一轮的洗牌，谢国民被美国《财富》杂志评选为全球最具影响力的 50 位商界领袖之一。

一直以来，正大集团在农牧业方面采取坚守高端市场，对于中低端市场拱手相让的策略。20 世纪 90 年代的中国，希望、通威等国内民营饲料企业逐渐崛起，他们通过采取更加多元化的价格策略迅速抢占了一部分市场。

与此同时，正大集团“本土化”管理导致其人力成本比例拉高，集团内部意见也难以统一。最终，种种原因使得正大农牧业的市场份额由 20 世纪 90 年代的 40%逐步缩小到 10%以下。已有的市场竞争压力剧增，市场需求也日益饱和，在业务上想要有所突破相当困难。

意识到企业存在的问题，谢国民开始着手解决危机。他提出了“做世界的厨房”的理念，促使正大集团由生产导向型企业转变为市场导向型企业，完成从农场到餐桌的全产业链条。这是一场浩大的变革，也成功让正大集团走出困境，迎来了新的发展势头。

吃亏是福

谢国民的经营理念和人生智慧中，最突出的一点就是“给予”。

这智慧来自他的母亲。谢国民的母亲陈金枝也是潮汕人，小时候家里曾遭遇变故，一度靠讨饭生存，因此陈金枝非常能体恤困境中的人，一有钱就去接济别人。

从母亲那里，谢国民学会了“给予”和“舍得”，他认为这也是公司经营的立足之本，经营者一定要将心比心，懂得换位思考，给予员工和客户机会或利益。

在正大集团发展壮大的道路上，谢国民也一直坚持“给予”的原则。他表示：“做人要懂得先给后得，要懂得吃亏是福。这句话讲的人多，做到的人少。有些人看到机会了，就去占便宜。这是不行的，要让，要给，要懂得吃亏。你做到了，你就能成功。因为那个得到你便宜的人，会到处去讲你的好话；而你去占他的便宜，哪怕只有 100 块钱，他都会到处骂你。”

跟竞争对手打交道，谢国民的做法也耐人寻味。他选择的并不是打倒对手，而是远远地超越对手，他认为只要自己提升了能力，对方就不是自己的竞

2006 年，谢国民获得泰国华侨崇圣大学授予的名誉博士学位

争对手了。“我让他 10 个点，我们两个就不要斗了，不然斗了两败俱伤，那我用这个精力和资本，去别的国家拿 100 个点，其实我在这里损失 10 个点，我在别的国家拿到 100 个点，我还有 90 个点。”谢国民认为这是一个企业家应该有的胸怀。

另外，谢国民非常看重人才战略。

他深知人才即钱财的道理，在用人上，他效仿古人礼贤纳士，组织了高级智囊团。他聘请了近百位经验丰富、学识渊博的博士、教授、专家、社会精英等，作为正大集团的顾问。他认为，只要每个顾问每年能为公司提出一条合理的建议，这都会为集团带来无法估计的效益。

正大集团的员工，无论是高层还是基层，都对工作有着很高的热情，正大的团队让人看起来也生机勃勃。对此谢国民解释道，要给每一个员工足够的空间，允许他们做自己想做的事情，而不是去指挥他们。他深知每个人都不喜欢被管束，尤其是今天的年轻人，他们有着无穷的想象力，企业应该支持他们。“所以我们的成功，就是支持我们的员工，发挥他们的能力，提供舞台让他们去发挥。这力量会很大，因为人的潜在力量会非常大，比机器还厉害。”

此外，谢国民在用人上还提倡本土化原则。正大集团在中国的中高层领导大多数是中国人。谢国民认为，中国有现成的专业化人才，他们熟悉国情，如果再花 20 年或者 10 年的时间去培养人才，那样太浪费时间也太慢了，在中国的企业就要站在中国巨人的肩膀上。

创新是正大集团成功的另一项法宝。

进入互联网时代，谢国民一直都在探索，如何借助最新的互联网力量，来提升正大集团内部乃至其服务客户的效率。在这种思想的指导下，正大集团在中国一直走在“传统农牧业 + 互联网”的最前端。

2015 年 4 月，正大集团与中国移动等企业合作成立“见见面”跨境电商，同年 12 月，正大集团与互联网金融平台可溯贷达成合作，向与正大合作的养殖户提供贷款。

2016 年 2 月，正大饲料入驻阿里巴巴村淘，正式搭建起品牌饲料的线上购买渠道。同年 11 月 1 日，正大集团旗下的支付企业 Ascend Money 与阿里巴巴的支付宝达成战略合作，二者将共同开拓泰国的网上支付业务。

“阿里巴巴 18 年的发展，就超过了我们正大集团。”谢国民表示，新时代中国充满了机会，但是我们不能用老的办法，要有创新思维，如果还是按照旧的做法，就会被新时代淘汰，新时代只有用高科技武装自己，提高生产管理的水平和效率，才能使企业持续保持竞争力。

正大集团的 LOGO 是外方内圆，其中方形代表坚定的原则，圆形代表灵活的策略，这正是谢国民的理念。

比如谈到用人，他认为不一定只有自己的子女才能做好，让有本领的人来做董事、做管理可能会做得更好，相反子女会更轻松。

虽然正大集团是家族企业，但是，这艘大船并不一定只是一艘大船，也并不一定要交给一个人。这艘大船可以是几条大船，也可以交给多个人。不同的行业，交给具有不同本领的人，更可以发挥个人的优势，将正大做大做好。

谢国民一直在思考正大集团未来的发展。当企业效益良好时，他会考虑如果企业遇到危机怎么办。当企业陷入困境时，他会思考如何迎接光明。“我每天的工作内容有 95% 是为未来 5 年、10 年甚至 15 年、20 年做计划，换句话说，是为未来而工作。至于那些已经试办成功并有成绩的业务则很少插手，最多只占我工作内容的 5%，其余都归常任人员负责。”

爱是正大无私的奉献

由于对社会和民生作出了重要贡献，谢国民先后担任泰王国政府与国会农业委员会顾问、泰国国务院院长顾问、外交部部长经济顾问、财政部部长顾问、国家立法议会议员、上议院议员等职，并荣获泰皇御赐尊拉宗诺勋章、大绶勋章、王冠勋章、特级白象勋章，俄罗斯慈善基金会还授予其“圣尼古拉斯奖”。

2003 年，谢国民被美国《财富》杂志评选为“全球最具影响力的 50 位商界领袖”之一，并连续多年被美国《福布斯》杂志评为世界富豪慈善家，2011 年被亚洲《福布斯》杂志评选为年度亚洲商业人物。

因为多年来对“利国、利民、利企业”的坚守，谢国民曾多次受到中国领导人的接见，2015 年 9 月大阅兵时，谢国民还受邀到天安门城楼观礼。

除了带领正大集团与改革开放的中国共同成长外，谢国民还倾心中国的慈善事业。2003 年“非典”期间，正大集团向中国政府捐赠 1000 万元人民币；2008 年，向汶川地震灾区民众捐助了 1000 万元人民币，正大集团先后捐资数十亿元人民币投入中国慈善公益事业中。

正大慈善基金会成立于 2015 年，作为正大集团中国区慈善公益事业的统一平台，以倾情公益、扶农助农、帮危救困、奉献爱心为宗旨，开展支持“三农”、扶贫济困、助教助学、助老助残等公益活动；支持教育、环保、科技、医疗、体育等公益项目。

此外，谢国民还荣获北京市首届“京华奖”、上海市荣誉市民等荣誉。華

黄荣年

黄荣年的人生，一如他皈依证严法师门下领到的法号“济璿”那般，似一枚古玉，需历经时光打磨，方能熠熠生辉。

对于父亲交托的家族事业，他力担重任，锐意推动自己执掌的金光集团农业资源有限公司（GAR）跻身成为印度尼西亚最大、全球第二大的棕榈油生产商，贸易版图横跨全球70多个国家和地区。对于皈依信仰的慈济志业，他无私付出，用带领企业的方式一路推动慈济印度尼西亚分会做大做强，不仅在印度尼西亚成功征募到100万名慈济志工，更将慈济精神大爱远播，引领金光集团成为连接政府与民众的温情纽带。

积厚成器 积善成德

——金光集团执行董事、农业食品部总裁黄荣年

从划着小船收椰干的小生意人，到如今印度尼西亚最大、全球第二大棕榈油生产集团的掌门人，黄荣年无数次被媒体追问成功的秘诀。

“秘诀在于坚守、专注和笃爱。”他说，回看许多成功人士，大家的知识、智慧、眼界、格局几乎都可以比肩，无分高下。此外，有时候福分与机缘占一部分。抛除这两者，在绝大多数时候，都可以归结为信仰和意志的胜利。

承挑家业

黄荣年常说，父亲黄奕聪是自己人生中最重要的一位老师。

1958 年，黄荣年出生于印度尼西亚苏拉威西岛的锡江，在家中的八个孩子中排行老幺，上面有五个哥哥和两个姐姐。父亲黄奕聪是个白手起家的椰干商人，在当地小有名气，不过受制于动荡不安的社会环境，生意也是几起几落。

幼承庭训，黄荣年从记事起，便一直被父亲谆谆教导：做生意和做人一样，无论何时何地，都要像捍卫生命一样守护信誉。

8 岁那年，黄家举家迁居到雅加达。彼时，黄奕聪已经创办了金光公司（Sinar Mas），做着进口烟纸、丁香、纺织品；出口椰干、肉豆蔻的买卖。

凭着灵活的生意策略和诚信的商誉，带旺了黄家的日子。1967 年，黄荣年遭遇了人生中的第一场变故。

那一年，苏哈托政府宣布取缔印度尼西亚的华文学校、社团以及报刊，大批华人子女被迫失学，包括黄家的八个孩子。

黄奕聪当即安排长子黄志源与次子黄鸿年前往中国读书，之后又安排黄荣年与其他三个哥哥留学新加坡，姐姐则留在印度尼西亚帮忙打理家族生意。

仓促之间转学到异国他乡，课业难度又相较印度尼西亚高出一大截，黄荣年的升学备考压力空前巨大。在不分昼夜地恶补和苦读之下，他终于以班级前十名的优异成绩升入笃德中学，并于毕业后留学日本，进修了八个月的日语和四年的经济学。

1979 年，黄荣年从日本青山学院毕业后，顺理成章地成为黄氏家族驻日本的生意代表。这是他人生中第一个施展才干的实践舞台。“我在日本学习最大的收获，就是懂得如何把别人生意模式中的长处转变成自己的，然后再依据市场需求改善到更好。许多当时在日本与我们有生意往来的人，后来都成了金光的老朋友。”黄荣年说。

同一时期，其父黄奕聪也乘借印度尼西亚经济大发展、鼓励华人企业共同参与经济建设的有利时机，带领金光公司一路高歌猛进，并将生意重心回归到椰干买卖。待黄荣年从日本返回印度尼西亚后，他即领受父命，开始负责收购椰干。

这绝不是一桩美差。

白天，黄荣年坐着颠簸的小船前往盛产椰干的小岛验货、进货，晚上如果来不及返程，就蜷在闷热的船舱里凑合一宿，全身上下都会被汗水浸透。

小岛上缺乏基本的生活设施，连自来水都没有。黄荣年在岛上若想喝水或洗澡，必须去河边挑水。下雨后，河水格外浑浊，要在桶中沉淀好一阵子才可以使用。

一夕间要面对如此恶劣的生活环境，黄荣年觉得，自己如同被“流放”。他虽然听从父亲安排，但心里十分委屈，直至后来回忆起这段日子，才深深感念于父亲的良苦用心：吃过苦的人，才真正挑得起生意，担得起人生。

经过一年多的历练，小小年纪的黄荣年，已成为当地椰干生意的“老手”，再没有什么人可以在他的眼皮子底下浑水摸鱼。比如称椰干，品质好的椰干湿度应该维持在 7% ~ 8%，若是买到湿度 15% 的椰干，就等于是买水，损失惨重。所以交易前，黄荣年都会亲自验货，确保无误。

“父亲一直教导我，做生意凡事要亲力亲为，专注每一道流程的细节。那些在空调房里躲懒的时间，最终也一定会被时间责问。”黄荣年说。

印度尼西亚著名企业管理杂志 SWA 授予黄荣年“2008 年度最佳 CEO”殊荣

父子二人齐心协力的精细管理，令金光公司的椰干生意规模不断扩张。深受父亲耳濡目染的黄荣年，也牢牢树立起“坚持不息、细节管理”的经营理念。在后来掌舵金光集团农业资源有限公司的绵长岁月中，他一直在团队中强调“细节”是关乎企业生死存亡的核心要义。

“别人常说，The devil is in the details（魔鬼在细节），但我告诉我的团队，Perfecting the details, so that the devil will not come（完善细节，魔鬼就不会到来）。”黄荣年说。

时值 20 世纪 80 年代初期，印度尼西亚政府开始大力发展继传统椰油之后的第二大民生用油——棕榈油，金光集团亦顺势调整了生意重心。黄荣年再度领命，前往万鸦老（Manado）跟着三哥黄鹏年学习管理炼油厂。历时 6 个月学有所成后，他返回雅加达，带领团队在当地建设一座新油厂，开始投入主要精力，负责金光集团以棕榈油为核心的农业及农产品贸易业务。

彼时，已在炼油行业积累了 20 余年食用油生产经验及信誉口碑的黄奕聪，交托黄荣年策划及行销“比摩利”（Bimoli）食用油品牌，并将其推展至风行全国。1990 年，比摩利让给合伙人经营后，黄家随即另创“菲尔玛”（Filma）食用油品牌，黄荣年依然担任总经理。

在他无孔不入的凌厉攻势下，菲尔玛迅速打开市场，投入运营后的第一季度，平均每月销售量递增 40%，第一年就已实现盈利。至 1992 年，菲尔玛已从爪哇岛市场扩展到全印度尼西亚，黄荣年亦成长为黄氏家族当之无愧的得力干将。

然而，蓬勃向上的好日子，在 1997 年戛然而止。

1997 年 7 月，亚洲金融危机在泰国爆发，并迅速波及印度尼西亚，导致印尼盾兑美元的汇率一路狂跌，从 3600 印尼盾换 1 美元跌至最低时的 18000 印尼盾兑换 1 美元。对于当时绝大多数与银行存在贷款关系的企业而言，如同灭顶之灾。

许多企业在重压之下破产关门，但黄氏父子却立志不辜负金光全体股东及投资者的信任，咬紧牙关，每月连本带息照样支付给银行，一直撑到 2001 年才进行财务重组。

2001 年除夕，黄荣年没有回家，领着一组人在办公室通宵加班。

身为集团对外联络沟通的代表，他的时间表永远被排得满满的。每天他都要会见一批接一批的银行专员及生意伙伴。

大家来访的动机各不相同，有人关心公司的运营状况，有人则想寻找吞并金光集团的机会。大大小小的会议，总是持续到午夜才几近结束，更晚的时候，则会延迟到凌晨三四点。

“那已经不是意志力的问题，我整个人就像一条快要崩断的橡皮筋，身体状况已经不能自我控制，全部乱掉。”重压之下，黄荣年的内分泌系统出了问题，他经常泻肚，一年内整个人瘦了 10 公斤。他被迫前往新加坡调养身体一周，康复后才重返雅加达主持局面。

挨过那段难熬的日子，随着金融风暴的阴霾渐渐散去，金光集团终于在完成财务重组后，于 2004 年重获新生。

如今，金光集团已发展成为亚洲财雄势大的顶尖企业集团，曾被世界著名财经杂志《福布斯》评定为印度尼西亚第一大财团，旗下拥有制浆造纸、金融、农业与食品以及房地产四大支柱产业，已进入能源和矿产、电信通信业等。

具体到黄荣年本人，在他的锐意推动下，金光农业资源有限公司（Golden Agri Resources Ltd.，GAR）旗下的业务版图遍布印度尼西亚、中国、马来西亚与新加坡，并跻身为印度尼西亚最大、全球第二大的棕榈油生产商，拥有世界上最大的私营棕榈种植园，种植面积高达 50 万公顷，棕榈油产品销往 70 多个国家和地区。2015 年 10 月，黄荣年荣获“安永亚细安杰出企业家”特别奖，以表彰其为印度尼西亚农业经济发展作出的卓越贡献。

深谋远虑

从布局第一片棕榈种植园、第一间炼油厂，到如今掌握举足轻重的行业话语权，GAR 的飞跃式成长，得益于对产业流程每一道细节近乎极致的智能化管控，以及对行业可持续发展的殚精竭虑。用黄荣年的话说，深谋远虑方能从容有道，深，在于钻研自身；远，在于善待未来。

众所周知，农业是一个“赚慢钱”的行业，受到农产品价格的大幅波动以及走私等因素影响，农业的营商风险甚至不亚于工业，并且很难像互联网产业那样实现爆发式增长。

为了使金光辖下、世界上面积最大的私营棕榈种植园达到“最大效益”，黄荣年在 20 多年前就确立了一个想法：金光要成为行业内的“大农夫”，前提是一定要实现先进的电子化、信息化管理。

为此，他带领团队先后投资约 5 亿美元，依托 Google 全球卫星定位系统及 SAP（全球领导型管理软件及解决方案供应商）系统，打造出一套实时监控集团旗下种植产业的高科技信息化管理系统。

这套信息化管理系统的控制中心，位于金光集团印度尼西亚总部 28 层的 War Room（中心指挥室）。

巨型投影屏幕上，一张完整的印度尼西亚卫星地图尽收眼底。金光将旗下东西纵横 8500 公里、总计 50 万公顷[①]的种植园，以每 30 公顷为单位划分为若干块，对每个区块内的土壤、密度、水量、矿物质含量等作物成长因素进行分级，并实施 24 小时监控，评估收成；对低产园区，预警、断症并给出可行的解决方案。

事实证明，借助高科技手段的生产管理模式成效显著。早年间，如果高层管理者想前往金光农园最远处的巴布亚种植园区，搭飞机再搭汽车或游船，单向行程大约耗时 20 小时。遥远的路程使管理者不可能频繁往返，而当地的种植如果出现减产或其他问题，相关报告可能要在一个月后才出现在黄荣

① 1 公顷 =10000 平方米。——编者注

年的办公桌上。那时候，很多问题可能早已陷入无可补救的绝境。如今，通过 War Room 的实时监控，距离再远的种植园区，管理者也能及时掌握其最新动态。

更直观的收益体现在产能方面。金光管辖的棕榈种植园，优质种子的产能从先前的 7 ～ 8 吨／公顷，上涨为目前的 12 ～ 13 吨／公顷。这个结果令专程前来金光考察的 Google 公司代表大为惊异，其表示这是 Google 最初推广卫星定位技术时都不曾预想的成功应用。

得益于 War Room 的信息管理系统不断优化，黄荣年梦寐以求的行业“大农夫”心愿成为现实。然而考虑到种植产业基于自然法则的作物衰退性，他不敢有丝毫懈怠，一直在 GAR 内部强调四点原则，以确保团队永远立于行业的不败之地。

“第一，专注细节的精细化管理在任何时候都不可偏废；第二，要跟进科技发展趋势，不断优化先进的信息化管理模式；第三，种子要有突破性研发；第四，发展是硬道理，公司专门成立了 200 人的高级管理部门，每位高级管理者都必须想方设法提升个人管区内的产量与产能。”黄荣年说。

带领 GAR 一路走来，他高度重视并全力看好棕榈油产业的可持续发展前景。“棕榈油已成为印度尼西亚经济战略的重要支柱，其可以广泛应用于食品、化妆品及其他多元工业领域，有助于维护粮食安全与能源安全。近年来，棕榈油在全球经济市场的战略性地位不断攀升，其用途更延伸至油脂化学品等多个领域，且相较于同类作物，种植使用期可达 25 年，并占用更少的土地资源，产出更多数量的商品油。”

特别是被推举为印度尼西亚工商会（KADIN）副主席后，黄荣年竭尽所能推动 KADIN 在农业与食品领域，特别是棕榈油贸易领域创新策略，积极改善印度尼西亚小型农户生计，并减轻环境与土地的开发压力。

“目前，印度尼西亚境内的棕榈树种植园，大型私营园占 49%，小农种植园占 43%，国有种植园占 8%。而总计 400 万公顷的小农种植园中，一部分由合作社扶持，余下的 250 万公顷则属于独立的小农户。”黄荣年表示，这些散落的小农户，大多缺乏高科技农耕技术，且无法享受农业合作社模式下的收成激励制度，因而产能低下，平均每年每公顷仅能实现 2 ～ 2.5 吨的棕榈油产量，严重低于每公顷 4.14 吨的印度尼西亚行业平均水平。

然而看似在整个产业链中最脆弱的部分，却也是最有望提升潜能的部分。在 KADIN 发起的各大论坛、交流活动现场，黄荣年都极力呼吁，行业内实力雄厚的企业集团或产业机构可以帮助这些小农户进行升级改造，通过有效的资金扶持、技术传输、人员培训等方式，帮助他们脱离原始、低效的生产方式，并最终通过具体的合作协议实现利益共享。

为率先践行此种理念，KADIN 已经发起了一项创新的融资方案，帮助占地总计 200 万公顷的 100 万个独立的小农户提高科技生产能力。具体到执行层面，KADIN 将联合印度尼西亚当地的金融机构，通过合作社对独立种植的小农户拨发贷款，帮助他们平稳度过油棕树“不产油”的 4 年生长期，并提升相应的种植技术。

包括黄荣年在内的 KADIN 全员相信，该方案将有助于小农种植园的棕榈油产量从 2 ～ 2.5 吨／公顷增长为 5 ～ 6 吨／公顷。

这是足以令人兴奋的数字。按照 800 美元／吨的棕榈油国际市场价格计算，该方案可额外增加 600 万吨的棕榈油产量，即每年增加 40 亿美元至 50 亿美元的贸易收入。更重要的是，无须为提升产量而进行大约 100 万公顷的土地开发，切实保护了环境，实现了真正意义上的可持续发展。

黄荣年还特意将这个创新方案，带进世界经济论坛（World Economic Forum），推介给论坛旗下的印度尼西亚农业可持续发展伙伴平台 PISAgro(Partnership for Indonesia's Sustainable Agriculture)，以助其实现“20%—20%—20%”的愿景——即提高农业产量的 20%，提升农民收入的 20% 以及降低现有温室气体排放量的 20%。

2016 年 5 月，PISAgro 与 KADIN 及印度尼西亚经济学家协会（ISEI）合作，发起了一项“支持农民金融的农业价值链创新计划”（Inovasi Rantai Nilai Sektor Agro Dalam Mendukung Financial Inclusion untuk Petani），旨在赋予小农以权利，可持续地实现粮食安全。

除此之外，自 2010 年起，黄荣年带领 KADIN

Enterprise Asia 把 2011 年度最佳企业家奖授予黄荣年

2015 年 10 月，黄荣年获颁“安永亚细安杰出企业家”特别奖

旗下的农业企业、食品和林业部门举办两年一度的“雅加达粮食安全首脑会议”，共谋支持印度尼西亚国家粮食安全以及提高农民特别是小农生产力。

2016 年，第四届雅加达粮食安全首脑会议由时任印度尼西亚副总统巴帕克 · 朱苏夫 · 卡拉主持开幕，超过 2000 位与会者共聚一堂，其中包括 3 位印度尼西亚协调部长和几位其他著名部长、政府官员、非政府组织成员、工商界人士、研究学者、学生和农民代表。“未来，我们的愿景，不只局限于印度尼西亚，而是制定出一套在世界各个区域都行之有效的产业增长模式，确保全球食品安全及环境的可持续发展等问题的解决方式，迈向全新高度。”黄荣年说。

为此，他积极参与由亚洲种植、世界经济论坛、亚太经合组织（APEC）、太平洋经济合作理事会（PECC）等各大平台组织的倡议活动，为帮助改善小农户的小额贷款（KUR）体系发展，以及推动政府出台相关的土地认证计划，发挥了关键作用。

2018 年 1 月，印度尼西亚总统佐科 · 维多多宣布了一项新政策，对小农户发放数百万公顷土地的认证证书，这些证书对于确保印度尼西亚的财政收入至关重要。此外，棕榈油基金管理机构（BPDP）于 2018 年提出新方案，以足够资金支持独立的小农户扩大棕榈园再植面积。

黄荣年始终强调，只有在经济机会、环境保护和社会福利之间取得平衡，方能从真正意义上实现可持续发展。因此在关顾小农户利益与粮食安全之外，他更是不遗余力地倡导保护生态环境。

作为印度尼西亚最大、全球第二大的棕榈油生产商，GAR 在黄荣年的主导下，一直承诺执行行业环保生产标准，并严格遵循森林保护政策（Forest Conservation Policy，FCP），这亦是 GAR 区别于同行的最大特征。

与此同时，GAR 亦支持印度尼西亚棕榈油的可持续发展计划（Indonesian Sustainable Palm Oil，ISPO），承诺减少温室气体排放并保护环境。2012 年 12 月，GAR 子公司 PT Ivo Mas Tunggal 收到第一份 ISPO 的专业认证，认证范围包括该公司位于苏门答腊廖内群岛 9721 公顷的种植园以及一座研磨工厂。

2014 年 9 月 23 日，联合国 2014 气候问题首脑会议在纽约举行，时任联合国秘书长潘基文主持开幕仪式，多国元首、政府首脑、商界领袖、社会团体及民间人士共谋大策，以期应对日益恶劣的气候变化。黄荣年作为大会发言人之一，陈述了自己一贯主张的环保理念，并借此机会代表 GAR 宣布其对《纽约森林宣言》的承诺。该宣言得到 36 个国家政府、20 个地区政府、15 个原住民组织、53 个环保非政府组织和 52 个跨国企业的支持，宣言提出到 2020 年将全球毁林率降低一半，在 2030 年之前结束毁林，同时恢复数亿公顷的退化土地。

此外，为进一步拓展在棕榈油产业领域的可持续发展能力，黄荣年还带领 GAR 与新加坡国立大学以及耶鲁大学管理学院联合开设了专业课程，以 GAR 为实体商业案例，研究企业发展与社会可持续发展之间的互动关系，并设立奖学金，鼓励优秀学生出访交流。

慈济志业

熟悉黄荣年的人都知道，除了 GAR 与棕榈油产业，他生命中另一个极具含金量的关键词，便是“慈济”。

慈济是 1966 年创立于中国台湾花莲的佛教慈善公益组织，推动包括慈善、医疗、教育、人文在内的“四大志业”，另投入海外赈灾、骨髓捐赠、环境保护、小区志工等公益行动。目前，慈济的志业已从中国台湾拓展至全球五大洲，在 47 个国家设有分支会或联络处，援助的国家及地区超过 71 处。

1998 年 5 月 9 日，黄荣年与父母一行造访台湾花莲，拜会慈济创办人证严法师。或许是机缘已到，那一趟拜会，黄荣年加入慈济并皈依于证严法师门下，家人亦十分支持。

皈依几个月之后，他领到法号“济瑨”。上人解释说，“瑨”乃古玉，但必须经历一番打磨后才能熠熠生辉。

而第一次考验，在黄荣年皈依后的第四天便拉开了序幕。

1998 年 5 月 13 日，印度尼西亚的雅加达等地发生了震惊华人社会的大暴动。暴动持续了三天，导致 1200 多人丧生，其中大部分是华人，更有 5000 多间华人店铺及住宅被烧毁。

值得庆幸的是，当时在新加坡中转逗留的黄荣年与家人逃过一劫。在黄奕聪的指示下，黄荣年与几位哥哥积极联络并安排包机，组织亲朋好友和金光集团的员工火速撤往新加坡及中国台湾。

面对印度尼西亚国内被严重激化的民族矛盾，黄荣年痛心不已，但同时也保留着一份难能可贵的清醒与理智。

“他们不是排华，他们只是太穷了。”在他眼中，大部分的印度尼西亚人民绝非暴徒，矛盾的焦点在于，华人普遍善于经商，与印度尼西亚人之间的贫富差距越发悬殊。

特别是经历了 1997 年亚洲金融危机的冲击后，许多印度尼西亚贫民的生活更是濒临绝境。这时候，如果一些别有用心的人刻意煽动，走投无路的印度尼西亚人自然很容易瞄准物资充足的华人店面抢劫，而暴动一旦发生，即会如野火燎原般一发不可收拾。

证严法师通过慈济向外界疾呼：“唯有爱才能化解仇恨”。

响应证严法师的号召，黄荣年与父亲立即发动金光集团的员工，全力配合印度尼西亚慈济志工的发放工作，先后于 1998 年 8 月及 1999 年 1 月，两次联合慈济印度尼西亚分会发放 10 万份米粮与物资给当地的百姓及军警。也正是从这个时候开始，慈济印度尼西亚分会开始真正壮大志业服务能力，投身大规模社会活动。而深受黄氏父子感召，越来越多的金光员工主动投身慈济，成为常年义工。

经此一役，黄荣年感慨良多。“出生在一个多民族聚居的国家，有机会用爱化解不同种族间的矛盾，是福分，也是每个公民应尽的本分。”因此，在担任慈济印度尼西亚分会副执行长及教育志业领导人之后，黄荣年更竭尽所能，将更多的个人精力投入与印度尼西亚有关的慈善事业中去。

2002 年 1 月底，雅加达及周边地区暴雨成灾。凶猛而下的雨水，迅速斩断了当地的电力供应，主要道路都浸泡在湍急的河流中，成千上万的人无家可归。当时 60% 的雅加达居民深受水灾侵袭，这个情况令黄奕聪非常忧心。

于是，黄荣年与黄奕聪等一行人赶往慈济静思精舍与证严法师商讨救灾对策。慈济全球志工总督导黄思贤随即来到印度尼西亚雅加达考察灾区情况，与印度尼西亚慈济志工以及当地爱心人士一起商讨对策，同时紧密与证严法师沟通，实时报告灾情并请示指导。

情况最糟糕的当属红溪河沿岸的卡布村 (Kapuk Muara)。时至 2 月下旬，大部分受灾地区的积水开始消退，但卡布村的村民，却依旧没有摆脱苦难，终日在满是垃圾与粪便的环境中生活。

商讨救灾对策的每个人都忧心忡忡：积水退去，留下大量垃圾和尸体，太阳一照，势必瘟疫横行。如果单纯地放款救灾，而不去策略性地改善灾民的生活环境，实难帮他们真正脱离苦海。

经过一番审慎的思量，大家在证严法师的提议下，制定了明确的救灾方案，轰轰烈烈的“五管齐下”（抽水、清理、消毒、义诊、建大爱村）开始了。黄氏父子更是带领金光员工联合慈济团队，身体力行地参与清理及其他救灾工作，并发动企业界及社会各界力量出钱出力。

2003 年 7 月，慈济大爱一村救灾工作完工。2005 年 7 月 16 日，大爱二村救灾工作拉开序幕。红溪河与沿岸居民的生活彻底改善，得到根本性清理整治的红溪河，拆除了两岸的违章建筑，清除了河底的淤泥，修砌好水泥堤坝，并将河面拓宽。过往那些不堪的日子，如同河面上消失的垃圾与破旧高脚木屋一样，一去不返，取而代之的是一片可供游览观光的清丽景色。

2004 年 12 月，又一场天灾袭击印度尼西亚，印度洋板块与亚欧板块的交界处发生地震，距离震源中心较近的印度尼西亚亚齐省，受创最为严重。黄荣年再度与慈济同仁一道赶赴慈济台中分会，报告亚齐灾情，并很快启动了募款计划。为获得更多企业的善款支持，黄荣年专门策划了一本图文并茂的《亚齐重建企划书》，将与募款有关的一应大事小情都清晰呈现其中，最后，更给出了明确的可供企业选择的募款方案。

那是一场印度尼西亚举国关注的募捐。然而，在媒体的镁光灯下，其他企业捆绑自家名头的救灾标语分外醒目，唯独不见黄荣年所在的“金光集团”的字样。

“其实我们的员工早已在当地帮忙救灾，不过打的却是慈济的旗号。”黄荣年说，公司主管的确担心过，外界会以为金光对灾民不闻不问，但自己无意就此向媒体做出特别说明。“慈济或金光，都只是一个名字而已。这不是重点，重点是我们做了有意义的事，帮助了有需要的人。”黄荣年说。

2005 年 1 月 8 日，灾后两周，慈济基金会正式宣布将以“物资发放、义诊、安身、安心、大爱屋”五管齐下的方式抚慰灾民创痛。随后位于班德烈的印度尼西亚亚齐大爱一村举行动土典礼，同年 12 月 26 日，班达亚齐大爱一村 160 户举办交屋启用典礼。2009 年 12 月 13 日，慈济印度尼西亚分会正式将亚齐省三个大爱村移交给印度尼西亚政府，总计兴建有 2568 户大爱屋，令当地居民重获新生活。

在积极援建灾区的同时，证严法师和包括黄荣年在内的全体印度尼西亚慈济志工，十分关注慈济在医疗领域和教育领域的志业发展。

2015 年 5 月 31 日，经过两年筹备的印度尼西亚慈济综合医院正式动土。这是中国台湾以外的首家慈济综合医院，亦是印度尼西亚首家提供骨髓移植手术的综合医院。医院占地 2.6 公顷，设有 21 层楼，528 张病床，包含安宁疗护、神经科、癌症治疗、妇女及儿童保健等医疗服务。

在教育领域，2011 年 7 月，印度尼西亚慈济学校正式开学。该校位于印度尼西亚北雅加达卡布海滩新村，以“慈、悲、喜、舍”为校训，兼顾专业教育与人文教育，旨在为印度尼西亚培育出知识及品德兼优的社会栋梁。

印度尼西亚慈济学校首期工程包括慈济幼儿园及慈济小学，2015 年 7 月，慈济中学正式启用。中学校区占地面积总计 2 万平方米，除兴建涵盖 20 间初中教室与 20 间高中教室的教学大楼外，还设有图书馆、实验室、教师室、电脑室、诊疗所、食堂、室内游泳池等设施，确保为学生提供尽可能完善的学习环境。与此同时，学校聘请来自印度尼西亚和中国的教师，实现“三语”（印度尼西亚语、汉语、英语）教学。

“好的教育，是社会的希望，慈济教育着重知识、人文、感恩的熏陶，并祈愿透过这些理念的传递，实现对国家、社会有益的承诺。”在黄荣年看来，做善事绝不是单纯捐钱捐物，身体力行至关重要，并尽可能将爱的理念传递给更多人，带动他们一同帮助有需要的弱势社群。因此，无论工作多么繁忙，他总是尽可能抽出时间，带动金光员工参与慈济的大型物资发放、义诊活动及各类慈善项目。

为鼓励金光员工踊跃地参与慈济志业，黄荣年特别设立了一种薪酬制度：从主管一级的员工开始，先行提升他们的薪水，之后再将提升的这部分金额，以对方的名义捐给慈济。如果员工本人意欲捐赠更多，则会在年底的奖金中体现激励。

这种方式其实基本没有撼动员工的个人“钱包”，却在整个金光团队内部构筑起一种善念文化。

“投身慈济组织，当下看，是用善款帮助社会弱势群体，但长远而言，我希望可以将慈济精神传播给更多人，同时让金光集团成为连接政府与民众的纽带。”黄荣年欣慰地说。近年来，随着金光集团发起的“响应爱心竹筒，汇集百万会员”计划影响力不断扩大，已在印度尼西亚成功征募到100万慈济志工，并正向“200万”的目标坚实迈进。

情系中华

多年来，除在慈济事务以及一应印度尼西亚社会经济慈善事务方面倾注了大量心血，黄荣年亦追根溯源，不忘自己身为华人后裔，秉承父亲黄奕聪真挚无私的行善理念，为中国的各项慈善公益事业，特别是教育事业贡献了诸多心力与财力，将大爱远播。

截至目前，金光集团已经先后在中国的清华大学、北京大学、浙江大学等多所高校设立奖学金与助学金，并与多地慈善机构联动，帮助贫困学生坚守课堂，安心读书。

特别值得一提的是，黄荣年携妻子于2006年以父母名义在中国著名高校清华、北大设立的“黄奕聪伉俪奖助学金”，多年来帮助许多出身贫寒的精英学子完成了学业，报效家国。

自设立“黄奕聪伉俪奖助学金”后，该奖助学金每年在北京大学资助200名学生，每名学生的资助额度为人民币4000元，已发展成为北大年度资助额最大、资助学生人数最多的奖助学金项目之一。与此同时，黄荣年还代表“黄奕聪伉俪奖助学金”每年向清华大学捐赠10万美元，每年资助约200名优秀的贫困学生继续学业，保障他们在教育面前享有均等机会。

黄荣年协助村民安顿在慈济为印度尼西亚亚齐海啸灾民援建的大爱村

自2014年起，GAR旗下的中国食品分部，更在北京大学资助了“大手拉小手，北京大学金光筑梦公益行”的活动。2018年7月5日，最新一届活动入选的10支队伍，将分别奔赴甘肃、山东、陕西、贵州等多个地区，为当地居民带去优质教育、医疗、扶贫项目等多种公益服务。

如今，金光、慈济两边忙，还要兼顾集团其他慈善事业的黄荣年，总打趣说，自己那种全天都比较空闲的“普通日子”已经用光了。平时除了早起做运动、忙公事外，他其余的时间都用来陪太太和女儿。生活中，他没有任何烧钱的嗜好，尤其不爱奢侈品，他常告诉身边人，要用富人买爱马仕、买劳斯莱斯的钱，来帮助更多处于水深火热之中的人。

“上人说：观音慈悲，伸出一千只手来帮忙。我们五百个人，就有一千只手，去帮助别人，行菩萨道，这就是人间佛法。”黄荣年说。華

陈永裁

陈永裁是菲律宾商界的一个传奇人物。

他的经商风格独树一帜，风平浪静时步步为营、稳扎稳打，面对不可预知的风险反而逆流而上、激流勇进，在众人避之不及时，他却出手占得先机，并凭借非凡的商业智慧和经营手段化险为夷，缔造了业务种类繁多的庞大商业帝国。

商界传奇 文化使者

——菲律宾航空公司董事长陈永栽

20岁开始白手起家的陈永栽秉持“赚钱无禁区”的经商哲学，做一行精一行，最终获得了巨大成功，被誉为“烟草大王”“啤酒大王”“银行大王”“航空大王”……他不仅是菲律宾最有影响力的华人企业家之一，也是公益事业的推动者，深谙中华历史与文化的他还是一位文化使者，为中华文化在菲律宾的传播作出了不可磨灭的贡献。

眼光独到 拓展商业版图

陈永栽的祖籍是福建省晋江市青阳镇。1938年，闽南沿海战火纷飞，民不聊生，4岁的陈永栽随家人离开故乡，远渡重洋到菲律宾宿务谋生。不料在他9岁时，父亲得了重病，全家不得不返回家乡。两年后，因家乡遭遇灾荒，他跟着叔父再次来到菲律宾宿务。

为了生计，他进入庄万益烟厂当学徒，但他不甘心过这种生活，年少时便立志未来一定要做出自己的一番事业。为此，他白天干活赚钱，晚上挑灯夜读，自学中学课程。功夫不负有心人，最终他以优异的成绩考入菲律宾远东大学化学工程系，并靠半工半读完成了学业。毕业后，他仍在烟厂工作，被提升为化学师。由于他具备丰富的化工知识和多年的工作经验，不久就被提升为业务经理。

虽然得到老板赏识，但陈永栽仍决定自己创业。1954年，20岁的他离开了烟厂，和朋友合开了一家玉米淀粉加工厂，但以失败告终。他从这次失败中领悟到一个道理：任何事情都有好坏两面，关键是要将不利条件转变为有利条件。

吸取教训后，他又重新出发，用借来的资金购买了一些二手机器和破旧卡车，开办了一家化学制品生产和贸易公司，这家公司成为他日后事业的基石。

陈永栽选择一门生意的标准是，必须具有庞大且持久的需求。1960年，他发现当时菲律宾香烟厂需要的甘油都从国外进口，而生产甘油的原料椰子油与肥皂厂的废料“烧碱”却随处可得，菲律宾缺的只是炼油炉。他嗅到这个商机后，历尽千辛万苦从美国买回旧炼油炉，开办了一家甘油厂，从此控制了菲律宾的甘油市场。

创办福川烟厂同样是看到了其中的机会。1965年，菲律宾的烟草市场早已被垄断，要想打开这个市场谈何容易！很多人都不看好，但陈永栽却信心满满。经过调研，他发现高档烟因价格高，很多人消费不起；低档烟价格低但质量差，也被消费者所诟病；而需求量庞大的中档烟市场却没有真正做好。他以此为突破口，主打薄荷味的“清凉”牌香烟，用上乘的质量和同等的价格赢得了消费者的青睐，并逐渐打开了菲律宾的香烟市场。

就在烟厂生意刚刚有所起色时，一场台风摧毁了厂房和大多数设备。面对这场突如其来的灾难，陈永栽并没有气馁，反而坚定了要彻底改变落后制烟技术的决心。工厂重建后，他第一个将世界先进的制烟生产流水线和现代化的卷烟机引进菲律宾，此后更是不断引进先进设备，使福川烟厂的设备和技术处于世界领先水平。

在1979年举办的第13届世界巴黎香烟质量评比会上，福川烟厂生产的香烟一举夺得了三枚金牌

1993 年，时任菲律宾总统拉莫斯与菲律宾六大华人实业家（即菲华“六大班”）合影。前排：吴天恩（左一）、施至诚（右一）、杨应琳（右二）；后排：陈永栽（左二）、郑少坚（左三）、吴奕辉（右二）

和一枚银牌。从此，他的福川牌香烟全面打入国际市场。此后，福川烟厂成为菲律宾最大的香烟制造公司，占据 70% 以上的香烟市场份额，在欧美、日本和中东市场上也都占有一席之地，陈永栽也因此成为名副其实的东南亚“烟草大王”。

但他是个胸怀大志、目光远大的人，烟草事业的成功并未让他满足，此后，他又发挥其化学专业的特长，创办了椰油厂、肥皂厂、石棉厂、炼油厂等，继而涉足进出口、地产、建筑及电子工业、农牧业等行业。

20 世纪 70 年代后期，陈永栽开始把目光投向金融业，接管了一家濒临倒闭的银行，兴办了菲律宾联盟银行，高薪聘请了一批谙熟金融业的职员助理经营。在他的执掌下，半年内银行资产即由 8000 万美元增至 2.55 亿美元，盈利 260 万美元。为了适应美国投资业务的发展，他又创办了美国海洋银行。因其在金融领域的卓越成就，他被誉为“银行大王”。

1982 年，他看到菲律宾的啤酒消费量增加，便投资 14 亿菲币，创办了菲律宾第二大现代化啤酒厂，当年就为菲律宾政府增加税收 1.5 亿菲币。

无论涉足哪个行业，陈永栽都会认真学习行业相关知识：办烟酒厂，他成了一名专业烟酒品尝师；建养猪场，他掌握了科学养猪的方法；开钢铁厂，他能准确判断钢材的成色；为办天然水饮料厂，他还曾仔细研究过菲律宾火山地区矿泉水资源的分布状况……

谈及企业发展策略，陈永栽透露，办企业是第一步，站稳后才可以迈第二步。他还强调：“办一家企业，最重要的是学习别人失败的经验。有了前车之鉴，就能避免自己将来犯同样的错误。”

气魄非凡 危机中力挽狂澜

陈永栽胆识过人、气魄非凡，在挑战面前他秉持的基本态度是“不入虎穴，焉得虎子！没有置之死地的决心，哪有死而后生的变数？”他坚信，别人能做到，他就一定能做到，别人做不到的，他也要争取做到。正是凭借着这种勇往直前的信念，他缔造了多个商业奇迹。

1995 年，陈永栽以数亿美元收购了连年亏损的菲律宾国有航空公司，气魄之大，令人咋舌。当时这家公司由于管理混乱，年年赤字，被视为一个无底洞，随时会产生巨额亏损。许多人劝他放弃，但他说，“菲律宾航空公司作为亚洲第一家航空公司，是菲律宾的骄傲和象征，不能垮，我不是为了钱而是为了国家，我要办好，为菲律宾争光，鞠躬尽瘁，死而后已。”

许多人都觉得他胆子实在太大，还有人嘲笑甚至质疑他，凭什么认为自己比国家还强大。但陈永栽认为，只要有航空公司能赚钱，菲律宾航空就没有理由不盈利。他认为物极必反，人被逼到墙角就会反弹，发挥出惊人的力量。抱着这种决胜的信念，他向股东保证，如果 6 年内不能扭亏为赢，他将一个人承担将近 100 亿菲律宾比索的损失。

此后，他展现出了非凡的商业智慧和经营手段。为了帮助菲律宾航空尽快走出困境，他不惜注资 40 亿美元陆续更新了 40 架飞机，并对混乱的管理进行大刀阔斧的改革，裁减冗员，提高员工的整体素质。另外，他还在原来航线的基础上开辟了菲律宾往返于上海、北京、中国台北以及日本、英国、美国、加拿大等地的新航线，并与美国 GE 公司联手在福建厦门兴建了一个飞机引擎维修中心。在一系列举措的刺激下，菲律宾航空非但没有被清盘，反而开始复苏。

但随即而来的东南亚金融危机让刚有起色的菲律宾航空再次陷入危机，公司员工举行了大规模罢工，导致公司全面停航。“屋漏偏逢连夜雨”，陈永栽不断受到债权人施加的压力，无奈之下，他被迫辞去公司董事长兼行政总裁职位。

但他的离开并未改变公司持续恶化的趋势，到了 1999 年上半年，菲律宾航空公司每天亏损高达 2000 万菲律宾比索，负债高达 22 亿美元，面临清盘的命运。生死攸关之际，陈永栽再次重掌菲律宾航空公司的大权。彼时他已为公司损失近 100 亿菲律宾比索，为了拯救公司于水火之中，他甚至卖掉香港的房产，再向公司注资 2 亿美元，而这些资金也仅仅够维持 10 个月。他还拿出自己的价值 6 亿元股票交换工会 10 年不罢工的承诺。

在陈永栽的大力支持下，菲律宾航空公司终于从 2000 年开始扭亏为盈，当年实现 60 亿菲律宾比索的盈利。此后，菲律宾航空公司迈入了一个全新的发展阶段，陈永栽也因这一役在菲律宾名声大震，并获得一系列的国际褒奖和荣誉。

2000 年，就在菲律宾航空公司刚刚起死回生之时，陈永栽又一次踏上了冒险之旅，收购了坏账累累的菲律宾国家银行 76% 的股份，并再次力挽狂澜。后来，菲律宾国家银行成为菲律宾第五大银行，2007 年底总资产达 58.4 亿美元，纯利约 3000 万美元，创下 10 年新高。不良贷款比率由 15.89%减至 10.9%，资本充足率也改善为 19.03%，成为菲律宾最赚钱的银行。

在短短几十年内，陈永栽在烟草、啤酒、银行、航空、地产、炼油、养殖、旅游、建筑等行业建立起自己的产业，总资产达数十亿美元。

许多人想知道陈永栽的成功秘诀，他说：“其实，我与大家没有什么不同，没有什么特别的，有的就是努力工作，面对风险，抓住机遇。”

目光长远 谋略全球布局

陈永栽不仅深谋远虑，而且眼界开阔，这也让他成为菲律宾跨国经营的先驱。

从 20 世纪 80 年代起，他就将生意版图扩大至海外，首站选在国际金融贸易中心香港，在香港设立了自己的海外发展基地——福川贸易公司和新联财务公司。

1989 年，面对“沙漠风暴”战争等不确定因素，陈永栽旗下的裕景兴业买下地皮开发了香港西九龙中心，后来被证明这是一个英明的决策。1994 年，裕景兴业又开发了嘉文花园项目，制定了香港顶级住宅物业的新设计标准。在香港回归之际，许多工商界人士因对香港的前途缺乏信心而纷纷抽逃资金转移到欧美。恰逢裕景花园拍卖地皮，许多业界人士都不敢贸然投标，陈永栽却认为这是一个好机会，毅然斥资 5 亿港元大胆中标。香港回归后，裕景花园的价值升高了百亿港元，令商界叹服。之后，他又相继在香港投资饭店、写字楼、商场、高级住宅、九龙城等项目。

陈永栽向来看好中国的发展前景，即使在东南亚金融危机爆发后，他也没有中断在中国的投资。1997 年以后，他投资 1 亿美元，在厦门建设了超大玻璃幕墙、超大功率空调、超高速电梯等多项指标居中国第一的厦门商业银行中心；后来又斥资 1.5 亿元人民币全资购并了厦门酿酒厂；此前他还在上海、北京、江苏、河南、江西、山东等地兴办了 10 家合资啤酒生产企业，总投资达 1.28 亿美元；此后，裕景兴业集团也进军中国内地，在深圳、厦门、北京、上海、大连等地购置了多块土地，总面积 48.6 万平方米；2005 年 11 月，他又成立新的裕景地产集团，重新布局中国内地的房地产业务。至此，他在中国的投资已超过 300 亿元人民币。

陈永栽在香港和内地的许多项目，都是在房地产市场处于低迷期时拿到了土地，因此获得更高收益。他说："企业家要有长远的眼光，眼下可能是赔钱的项目，但从长远看，则可能是赚大钱的项目，特别是在危险紧急之时，最有机会扭转大局。"

除了中国之外，陈永栽还在巴布亚新几内亚兴办养猪场、烟草种植场和钢铁厂等实业；在关岛建立大型购物商场，并购买占全岛 1% 的土地，创办面包厂、游乐场等；在加拿大、新加坡等地积极投资。

在海外经营企业时，陈永栽除了改良运用自己在菲律宾形成的经营哲学，还特别强调对本土人才的重用、信任、授权与激励。每到一个陌生的地方投资，他都会努力融入当地，坚持聘用能独当一面的当地能人来经营和发展公司。

吸取中华文化精髓
开启非凡商业和智慧人生

陈永栽之所以能屡次扭转乾坤，令企业起死回生，除了他自身拥有的经营智慧和坚强的毅力，还得益于他从中华文化中汲取精华并加以纯熟运用。他甚至认为，中华传统文化既是他的立身之本，也是他纵横商海的智慧源泉。

陈永栽自幼养成了学习中国诗词典籍的习惯，在他入学前，父母就要他每天背诵《三字经》《千家诗》《唐诗 300 首》《古文观止》《幼学琼林》等古代诗文。

在烟厂打工时，每天工作虽然十分辛苦，但收工后他仍坚持阅读《三国演义》，小说中许多忠义兼备、豪气盖世的人物形象和运筹帷幄的智慧胆略，都深深地印在他的脑海中。创业后，无论工作如何繁忙，他都不忘读书。从先秦到汉唐元明清乃至近代历史，他全都涉猎。读书可以明理，读史可以鉴今。他从这些历史书中吸取了大量功败垂成的经验教训，这些都成为他日后行事的参照。

1969 年，要干一番大事业的陈永栽开始学习《孙子兵法》。为了向老师请教书中的疑难字句，在课间休息的间隙，他站在母校菲律宾中正学院陈唯深老师授课的教室门口等待老师为他解答。次数一多，老师被他求学的精神所感动，破例在课余时间单独为他上课。整个学习过程历时半年，共上课 50 余次，陈永栽终于全部通晓了这位世界军事学鼻祖的战略。

从 20 世纪 80 年代开始，他数次邀请著名的教授、学者为他讲解经济学和《易经》《老子》《战国策》等，并要求集团高管与他一起听讲和探讨。他还和自己的私人教师、厦门大学人文学院退休教授黄炳辉合写了《老子章句解读》《文史经典解读》《椰风窗前共琢磨》等多部文史专著，把他对《老子》的理解融入自己跌宕起伏的人生经历中。"祸兮，福之所倚。福兮，祸之所伏。"在老子辩证思想的影响下，"人弃我取"成了他的经商理念。如今，已年逾八旬的陈永栽仍在聘请中国学者为其讲解中国历史。"中华文化是孕育了 5000 多年的文明结晶，是世界文化宝库珍贵的财富，源自中国，却属于全世界。"他说。

除了将中华文化的精髓应用于商业中，他在日常与别人谈话、演讲、接受采访时，也常常引经据典，来表达自己的思想和见解。

陈永栽不但自己醉心于中华文化，还要求子女也要具备中华文化的素养。他让家中的孩子都到华文学校接受启蒙教育，而且在家中必须讲汉语。他还要求孩子们从小就背诵中华经典，并为他们制订了学习规划：第一年在校园里念书，第二年随教师周游中国，学习各地的历史文化知识，有的还被送到北京大学等高校进修中国文学与历史。他之所以这样做，是期望子女都热爱中华文化。

倾情华文教育 致力传承中华优秀文化

陈永栽在学习中华文化之余，还为振兴菲律宾的华文教育作出了卓越贡献。他认为："华文教育是菲华社会的一个缩影。华文教育兴旺，则菲华社会繁荣；华文教育受挫，则菲华社会低落。菲华社会的生命力寄托于华裔青少年下一代的成长。"

从 20 世纪 80 年代开始他就支持华文教育，在菲律宾的华校中，几乎都有陈永栽捐建的教学楼。1990 年，陈永栽在负债 200 多万美元的菲律宾著名高等学府——东方大学设立了"东方大学奖学金"。如今，东方大学成了菲律宾学生人数最多的大学之一。他还支持建立华文教育研究中心，并开办以其父亲名字命名的菲律宾最大的华文图书馆——陈延奎纪念图书馆，为学习、研究中国传统文化提供了良好的条件。

近 20 年来，菲律宾的华文教育日渐式微，这

1999 年，陈永栽向中国外交学院捐赠教学科研基金

的资金达 2 亿多元人民币。除了投入巨额资金，陈永栽还亲力亲为，密切关注夏令营的每个环节，经常亲自打电话或者派人询问进展情况。他对这个夏令营如数家珍，对相关的数据更是了然于心。

为了让这些菲律宾华裔青少年在中国有更好的学习环境，2014 年 8 月，陈永栽向泉州师范学院捐资人民币 2700 万元，用于建设“陈延奎大楼”，为菲律宾华裔学生学中文夏令营和汉语国际推广工作提供教学及住宿场所。在他看来，华裔学生多学习中文，多了解中华文化，未来在职场或商场上也会拥有更多机遇。他希望在华夏令营生活体验能提高菲律宾华裔学生的中文水平，加深他们对故土精神内涵的理解。“孩子学中文，心中才有祖国。”陈永栽说。

主要是因为师资的极度缺乏，华文师资培养迫在眉睫。陈永栽很早就意识到这一问题，为此，他设立了“福川烟厂教育基金会”，资助菲律宾华裔青年到中国留学。为了扩大“长期师资培训”工程，他又另设立一项“华教工读奖学金”，资助华校中文程度优良的中学毕业生，在菲律宾境内任何一所大学进修。

此外，他还和其他的侨领一起资助由菲律宾华教研究中心发起的培养本土中文教师的造血计划——选派优秀的华校毕业生赴中国进行系统的中文知识学习，然后返回菲律宾华校任教。1986 年秋季，首批 18 名青年被选送到泉州华侨大学留学，学习汉语语言文学专业。他们学成回国后，均成为菲律宾华文教育的骨干力量。

但一个不争的事实是，菲律宾缺少中文语言环境和缺少实践。为了提高菲律宾华裔青少年的华文水平，让他们了解中华优秀传统文化，自 2001 年以来，陈永栽每年拿出大量资金创办寻“根”夏令营，资助菲律宾华裔青少年在 3—5 月期间（菲律宾中小学暑假）到祖国各地学习汉语、书法、国画、舞蹈、武术、中文歌曲等，集丰富多彩的教学活动与形式多样的寻根活动于一体，让他们体验到中华文化的魅力。夏令营旨在帮助海外华侨华人的子孙后代寻找民族之“根”。这个夏令营深受菲律宾华裔青少年的喜爱，在菲华社会乃至海内外华文教育界影响广泛，在两国间被传为美谈。至今已有超过 1.3 万名学生受到资助。

创办寻“根”夏令营 20 多年来，陈永栽投入

他还特别注重教育改革，他曾呼吁全菲律宾华校在华语教学中应本着“吐故纳新”精神，一致采用“汉语拼音方案”和“简化字”进行教学，使之与祖国文化教育接轨。同时，他还明确提出“学校、社会、家庭”三方面共同配合，督促菲律宾华裔学生认真学习汉语，让汉语在异国他乡的华人中发扬光大。

陈永栽所有的努力，都指向一个目标：希望华裔青少年热爱中华文化，领悟中华文化，传承中华文化，成为促进中菲友谊的使者。

为了表彰他对传承中华文化所作出的贡献，国务院侨务办公室专门向他颁授了“倾心华教，泽被侨胞”的牌匾。在 2011 年第二届世界华文教育大会上，陈永栽获得了国侨办与中国海外交流协会授予的“热心华文教育杰出人士”荣誉称号。在 2016 年 12 月举办的第五届“中华之光——传播中华文化年度人物”颁奖典礼上，陈永栽因为倾心投入“留根工程”，作为推动中华文化走向世界的代表性人物，与来自世界五大洲获奖的 10 位个人和 1 个集体一起获奖。

乐善好施 反哺桑梓 泽被乡里

深受儒家思想影响的陈永栽虽富甲一方，却俭朴有加，烟酒不沾，但对慈善和各项公益事业却乐

善好施。除了振兴华文教育，陈永栽在推进其他慈善事业方面也不遗余力。

1984 年，他成立了“亚啤医学奖学金”，致力于提高菲律宾医疗水平；1986 年，他以父亲之名成立了“陈延奎基金会”，亲自担任董事长；此后，他通过基金会，在菲律宾与中国广泛捐建学校校舍，为大批失学儿童提供了读书的机会，同时还与各界合作开展一系列慈善项目。他也是“非营利性基础教育改革基金会”的创始人，这个基金会通过提高英语、科学和数学教师的教学技能，来提升全国教育质量。

2001 年，陈永栽访问菲律宾著名农业大学——中吕宋国际大学，并为该校捐建一座室内体育馆

在家乡福建省晋江市，也遍布陈永栽的慈善足迹：1979 年，他目睹家乡医疗设施简陋后，便以其父母的名义捐资 72 万元，兴建了晋江医院门诊大楼，命名为“爱国楼”，2004 年，他再次捐款 200 万元将大楼装饰一新；1991 年，他捐资 268 万元兴建了当时晋江唯一的图书馆；1993 年，他以其父亲陈延奎、母亲蔡琼霞的名义捐资 400 万元兴建了晋江第二实验小学的教学楼、礼堂及学校基础设施；1995 年，他捐资 150 万元兴建二小教师宿舍；他还资助福建省选派留学生出国进修，受到家乡人民的高度赞扬。

此外，他还为 1990 年北京亚运会、2008 年北京奥运会场馆“水立方”的建设、2008 年汶川地震及 2010 年玉树地震等出资出力。

陈永栽热衷参与社会事务，并担任过很多社会公职。他曾担任菲华商联总会副理事长 18 年，1999 年 3 月，他当选为第 23 届菲华商联总会理事长，并至今担任永远名誉理事长。该会是菲律宾最大的华商组织，拥有分布全菲的 167 个商会会员。供职期间，他曾主导解决了困扰菲华社会的大难题——土生华人入籍难的问题。在他服务菲华商联总会的 20 年期间，这一组织扮演了推动中菲友谊重要“使者”的角色，为推动中菲两国的友好关系做了很多卓有成效的努力。2017 年，德高望重的他又出任新成立的“菲律宾中国和平统一促进会”常务指导员一职。

多年来，陈永栽为中菲经济文化发展和两国之间友好睦邻关系作出了杰出贡献，他也因此成为最受中国重视和尊重的海外华商领袖，几乎应邀出席了中国最近二三十年的每一次重大节庆盛典。2015 年 9 月 3 日，纪念抗战胜利 70 周年大阅兵仪式上，他和其他 4 位德高望重、声誉卓著的侨胞代表登上了天安门城楼观礼并出席招待会。

历经半个世纪的商海沉浮，陈永栽早已功成名就，但他依然勤奋努力。他常常强调勤奋是一切事业的基础，也是成功的重要条件。或许正是他的刻苦勤奋，对事业孜孜不倦的追求和钻研，让他始终跟上时代发展的脚步，并在竞争中立于不败之地。華

魏成辉

在世界各地，都有“第一家”的产品，这个说法毫不夸张，全球各大城市，无论是美国旧金山、印度加尔各答，还是南非约翰内斯堡，乃至中国各大城市，都可以发现“第一家”的身影。“第一家”每天生产3000多万张薄饼皮，年产约100亿张，畅销世界五大洲的70多个国家和地区，占据全球市场60%以上的份额，被称为“薄薄一片，席卷全球”。

小产品能做出如此大生意，全靠“第一家”的掌舵人——新加坡籍华商魏成辉。40多年来，他凭借个人毅力和敏锐的商业头脑，将“第一家”从一个小工厂发展成为多元化的商业帝国，把“第一家”的品牌从新加坡扩展到全球。魏成辉也因在“第一家”和其他领域的卓越成就，成为新加坡无人不知、无人不晓的商界人物。

“薄饼大王”的中国梦

——新加坡第一家食品集团董事局主席魏成辉

“我是个流着华族血液的新加坡人，‘一带一路’是世界经济的长城，也是让世界更美好的涓涓大海。我和许多企业家一样，幸运地走在这条康庄大道上，期盼中国富强，世界大善，全球大美。”

——魏成辉

小小薄饼，全球闻名

魏成辉，1948 年 12 月生于福建省福清市三山镇鳌头村。他出生时，父亲魏可忠已下南洋谋生，他也在 6 岁时随母亲来到新加坡，与父亲团聚。

中学时，魏成辉对摆弄各种电器十分着迷。中学毕业后，他专门进修了两年电器机械课程。当时华校毕业生不好找工作，魏成辉便到父亲经营的批发行打工，从事食品批发销售业务。

“在我成长、创业到致富的人生曲折道路上，父亲对我的影响既深且远，点滴成川。”魏成辉回忆说，“父亲虽然念书不多，却具备中华民族的许多优良传统。作为长子，父亲对他要求特别严格。他以中国传统方法来管教孩子，孩子有错时难免要打骂，用意是希望孩子痛定思痛，日后能出人头地、有所成就。我经常反思，在我成长期间，如果父亲持家、教子无方，我很可能早已误入歧途。”

尽管十分敬佩父亲的勤劳精神，但喜爱机械的魏成辉骨子里对自家生意并不感兴趣。他一边替父亲打理生意，一边谋划着创业。21 岁那年，雄心万丈的魏成辉就利用父亲资助的 1 万新加坡元与父亲的一位朋友合伙做生意。没想到出师不利，本金在 8 个月里就亏个精光。

“当时，我给父亲打工每月只挣 60 多新加坡元，亏掉的钱相当于十几年的工资。”魏成辉说，首次创业失败之后，他心痛不已，但思想也变得成熟，了解到挣钱并不是想象中那么容易。他痛定思痛，重新筹措了 1.6 万新加坡元，选择了自己更擅长的领域——开办一家修理和装配机械电器的工厂。这次他找对了方向：在他的努力经营和精心打磨下，这家名为“星城”的机械修理厂规模虽小，却是年年盈利。

几年后，“星城”的年收入达 50 万新加坡元，魏成辉还清所有欠款还有盈余。于是他更进一步，与一批志同道合的工程师一起成立了泛星机械工程公司（Interwide Mechanical Engineering），为裕廊船厂修理船舶。4 年后，两家公司年收入合计达 250 万新加坡元，有员工 400 余人，俨然成为中型企业。

1977 年，29 岁的魏成辉迎来了人生和事业的转折点。他经营的机械修理厂毗邻一家名为“第一家机制薄饼皮”的工厂，因众多股东希望转让工厂，一直看好食品行业的魏成辉立刻出手，把自己的机械修理厂抵押给银行贷款，买下这家工厂的全部股权，并将公司重新命名为“第一家食品厂有限公司”。

薄饼皮又名“春卷皮”，是春卷、咖喱角（Samosa）等中国和印度食品的重要原料。魏成辉接管的这个工厂虽然名为“机制薄饼”，但自动化生产却并未被真正落实。工厂的 23 名员工每天只能生产 3.2 万张春卷皮，产量低、人工成本却偏高。于是，他决定发挥自己的优势，让公司真正实现自动化生产，并以自动化控制成本，扩大规模。

当时，全世界都找不到一台自动化制作薄饼皮的机器，但魏成辉看准了机械化生产的必然趋势，决定自己动手设计。经过两年的夜以继日，他研制出了全球第一台全自动薄饼皮制造机。这 730 多个日夜的打拼，被魏成辉视为生命中最艰难却也最辉煌的经历。机械改良后，“第一家”成为世界上第一家全自动化薄饼皮生产工厂，每天的产量也从 3.2 万张增长至 80 万张，翻了 25 倍，所需工人却几乎没有增加。依靠这样的规模优势，“第一家”迅速成为行业的领导者。

1983 年，魏成辉融资 2000 万新加坡元，建立了一座 6 层的现代化工厂。当时贷款的银行认为小小的薄饼行业不需要那么大的投资，但魏成辉有理有据的分析和建厂后的规划，取得了银行的信任。1986 年 12 月 6 日，第一家食品大厦正式落成启用。时任新加坡贸工部长李显龙主持启用仪式，称赞“第一家”的成功是本地企业的典范，赞扬魏成辉的远见、革新以及不屈不挠致力于提高产品质量和生产力的精神，正是创业者所必备的素质。

有了产量就必须有市场。魏成辉知道，200 万人口的新加坡消化不了自动化规模生产的产能。他把目光投向了海外，从 1980 年开始，“第一家”几乎参加了所有大型国际食品展销会，并建立起一个个海外销售网络和渠道。而魏成辉自己则第一次到澳大利亚悉尼唐人街推销薄饼皮。

在澳大利亚建立销售点后，“第一家”开始进军欧美市场。1988 年，“第一家”花 1500 万美元收购了位于美国洛杉矶、生产双龙品牌食品的万安食品厂，开了新加坡中小企业收购外国工厂的先河；1990 年，魏成辉收购了一家在美国颇具实力的日本企业 50% 的股份；1991 年，他在家乡福清投资 5000 万元人民币，成立冠辉食品公司，此后，“第一家”在世界各地开设新工厂。

1986 年，魏成辉从新加坡开国总理李光耀手中接过“国家生产力奖”，“第一家”成为首家获得该奖项的中小型企业，这是魏成辉和“第一家”最为荣耀的时刻之一，也是新加坡政府对他坚守小行业、做出大成绩的最好褒奖。同年，魏成辉又获得了“商业时报及 DHL 国际企业奖”，颁奖者是当时的贸工部长、如今的新加坡总理李显龙。

1994 年 5 月，中国改革开放总设计师邓小平的胞弟邓垦应邀赴新加坡访问时，特地来到“第一家”参观。得知眼前高效运转的薄饼机器都出自老板魏成辉之手后，他深受震撼。他在接受采访时说：“‘第一家’的机器都是魏成辉先生亲自设计的，这让我感到很惊讶。这种做法，不仅能提高生产效率，同时也激发了工厂领导人的创造力。本人对魏先生的创新精神十分钦佩。”邓垦说，“第一家”食品是“小产品做了大生意”。

不忘初心，利国利己

魏成辉曾说过，他生命中最重要的时刻是 1979 年，那时 31 岁的他回到出生地福清。“触目可及的都是身着单薄褴褛的蓝色服装的老乡，望着一片灰蓝，我当时立下志愿，如果我有了成就一定要返乡建设，因为饮水思源是我们华人最宝贵的精神力量。”1985 年，他开始回到家乡发展。

进入 20 世纪 90 年代，中国的改革开放进入快车道，魏成辉也将目光投向了家乡：1993 年，他力排众议“吃螃蟹”，收购国营福州啤酒厂 100% 的股份。“这个收购也成为我在自己出生地起飞中国

早期的第一家食品厂大楼

时任新加坡总理吴作栋向魏成辉颁奖

梦的第一站。”魏成辉说。

当时，要把一个有相当规模的国有企业卖给外资的消息震动了整个福建，反对的声音不绝于耳。而在魏成辉这边，许多人也并不看好这一收购，毕竟从新加坡到中国需要克服的困难太多，不如不做。但魏成辉的坚定决心从未动摇：“真正的生意人，既不赶潮流，又不找借口，只相信一个铁的事实：把事业做大、做强。”

魏成辉提出了“三利经”：有利于当地经济发展、有利于老百姓的生计、有利于公司的发展。本着这一原则，魏成辉最终克服重重阻碍完成收购，并将啤酒厂更名为“第一家啤酒厂”，这也是中国改革开放之后，外资在中国内地控股的首家啤酒厂。

由于自己并非专业人士，魏成辉还找来专业合作伙伴——亚太酿酒厂，出让 40% 股权，并由专业人士生产和经营。但由于水土不服等原因，第一家啤酒厂一连 7 年亏损，累计亏损几千万美元。1999 年 9 月，魏成辉买下全部股权，亲自经营啤酒厂。不认输的魏成辉通过一年多的努力，让啤酒厂起死回生，扭亏为盈。尽管走出了经营困境，但魏成辉也发现，以第一家现有的资源去经营一家啤酒厂存在很大挑战，因此在企业扭亏为盈后，他便强强结合，将 51% 的股份转让给青岛啤酒。

此后，意图继续开拓中国市场的魏成辉又以十足的诚意和信心开启了一个更大的计划：并购当时中国碳酸饮料行业的第一品牌——被称为“中国魔水”的健力宝。当时，健力宝所在的广东佛山三水区政府希望为其引入新东家。魏成辉看好这个机会，带领由专业律师、会计师等组成的团队，与对方进行了接触。由于这项收购涉及的金额高达 7 亿新加坡元，魏成辉比较谨慎，对公司财务状况的披露提出了严格而专业的要求，但对方披露的资料有限，最终并购功败垂成。魏成辉退出后，健力宝被出让给了中国国内的一位投资人，最终将该品牌带至年年亏损的境地。

开始收购前，魏成辉曾放言自己“可在 5 年内让健力宝取得 5 亿美元销售额，让‘中国魔水’恢复昔日光辉”，但最终却因为不能获得足够的财务状况信息而退出。对此他表示：“冒险也要有个程度，不能为了要得到这个转让权，而付出无法估计的代价……收购不成，只有遗憾，没有可惜。”健力宝几年后经营不善濒临破产，有人感叹：假如当初卖给一贯以实业和稳健见长的魏成辉，恐怕健力宝的命运也会改写。

健力宝的并购失败没有影响魏成辉投资中国的步伐。世纪之交，他开始在福建等地购置土地，进行房地产和商业开发。

魏成辉还拓展了一个投资中国市场的新方法：购买在新加坡交易所上市的中国企业股票或收购在中国有业务的新加坡公司。2004 年末，他成为中国冷食行业首家新加坡上市公司——佑康食品的大股东，拥有其 20% 的股权；2006 年 7 月，他又入股计划在华拓展业务的水务公司——亚洲环保，并连续两次增持股份，达到持有股份超过 10%。魏成辉希望通过购入这些“在新加坡上市红筹股”，帮助自己开拓中国市场。

而在自己起家的老本行——食品行业，魏成辉也加大了对中国市场的投资力度。2006 年 7 月，他与中国四大名醋之一“镇江香醋”的生产商——江苏恒顺醋业达成合作协议，计划合资建立全世界最大的香醋生产企业。

魏成辉跟许多人说过，自己虽然是新加坡籍华人，却也有一个华人梦，那就是让生活在世界各地的华人更有地位。在他看来，“海外华人的中国梦就是‘一带一路’，这个倡议是一定会成功的。”他充满信心地说，“‘一带一路’是共享经济的伟大计划，它会给世界带来无数商机，特别是亚洲，只要能搭上‘一带一路’列车，插上‘一带一路’的翅膀，亚洲与世界经济发展是无可限量的！”

“今天的中国在以习近平总书记为核心的中国共产党领导下变得更富强，在国际上已经是举足轻重的世界大国。中国的发展为世界带来希望，也带来一些担忧，这条沉睡了 5000 年的龙苏醒后到底是一条怎样的龙？是一条充满野心的龙还是充满大爱的世界之龙？”在一次演讲中，魏成辉直言，中国一定是举足轻重的世界强国，他对出生地——中国充满信心，“我是个流着华族血液的新加坡人，‘一带一路’是世界经济的长城，也是让世界更美好的涓涓大海。我和许多企业家一样，幸运地走在这条康庄大道上，期盼中国富强，世界大善，全球大美”。

第一家企业集团大楼

第一家薄饼机械化生产线

注重创新，不惧失败

2001 年 8 月，时任新加坡总理吴作栋在新加坡国立大学文化中心礼堂举行的国庆群众大会上，发表了《推动新经济战略五大方向》的长篇演讲。他提出新加坡新经济战略的一个重要方向是国际化的企业。魏成辉被吴作栋总理点名称赞为具有创新与进取精神的企业家代表。吴作栋风趣地说：“我很惊奇地获知‘第一家’的印度煎饼在西方国家的销路，竟然比在东方国家还好。看起来，魏成辉已经说动美国人和欧洲人吃印度煎饼了。”现场笑声和掌声雷动。吴作栋又感慨地说：“对你们当中的一些人来说，制作薄饼皮或许不是一门很吸引人的生意，但我对魏成辉能够打开薄饼皮的国际市场而感到骄傲！”

魏成辉的成功，来自他和企业对创新的坚持。在他看来，国际商业舞台是瞬息万变的，应该精益求精，力求上进，不断创新，才会再创新高。

魏成辉的创新是全方位的。第一家的印度煎饼（Roti Paratha）就是最成功的案例之一。20 世纪 80 年代，印度煎饼在新加坡和其他东南亚国家都广受好评，但生产企业往往都是小打小闹，没有具有规模的大厂家。已成为“薄饼大王”的魏成辉看到商机，大胆进入，利用自己的销售渠道将这款产品向全世界推销，在欧美掀起了一股“印度煎饼热”。

“第一家”参与了新加坡举办的国际食品科学与技术大会。大会上，其新产品“咖喱角”（Samosa）一炮打响，不仅荣膺 1987 年新加坡食品科技学会（SIFST）“最佳产品奖”，还获得了客商和消费者的广泛认同。

靠着创新，“第一家”不但迅速腾飞，而且获得众多荣誉。除荣获“国家生产力奖”外，魏成辉也获颁“第一届企业家奖”，另外，新加坡于 1995

新加坡 GSH 广场

年设立“50 家杰出企业奖”，“第一家”每年都获此奖项，而且排名年年提升，到 2000 年时已高居榜首。

与此同时，“第一家”的产品也是获奖无数，如新加坡农粮局颁发“食品安全卓越奖——白金奖”，在国际上荣获极具权威的“世界食品品质品鉴大会”金奖（Monde Selection Gold Medal）等。1998 年，其生产的春卷皮、印度煎饼、咖喱角等产品获得 HACCP 认证，再次证明其食品安全与卫生达到国际最高水平。

魏成辉常说的一句话是：生意做小，赚多，赚不多；生意做大，赚少，赚不少。在他的经商原则中，除了创新这个大原则外，还特别注重诚信和以顾客为尊。“客户的利益就是我们的利益，客户的需要就是我们要争取的生意”。他说，做生意最忌讳欺骗和短视。在日益透明化、信息流动的当代商业社会，没有人会永远被骗，短视的商人赚不了大钱。

对于食品行业来说，产品的质量和顾客的健康是最重要的。因此，“第一家”在成为世界最大的薄饼皮生产企业之后，魏成辉仍然要求全体员工不断改进生产流程，以今日改良昨日，明日改良今日的精神，继续提升产品质量。生产过程中的“人”是最重要的，因此“第一家”一方面保证所有员工的良好工作环境及优厚待遇，另一方面也建立了一套严格的制度，确保员工在工作流程上的高水平。每一位加入工厂的新员工，都必须首先接受几个月的“良好制造程序”强化课程，而在企业日常运行中，品质管理部门每天都要对员工生产的产品进行抽样检查，以确保质量。

独到的前瞻性也是魏成辉能在食品、地产、证券投资等领域不断获得成功的重要因素。

魏成辉一直对食品业的发展有前瞻性的认识。20 世纪 90 年代初，冷冻食品还是新鲜事物，但他已预见到这一产业的前景，并及时进入了冷食领域。因为把握住了这个趋势，他为“第一家”在薄饼皮之外，开辟了一片新蓝海。

在房地产领域也是如此，20 世纪 90 年代进入中国市场后，魏成辉就意识到，随着中国经济不断蓬勃发展，必然会促使中国二三线城市的房地产需求大增。进入 21 世纪以来，他陆续在中国的天津、扬州、南通等城市布局购买土地，并先后成立了几家房地产开发公司。事实证明，他的判断和进场时机都非常准确。得益于对中国地产市场的投资，魏成辉的事业和资产也实现了腾飞。

魏成辉对于群策环球控股（GSH Corporation Limited）的经营，也成为他事业中的一个点睛之笔。这家公司原为一家电子产品经销商，魏成辉于 2012 年至 2013 年陆续以较低的价格收购其股权后，将其转型为一家投资公司并出任执行主席。

“其疾如风，不动如山”可以用来形容魏成辉的经营策略。他收购群策后，在很长一段时间都没有开展投资。“做任何事情之前，都要学习、吸收，对当下的情况有深入的了解。”魏成辉说，他曾考虑让群策进军中国地产业，但彼时的中国地产行业正进入改革，有很多不确定因素，所以计划延后。魏成辉希望在未来合适的时间，带领群策进军中国，发展商业房地产和旅游业。

2014 年，魏成辉把目光转向了东马沙巴州的亚庇，投资 7 亿新加坡元兴建占地面积 155 公顷的丝绸港湾度假村（Sutera Harbour Resort）和其他商业设施。这一项目大获成功，五星级的硬件设施、无敌的海景、数一数二的沙滩，让度假村成为国内外游客休闲度假的必选之地。“在年底的热门时段，即使我要订一间客房，有时都难以如愿。”魏成辉笑着说。2018 年，魏成辉还在沙巴亚庇推出珊瑚湾（Coral Bay）豪华公寓，在这个豪华公寓项目中，80% 的房子拥有南中国海的海景，20% 的房子可以远眺高尔夫球场与京那巴鲁山。

此后，群策在亚庇、吉隆坡等地开发了多个项目，涵盖商业地产、公寓、酒店等诸多领域，收益颇丰。2016 年，群策又进军食品运输业，投资 2 亿元人民币，收购了河南中原水产物流港 30% 的股权。

通过在多个行业的成功投资经营，群策如今的市面价值已超过 10 亿新加坡元，比魏成辉接手前翻了数十倍。目前，除经营“第一家”集团和群策环球控股外，魏成辉还在恒益德国际（Envictus）、JB Foods 等多家新加坡上市公司担任董事局副主席。

凡事都要努力争取，但魏成辉对成败也看得很开。他坦言，这个社会无时无刻不在竞争。成功的人不一定比失败的人更聪明。很多时候成功与失败只是一线之差，这一线就是“天时、地利、人和”。一个人的成功有时要靠运气，要懂得欣赏别人的成功。“我常鼓励年轻人，有了正确的目标，就要排除万难向前冲。对自己一定要有信心，失败是难免的，成功往往需要经过无数次的失败”。魏成辉说，失败不可怕，可怕的是认输。

取之社会，用之社会

“我始终相信美好的梦想一定建立在大爱之上。我对我的出生地——中国充满了信心，我是个流着中华民族血液的新加坡人，受着儒家美德熏陶，我对自己的国家付出真诚的爱，当然也关爱世界其他国家，因为大国大爱使中华民族一向被世界仰望期盼。”魏成辉说道。

1990 年，魏成辉捐资逾百万新加坡元，将孔子、屈原、林则徐、岳飞、司马光等代表中华民族忠孝仁爱、礼义廉耻美德的 8 个历史人物巨型石雕，从家乡福建运到新加坡，落户于滨海城南塑像公园。他希望借此使新加坡人了解中国历史，让数千年传承的中华文化得到弘扬。当时正逢新加坡建国 25 周年之际，时任新加坡总理吴作栋为雕塑揭幕。在致辞中，吴作栋表示 8 尊塑像象征的美德，代表了新加坡所应该追随的道德价值观。他同时对魏成辉大加赞扬：“（魏成辉）那种‘取之社会，用之社会’的精神正是新加坡所需要的。”

为此，魏成辉付出的不只是金钱。这 8 尊雕塑的建成一共邀请了数十位专家，仅为寻找学名为“辉绿岩”的青石，就在中国南方走寻 2 省 8 县，踏遍 20 多座矿山。从选材、设计、雕刻到运输，魏成辉都不惜一切代价，花了一年半时间方才完成。他认为，现代商业竞争的社会，大多数人心中的理想总离不开利与欲，往日那套宝贵的价值观早已抛诸脑后，这是一种缺失。因此，在发展企业的同时，他不忘为弘扬中华传统美德出力。

捐资建雕像，只是魏成辉鼎力参与社会公益众多事业中的沧海一粟。作为新加坡首屈一指的杰出企业家，魏成辉同时还是一位热心公益事业和公众事务的社团领袖，一位积极发扬中华优秀传统文化、积极推动华人社群进步的“民间大使”。迄今为止，他已在公益事业上捐款数千万新加坡元。他时常教育子女：“财富的多少不是衡量一个人成功的标准，最重要的是人生活得要有意义，多做好事，多行善。”

魏成辉时常提起他担任福清会馆主席时兴建会馆大厦的事。“那是我最具挑战性、最有成就感、生平中最骄傲的一件事，因为那项任务非常艰巨，担子也格外沉重”。他说，他接手时正是福清会馆最困难的时期。由于拖欠了上百万新加坡元的债务，已建了一半的会馆大厦被迫停工。身为福清人的魏成辉一上任，先自掏腰包拿出数十万新加坡元巨款，让工程重新开工，之后大厦顺利落成，通过出租等经营手段，为会馆每年增加了数十万新加坡元收入，使会馆的各项支出有了着落。许多在新加坡的福清籍人士提起这件事，都会向魏成辉竖起大拇指。

魏成辉身兼新加坡 50 大杰出企业俱乐部终身名誉主席、新加坡中华总商会名誉董事、乌鲁班丹公民咨询委员会主席、新加坡乒乓球总会名誉会长、新加坡德明政府中学咨询委员会名誉主席、新加坡光华小学校友会名誉会长等职务。同时，魏成辉还是新加坡科技设计大学的董事会成员。这对一年中有近半时间在国外视察业务的他来说，是很大的负担和挑战。然而，魏成辉对这些职务并非只是挂名，而是样样尽职尽责，将公益和公共事务作为自己的一项重要使命。

2003 年，魏成辉向新加坡国立大学李光耀公共政策学院捐款 100 万新加坡元，以资助公共服务人员的人才培训；作为母校德明政府中学的顾问委员会主席，他为学校筹集了超过 150 万新加坡元的资金，其中三分之一的资金来自他个人；2012 年，魏成辉捐赠 50 万新加坡元给李光耀双语基金，用于提高学前教育机构教导双语的能力；而作为新加坡科技设计大学的校董，他也积极参与筹集资金的工作，帮助董事局完成所设定的 10 亿新加坡元筹款目标。

2014 年，时任新加坡总统向魏成辉颁赐公共服务星章（勋条）

与此同时，作为一名华人企业家，中国自然是魏成辉内心始终的牵挂。除了在中国的投资事业，他也积极参与公益事业，以表达自己对家乡的深厚感情。他曾在家乡捐款 400 多万元人民币兴建了一座占地面积 5000 平方米、可容纳数百名学生就读的学校。当地想以他的名字为学校命名，被他婉拒，直接将学校命名为“福清鳌头小学”。因其善举和对祖国作出的贡献，2017 年在人民日报社旗下《人民论坛》杂志主办的“2017 第三届海归中国梦年度盛典”上，魏成辉与中国“入世”首席谈判代表龙永图和福耀玻璃创始人曹德旺一起，获颁“特别致敬人物奖”，成为唯一获此殊荣的外国人士。

在参与公益事业上，魏成辉既出资，又出力。他亲力亲为，注重培育新人，让奉献精神薪火相传，生生不息。他不仅自己慷慨解囊，同时也是筹款高手。乌鲁班丹公民咨询委员会是新加坡一个联系民众、建立凝聚力的民间团体，身为主席，魏成辉通过两次活动就筹集到 400 万新加坡元；身为新加坡羽毛球总会署理事长的他，一次慈善球赛就募集到 168 万新加坡元。人们发现一个规律，只要魏成辉决定做某项公益之举，必然能吸引一批人跟随。“最重要的是‘以诚待人’，在别人陷入困境时尽力帮忙，你需要他们出力时，他们自然也会鼎力相助。”魏成辉这样总结他的“慈善经”。

因在商业上的成就以及回馈社会所付出的努力，魏成辉先后于 2000 年获得新加坡政府颁发的公共服务奖章（PBM）、2004 年颁授的公共服务星章（BBM）和 2014 年新加坡总统颁赐的公共服务星章（勋条）[BBM（L）]，受到政府及民众的高度赞扬；另外在 2014 年，他还因为对马来西亚沙巴州作出的积极贡献，获沙巴州“神山光荣”（PGDK）拿督勋衔，这是沙巴州第二高的荣誉勋衔。魏成辉还先后获得 2005 年新加坡《尚流》杂志“杰出公益奖”、2014 年《新加坡商业时报》“年度杰出商人奖”、2016 年亚洲策略与领导研究院“终身成就奖”等奖项。

“公益事业必须发自内心，而且也不能以金钱作为唯一标准”。魏成辉说，虽然多年来他已参与许多公益活动，但他承诺未来会在回馈社会方面更加努力，把更多的时间用于公共事务，“取之社会，用之社会”。華

霍震寰

曾梦想成为大学老师与科学家的霍震寰，因为家庭与父亲的缘故而跨入商界，并修成守业壮业的正果。

在众多叱咤风云的商界领袖中，霍震寰予人印象最为别致：既沉稳内敛，又充满自信。香港媒体评价他："为人朴实忠厚，机敏而富于事业心。"他承继了先父霍英东坚韧不拔的人格特质，更智慧地将中国武术精髓融会到他的为商之道和处世哲学之中——善于因势利导、以柔克刚，既能避险又能借力打力。

守业有道 守正出奇

——香港霍英东集团行政总裁霍震寰

这是一位守业成功进而创造商业奇迹的香江巨子。他就是 2003 年获授太平绅士（JP）、2005 年获颁“银紫荆星章”（SBS）的全国人大代表、香港中华总商会永远名誉会长、霍英东家族企业掌门人霍震寰。

因为霍震寰形象酷似其父——全国政协原副主席、著名爱国企业家霍英东，舆论常将两人进行比较，认为与其父勇往直前不同，霍震寰处于守势。不过，多年的事实已经证明，霍英东的眼光没有错，他看重二子霍震寰的商业才能，将家族生意交给其打理后，企业不断发展，延续着霍氏传奇，霍震寰也由此收获了新一代商界奇才的美名，并创造了很多“第一”与“之最”。

他参与投建改革开放后最早的中外合资宾馆。1979 年，霍震寰陪父亲到内地做的第一个项目——广东中山市中山温泉宾馆，是中国改革开放后第一家中外合资的宾馆。经过不少周折，温泉宾馆终于建成并投入运营，霍震寰也学会了如何与内地合作方进行沟通。

1982 年，霍震寰在温泉宾馆建起一个高尔夫球场，这是内地第一家高尔夫球场，可谓开风气之先。那时，当地不少人指责这是在搞资本主义。霍震寰听了只是淡淡一笑说：“先不要争论是什么主义，做起来再说。如果搞不成功，就当作花园好了。”许多人没想到，这个“资本主义的东西”建成后生意非常好，直到现在，这个高尔夫球场仍是中国最好的高尔夫球场之一。

他是“中总”百年历史上最年轻的会长。2004 年 11 月 5 日，他当选第 44 届香港中华总商会会长，时年 54 岁。事实上，成为最年轻的会长，并不能掩盖霍震寰在该商会效力的悠久历史。1982 年，硕士毕业不久的他便加入商会，次年就当选为商会青年委员会主任委员，后来又担任了会董、常务会董、司库及副会长等职务。

毫无疑问，半个多世纪以来，霍氏家族企业创造了现代中华企业家的传奇与辉煌。而作为家族企业传承人，霍震寰则有力挑战了“富不过三”的刻板成见。在他眼中，出色的商界领袖应有魄力、择善固执、勇于承担、理念清晰、知人善任，具有团队精神，能跟着时代转变，更重要的是终身学习。“要想战胜挑战，就要有创新的精神，不能满足现在，要有长远的眼光。同时，也只有新的挑战，才能有新的成功。”

第二代商业领袖的成长之路

与新中国同龄、生在香港、祖籍番禺的霍震寰走上商业道路似乎顺理成章。

受益于家庭，霍震寰接受了精英教育——早年在香港摩利臣山小学和圣贞德学校念书，后来到英国完成中学课程。中学毕业后，霍震寰以优异成绩考上加拿大英属哥伦比亚大学数学系，经 4 年苦

香港中华总商会各位会长、副会长与主礼嘉宾主持“105 周年会庆晚宴”仪式

读，22 岁的他于 1971 年顺利拿到了理科学士学位。1973 年，霍震寰顺利获得工商管理硕士学位。

学成返港，进入霍氏家族企业后，父亲安排他和自己一个办公室，手把手教他做生意。以往中国的家族企业偏重于人治，欠缺制度化管理，霍氏家族企业也不例外。霍震寰进入公司后，洞悉此中之弊，他学以致用，迅速在公司财务方面建立了一整套完善的管理制度，显现出现代企业管理的才华，父亲对此颇为赞赏。从此，他尽心尽力协助父亲全面打理家族生意，包括房地产、建筑工程、船务航运、酒店等多个领域，几经历练，渐入佳境。不久，霍震寰被委以霍英东集团董事、总经理重任，协助父亲主理海内外经营业务。

随着改革开放步伐加快，霍氏父子在内地的投资规模也越来越大，分别以中外合资或低息贷款等方式进行，相继完成广州白天鹅宾馆、北京饭店贵宾楼、北京首都宾馆、广珠公路扩建、广珠公路四座大桥，以及沙湾大桥、洛溪大桥、三善大桥等近百个建设项目，为中国的改革开放作出了重要贡献。当然，其中最引人注目也最令人惊叹的是对广东番禺南沙的开发。

1997 年，香港回归祖国，“一国两制”在此取得了巨大成功，香港从内地获得了源源不断的帮助和支持，香港与内地实现了融合与双赢。尤其 2003 年 6 月 29 日中央政府与香港特别行政区政府共同签署了《内地与香港关于建立更紧密经贸关系的安排》（CEPA），以及开放内地居民赴港“个人游”，陆续为香港经济注入了生机与活力。与此同时，在内地全面改革开放的进程中，包括霍震寰在内的香港华商扮演了重要角色，推进了合作，促成了两地的双赢。

作为世界华商大会三个发起机构之一，香港历史最悠久、规模最大的爱国华商社团，有着 117 年历史的香港中华总商会与内地保持着长期联系，其成员基本上都在内地有投资，这一独特优势可以帮助海外华商企业更多地参与中国内地的建设，使他们在中国经济腾飞的进程中开发更广阔的市场，并得到进一步发展。

霍震寰提出了多个改革方向，包括成立委员会，主席职位不再由会长兼任，而将之变成常董、会董的展示舞台，一方面可减轻会长们的工作负担，也可让常董、会董更积极地参与会务，充分发挥更多人的能量。“这届会董都很年轻，他们的平均年龄只有 51 岁，正是脑子转得最快、思路最清晰的时候，让他们发挥所长，将能提出更多新的发展计划，对中总有很大帮助，也会令中总对社会各种事务的反应更快”。

霍震寰力求将中总推向另一个“高峰”，在当今香港发挥更大作用。“以前不少人认为我们只就一些政治事件发表评论，将来我们会更多在经济问题，例如珠三角合作、泛珠发展等问题上，深入研究，为社会出谋献策”。

霍震寰表示，中总不仅要集中拓展内地业务，还要放眼世界，希望充当全球中小企业进入内地，以及内地企业走向世界的桥梁。对于由中国香港、新加坡、泰国三地中华总商会联合发起、每两年举行一届的世界华商大会，他亦有新的构想，“世界华商大会云集全球华商，规模很大，但往往因欠缺宣传，没有很大的效果。在韩国召开世界华商大会后，大会的秘书处搬到了香港，我们希望未来能将大会变成一个品牌，越办越好，真正成为联系世界华商的一个平台”。针对海外市场，中总也将有更多的主动出击，乘外国方兴未艾的“中国热”，为外国的中小企业提供中介服务，帮助他们打进中国市场。

担任会长后，霍震寰提出了多个改革方案，其中包括积极推动内地企业以“联席会员”的身份参加商会。另外，香港中华总商会在广州设立代表处，这是该商会在内地的第一个办事处。它的成立，为内地企业走向海外以及海外企业走进内地提供了便利的服务平台。从 2000 年开始，香港中华总商会设立专项奖学金，资助港澳台学生访问内地，与内地学生进行交流，加深他们对内地的了解。

“香港中华总商会将利用自己的经验和优势，帮助内地企业寻找香港和海外的商机。我们商会不仅可以为香港企业服务，也可以服务内地企业。”霍震寰如是说。

浓浓南沙情 殷殷中国梦

番禺是霍英东先生的老家，对祖国和家乡怀有深厚感情的霍氏父子，自始至终对这片土地充满热望。多年来，霍家捐资兴建洛溪大桥、三善大桥、番禺中学，参与开发番禺洛溪大桥新城，尤其从 1987 年开始积极投身到原属番禺的南沙的开发当中。

1987 年，霍震寰第一次踏足南沙，那里是一片荒地，处处淤泥，人烟稀少，就连番禺人都戏称它是番禺的西伯利亚。“从香港坐船到澳门，从澳门坐车到广州住一晚，再从广州经过 4 个渡口来到番禺市郊住一晚，第三天才来到南沙”。实际上，南沙与香港的直线距离只有 38 海里。

2001 年，霍震寰看好南沙临近珠江、海口的优越位置，想将它变成珠三角的中心，通向广东省的海陆运输重镇，借此带动华南地区经济起飞。之后，他积极向中央争取，将南沙镇海边一片 22 平方公里的狭长地带拨给他开发，从零开始大规模建设，欲将这片烂石滩加乱石塘，变成珠三角的命脉城市，如同香港的中环。然而，开发南沙困难重重，几乎每个环节都是困难的开始。为了确保计划能高质量地按期完成，霍震寰每周至少要去一次南沙，南沙已经成为他工作中一个极为重要的组成部分。他领导和团结众多南沙建设者，从图纸设计到拨款投资、劳务组织、政策落实再到各方关系协商沟通等，事无巨细，亲力亲为。

南沙的整体建设规划分为三个阶段：第一阶段是从 1989 年至 2000 年，把交通、绿化、环保和各项基础建设搞上去。第二阶段是从 2000 年至 2005 年，完成一批重要项目，包括南沙信息科技园、蒲州大酒店珠三角世贸大厦、香港中华总商会大厦、霍英东集团大厦、南沙大厦、英东中学、南沙物流中心、新客运港码头等。第三阶段则从 2005 年开始，将南沙全面建设成南国现代化海滨新城。

2012 年 9 月 6 日，国务院正式批复同意《广州南沙新区发展规划》，明确提出南沙新区将建设成为“粤港澳优质生活圈、新型城市化典范、现代产业新高地、具有世界先进水平的综合服务枢纽和社会管理服务创新试验区的战略定位：立足广州、依托珠三角、连接港澳、服务内地、面向世界”。根据国家“十二五”规划的内容，广州南沙打造服务内地、连接港澳的商业服务中心、科技创新中心和教育培训基地，建设临港产业配套服务合作区。霍氏家族的梦想照进了现实。

现在的南沙比起往昔已发生了翻天覆地的变化，它成为珠江三角洲上一颗璀璨夺目的明珠，犹如中环之于香港。它紧靠横跨珠江口的虎门大桥，城市占地 22 万平方米，建筑面积 105680 平方米，是一座现代化滨海新城。

2015 年 7 月 10 日，霍震寰在广州参加“世界华侨华人企业家南沙自贸区圆桌会”时重申，未来将重点参与广州南沙海滨新城的开发建设，并争取安排香港的医务人员日后可以在南沙开诊执业，建设以南沙为中心的粤港澳“一小时优质生活圈”，为南沙进一步迈向现代化城市而奉献。“作为香港商人应该起桥梁的作用，下一步希望在促进粤港合作方面可以多做一些事情。”

作为集团领军人物，霍震寰见证南沙跃升至国家新区深受鼓舞，并对粤港经济及交通的融合发展充满信心。“南沙是广州市最接近香港的地方，身处珠三角和港澳特区的中心位置，新区联结香港，要建成一座以交通运输、商贸旅游、科技信息为主，拥有优美的环境和配套设施，具有 21 世纪国际水平和中国特色的现代化海滨新城”。

“小小力量”成就大大栋梁

“我现在除了经营好家业外，主要是忙于一些公益事业”。2009 年全国两会期间，霍震寰曾对媒体坦陈，通过几个基金会（包括霍英东基金会、霍英东教育基金会、霍英东体育基金会等），资助了 110 多个建设项目，分别以投资合营、捐赠低息贷款等方式进行。

其中在中国内地完成的项目有：中山温泉宾馆、广州白天鹅宾馆、北京饭店贵宾楼、北京首都宾馆、广珠公路 4 座大桥、广珠公路扩建、洛溪及三善大桥、沙湾大桥、番禺体育馆、中山大学体育中心、北京师范大学和仲恺农业技术学院教学大楼、广东省人民医院心脏中心、中山医科大学中山眼科中心、中国体育历史博物馆及中华武术研究中心、北京体育中心游泳场馆、中山运动场等。

霍震寰对教育事业尤其支持。2005 年，他通过霍英东基金会，捐赠了 8 亿港元，支持香港科技大学发展成为全球的学术领袖及拓展策略计划。这次是基金会向科大做出的第二次捐赠，上一次捐款为 2003 年，该基金会曾向科大捐出 3000 万港元。与此同时，由霍氏集团出资 1 亿港元，与教育部合作的霍英东教育基金会自 1986 年成立以后，先后对从事科学研究和在教学与科研中做出优异成绩的青年教师进行了资助和奖励。“我们的基金会设立了高等院校青年教师基金，为优秀青年教师从事研究工作，每项提供 5000 ~ 20000 美元的资助；设立了青年教师奖，为在教学和科研工作中作出突出贡献的青年教师个人进行奖励，每项奖金 1000 ~ 5000 美元”。霍震寰说，为鼓励高等院校青年教师结合国民经济与社会发展的需要进行科学研究，基金会还从 2003 年开始，设立“优选资助课题”，由符合申报条件的青年教师“公开申报”，每项课题资助 2 万美元左右。

2006 年霍英东先生去世后，次子霍震寰接手管理家族生意，而家族参与的基金会，大多由霍震寰主导。其中教育可谓是重头，尤其是面向高校青年教师的“霍英东教育基金会”。

每年暑假，在香港霍英东集团的电梯里，霍震寰会遇见很多香港年轻人，他们三三两两地来暨南大学香港办事处领录取通知书。而集团会议室里，则挂着一幅广州番禺区及周边地区的交通地图。在地图上，很快能找到位于番禺区兴业大道东 855 号的暨南大学南校区。

自 1978 年暨南大学在广州复办，霍英东先后受聘为董事和副董事长。除了捐资助学，“霍董”还为筹集教育基金款项做了大量工作。现在，霍震寰接过了接力棒，2001 年被聘为暨大董事会董事，2013 年被聘为副董事长。他承诺暨大驻香港办事处所在的写字楼继续无偿使用，并推动暨大与香港的交流和合作。听说暨大在家乡番禺建设南校区，在暨大 109 周年前夕，为贯彻家族对发展教育和体育的理念，体现传统开拓精神，霍震寰安排儿子霍启文作为家族代表，向暨大捐赠 1500 万元，建设南校区体育场馆。正是有了这些“小小力量”，支持暨大体育设施、医疗卫生等方面发展，才使其成为一座沟通中外的“桥梁”、世界了解中国的“窗口”。目前，香港地区的暨大校友逾 6 万人，活跃在香港各行各业，且不乏行业佼佼者。

2016 年 12 月 15 日，霍英东教育基金会成立 30 周年纪念大会在广州南沙举行。霍英东教育基金会理事长霍震寰表示，30 年来，霍英东教育基金会累计资助了 262 所大学、襄助了 3675 名青年教师，总资助金额超过 3000 万美元。霍震寰表示，霍英东教育基金会的主要工作方向是资助和奖励内地高等院校的优秀青年教师，促进和催化他们蜕变成长，为国家作贡献。

霍震寰称，霍英东教育基金会自成立以来，先后设立“高等院校青年教师基金”“研究类青年教师奖”“教学类青年教师奖”等不同奖项，使奖励和资助保持了鲜明的特色，更好地帮助了优秀的高校青年教师茁壮成长、脱颖而出，支持了国家的改革开放和教育科研事业发展。

除了家族主导的基金，霍震寰也积极参与了其他公益基金会的活动。其中的香港培华教育基金会可谓典型。

该基金会是一个非牟利私人机构，成立宗旨是“育己树人”，协助中国培训人才。学员涵盖少数民族，遍布中国各地，目前共 46 名会员义务参与工作。从培训对象来看，项目将其定位为公务员这一我国经济社会政策的制定者；从培训的构成和内容上来看，重点放在了中西部、欠发达地区，这些地区正是中国经济全盘发展中最需要重点助推的地方。

作为培华基金会的监事、常务委员会主席，霍震寰介绍，自 1982 年培华成立至 2015 年底，培华先后资助、主办或协办了 600 多个项目，接受资助的人士超过 125 万人次。“培华不但注重为国家培养人才，也关注本港青少年的成长。为此，我们特别设立培华奖学金，奖励考上内地著名大学的本港学生，以此鼓励他们认识国情，孕育对国家的关心和认同，学成后为国家、为香港建设而努力。我们期望与各界有心人士联手，继续为国家的人才培育事业添砖加瓦”。

“慈善很专业，做好不容易。”对于公益慈善事业，霍震寰坦言，“助人为快乐之本，我们都有这样的传统观念。自身有条件去服务慈善事业，就多做一点”。

意拳“铁粉”的中华武术全球化情结

很难让人置信，看起来文质彬彬、在英国与加拿大接受过系统现代教育的霍震寰，酷爱中国武术，尤其钟意意拳。“武术是中国传统文化和表演艺术，意拳当中有一门叫‘站桩’，强身健体，亦可放松自己，这是武术基本功，我练了多年，已成为每天的习惯”。霍震寰曾公开表示，而这样的习惯由来已久。

自 1974 年开始，霍震寰即向意拳名家韩星垣学习意拳，正式踏足武林，在站桩等基本功上打下较好基础。韩星垣在港病逝后，他又经常前往珠海向其师伯韩星桥学习意拳。北京意拳名家姚宗勋在世时，他多次向姚宗勋问教，或直接写信向姚氏问询有关意拳的拳学学理。

“中华武术精髓与营商之道的融会贯通，使我 40 余年的商旅生涯，纵横驰骋，游刃有余”。霍震寰这位商界大亨，即便每天工作再繁忙，也会坐在办公椅上练 5 ~ 10 分钟拳来缓解疲劳，松弛神经。

不止于此，为让中华武术这一传统文化精粹走向世界，钟爱意拳半个世纪的香港意拳学会会长霍震寰，一直在致力于让中华武术成为国际奥林匹克运动的比赛项目。

“我们希望将中华武术带出亚洲。武术在亚洲发展得不错，尤其是东南亚运动员，但是在中西亚是比较薄弱的。现在国家也在发展‘一带一路’，我们认为武术可以作为一种中华文化，得到推广。李小龙、成龙，都成了英雄偶像，我们希望通过武术推广中国传统文化”。

2015 年 7 月，出任亚洲武术联合会新一届执委会主席的霍震寰在接受媒体采访时介绍，本来中华武术已经被选为2020年奥运会的六个项目之一，很可惜到最后没有得到接纳。对于武术推广的难度，霍震寰认为主要还是在文化上。

“未来需要把武术的内容搞得更好一点，让更多人认识武术。另外，我们现在的比赛也越来越多，整体把这个文化推广起来”。在霍震寰看来，武术入奥只是他们考虑的一个方面。“传统的中国武术，每一家每一派都不同，奥运只是我们其中的一个方向，其他传统项目怎么保持和推广也很重要”。不过，基于武术在亚运会已有多届，且在国际比赛方面越来越规范的现实。霍震寰相信武术进奥运会只是时间问题。

2017 年，在香港武术联合会成立 30 周年活动上，作为会长的霍震寰致辞时表示，武术不单是技击体育运动，更是中华民族悠长历史所积累的宝库，包含中华传统文化内涵，与儒释道相通，是进入修心养性、健康生活的阶梯。他指出，香港作为中西文化、南北武术交汇集中地，肩负传承中国国粹，弘扬武术文化的责任。

过往 30 多年来，香港武术发展百花齐放，现已成为香港重点发展的体育项目。该会将与武林同道共同努力，以运动及文化共融为标杆，薪火相传，携手再创辉煌。

一文一武，融会贯通；熟谙商业，关切民生；人情练达，宠辱不惊……这些智慧素养终使霍震寰 40 余年的华商生涯收放自如、游刃有余。華

谢富年

新加坡开国总理李光耀在参观双威城后为谢富年点赞："将废地变为乐园，化腐朽为神奇。"出生于马来西亚一个客家锡矿家族的谢富年，没有躺在先辈的功劳簿上睡大觉，而是用自己的智慧、努力和勇气，将一片毫无价值的"废地"，变为鸟语花香、人流如织的"生活乐园"——双威城。

如今，谢富年创立的双威集团，其核心业务包括建筑、房地产、贸易与制造、采石、休闲、娱乐、医疗、酒店、零售、教育等众多方面，其中的两项创新成就——双威城和双威大学，更成为让世界了解马来西亚的新标签。

点石成金 化腐朽为神奇

——马来西亚双威集团主席兼创办人谢富年

“当灾难来临，战胜它的唯一方法，就是怀抱更大的梦想。”在谢富年看来，一个有梦想的人，才有勇气去承受梦想赋予的责任，去承担实现梦想过程中的幸福和苦难。凭借梦想的力量，他带领双威集团度过风风雨雨，度过几乎陷入绝境的至暗时刻，凤凰涅槃，到达成功的彼岸。

眼光独到 尾矿掘得首桶金

1945 年，谢富年出生于英国殖民地——马来西亚霹雳州布先，这里离州府怡保不远，大约半小时车程。他在这个以富含锡矿而闻名的小镇上度过了童年及少年时光。

当时的马来西亚是全球重要的锡矿产地。为了取得丰富的锡矿，英殖民政府从中国和印度引进大批劳力。祖籍广东东莞的谢富年的父辈们，也和千千万万华工一样，从老家漂洋过海，来到有“锡都”之称的怡保，和很多为了生存而背井离乡的客家人一样，在异国他乡艰苦打拼。谢富年是父亲谢华的第四个孩子，他出生时，谢家经过不断积累，已成为当地知名的锡矿家族，因对地方建设和社会福利的持续贡献，获得当地政府和民众的赞赏。

虽然“含着银匙出生”，但童年的谢富年却未比其他人享有更多锦衣玉食。他回忆说，那时男人忙于采矿，女人海洗锡米，自己便和其他孩子一样，自由自在地长大。有一次，他被人丢石头打破了头，不停地出血，“也没人管我，我就自己跑到丛林里，拿树叶胡乱敷在伤处”。从幼年时起，生活便以这样的方式教会谢富年独立与坚强。

“我的父母亲受教育不多，但给孩子们的教育却让我们一生受用”。谢富年回忆，父亲谢华从小就是子女的榜样，皆因他无私推动地方建设，乡人对谢家颇为敬重。而母亲秉持着客家女性艰苦耐劳的美德，且对家庭教育甚为严格，让十个孩子从小接受正确的价值观教育。

因为时代的原因，谢华夫妇未能接受正规教育，但他们对子女们的教育则非常严格。多年的经商经历，让谢华深刻了解教育经历，特别是英语水平对一个人未来的影响。到了谢富年求学的年纪，谢华没有让儿子继承生意，而是将他送到英校接受西方教育。成年后，谢富年进入澳大利亚福斯特拉工艺学院（现在的维多利亚工艺大学），选择了以后可能对父亲生意有所帮助的会计专业，并考取了专业会计师资格证书。

谢富年学成归来时，马来西亚已获得独立。他定居首都吉隆坡，在一家汽车装配厂担任会计师，拥有了体面工作和稳定生活。这时，他的人生貌似与锡矿渐行渐远，但数年后家乡锡矿业发生的变化，让勇于开拓的他找到了新的人生方向。

20 世纪 60 年代的马来西亚，曾经让很多人谋生致富的锡矿，正在逐步走向枯竭。据统计，1965 年，马来西亚锡矿有工人 4.5 万人，间接与锡矿产业相关的人口高达 40 万人，占总人口的 5.5%。但经过一个世纪的不断开采、挖掘后，锡矿资源枯竭殆尽，昔日繁忙的矿山变为大片被废弃的土地，雨季一到，还形成多个堰塞湖。为了保护环境，减少污染，马来西亚政府关闭了众多矿场，锡矿产业成为夕阳产业，曾经繁荣的矿地渐渐荒芜。

这片土地承载了自己家族的百年兴旺，那么自己也应该为这片土地做些什么。仅有两年工作经验的谢富年，决心开辟属于自己的事业。在一次家族会议上，他告诉父亲和其他人，自己要在这片被大家视为废地的矿场上寻找商机。

当时，父兄对谢富年的想法颇有些不以为然：已经将近枯竭的矿地，还能有什么商机呢？谢富年看到的机会是：虽然锡矿没有了，但锡矿下面，还埋藏有丰富的矿砂、锰、沙石以及高岭土等资源，开采以后经过技术处理，就会变成高价值的工业及建筑材料。彼时马来西亚经济已经从初级产品出口逐渐向出口导向型经济发展，电子业、制造业、建筑业和服务业迅速发展，这为工业及建筑材料的开发销售提供了难得的机遇。

谢富年与时任马来西亚旅游部长 YB Sabarudin Chik 及双威城采矿区的一名顾问相谈甚欢

1974 年，谢富年成立了双溪威控股有限公司，后更名为“双威控股”。他从一个英商那里收购了一座开采中的小型矿场，该矿场位于雪兰莪州，距马来西亚首都吉隆坡不远，因为锡矿已被开采得所剩不多，又只剩下 3 年的开采期限，谢富年仅用了 10 万林吉特便拿了下来。在短短两年内，他利用矿场的资源，将事业版图拓展到采石、建材、房地产开发及土木工业领域，获得了人生中的第一桶金。双威控股也在吉隆坡股票交易所成功挂牌上市，这标志着谢富年的事业迎来了第一个高峰。

在一般人看来，谢富年应该为自己的成就感到满足：10 年间，让一家仅拥有 10 万林吉特资本的小型矿业公司发展成为上市集团；把一个少人问津的尾矿“吃干榨尽”，开发出多种矿产资源，改变了马来西亚锡矿资源利用方式……无论是个人发展还是对社会的影响，谢富年在如此年纪能取得这样的成绩颇为不易。但谢富年深知，无论如何挖掘，采矿行业的红利已经不多，除非找到新的可供开采的矿地，否则他的事业是无法实现可持续发展的。而立之年的他意识到，多元化发展是集团的必由之路。

谢富年把目光瞄向了自己拥有的这片几近枯竭的矿场。他发现这片矿场除了拥有丰富的矿物资源外，地理位置也非常优越——介于吉隆坡和雪兰莪州之间，靠近吉隆坡国际机场。“如果能在这片荒芜的矿湖上建立起一个综合型度假城镇，无疑有巨大的商机”。谢富年说，“我相信当时有机会重新为这片荒地注入生命，因此诞生了把锡矿场变成可持续性综合城镇的梦想！”

这个决定作出之后，很多人认为谢富年不切实际，但好在谢富年的团队中有很多人相信他的判断，也愿意跟随他的脚步，如双威集团总裁周志坚，便在谢富年提出这个想法时给予了全力支持。1982 年 7 月，双威城有限公司正式成立，4 年之后，吉隆坡双威城（Sunway City Kuala Lumpur）计划启动。

点石成金 打造两座双威城

新加坡开国总理李光耀曾用“化腐朽为神奇”形容双威城的发展。双威城也早已取得了辉煌成就，被公认为马来西亚最成功的大型开发项目之一。然而当初双威城的启动，是伴随着不解和质疑的。当谢富年带着构思过的双威城构建企划书，奔走在各个银行和投资人之间寻求资助的时候，他被多次质疑：荒无人烟的地方，即便有了城镇谁来住？即便有人来，要让他们住进矿湖土地上的房子里，他们愿意住吗？

“当我提出要在废弃矿场上盖房子，所有人都认为我疯了”。回忆起当时的艰难，谢富年说，这不容易，但更重要的是自己有梦想。

被这个创意点燃的谢富年决定一干到底。多番努力之下，一些金融机构被他说动，伸出援手。另一个积极推动此项目的，是项目所在的雪兰莪州政府，欣然给予这一项目 99 年的开发契约，为双威城的建立提供了充分的外部支持。

开工伊始，这个占地 5000 亩的庞然大物就给谢富年出了难题：开采后的矿山因为雨水冲积，流沙堆聚，形成了数不清的积水湖，如果不填平，建筑就无法“平地而起”。谢富年投入大量资金，引进国外先进技术，填土平整地基，使双威城得以顺利开建。

在建筑设计方面，为打造高标准，让新建筑别具一格，谢富年在双威城开建之前举办了一场国际设计大赛，征集了全球超过 50 项作品，并委托一组来自夏威夷的建筑师将它们具体化，成为由一组专业建筑师构思出来的，代表人类社会成就、创新与进步的出色工程作品。

“整个比赛在当时被认为是一项创举。”谢富年回忆，这个大赛引起了全世界范围内许多优秀设计师的兴趣，不仅因为双威是首个举办类似比赛的房产商，双威城计划本身也非常吸引人，将一片荒地改造为游乐场，对建筑师来说，是一个很好的“考题”。

20 世纪 90 年代，双威城一期建成后，开始对外销售。当时马来西亚经济已经开始复苏起飞，民众的购买力也非常强劲，市场形势相当有利。但令人意外的是，项目推出后即遇冷，即便是公司的员工，甚至是参与该住宅计划的工程师，也没有表现出浓厚的购买意向。当得知他们是担心居住在填过土之后的矿湖上所存在的安全问题时，谢富年亲自与员工们谈话，一一说服他们：“如果你们自己对于引进高科技填土技术的产业都没有信心的话，顾客何来的信心？”终于，随着员工和购买者的疑虑被打消，加上市场逐渐转暖，双威城一期被销售一空。

双威城一期的成功只是一个开始，本着“享受城市内的休闲生活”理念，谢富年在曾经荒芜的矿湖上先后建设了购物广场、酒店、医院及东南亚规模最大的水上乐园等设施。至此，一个距离首都吉隆坡市区只有半小时车程、在马来西亚最具代表性的旅游休闲胜地，在谢富年和他的员工们一起努力了 20 年之后，终于大功告成。双威城成为集休闲娱乐、水上乐园、度假酒店、会展中心、购物广场、医疗中心、大学及住宅区于一体的综合性现代化休闲城镇。谢富年“一物八用”的佳话，由此传开。

对于双威城，当地媒体曾评价道：双威城项目无可争议地成为雪兰莪州最重要的发展地标之一，不仅打造了双威品牌，奠定了其作为综合休闲生活先锋的绝对地位，更将这一品牌和概念推向国际。而对于谢富年来说，这将他的事业推入一个可持续循环发展的局面，摆脱了以往“靠矿吃饭”的窠臼。从废矿华丽转身而来的双威城，作为东南亚 甚至是全球最大的休闲度假城镇之一，成为马来西亚迎接各国游客的标志性名片。

双威城项目大获成功之后，谢富年又把目标瞄向了自己的家乡。“过去的 100 年，采矿业是霹雳州的主业，在它衰落以后，大部分人都离开家乡寻求更好的财富机会”。谢富年希望，通过一个好项目，把更多人气聚回霹雳州，让这里重现繁荣。

除了乡情之外，霹雳州的旅游优势和经济增长空间也是谢富年投资的重要原因。他在怡保打扪区制订了双威集团的第二个旗舰开发计划——建设占地 8100 亩的怡保双威城（Sunway City Ipoh）。与此前的双威城一样，他们的目标是继续打造可持续发展的社区风格，吸引人和资源。唯一不同的是，双威城重在重新发展一片荒地，而怡保双威城的开发重点是保留大自然的资源，实现绿色发展、可持续发展。

谈及对于城市的概念，谢富年有自己独到的见解：“对我来说，城市不仅是公路与房地产的兴建，更是生活的重心。人与人的关系，以及人们能否获得机会，必须融合三项基本要素，即经济、环境与社会平等。”因此，谢富年一直坚持自己的梦想，要兴建综合社区，一个让居民无须离开就可以生活、学习、工作、玩乐与休息的地方。他强调的综合城镇，重点就是提供一个全面、完整的社区，能够帮助生活在这个快节奏社会的人们平衡工作与生活。

怡保双威城也取得相当大的成功，许多在新加坡和马来西亚各地工作的人们都来到怡保买房。而这也正是谢富年的初衷：通过相对便宜的价格和优良的居住环境，吸引和唤回在外漂泊打拼的怡保人，让他们有机会在家乡安居乐业，也为家乡的经济增长贡献自己的一份力量。此后，多个双威城在马来西亚乃至东南亚各地崛起，成为当地的地标。

目前，双威集团正在开发占地约 1.1 万亩的双威依斯干达城“盛绿之都”（Sunway City Iskandar）综合项目，打造另一个世界级的综合性城市。

濒临绝境 信义为本渡难关

马来西亚双威集团总部

“我认为信用至为重要。如果企业家言而无信，一旦面对困境时，便无人支持，而且也不容易东山再起。维持良好的信誉，是营商中至为重要的美德”。回忆起事业中的“至暗时刻”，谢富年认为，良好的信用，让他和双威集团在逆境中得以渡过难关、躲过“灭顶之灾”。在他的带领下，双威集团在 1979 年、1985 年两次渡过经济危机，更在 1997 年的东南亚金融风暴中起死回生，实现凤凰涅槃。

创业至今，谢富年的企业每一次遭遇困境都与经济危机有关。1979 年，东南亚经济不景气，当时双威集团船小货轻，尚可应对；1985 年，经济萧条带给双威集团的打击算得上第一个真正的难关：集团资产在进行各项拨备注销之后，从 4200 万林吉特急降至 2000 万林吉特，10 年心血几乎被顷刻摧毁。但由于谢富年多年以来在商界中建立的良好信誉和以诚信换来的整个团队的忠心，集团得到银行的借贷支持，谢富年也与伙伴们齐心合力，渡过了危机。

“成功没有捷径，每一个人的成功背后，都有一段难以言表的艰辛经历。有抱负的企业家必须能在这份伤痛来临前，树立起一种正确的商界哲学”。谢富年的商界哲学和他的人生哲学是一致的，那就是相信人格是“本”，财富是“末”，本末不可倒置。无论是做人、办企业还是办教育，他始终以诚待人，以信处事。诚信为本的信念，也帮助他度过商海生涯中最危急的时刻——1997 年席卷整个东南亚的金融海啸。

回忆那一段困难时期，谢富年感慨良多。已从上一次经济萧条低谷中走出的双威集团，正大踏步地迈向黄金发展期。由于多个庞大发展计划正如火如荼地进行，借贷融资也处于高位，因此当一场极具杀伤力的金融风暴毫无预兆地袭来，并迅速席卷泰国、马来西亚、新加坡等东南亚诸国，让在商海打拼多年的谢富年措手不及，双威集团也不出意料地被卷入这场规模空前的经济风暴之中。

用谢富年的话来说，这是一次前所未有的“灭顶之灾”。当时双威城正逐步成型，由于债务占比过高，已经自顾不暇的银行迅速收紧信贷，这不仅意味着双威集团正在推进中的项目将面临资金短缺，而且企业还要面对巨额债务问题。

当时局面的严峻，是谢富年和他的手下所未能预料的：集团背负的债务高达 20 亿林吉特，导致每股股价从巅峰时的 11 林吉特暴跌 97% 至 0.25 林吉特，集团市值也从逾 80 亿林吉特缩水至 5 亿林吉特。不仅如此，由于在所背负的庞大债务中，外币债券占了主要部分，随着马来西亚林吉特的汇率受金融风暴的影响而大幅贬值，双威集团所面临的资金问题显得更加严峻。

谢富年回忆：“那时正是双威购物广场计划开始启动的时候，但在债务压力下，我们几乎失去所有，这么惨重的经历我一生都忘不了。”面对绝境，谢富年表现得异常冷静。摆在他面前的有两条路：一是让企业破产倒闭，交由重组委员会接管；二是自己背负企业的债务，带领企业走出困境。前者可使个人得到解脱；而后者则意味着必须承受所有艰巨挑战。谢富年坚定地选择了后者，他的原则是不能做逃兵，而是先接受，然后面对。

为了稳定购房者和投资者信心，谢富年给予购房者非常大的折扣，劝说他们不要撤销购买合约，然后他忍痛变卖双威集团最大收入来源——采石业务。当时双威集团的采石业务在马来西亚规模最大，可为集团带来三分之一的收益，提供可观的周转资金。但当时的情形不容谢富年多做考虑，如果不迅速卖掉这样的优质资产，一旦错过机会，所面对的困难会更大。

“当时有人想买走公司的控制权，我不同意。我告诉他们，我创立了这个企业，就要让它继续茁壮成长”。谢富年把双威集团看作自己的一个孩子，现在孩子生病了，天生的使命感和责任感，使他不能轻易将孩子托付他人。正是这种信念的力量，让他和双威集团一次又一次在逆境中化险为夷。1998 年之后，谢富年又相继出售双威金字塔购物广场及双威豪华度假大酒店，并向新加坡淡马锡控股出让了 48% 的公司股权，从而筹集到数亿林吉特资金，才让双威集团在这场风暴中存活下来。

“没有谁一生永不遇到困境，也没有谁在困境中永远是胜者。我们只能时刻保持清醒的头脑，并在现有的条件下做出最好的决定”。谢富年说，“成功源于正确的决定，正确的决定源于丰富的经验，而丰富的经验又源于最初错误的决定”。

经历了集团的涅槃后，谢富年切身感悟到掌控风险的重要性。他以诚信为本，用自己和团队杰出的管理能力，使得双威集团浴火重生、化危为机，并以此为契机开启了集团多元化步伐，走上了一条快速发展的前进之路。

在 2019 福布斯马来西亚富豪榜上，谢富年以 13 亿美元的总资产排名第 13 位。由谢富年创办的双威集团，已成为马来西亚声名赫赫的巨头企业，横跨 12 个领域，包括房地产、建筑、零售、酒店、休闲、医疗、教育、采石、建材、贸易制造、商务以及房地产投资信托等。其中，双威有限公司、双威房地产投资信托和双威建设集团三家公司在吉隆坡股票交易所上市。集团实力雄厚，员工总人数超过 1.6 万人，以马来西亚为总部基地，在中国、新加坡、澳大利亚、越南等 9 个国家的 50 多个城市设有分公司或办事处。

尽管成就斐然，谢富年仍在积极拓展双威集团的规模，从未停下发展的脚步。他以自己的视野和布局，赢得市场和投资者的信任，双威的股价也持续多年上扬。“我希望双威集团可以成为亚洲可持续发展的先驱，造福社区，为所有的合作伙伴提供更高的价值”。这是谢富年对集团的愿景。

心系教育 双威大学美名传

在事业逐步发展壮大的同时，谢富年不忘初心，不忘奉献，积极践行自己和企业的社会责任。目前，他身兼马来西亚客家公会联合会永久荣誉会长、谢富年基金会创始信托人、双威大学名誉校长等社会职务。心系教育、心系客家，是他为人称颂的社会事业中的两个重中之重。

谢富年自小便洞悉掌握学识的重要性，至今仍不断学习，他已荣获全球多所著名大学授予的 10 个名誉博士学位。为了让更多有志青年能够有机会进入大学深造，并接受世界顶级的教育，1986 年，谢富年在双威城中辟出黄金地段，创办了双威大学，并倾力投入资金和师资，力图将其打造成为马来西亚乃至全亚洲顶级的私立学府。

“我的梦想是打造一所亚洲的哈佛大学！”在谢富年看来，美国的哈佛大学因为原始捐款人约翰 · 哈佛基金，近 400 年来生生不息，终于有今天的学术地位。“我不是学者，但我希望通过几代人的耕耘努力，有朝一日让双威大学建立起像哈佛一样的学术地位”。

双威大学的特别之处，在于这所知名私立高校与英国、美国、澳大利亚的多所大学结盟，在马来西亚开创了高等教育新局面，让学生可以以较便宜的学费接受西方优质的高等教育，并取得国外的学位。谢富年办校的宗旨是教育英才，对盈利毫不看重。因此尽管双威集团在 1997 年面临财务危机，他也坚持不转卖，反而把双威教育集团股份全部交付信托基金，成为双威大学最坚强的财政后盾。

1998 年，谢富年的办校理念吸引了澳大利亚名校莫纳什大学。该校欣然在吉隆坡双威城设立了其位于东南亚的第一所分校——莫纳什大学马来西亚分校。

2007 年，事业渐入佳境的谢富年决定投入更多精力和资源于教育事业。他成立了谢富年基金会，旨在为家庭条件不佳的刻苦学子提供资助，让他们有机会继续升学深造。2009 年，他向基金会永久捐赠双威教育集团旗下 12 所教育机构（其中包括双威大学、莫纳什大学马来西亚分校、谢富年医学院、双威学院和双威国际学校）中价值逾 7.2 亿林吉特的全部股份，目前这些股份的价值已超过 10 亿林吉特。

多年来，谢富年通过基金会已经发放超过 4.82 亿林吉特的奖学金，惠及马来西亚等国的数千名学生。2011 年 12 月，谢富年受马来西亚教育部长任命，负责审查国家教育制度。随后，他又成为马哈蒂尔科学奖基金会理事会、拉扎克行政学校和首要领导基金会的创始受托人。2019 年 1 月，他获颁星洲日报终身教育奖。他在接受采访时表示："我的目标是毕生捐助 10 亿林吉特的奖学金！"

在双威大学毕业典礼上，谢富年以名誉校长的身份颁发证书给毕业生

基于就读于英校的缘故，谢富年不谙中文，但他深知中文的重要性。近年来，他已向马来西亚各地多所华校捐款超过 2500 万林吉特，并在依斯干达双威城耗资 1500 万林吉特建造了一所华校。他也要求自己的孙辈接受华文教育，为马来西亚华人社区和中国作出更大贡献。2019 年，他计划与北京大学合作，在马来西亚更大范围内推广中文教育。

即使平时大部分时间都说英语，较少说客家话，但是谢富年始终以客家人身份为荣，对客家事务满怀责任与热情。

1997 年，身为客家人翘楚的谢富年被邀请担任马来西亚客家公会联合会会长，他在两届总会长的任期内，尽心尽力把客联会推到了一个新的高度。1999 年，谢富年领导客联会在吉隆坡举办了第 15 届世界客属恳亲大会，会聚了世界各地 42 个客属。为了办好这一盛会，他充分发挥了在东南亚的政商人脉优势，除了邀请到时任新加坡资政李光耀、新加坡副总理李显龙等客籍政界领袖之外，他还邀请到马来西亚总理马哈蒂尔及多位内阁部长出席。

2019 年 10 月，第 30 届世界客属恳亲大会再次于马来西亚举行，而此次举办地正是这位客家人的"主场"——双威会展中心。谢富年的内心十分激动，他希望通过这次盛会让世界各地的客属了解双威城永续经营的发展理念。"能再次见证世界各地的客家杰出人士聚集一堂，互相交流切磋、发扬客家文化，我实在是充满期待"。

多年来，因为对社会事业的热忱和崇高威望，谢富年先后受邀担任马来西亚高等教育理事会成员、马来西亚政府高科技房屋建筑产业协会主席、马来西亚旅游行动理事会执行理事、马来西亚肝脏基金会创始受托人、马来西亚国家肾脏基金会副主席、吉隆坡马来工商总会首位非马来裔荣誉会员、马来西亚罪案防范基金会雪兰莪州主席、马来西亚工程师协会荣誉学士、亚洲策略与领导研究院主席和共同创办人、哈佛大学全球顾问委员会成员、哈佛大学资源委员会成员、马来西亚国家生产力理事会成员、联合国永续发展解决方案组织马来西亚分会主席等重要社会公职。

因在教育、科技、医疗卫生、环保等领域为马来西亚乃至全世界作出的突出贡献，谢富年于 1996 年被马来西亚政府授予"丹斯里"荣誉头衔。此外，他还先后荣获澳大利亚荣誉勋章、马来西亚城市规划师协会总统大奖、马来西亚建筑业发展局卓越大奖、澳大利亚维多利亚大学杰出校友奖、亚洲新闻台 2016 杰出企业奖之个人终身成就奖、东盟 50 周年终身成就奖、RAM 首届永续性指标性人物奖、马来西亚管理学院杰出大马领袖奖、星洲日报终身教育奖、EdgeProp 马来西亚永续发展领袖楷模奖等众多奖项。他两次入选福布斯亚洲慈善英雄榜。此外，为表彰谢富年对莫纳什大学和马澳双边关系所作出的贡献，莫纳什大学马来西亚分校将其"医学与保健科学院"冠名为"谢富年医学与保健科学院"。

"你不可能将赚到的财富全部带走，必须把财富用在对的地方"。已迈入古稀之年的谢富年，正将自己更多的精力和资源，投入兴办教育、弘扬客家文化、致力可持续发展等社会事业中。用自己的拳拳之心，为社会作出更多贡献。華

杨钊

从闻名全港的“牛仔裤大王”，到最早一批援建中国内地改革开放的香港商人，再到积极投入公益事业的善心人士，杨钊很清楚在人生不同的时期要如何做，才能令自己和社会向更美好的路径发展。

兴业于勤 悟道于善

——香港旭日集团董事长杨钊

杨钊将人生分为上半场和下半场。

上半场“兴业”，追求事业的成功；下半场“助人”，追求人生的成功。“人生是一场安顿身心的旅程。身，安于富足的物质；心，安于回馈社会，令有需要的人也能离苦得乐。这是最值得做的和最有意义的工作。”他说。

“牛仔裤大王”

1947年2月，杨钊出生于广东惠州西子湖畔。他的父亲从小就教导杨钊一个道理：人生在世，周全一己之身以外，要时常兼济他人。

1967年，20岁的杨钊来到香港，幸得一位亲戚的推荐，找到一份制衣厂日薪6港元的勤杂工作，渐渐安顿下来。

“虽然奋斗于社会底层，每天工资6港元，但我从来没有小看过这6元钱，它是活命的根基”。杨钊倍加珍惜自己的工作机会，他竭尽全力，即便在其他工友小憩闲聊时，依然满负荷埋头苦干。短短10天后，这个初来乍到的年轻人，就因为异于常人的勤勉，受到老板的特殊关注与赏识，“火箭式”提调为熨衣工，工资也由每天6港元升到16港元。

10天涨薪150%还多，这是杨钊从悲苦人生中走出来的第一步。

全新的岗位，有奖赏，亦有代价。“回忆这10天的经历是因为我勤力，因此我认定一条道理，只要勤力，终会获得美好回报”。杨钊回忆说。

另一次难忘的经历是：有一次，他用身上仅有的5元钱替两位刚进工厂的同事垫付了午餐费，不久，其中一位同事推荐他去一间待遇更好的制衣厂工作。

这是一次重要的跳转，杨钊由此接触到更先进的设备，以及更科学的工艺流程，凭借一如既往的踏实肯干，他接连被提调流转于不同岗位，最终熟练掌握了完整的制衣技术，一步步晋升为厂长，成为行业中年轻的新锐力量。

1974年，抵港的第9个年头，完成个人从业历练的杨钊，动用4万元积蓄加上朋友赞助的4万元总计8万港元，创办了属于自己的制衣厂——“旭日”，寓意“旭日东升，光芒万丈”，他希望这份化茧成蝶的事业能够像旭日一样，朝气蓬勃，前途光明。

然而市场对初出茅庐的“新生儿”并不友好，当年年底，旭日即面临停产。

恰在此时，有客户给香港制衣界出了个大难题。多年后杨钊感念于这个难题对于摇摇欲坠的旭日，犹如救命稻草般珍贵。

当时，一位美国服装商来香港找寻代工厂，生产美洲流行的方格牛仔裤。这是桩苦差事，需要工人在厚重的面料上打满4英寸见方的格子，以香港制衣界当时的技术水平，根本无法用衣车缝制，唯有手工制作，耗时费力。

杨钊于办公室“佛”字画前

因此，尽管订单数目不菲，但绝大多数香港制衣厂都选择拒绝，少数愿意接单的，也开出了每打 550 港元的天价。眼看要抱憾而归的美国服装商找到了杨钊，这次会面改写了旭日的命运。

杨钊以每打 299 港元的价格，承接了订单。

机会显而易见。这宗订单的价值相当于旭日当时年营业额的 33 倍，若能研究出用机器代替人手，则鱼跃龙门，名利双收，若无法改用机器只能用人工操作，也能保住成本，让工人有工开。

应对的关键在于加速研发可以缝制方格牛仔面料的新机器。“我们当时计过数，即使研制新机器不成功，采用人工制作也不会亏本，顶多白做，而一旦新机器研制成功，利润便不得了”。得益于近 10 年钻研制衣界的扎实功底、敢为人先的创新精神，以及全体员工的共同努力，新机器研发成功，杨钊握有了领先全行业、决胜这盘生意的“核心武器”。

在新机器的超强助攻下，旭日如期完成订单，瞬间满血复活。时值 20 世纪 70 年代中期，格子牛仔裤渐趋风靡全球，惯以传统工艺称霸江湖的大型制衣厂，在市场的大幅度转舵下表现得措手不及，而对于既拥有“新型武器”，又拥有成功经验的杨钊团队，却是商机无限，遍地黄金。

两年内，旭日由 100 人的小工坊跃升为几千人规模的大型制衣厂，应势而上，赚足 600 万港元，20 多岁的杨钊由此成为闻名全港的“牛仔裤大王”。那个曾孤身浪迹于香港街头的无依少年，终于凭借执着和奋斗，走上闪闪发光的人生舞台。

12 字箴言 4 次转型

率先在格子牛仔裤阵地盘踞一方城池后，杨钊不满足于固守，他带领旭日一路迎难而上，不断挑战“新难题”，成为当时香港第一批生产洗水牛仔裤的厂商，并通过技术革新再度晋级为时尚成衣生产商。

回首过往，他坦言，旭日之所以能在迁徙动荡的市场环境中屹立不倒，皆归功于集团内部有一根

2012 年，杨钊在香港中华总商会企业家论坛上发表演讲

2015 年 11 月，杨钊受邀在北京大学演讲，并与北大学生进行座谈，面对面交流

“定海神针”。“具体来说，它是旭日集团的 12 字箴言——人无我有、人有我优、人优我转。第一步是人无我有，做人家做不了的，填补市场空白；第二步是人有我优，你做起来了，别人也跟上来了，你必须提高质量，占领市场；第三步，别人的质量也跟上来了，怎么办？人优我转，转到市场的空白点去，找新的机会”。杨钊说，旭日集团之所以能安然走过 50 年，全赖在 12 字箴言的引领下，实现了 4 次意义重大的事业转型。

第一次转型，就发生在“格子牛仔裤”一役告捷后不久。

杨钊的第一桶金还没捂热，香港的外贸配额制度就成为掣肘旭日发展的“硬核天花板”。1976 年，港产纺织品出口配额开始紧张，市场需求让配额价格越炒越高，甚至超过利润，让出口成了亏本买卖。这对于拥有 2000 多名员工、设备规模达千万港元，却依赖配额为生的旭日来讲，无疑又走到了生死难关。

如何突破配额的封锁？再次被现实置于绝境的杨钊，毅然决定市场转型：与其在中国香港坐以待毙，不如去那些没有配额限制的国家开辟新市场。

这又是一次“人无我有”、超越全行业的探索。杨钊将中国香港的事业规模收缩至原有的 1/3，同时深入调研海外市场，在不断突围中正式拉开了旭日的国际化大幕。

1976 年，杨钊在菲律宾建立了旭日的第一家海外工厂。这一年，他 29 岁。

此后，旭日先后在印度尼西亚、孟加拉国、柬埔寨等国建立了庞大的服装生产基地。“这些地方不但不需要配额，而且劳动力和厂房比香港要便宜很多”。事实很快印证了杨钊的眼光，旭日迅速跃升为东南亚地区首屈一指的服装加工与出口商——在印度尼西亚，其是该国最大的裤子生产厂；在孟加拉国，其是该国最大的制衣厂之一……完全摆脱了受制于中国香港配额的困局。

1977 年，全力拓展菲律宾和印度尼西亚市场的杨钊，突然将关注力转移回中国香港。“眼见旭日不断在海外跑马圈地，我突然意识到，我们在本土的发展速度真的弱于海外，但寸土寸金的维多利亚湾，扩充版图的资源空间有限，这是个新的瓶颈，该怎么突破？此外，旭日在海外拉动了当地的经济发展，但我们自己的祖国内地，还有许多待业青年需要工作机会，又当如何解决？”

一年后的 1978 年，十一届三中全会吹响了改革开放的号角，杨钊意识到，旭日第二次转型的机会来了。

当年 6 月 23 日，他代表旭日集团，与中国纺织品进出口公司广东省分公司签署协议，率先在顺德成立全国第一家参与“三来一补”的工厂——大进制衣厂。所谓“三来一补”，即“来料加工”“来料装配”“来样加工”和“补偿贸易”的简称。杨钊开玩笑说，如果泰国正大集团是“有记录”的第一家进入中国内地的外资企业，开启“公元元年”的话，那么自己便是在“公元前”就进入内地的投资先行者。

横空出世的事物，尚无规则可循。面对中国内地第一家来料加工工厂，当时的广东省政府对于“来料加工补偿贸易”并没有具体的法律法规。因此，后续进入的外资企业，均遵循大进制衣厂的合约标准，杨钊由此成为探索内地贸易新模式的排头兵。

在工人待遇方面，他毫不吝啬。其时，当地普通工人的薪资，只有每月四五十元，而杨钊开出的待遇，是每月 100 多元，甚至高于一些机关干部。有官员甚至对此提出过质疑，但杨钊还是坚持自己的决定。

他的慷慨与开拓精神，极大地激发了生产热情，时至 20 世纪 90 年代，大进制衣厂的年产量超过 2000 万件成衣，年营业收入高达 4 亿美元，成为全球首屈一指的服装加工与出口商。巨大的回报强力催动了处于观望状态的香港企业界，陆续有更多港商大刀阔斧地进入内地投资，再不似当年的迟疑寡断。

当越来越多的同行将事业重心迁移至内地，以此为支点大举布局时，杨钊再一次先于所有人，看到了隐隐的危机。“整个服装加工业，不论理念还是品质都日益精进，品牌商于是有了更多选择，代工行业的利润日渐微薄，而且永远兜转于请求订单的被动局面，极易在震荡的市场环境中受伤。”基于此，他秉持“人优我转”的理念，带领旭日集团启动第三次转型，朝向 OBM（代工厂经营自主品牌）领域迈进。

1990 年，杨钊主导收购了拥有 18 年历史的澳大利亚知名服装品牌 JEANSWEST（真维斯），于 1993 年 1 月 1 日，成立了真维斯国际（香港）

真维斯店内商品陈列

尖沙咀地标——北京道 1 号

有限公司，全面进军内地零售市场，当年 5 月 28 日，第一家真维斯专卖店在上海市西门商业街正式开业。

迎合中国本土化消费需求，真维斯将目标群体定位于 18 岁至 25 岁的年轻人，引领时尚潮流推出了一系列款式新颖的休闲产品，迅速赢得市场青睐。截至 1994 年末，真维斯在进入内地短短一年内，就在上海、北京、天津、江苏、浙江、湖北等地开设了 65 家店铺。同年，杨钊成立大进投资有限公司，进一步根据内地城市等级、气候和生活习惯等差异，进行了市场细分，以期更大力度驱动品牌战车拓宽覆盖面。2011 年，真维斯在香港开设首个零售店。

经过多年扩充，真维斯在内地的“自主经营”和“特许经营”的商店高峰时超过 2900 家，在全球则超过 3200 家。

此外，真维斯也努力将分销点铺展于海外，相继在澳大利亚、新西兰、越南等国家和地区布局销售网络。特别在澳大利亚和新西兰，在不到 2 年的时间内，将品牌影响力迅速蔓延至全国，分店数目超过 200 家，成为当地第二大服装品牌。

在海内外同时发力的基础上，杨钊还带领旭日在工艺能力上做足功课。20 世纪 90 年代初，旭日推行 ISO 9000 品质管理系统，并获得了中国制衣业的第一张 ISO 9002 标准化质量管理体系认证，由此打开国际市场，将品质推向国际一流。

从被动的制造商，成功晋级为品牌商后，旭日的发展模式彻底掌握了主动权，并很快在市场的新一轮震荡中占尽先机。2005 年，欧美大国一如杨钊所料，采取种种措施加大对中国纺织品的进口限制，很多盲目扩充制造规模的代工厂应声倒下。而此时的旭日集团，早已靠自主品牌实现了跨越性发展。“事物总是不断变化的，危与机相互依存，唯有洞悉正确的走向，提前应势而动，方能趋吉避凶，立于不败之地”。杨钊说。

秉持此种理念，他早在旭日从事服装制造的鼎盛时期，就开始思忖集团的第四次转型。“我们的事业越做越大，然而从 1 万人到 10 万人的同质发展并不是一个安全的好模式。要想效率更优、利润更高、风险更低，必须由劳动密集型产业向人才、资本密集型产业过渡，人才结合资本，才是最优模式”。

早在 20 世纪 80 年代，旭日便开始涉及物业投资和金融投资。特别在 1984 年，香港因回归问题使部分港人出现信心危机，不少人纷纷移民海外，地产市场极不景气。此时的杨钊，贸易生意正风生水起，他毅然将资本一分为二，一半继续发展服装产业，另一半投资房地产，这在当时堪称大胆创举。

其中比较成功的案例包括：1985 年投入 2 亿港元，购入星光行 10 层办公楼；1986 年投入 2000 万港元购入位于旺角的钟意商业中心；1987 年投入 1.6 亿港元购入贸易广场地块，并用 1.6 亿港元于 1989 年完成上盖建设。

地产行情回升后，杨钊居安思危，预见到如果人人憧憬回归后的经济热潮而爆炒楼市，金融泡沫在所难免。于是，他在 1994 年将上述物业悉数变卖，不但为集团创造了丰厚利润，更成功避开了紧随其后的亚洲金融危机，积蓄实力，再度出击。

甲级商业大厦“一号九龙”位于九龙湾

现时，旭日集团依旧拥有规模可观的地产投资，旭日辖下的地产项目遍及中国内地与香港及海外，成功从传统的劳动密集型制造商，转变为以资本投资和资本管理为重点的现代化企业。

在香港，旭日独立持有北京道 1 号及一号九龙等商业大厦。其中，1998 年以 12.4 亿港元购入、7 亿港元进行建设的北京道 1 号，是现时价值超过 100 亿港元的尖沙咀地标，也是香港目前全球顶尖珠宝商云集、获得最高荣誉和最多奖项的高科技商业大厦之一。投资 20 亿港元于九龙湾建成的一号九龙，是旭日集团香港总部。

香港九龙 CBD2 智选假日酒店位于香港第二个核心商业区——观塘

近年来，旭日的地产项目发展得更多元化，2018 年，旭日在香港第二个核心商业区——观塘巧明街 97 号的酒店项目“香港九龙 CBD2 智选假日酒店”开幕，酒店由旭日全资策划及兴建，并由国际知名的洲际酒店集团负责管理及运营。

在内地，旭日投资开发了一系列大型住宅屋苑及工业厂厦的地产项目，其中较为著名的有：独资兴建的惠州市最大的住宅之一——城市花园，并获住建部颁发的全国优秀管理住宅小区奖。

此外，旭日正在位于粤港澳大湾区惠州的商业中心黄金地段兴建大型商场“西湖壹城”。“西湖壹城”毗邻国家 5A 级旅游景区惠州西湖，商业面积达 10 万平方米，地下层与莞惠城轨西湖东站无缝接驳，紧密连接大湾区 1 小时生活圈，为惠州市及旭日集团最为瞩目的项目之一。

在海外，旭日也拥有写字楼、住宅、购物商场等多项优质物业，广泛分布于美国纽约、达拉斯、西雅图及加拿大、澳大利亚、新加坡等发达国家和地区。

西湖壹城——毗邻惠州西湖的大型商场，与莞惠城轨西湖东站无缝接驳

2014 年 7 月，杨钊与少年航天员合影

深度布局房地产投资的同时，杨钊亦善用资本杠杆为旭日集团构筑更坚实的发展平台。

1996 年 9 月，凭借公司的优良业绩与杨钊的个人名望，旭日集团将旗下服装业务以“旭日企业有限公司”的名义在香港联合交易所挂牌上市，瞬时创造了超额认购 236 倍的空前纪录。

1997 年，旭日企业被美国道琼斯证券选为香港成份股；1999 年 11 月，旭日被《福布斯》(*Forbes*)杂志评为全球 300 家优秀中小企业之一；同年，香港生产力促进局将旭日列入香港韬略榜，香港管理协会亦将“1999 年优质管理大奖”颁予旭日。近年来，旭日更是连连跻身华商 500 强。

至今，杨钊一手创立并统领的旭日集团，已发展成为一家以香港为中心，业务囊括地产发展、金融投资、酒店、服装零售及出口等多个领域的多元化跨国企业集团。

迷茫与归宿

扬名于商界后，在许多媒体访问中，杨钊不止一次被问及：人生最迷茫的时刻是怎样的情形？

他的回答令人印象深刻：“我最迷茫的时刻，不是生意上遭遇挫折，而是 20 多岁就坐拥超过 2 亿财富，却不知道该怎么花，接下来为什么而活。”

从虔心向佛的堂叔那里，杨钊找到了答案。堂叔送给他《佛教真面目》及《佛教要论》，这两本书对他后来的人生产生了深远影响。“很多人都是物质的富翁，精神的穷鬼，因此有了一句话：地位越高，圈子越小。以前的皇帝都很孤独，所以叫作孤家寡人，现在的企业家也开始有这种倾向。但事实上，一个人在物质上从温饱到小康再到富裕，是远远不够的，还要让自己的精神从温饱到小康再达到富裕，这样的人生才堪称圆满。而当你自己成为富翁时，也要帮助别人成为富翁，你帮助的人越多，你的圈子就越大，你会发觉人生更有意义。这是我的领悟，也是我为自己设定的作为一名企业家的人生模式”。杨钊说。

基于此，他带领旭日集团，将企业社会责任视为企业成功的基石之一，在长期致力于回报社会的基础上，积极参与改善社会福祉的各项活动，并且尤为关注教育事业。

早在 1985 年，杨钊即与内地有关单位合作，

2012 年 4 月，觉光长老于浴佛大典上向杨钊颁发功德状

捐资 300 万元在家乡惠州建立了以“面向社会，面向企业，为中国培养实用型制衣技术人员”，为目标的全国首家中外合资的行业专门院校——旭日服装职业学校。

为保障教育品质，学校特别聘请香港理工学院纺织制衣系教授、讲师及国内外著名服装师授课，并引进国外先进教学仪器和设备。在首届 60 名学生的 3 年学习中，旭日集团为学校支付了 500 多万元经费。同时，杨钊还挑选品学兼优的学生，送往香港理工学院及国外大学进行深造，每年数十万元的留学费用，亦由他一力承担。

除资金支持外，杨钊还凭借自身在行业内几十年积累的经验与人脉，为学校植入国际先进服装教育标准，以及国际先进教育模式。“学院办学之初，我们就办学内容与有关单位产生了争论。内地大专院校的课程是理论占七成，实践占三成，而我要求各占一半。另外，针对专业需要，应加强统计学课程，减少微积分教育。争论的结果是让我试试看。结果实验成功，毕业生在全国各地大受欢迎”。杨钊回忆说。

多方努力之下，旭日服装职业学校成功实现了办学之初的核心诉求——从根本上提升中国内地服装行业的“造血”功能。“经过前期对内地制衣业发展状况、人才环境及 12 所现有大专院校的翔实调研，我们发现，中国纺织与服装教育比例严重失调——纺织工业和制衣工业的出口额并驾齐驱，但同为中国最大的出口项目，制衣专业的教育比例不足 5% ~ 10%”。杨钊忧心于此，立志尽一己之力改变现状。

功夫不负有心人。1988 年，旭日服装职业学校升格为西北纺织学院惠州分院，成为中南地区唯一一所采用国际服装教学标准、以应用教育为模式的高等学府。之后，学院并入惠州大学。为帮助学院在新平台上继续发展，杨钊又捐助了 1000 万元人民币。

不仅如此，1997 年，杨钊掷以 1100 万港元，于上海成立中国纺织大学（现为东华大学）旭日工商管理学院，并下设旭日管理研究所，在我国高等学校探索“产、学、研”三结合办学模式的道路上，迈出了重要一步。

作为行业教育坚定不移的先行者之一，杨钊和旭日集团凭借卓越贡献获得了业界和社会的极大肯定。杨钊先后被中国纺织大学聘为名誉博士、被香港工业专业评审局评为荣誉院士、被中国纺织大学和天津纺织工业学院聘为顾问教授，以及被中国西北纺织学院和广州中医药大学聘为客座教授等。

除此之外，旭日集团对教育事业的关顾亦惠及诸多弱势人群。自 1998 年起，旭日集团下属的“真维斯”有限公司与“希望工程”携手合作，在中国四川、甘肃、湖南、江西等 29 个省（区、市），捐资兴建真维斯希望小学。截至 2023 年 12 月，共有 37 家小学全力服务于贫困地区的数万名儿童，输送知识，并持续改善教学环境。

与此同时，旭日集团于 1995 年设立“真维斯大学生助学基金”，这是面向资助品学兼优、家庭困难的在校大学生的专项基金，于北京、上海、山东、辽宁等 16 个省（市）的 28 所高校发放，迄今超过 1 万多名大学生受惠。

2007 年，旭日集团的公益教育项目再添一役，其与中国青少年发展基金会共同实施“真维斯希望教师计划”。该计划旨在弘扬企业与社会分享资源的理念，以企业出资的形式，资助优秀大学毕业生到希望小学开展为期一年的志愿服务，助力希望小学提高教学能力，并为优秀大学生提供认识社会、效力公益的机会。该计划累计资助大学生志愿者 200

2016 年 12 月，杨钊成为首批“建福榜”登榜的香港善长

2018 年 5 月 18 日，时任香港特别行政区行政长官林郑月娥访问旭日集团中国总部，考察旭日创新转型成果

2002 年 10 月，旭日集团捐助的香港大学佛学研究中心成立

余人，共计 2 万名希望小学的学生直接受益于此。

“中国的长远目标，是实现现代化和国家统一，这一点从来不移不易。在这个过程中，人才是基石，也是核心力量，而教育是催化力量的必经之路，若能为铺设这条路贡献一己之力，实乃毕生之幸事”。杨钊说。

杨钊是虔诚的佛教徒，他个人从佛法中得益，也不遗余力推动佛教普及，让更多人受益。他特别希望佛教可以在高等教育界发扬光大，从而对世界产生更大的贡献。早在 2002 年，旭日集团捐助 300 万港元，帮助香港大学成立佛学研究中心。20 多年来该中心结出累累硕果，培养了大量佛教界的人才。2017 年，旭日支持 6 位国际学者成立了“旭日全球佛教研究网络”，致力于促进佛教和佛教研究领域的跨学科和跨文化交流。2023 年 8 月，“旭日全球佛教研究网络”主办的首届“人类的竞争与互鉴互补”论坛在香港大学隆重举行。这次学术盛会云集全球 76 所大学（包括网络成员北京大学，英国的牛津大学、剑桥大学，美国的哈佛大学、耶鲁大学、普林斯顿大学，法国的国立东方语言文化学院，德国的汉堡大学，以及中国的香港大学等），逾 200 位佛学学者及佛教代表参加，取得圆满成功。

不止于教育事业，近年来，杨钊统领下的旭日集团，积极为各项公益慈善事业捐款捐物，普济大众，其中包括：为中国内地华东水灾、华南水灾及华北水灾捐款；为广东阳山县扶贫捐款；协助解决东北三省失业人员问题；向广东惠州市教育基金捐款；协助卫健委及佛教界应对“非典”；积极响应省委、省政府号召，连续 13 年支持广东

2023 年 8 月，首届“人类的竞争与互鉴互补”论坛在香港大学隆重举行

2023 年 3 月 27 日，杨钊向联合国难民署驻华代表卢沛赫（左四）送上善款

扶贫济困乡村振兴；新冠疫情期间，更支持佛教界举办三期新冠疫情法会，祈愿疫情早日止息，感染者早日康复，抗疫者身体健康。

杨钊“兼善天下”的胸怀，令他不仅关爱中国的同胞，对世界上其他亟待救援的人群，也积极“扶危救急”。斯里兰卡于 2022 年发生全国性经济危机，民众生活陷入困苦。旭日慈善基金大力援助斯里兰卡贫困师生、为村民发放生活补贴和修建净水系统，降低村民因饮用碱性地下水而引发肾病的威胁。2023 年，旭日慈善基金资助了约 24000 个贫困户，并为 103 个村庄修建净水系统，总计捐款 3475 万港元。

2023 年 2 月，土耳其和叙利亚发生 7.8 级强烈地震，多达 700 万人无家可归。旭日集团响应联合国难民署的呼吁，向地震灾民进行了三次捐助，合计捐款 1000 万港元。联合国难民署驻华代表团队专门到访旭日集团总部，向旭日表达衷心的谢意。

为进一步将助人之念根植于集团内部，杨钊特别授意旭日于 1990 年成立香港公益组及惠州公益组，鼓励中国香港和惠州两地的同事善用余暇，参与各类社会公益活动，合力将爱心传送予社会上有需要的人士。公益组惯常性活动包括：每年端午节、中秋节等节日，举办社区探访，为老人院或独居长者送上节日欢乐；冬季时到国内贫困地区进行“冬赈”活动，为贫穷家庭送赠棉被；与其他慈善团体合作，举办有创意的公益活动，例如盲人观星伤健营、爱心书包制作等。

鉴于在服务公众、扶助弱势群体领域的诸多贡献，杨钊屡获嘉奖。2007 年，广东省民政厅授予其“南粤慈善家”荣誉称号；2010 年，亚太华商领袖联合会授予其“亚太最具社会责任感华商领袖大奖”；2011 年，中国经济贸易促进会授予其“中国和谐社会杰出华人企业领袖”荣誉称号；2011 年，他获得民政部颁发的第六届“中华慈善奖”；2013 年获第八届“中华慈善奖”；2015 年获第九届“中华慈善奖”之“最具爱心捐献个人”称号，这亦是我国慈善领域的最高政府奖项。2011—2023 年，他连续多年获广东省扶贫开发领导小组颁发的“广东扶贫济困红棉杯金杯奖”；2016 年 7 月获香港特区政府颁授“金紫荆星章”；2017 年 7 月获全球杰出华人协会颁授“杰出港人 2017——慈善人物”大奖；2017 年 11 月获世界华人经济峰会颁授“世界华人终身成就奖”；2018 年 8 月获大公文汇颁授“改革开放 40 周年港澳同胞贡献大奖”；2020 年 6 月获广东省扶贫开发领导小组颁发“广东扶贫济困日活动 10 周年突出贡献爱心个人”奖，为全省十位突出贡献爱心个人之一。

2011 年 7 月，杨钊于第六届中华慈善奖表彰大会上获颁“中华慈善奖”

每当有媒体盛赞杨钊的公益之心时，他总会谦逊地表示：“中华民族的基因中存续着‘穷则独善其身，达则兼济天下’，以及‘老吾老，以及人之老；幼吾幼，以及人之幼’的理念。正是这种美德让中华文明历经千载，源远流长，作为后来人，我以及我身后的企业，唯愿做好传承，不负家国。如今，越来越多的企业家都在思考如何发挥财富的最大效率，而他们最终也都不约而同地选择了投身公益慈善事业，从这个层面来说，助人是兴业后最理想的归宿。”

在持续推进善行义举的同时，杨钊亦积极投身为大众谋求福祉的社会活动。自 20 世纪 80 年代伊始，他便广泛担任社会公职，至今已先后被推举或邀请担任第九届、第十届、第十一届、第十二届全国政协委员；香港中华总商会第 48、49 届会长、香港各界文化促进会会长、香港客属总会执行主席、广东海外联谊会第八届理事会名誉会长、广东省慈善总会荣誉会长、暨南大学校董等多项职务。

每一次接受新的委任时，杨钊总是郑重其事，他从不担挂名的空职，近年来皆将 30% 的时间与精力用在履行这些职务的职责上。比如，作为第九届至第十二届港区全国政协委员，杨钊宏观审视香港和内地在经贸合作方面的巨大空间，积极建言推动两地建立更紧密的经贸合作，提案得到国

2012 年 11 月 30 日，杨钊在全国政协副主席董建华（中）的见证下，从蔡冠深（左）手中接过香港中华总商会会印，台上一众主礼嘉宾鼓掌恭贺

旭日集团每年举办家庭同乐日，管理层与员工同乐

家高度认可。此外，他与另外两位政协委员连续 3 年提议将清明节、中秋节作为公众假日，2008 年国家接受建议，正式将以上二日作为法定公众假日。

2012 年 11 月 30 日起，杨钊连任香港四大商会之一的香港中华总商会（以下简称“中总”）第 48 届、49 届会长。“未来两年里将全力以赴，秉承中华总商会爱国爱港的优良传统，协助会员应对复杂多变的形势，参与香港建设、促进与内地和区域经济的全方位合作，培养年轻一代，推动香港工商界承担企业责任，共同构建和谐社会”。就任致辞中，他没有太多的慷慨激昂，只是质朴表达自己的希冀与愿望。

这位“实干派”的会长，很快便带领“中总”彰显出非一般的社团影响力。2013 年 5 月，香港酝酿政改，“中总”在香港六张主要报纸刊登声明，标题是《尊重法律　依法行事》，明文反对街头抗争，成为首个展开“香港政改讨论”的社团。“可以说，我们在反对‘占中’活动中打响了第一枪”。杨钊说。2015 年 7 月，政改未通过之后，他率领“中总”组团访问北京，获时任全国人大常委会委员长张德江接见，这是该事件后张德江委员长接见的香港地区第一团。

为强化与内地的联结，杨钊治下的“中总”每年 3 月在参加全国两会后，在香港举办“解读两会论坛”，邀请内地专家学者演讲，向香港工商各界分析全国两会报告。他本人亦多次率团访问北京市、上海市及广东省，获国家领导接见。

慈善活动方面，杨钊在任期间，“中总”于香港共计举办 40 余场爱心活动，招待逾 2 万名弱势市民，并为各项慈善、公益、赈灾等活动，合计捐助超过 4000 万港元，并于 2014—2016 年连续三年获得港岛、九龙区百万行最高筹款机构冠军。

2016 年底，杨钊完成使命圆满卸任。在总结会长工作时他动情地表示：“中共中央政治局常委七名领导之中，习近平、李克强、张德江及俞正声都曾经分别接见过我。在香港，特首梁振英也向我颁发过‘金紫荆星章’，以上一切，对我来说，是人生的无上荣耀。”

在杨钊看来，身体只是生命的载体，精神则是生命的永续。如果商业、事业等层面的成功，都是属于个人事业的成功，那么慈善事业和社会责任，则是令更多人受益，令自己人生获得成功。

那是一盏灯，照亮别人的路，也照亮自己的心。華

彭云鹏

彭云鹏创立的印度尼西亚巴里多太平洋集团，在20世纪80年代及90年代以林木种植和木材加工为主，曾为世界最大的胶合板制造生产者及出口商，因此他当时被誉为印度尼西亚新一代“木材大王”和“胶合板大王”。20世纪90年代中后期以来，集团重点经营石油化工和地热发电等行业。目前，集团所属石化公司为印度尼西亚最大石化企业，集团也是世界最大的地热能源生产商。彭云鹏也因此被印度尼西亚经济界公认为“石化大王”和“地热大王”。

彭云鹏在支援中国经济建设、体育事业、抗震救灾等方面更是不遗余力。早在20世纪90年代初，他就在陕西省咸阳市投资建造了通往西北五省的渭河斜拉桥，为开发大西北作出贡献。

华商巨擘 功勋卓著

——印度尼西亚巴里多太平洋集团主席彭云鹏

彭云鹏为国家和社会公益、慈善事业无私奉献的事迹不胜枚举。面对印度尼西亚政府的肯定、表彰以及民众的感激和赞扬，彭云鹏总是谦虚地说："我只是做了应该做的一些事，我会继续做下去。"

刻苦学习 志存高远

彭云鹏祖籍广东陆丰，客家人，1944 年出生于印度尼西亚西加里曼丹山口洋市孟加影镇高桥村的一个普通家庭。他的祖父早年因贫穷而漂洋过海到印度尼西亚谋生，并落地生根。

他的父亲彭瑞安和母亲冯和英都是在印度尼西亚出生的第二代华裔，在彭云鹏出生时，整个印度尼西亚仍在日本军国主义的统治之下，经济萧条，百业凋敝，民不聊生。他的父母主要靠橡胶采割、缝衣和耕田为生，家境贫寒。

彭云鹏从孩童时就帮助父母干农活、做家务，因为家境不济，直到 9 岁时才能上学读书。自上学第一天起，他便如饥似渴地读书。由于聪慧好学，再加上入学前就有了一定的自学识字基础，彭云鹏仅用三年时间，便读完了小学所有课程。

其间，父亲经常启发教导彭云鹏，孟加影穷乡僻壤，交通闭塞、经济落后，没有什么发展前途。父亲鼓励他长大之后，要想方设法到外面去闯世界，谋求发展。这些教诲深深印在彭云鹏脑海中，成为驱使他决心走出山村、摆脱贫困、谋求新生的不懈动力。

小学毕业之后，家里没有经济能力让彭云鹏继续上中学，他只得到叔父在孟加影镇开设的小金铺和堂兄经营的杂货店当小店员和帮工，早早踏入社会，并在此期间初步懂得了经商的门道。

1960 年，开明的堂兄认为彭云鹏勤奋聪明，是个读书的人才，如能继续上学，将来可更好地帮助他做生意，所以就主动出资鼓励和支持彭云鹏到山口洋市唯一的华文初级中学"南华中学"读书。就这样，彭云鹏半工半读，用两年时间读完了三年的初中课程。

初中毕业后，在堂兄的支持下，彭云鹏与一位同乡合伙开了一间小杂货店。之后，他又前往雅加达帮助堂兄做黄金生意。起初，在彭云鹏精心经营下，黄金铺的生意开展得还比较顺利，但后因堂兄管理不善，遭受重大损失，难以为继。

黄金铺的生意失败之后，彭云鹏清醒地认识到，必须摆脱对亲人的依靠，独立开创事业才是最好的选择。印度尼西亚是个岛国，首都雅加达和爪哇岛是印度尼西亚的政治经济中心，经济比较发达，而且同其他岛屿的商品贸易频密，发展潜力巨大。

于是，1965 年彭云鹏与堂兄商量，并在取得堂兄同意后，开始自力更生，利用积蓄的有限资金和经商经验，从事雅加达、爪哇同加里曼丹岛际之间的商品贸易生意。

少年时期的彭云鹏深深地体会到，贫困就像一座大山，压得贫苦人民喘不过气来，甚至连孩童求学的基本愿望都难以满足。因此，他暗暗下定决心，一定要拼搏奋进，做一番大事业，有了实力就能如愿以偿，帮助那些需要帮助的穷苦大众过上更好的生活。

不忘初心 坚定创业 成就行业巨头

谈到彭云鹏的创业经历，有人说他是无畏的"探险者"，有人称赞他是创造奇迹的"商业奇才"。的确，彭云鹏眼光独到，坚定果敢，他认准的事情绝不动摇，决定做的事力争做好、做大、做强。在彰显"王者风范"的同时，又不失作风稳健、精益求精。

1967 年，彭云鹏在从事岛际贸易时结识了著名华人企业家黄双安。黄双安很欣赏彭云鹏的才干，两人一见如故，十分投机。当时，黄双安的公司刚成立不久，急需一批有才干和经验的管理人才，所以极力邀请彭云鹏加盟，共同发展。

由于彭云鹏刚离开堂兄的公司，独自经营岛际贸易生意不久，而且自己的生意也进展顺利，没有立即接受邀请，此后黄双安一如既往地关心彭云鹏的生意，并慷慨地帮助他解决了一些生意上的难题。

1970 年 3 月，彭云鹏终于接受黄双安的诚意邀请，加入材源帝公司，而且一干就是 7 年，并得到黄双安的充分信任和栽培，先后担任公司财务经理、销售经理，负责整个公司的财务收支、银行信贷、木材的国内购销和外贸，特别是对日本的出口。彭云鹏积极勤奋、努力开拓，为黄双安的公司发展竭尽全力，并多方联络，顺利地从印度尼西亚国营银行取得了公司业务发展亟须的资金和贷款。与此同时，彭云鹏也进一步熟悉了经营木材的生意之道，并同很多印度尼西亚官员、企业家等建立良好关系，为以后的发展奠定了稳固坚实的基础。

至今，每谈到在黄双安公司的任职经历时，彭云鹏依然感慨万千，他万分感激黄双安的信任和指导。在黄双安公司任职的 7 年中，他在商业实践上得到巨大锻炼和人生经验逐步走向成熟，他从初出茅庐的个体小商人成长为管理拥有数千名职工的现代木业集团的高级经理。

"我从幼年起就立志要独立创业，做一番自己的事业。随着年龄的增长和商业实践阅历的增多，这种志向更加强烈和坚定不移。我十分明白，独立创业难免要面临各种风险，但我从未因此而动摇或犹豫过。征求黄先生意见，他也表示支持我独立创业，于是我果断地辞去了黄先生公司的工作。"彭云鹏说。

1977 年，33 岁的彭云鹏创办了自己的木材加工企业，他首先选择在南加里曼丹地区经营自己熟悉的木材采伐和加工业。在创业初期，彭云鹏就已经有了远大的商业抱负和设想，他将公司命名为"巴里多太平洋公司"，寓意其事业始于加里曼丹岛上的大河巴里多河流域，将来走向太平洋地区乃至全世界。

2019 年 8 月 15 日，印度尼西亚总统佐科为彭云鹏颁授"国家一级荣誉勋章"

此后，他以"谦和、坦诚、守信"为经营理念，以"利国、利民、利业"为经营原则，积极研究改进企业的经营管理，苦干加巧干，大胆开拓进取，公司业务迅速发展壮大。

20 世纪 80 年代初，彭云鹏决定改变单纯伐木和出口原木的做法，集资收购和建设现代化的胶合板工厂，并向森林资源丰富、经济十分落后的广袤东部地区发展，在马鲁古群岛的芒格勒岛建立了大规模木材加工厂。

此后，巴里多太平洋公司迅速腾飞，到 20 世纪 80 年代末期，就已发展成为规模庞大的现代化木材加工集团，拥有 750 万公顷森林开采权和 20 多家综合木材加工厂，建起了 68 条胶合板生产线，三合板产量位居亚洲第一，年产胶合板 200 万立方米，其产量占印度尼西亚胶合板总产量的 21%，集团公司员工 4 万多人。

因为公司的产品多出口到亚太地区各国和欧美国家，所以，彭云鹏的公司为印度尼西亚创造了大量外汇收入和就业机会。同时，也极大地带动了印度尼西亚东部地区经济的发展。彭云鹏本人也因此获得"木材大王"和"胶合板大王"的称号，并多次荣获由印度尼西亚总统授予的国家建设奖章。

20 世纪 90 年代，彭云鹏审时度势，高瞻远瞩，

2019 年 12 月 6 日，印度尼西亚总统佐科主持 PT Chandra Asri Petrochemicals New Polyethylene 工厂开幕典礼

彭云鹏又一个“大手笔”是大力发展清洁能源。21 世纪初，随着清洁能源的兴起，彭云鹏瞄准了印度尼西亚储量巨大的地热资源，以超凡的魄力果断投入地热发电。经过十几年的努力，他下属的地热公司在西爪哇省哇扬文度地区建立了世界领先的地热发电厂，拥有 40 多个地热井，已建成 4 个机组。

2016 年底，巴里多太平洋集团下属的星能源（Star Energy）公司斥资 23 亿美元成功收购美国雪佛龙（Chevron）集团在印度尼西亚西爪哇 Gunung Drajat 和 Gunung Salak 区域以及菲律宾的地热发电站，这是有史以来印度尼西亚企业最大一宗收购外国公司项目，巴里多太平洋集团也一跃成为世界最大的地热能源生产商，年发电量占印度尼西亚全部地热发电总量的一半以上。彭云鹏获得了“地热大王”的称号。

印度尼西亚是拥有世界最大的地热资源国家之一，初步探明的储量为 29000MW，但目前的利用率只有 4% ~ 5%。印度尼西亚政府计划在未来 5 年内逐步增加地热利用率，因此开发潜力巨大，前景广阔。

彭云鹏在向印度尼西亚总统佐科汇报集团地热能源开发情况时，佐科对他为国家能源建设作出的贡献给予高度评价和热情鼓励，并希望巴里多太平洋集团密切配合国家新能源发展计划。彭云鹏表示，巴里多太平洋集团将在未来大幅增加地热能源开发利用，为满足国家经济建设对能源不断增长的需求再接再厉、创造佳绩。

决定进军造纸业和石油化工业。在南苏门答腊地区建设年产 50 万吨纸浆的纸浆厂，开垦近 40 万公顷荒地种植速生纸浆林，保障纸浆厂的原料供应，此举在印度尼西亚开创了大规模种植工业林的先河。同时，还在西爪哇省（现万丹省）芝勒贡地区建成了年总产量超过百万吨的乙烯、丙烯和聚丙烯等产品的先进石化厂，填补了印度尼西亚石化业的空白。

在谈到当年做出这一跨行业的大胆决策时，彭云鹏说：“我在提出该设想时，世界银行、国际货币基金组织和国际七大石化业巨头都持反对态度，但为了印度尼西亚民族石化工业的发展和为国家经济创造更多的附加值，我绝不退缩。”如今，该石化公司年产值超过 30 亿美元，已成为印度尼西亚最大的石化企业和民族工业的产业支柱，彭云鹏也因此赢得了印度尼西亚“石化大王”的美誉。

利用自有资金联手国际资本在短短的几年时间内斥资 35 亿美元建立东南亚最大的化工联合企业，这是彭云鹏迄今为止最具胆略和商业眼光的“大手笔”之一。他说：“我喜欢做有挑战性的项目。当大项目和小项目需要差不多时间和精力时，我更愿意选择做大项目。”

2003 年，彭云鹏又果断收购了美国 Conoco Philips 在印度尼西亚的石油和天然气开发项目，并投资铺设了通往新加坡、长 486 公里的深海输气管道，直接将印度尼西亚的天然气输送到新加坡的发电厂。

心系国家 无私奉献

彭云鹏是一位热爱祖国的实业家，企业的经营始终与国家经济发展大局相适应，为提升国民经济实力作出了卓越的贡献。

从他的企业每个阶段的发展重心和路径不难看出，振兴民族工业、为国分忧、为民解困，以使国家走上富强之路，是他不变的初心和责无旁贷的光荣使命。

从白手起家到成为闻名海内外的亿万富豪，彭云鹏牢记初心，用实际行动造福桑梓，报效祖国。在早年，彭云鹏就设立了以集团命名的巴里多忠诚基金会，无数次默默地帮助印度尼西亚普通民众，为政府排忧解难。同时，在支持教育事业、社会公益及慈善事业方面，他更是慷慨解囊，全力付出。

星能源（Star Energy Geothermal）

1980 年，彭云鹏捐巨资支持建立 Prasetiya Mulia 大学。在家乡西加里曼丹山口洋市建立 Sekolah budhi singkawang 学校，希望家乡的后辈们能够接受好的教育。同时，他还捐资建设并连续资助印度尼西亚多所名牌大学，如 1988 年出资 300 万美元支持兴建印度尼西亚大学；捐助 Trisakti 大学，并为印度尼西亚多所大学和中学设立奖学金，鼓励学生努力学习、报效国家。

1984 年，他捐资 3500 万美元支持兴建印度尼西亚缩影公园；1986 年，他捐资 2500 万美元，支持建设由 Cawang 通往 Priuk 的 13.5 公里长的印度尼西亚第一座高架路桥。

另外，彭云鹏还大力支持医疗卫生事业。如捐款设立医院，改善国家心脏科医院（Rumah Sakit Pusat JantungNasional Harapan Kita）和肿瘤医院（Rumah Sakit Dharmas）等的医疗设施及设备。据不完全统计，仅在 20 世纪 80 年代，彭云鹏捐助各大医院的善款就超过 1000 万美元。

彭云鹏还“大手笔”资助印度尼西亚政府支持的一家私人银行，资助金额达 2.25 亿美元。1990 年 8 月，印度尼西亚 Bank Duta 银行严重亏损，面临倒闭危险。时任总统苏哈托亲自约见彭云鹏，希望他施以援手，为该银行注资 1.75 亿美元。但时隔一天后，苏哈托总统又希望再增加5000万美元。

为了解决这家银行的燃眉之急，避免金融系统的多米诺骨牌效应给国家经济造成更大损失，彭云鹏毫不犹豫地郑重承诺：三天之内将这笔巨款汇入 Bank Duta 的银行账户。

为此，苏哈托总统在政府内阁会议上激动地表示：“彭云鹏先生有恩于国家，我们不能忘记他的帮助。”自此，彭云鹏的爱国之举在印度尼西亚政商界和民间被传为佳话。

此外，每当国家发生重大自然灾害时，彭云鹏都会慷慨解囊，为政府分忧、为灾民解困。如 2004 年亚齐省一带发生 7.9 级强烈地震并引发东南亚及南亚区域的特大海啸，造成极为严重的人员伤亡和财产损失。面对这突如其来的灾祸，彭云鹏痛心疾首，爱心和同情心激励他多次捐出巨额善款给当地政府，借此义举协助政府筹募基金，帮助灾区恢复重建，让灾民们尽快安居乐业。彭云鹏还特意指示公司购买大量食品、衣物和日用品，直接送往灾区。

除捐资赈灾外，彭云鹏平时还积极参与包括印度尼西亚慈济基金会等社团组织和慈善机构举办的日常慈善活动，身体力行，亲手把救济品送到贫困居民的手中。2018 年，彭云鹏捐款 100 亿印尼盾（约合 70 万美元）资助建立慈济医院，此前他还多次捐资慈济基金会，累计捐款约 200 万美元。2018 年 8 月，雅加达亚运会开幕前，彭云鹏还专门资助即将参加比赛的印度尼西亚桥牌队，鼓励参赛选手努力拼搏，为国争光。

促进民族和谐 弘扬客家精神

印度尼西亚是海外华人最多的国家，然而由于印度尼西亚内部政治因素和外部势力的挑拨，从印度尼西亚建国初期到 20 世纪 60 年代种族纠纷事件频发，排挤和歧视华侨华人的现象日益严重，许多华侨华人的身份得不到政府的认可，大

建于海拔 1800 米高原上的星能源（Star Energy）地热发电站

一向以身为炎黄后裔为荣，并热爱博大精深的中华文化的彭云鹏，不仅在其家庭中保持中华传统文化和习俗，而且时常呼吁华族应该继承和发扬祖辈的优秀文化。

千百年来，客家族群的先人远渡重洋来到印度尼西亚这片遥远的土地，不畏艰险、披荆斩棘，经过一代代人的不懈打拼，在广袤的荒野之地开辟了一个又一个新的家园，不仅为自己在异国他乡安家立命打下稳固的基础，也为印度尼西亚的发展与繁荣发挥了重要作用，为了保留并展示华族客家人为印度尼西亚所做出的努力和献身精神，弘扬并传播客家文化和奋斗历程，建立一座有代表性的客家博物馆，成为众多客家乡亲的良好愿望。

多数华侨处于非印度尼西亚国籍的状态，所以很难融入当地社会，就连做生意、上学和日常生活都遭遇严格限制。

彭云鹏对这种状况迟迟得不到改善心急如焚，但又无能为力，直到 20 世纪 80 年代初，印度尼西亚政府才逐步放松或解除多种管制，对华侨华人采取相对理性和温和的政策。当时彭云鹏积极付诸行动，为华侨华人争取正当权益。他表示，是时候向政府“求公正，讨公道”了。为此，他召集印度尼西亚各大企业家协助捐款、筹备资金、预备设施，开始为华侨申请加入印度尼西亚国籍做准备。

与此同时，他还邀请印度尼西亚著名企业家林绍良一道，给时任总统苏哈托写了一封建议函，请求政府调整政策，放宽限制，加快华侨办理入籍手续。到 1980 年 4 月，印度尼西亚全国共有 80 多万名持有中国护照或无国籍的华侨申请加入了印度尼西亚籍，华侨和无国籍者只剩下华侨华人总数的 5% 左右。如今，华侨和无国籍者的身份问题已经全部解决，基本实现了华侨转变身份的心愿。

长期以来，彭云鹏一直倡导印度尼西亚各族人民和谐共处，华人积极融入主流社会，为印度尼西亚的繁荣富强贡献力量。应该说，彭云鹏和一些有识之士的不懈努力和实际行动对华侨华人问题的逐步解决起到了积极的推动作用。

在为事业打拼的过程中，身为客家人的彭云鹏的动力源泉正是这种百折不挠的客家精神。所以彭云鹏一直念念不忘他的客家情怀。在事业有成之后，他更深深地意识到，应该把这种刻苦耐劳、不服输、不气馁的客家精神传承下去，团结其他族群一起奋斗建设繁荣富强的千岛之国。

20 世纪 80 年代初，为了彰显印度尼西亚是个多族群和多文化的民族大家庭及广泛包容的社会，印度尼西亚政府在雅加达东区规划了一座美丽的印度尼西亚缩影公园，每个族群均可申请在园内建造自己的博物馆。

印度尼西亚华人社会的有识之士积极响应，提出应当建造一座具有中华文化特色的印度尼西亚华人博物馆。经过热烈讨论并广泛征求意见，大家认为客家的土楼有代表性。随后，以福建省永定区素有“土楼王子”美称的“振成楼”为蓝本，设计了占地约 5000 平方米的客家华人博物馆。然而，由于建造之初缺乏资金，致使施工进程缓慢。为了完成这一历史性工程，印华百家姓协会呼吁各华社团体捐资协助，客属联谊总会也广邀各地客家人同心协力，确保早日完成这项工程。

彭云鹏认为：包括客家人在内的全体华族为

印度尼西亚的经济建设和社会发展作出了不可磨灭的贡献。建造华人博物馆正是为印度尼西亚华族争光，巩固华族社会地位的好机会。华族能够在象征印度尼西亚民族大家庭的印度尼西亚缩影公园里占有一席之地，对居住在印度尼西亚的华人来说，具有重要而长远的意义。

而且，华人先贤的拼搏进取、不屈不挠的创业精神、跌宕起伏的沧桑史和可歌可泣的奋斗史，都可以供后人纪念、学习，成为华人后代前赴后继，奋勇向前的动力源泉。

全家福

于是，彭云鹏与一些客家乡贤带头捐款，带动许多客家企业家和社会贤达共同努力，圆满建成了客家博物馆。

情系中华 热心公益

多来年，彭云鹏积极促进中印尼两国和两国人民的友好合作，他曾先后担任中国经济社会文化合作协会主席、印度尼西亚中华总商会资深名誉主席、北京市侨联海外顾问、暨南大学董事会董事等职务。他还经常受邀出席博鳌亚洲论坛与世界各国政要、经济名人、学者纵论世界经济，并多次受到中国国家领导人的亲切接见。

在事业有成后，彭云鹏尤为关心支持教育事业，他坚信“知识就是力量”的真理，认为一个国家、一个民族要发展、要进步，必须教育为先、培育人才。他不仅为印度尼西亚国内多所大学、中小学捐助巨大款项，为印度尼西亚教育事业作出巨大贡献，而且还为中国的教育事业慷慨捐助：在家乡建设中小学校；在广东揭西捐资建设河婆中学 10 栋教学楼和 1 座图书馆；在中国设立了以其父亲名字命名的《彭瑞安归侨子女奖学金》，鼓励归侨子女努力学习，奋发成才。另外，他还大力资助北京燕京华侨大学的建校工程，并荣任该校名誉董事长。

他在支援中国经济建设、体育事业、抗震救灾等方面更是不遗余力。早在 20 世纪 90 年代初，他就在陕西省咸阳市投资建造了通往西北五省的渭河斜拉桥，为开发大西北作出贡献。1994 年中国发生华南大水灾，彭云鹏和夫人张明联率子女捐款 1200 万元，支援当地政府抗洪救灾。时任广东省委书记谢非接到捐款后感动地哭了，他激动地说：“彭先生，您救了广东人的命。”

2003 年，中国遭受“非典”袭击时，牵动着海外华侨华人的心。在得知灾情后，彭云鹏第一时间将 300 万元人民币送交北京市民政局，并致信时任国务院总理温家宝，表达对中国政府领导的防抗非典工作的支持和对战斗在一线的医护人员的敬意。同年，他还向中国国家游泳中心捐助 300 万美元，支持奥运会比赛场馆“水立方”的建设。2008 年，中国汶川地震发生后，彭云鹏积极捐巨款在当地建医院和学校。

彭云鹏认为，一个有抱负的企业家应把自己的命运同国家、社会大众的命运联系在一起，关心国家和社会的兴衰与疾苦，正如中国古人所说的“天下兴亡，匹夫有责”，应该取于社会，反馈社会。他说：“印度尼西亚是我生于斯、长于斯的第一祖国，中国是我祖辈生存的祖籍国，我热爱印度尼西亚，也情系中华。”華

何超琼

香港自1997年正式回归祖国的怀抱后，在国家坚定的支持下，在“一国两制”伟大方针的引领下，香港的发展依旧稳步向前，国际金融、国际贸易、世界航运中心的领先地位始终屹立不倒。

这26年间，香港碰上多个机遇，跨越多重挑战，今天仍然稳步踏上新的征程。这26年来的高低起伏，香港繁荣稳定的背后有着一众心系祖国、爱港爱澳的商业领袖，他们以传承、创新、开拓、进取的理念，砥砺前行，带领企业上下一心、斗志昂扬，为粤港澳大湾区发展、为国家建设积极付出。其中就包括一位巾帼翘楚：信德集团行政主席兼董事总经理何超琼。

连系世界 共谱未来

——信德集团行政主席兼董事总经理何超琼

"相信国家，不忘根、不忘本"一直刻印在何超琼的心中，并引领着她带领家族企业走在传承和创新的道路上。

相信国家 砥砺前行

1994 年，何超琼学成回家将近八年，其间创立了自己的公关公司。当时，澳门国际机场刚巧落成，因缘际会，何超琼有机会参与机场的前期推广工作。30 出头的她，运用自己的经验、人脉和智慧，巧妙地与国际航空公司协商洽谈，成功助力将澳门旅游宣传推广到国际市场，并把澳门航线推广至世界多个国家和地区，为澳门发展成为世界休闲旅游中心奠定了坚实的基础。

这次的经历也为何超琼打了一剂强心针，她遂在 1995 年主动争取加入由父亲创办的信德集团，在这里展现了非凡的商业天赋，倾尽全力为之付出，带领家族事业迎来新腾飞。

20 世纪七八十年代，客船是接驳香港与澳门的主要交通工具，大大方便了港澳民众往来。但是在香港回归祖国前夕，部分香港市民对祖国和"一国两制"不认识、不了解，社会充斥着分歧、疑虑，甚至有人选择移民离港，其后又经历金融风暴，彼时香港经济快速衰退，来往港澳的客船业务面临严峻挑战。何超琼加入家族企业后，接到的第一个任务，就是要整合集团旗下的客船业务。

"相信国家"——这坚定的信念第一次引领何超琼冲破困境，她坚信香港将逐渐与国家融合，国家也会成为香港最坚实有力的后盾，并带来众多良策。因此，她把"配合促进国家改革开放"作为集团业务发展策略的重要理念，以及她个人事业前进的动力。

1999 年，凭借坚定信念和创新精神，何超琼积极促使信德船务业务与中旅营运的船务合并联营，令企业成为首批与国企合作的港澳企业。合营后共同创立的"喷射飞航"品牌，成为全球最大规模的高速客船品牌，开创双赢局面。同时，她又带领企业引进第一艘水翼船，大大缩短航程时间，成为促进港澳联系的先锋。

自"十一五"及"十二五"规划起，国家锐意加快区域协调发展，进一步推进珠三角地区改革开放。信德集团在何超琼的领导下积极响应，大力投放资源，强化区域联系，为日后的大珠三角、泛珠三角、"一带一路"以至粤港澳大湾区建设等奠定稳固基础。

何超琼认为，信德集团身处香港，辐射珠三角，深谙地区的发展脉搏，在《内地与香港关于建立更紧密经贸关系的安排》和"个人游"等政策出台之前，集团已预见粤港澳地区的融合发展将要加快，有必要为促进三地的人流、物流和资金流的便捷流动创造条件和优势。

2003 年，"喷射飞航"主动牵头，与香港机场管理局及珠江船务合作，在香港国际机场兴建"海天客运码头"，开创全球首个海空转驳的多模式联运交通平台；推出"喷射飞航机场航线"，以渡轮连接珠三角地区内的主要国际机场，加强区域内城市与世界各地的连接，缩短了地区间的交通往来时间。这样具有前瞻性的创举不但可加强区域内人文交流，更大力加速了粤港澳地区的融合发展，进一步拉近了港澳和内地与世界的距离，为粤港澳地区开拓及提供公共服务，为日后的区域融合奠定基础种子。“喷射飞航”客船每年乘载超过一千万人次往来湾区七个主要口岸和国际机场，成了湾区的经济桥梁，也是湾区的人文桥梁。

在何超琼的领导下，信德集团一直秉持何鸿燊博士创办船务公司的理念，致力为港澳地区的社会和经济发展带来动力，并由单一航线业务发展至覆盖珠三角的多元交通服务

“相信国家”的坚强信念再一次引领何超琼带领家族企业与国企合作。2005 年，信德集团与中国国旅及广东旅游集团合资经营开拓澳门连接珠三角主要城市的跨境客运巴士服务。同时，随着 2017 年港珠澳大桥落成通车，信德集团又与内地企业伙伴共同出资，成功投得港珠澳大桥跨境穿梭巴士专营权，正式将海陆空串联在一起，形成多维度交通网络，极大地促进了珠三角地区的交通运输发展。

随着横琴新区的落成，信德集团成为首批入驻珠海横琴发展的港澳企业。为促进琴澳市民往来、融合发展提供高端配套服务，打造了联结湾区的生活圈，并将此贯穿，力求开启湾区生活多元化。这些都得益于祖国为港澳源源不断输送的强大政策，让信德集团有机会发挥自身优势，共同为粤港澳大湾区的建设倾囊而出。

紧随国策 多元发展

何超琼凭着爱国的初心和坚定的信念，传承先父何鸿燊博士的理念，带领家族企业促进区域融合，通过资源共享、互补发展，开创互利共赢。

在 20 年前，信德集团就借着多年来积累的丰富文旅经验，以港澳企业的身份，把会展旅游概念带到澳门，营运管理“澳门旅游塔会展娱乐中心”（以下简称澳门旅游塔），引进崭新的旅游、娱乐、会展、冒险及休闲元素，培训一批又一批具有国际水平的会展旅游人才，为发展区域“一程多站”旅游路线缔造条件，夯实基础。

信德集团还积极将成熟的市场经验输送到内地，协助“广州塔”和“深圳平安塔”开幕及制定营运策略，并将经验辐射至周边地区，协助提升各地旅游业水平，深化中国旅游产业升级转型。几十年如一日地身体力行，殷切期盼促进大湾区内各城市间的互补互助，共同进步。

2016 年，信德集团建立了中国酒店品牌——“雅辰”，在北京、上海等多个城市陆续投入运营，期望助力内地主要城市的地方文化传承和商业创新，弘扬各地风韵特色，为当地的文旅产业提供多元化支持。何超琼希望将酒店文化与当地人文风俗及城市故事充分融合，并将文化、艺术、生活美学和旅游度假形成完整的生态链，互相给养、互相生发，形成全新的旅游体验。

此外，何超琼率领企业扩大在内地的投资，配合国家政策和规划，助力建设。以多年来在港澳累积综合项目开发及实践“旅游 +”的经验，配合国内各重点发展地区的规划及需要，开发地标性综合项目，支持城市和地区的规划建设。以旅游结合不同板块，创新品牌与项目，为内地提供多元化且高质量的服务业。比如沿内地高铁网络建设医养项目——首个落户天津南站的医疗养老产业；与国有资本和民营企业三方联手共同打造在北京成立的艺术公司，力求培育孵化内地青年艺术家，深化中国文化传承与发展，强化民族自信。

如今信德集团力求在文旅新体验方面更上一层楼，追求更深层次的文化艺术与生活相结合的创新

2021 年，信德集团与上海陆家嘴集团合作，共同在上海浦东新区前滩地域开发了商业文化综合项目——“前滩 31”

召，为行业发展、城市建设和区域规划贡献一己之力。

众志成城 血浓于水

诚如国家主席习近平对“企业家”提出的时代要求，“只有真诚回报社会、切实履行社会责任的企业家，才能真正得到社会认可，才是符合时代要求的企业家”。何超琼从协助父亲打理家业，到今天成为信德集团掌舵人，她深深体会到社会才是企业家施展才华的舞台。自学成回家以来，何超琼一直心系家国，并在国家有需要之时，率先带领企业捐资捐款，助力国家可持续发展。

发展模式。2021 年，信德集团与上海陆家嘴集团共同在上海浦东新区前滩地域开发了商业文化综合项目——“前滩 31”。项目以其悉心规划的综合业态响应世博地区“一区三带”的“十三五”期间重点战略目标，在位于高端文化产业发展带的核心区域，何超琼更从外观到内容上融入了对设计和文化艺术的热爱，体现了信德集团对于城市和企业共建、艺术与居民共生的思考和经验。其中，文化演艺中心是“前滩 31”的点睛之笔，更是上海“亚洲演艺之都”版图上的一颗明珠。作为浦东新区的文化地标，文化演艺中心为上海市民和游客带来世界级的展演活动。项目于 2023 年 10 月开幕亮相，为浦东新区注入了全新演艺活力，服务新区新发展格局、助力打响“上海文化品牌”，吸引世界的关注，创造合作机遇。

在开发和建设的同时，何超琼不忘保育和传承，竭力支持国家做好文物保护工程。信德集团于 2011 年启动北京通州综合发展项目勘探时，发现地下留存明代通州旧城东城墙遗址，总长度 700 余米，宽约 6 米，保存较为完整，具有较高的历史价值。信德集团与通州区文化委员会及专家商讨后，决定在推进运河核心区建设的同时，有效保护地块内的文物安全，使其在新城建设中体现出深厚的文化底蕴。而集团亦采取了原址回迁保护原则，把城墙遗址设置在地块角楼区展示，与商业结合进行主题展示，打造一个融合历史文化内涵的商业新地标。

信德集团一直主动积极响应国家各大方针与号

2020 年新冠疫情肆虐全球，在这样严峻的时期，何超琼带领信德集团上下一心，积极应对抗击疫情，大力支持和参与由全国工商联发起的“知名民企湖北行——爱心认筹贫困包”行动，并购买逾百个贫困包，成为首批支持湖北省疫后重振工作的港澳企业。

在香港疫情初期，全城疯抢口罩等防疫用品，信德集团挺身而出，联系香港工会联合会，出钱出力，协助该联合会购置全自动化口罩生产线，并秉承“只送不卖”的理念，向广大基层市民伸出援手，协力为香港抗击疫情工作和社会复苏，充分履行一个企业的社会责任。2022 年，为响应中央政府及各界号召，何超琼再次带领信德集团身体力行，捐赠物资予全港小区发展联机有限公司，支持香港防疫和抗疫工作。

同时，因应香港对隔离设施的迫切需求，在信德集团的引领下，安排启德邮轮码头作为轻度或无症状患者的小区隔离治疗设施，提供 1200 张病床，缓解社会对隔离设施强烈需求。并主动提供集团旗下的香港天际万豪酒店，作为航班人员的检疫酒店，解决燃眉之急，支持政府的抗疫工作，支持香港航空业持续营运。

在何超琼的观念里，面对全人类需要共同面对的困难时，必须当仁不让、敢为人先，为国家、为社会、为全人类贡献一份力量。心中有大爱，才能共克时艰。因此，她在忙于管理企业业务的同时，亦积极投身于多个公共职务，为国家建设、社会发展献计献策，进一步用行动反哺她深深热爱的祖国与人民。

爱国爱家 巾帼不让须眉

2003 年，何超琼当选成为北京市政协委员，并于 2008 年起担任北京市政协常委。其间，何超琼与其他港澳委员们共同致力于推动北京与港澳地区乃至世界的交流、沟通、协作工作。

为发挥好港澳政协委员的“双重积极作用”，拥护中国共产党领导，支持国家方方面面工作的稳步有序进行，何超琼运用自身在京港澳的联系网络，在不同的领域和范围凝聚联合各地同胞和侨胞的力量。

2015 年 5 月，何超琼牵头创立了京澳经济文化交流促进会。同年 11 月，何超琼参与创办的香港北京交流协进会成立，目的是通过举办大学生暑期实习班、华人青年创新创业论坛等活动，深化京港澳在经济、文化、人才、教育等领域多方位的互动交流，服务三地建设发展，并向青年传递正向价值观，为建设社会主义精神文明及构建和谐社会培育未来新力量。

作为杰出的女性代表，何超琼同时担任全国妇联执委、北京市妇联执委、北京港澳台侨妇女联谊会会长，向广大女性同胞发挥示范表率作用，展现当代妇女巾帼团结的力量。作为女性企业家，她充分调动身边的资源和能量，扶持、帮助、引导更多的女性开展和提升自身事业，共同建设家乡和国家。以信德集团为例，公司董事局成员及高管的女性数目比例，较其他香港上市企业为高，甚至可以媲美一些世界知名领先企业。

此外，何超琼还积极推动妇女统一战线工作，多年来筹办丰富联谊活动，加强内地与港澳台侨姐妹之间的密切联系和情意，促进海峡两岸暨港澳地区妇女的融合。

何超琼在 2017 年起担任香港各界妇女联合协进会（以下简称香港妇协）主席，参与策划、组织和举办多项活动，以促进内地与港澳的妇女交流和自我提升。何超琼首创“‘半边天’女青年精英培育计划”，以及国情研修班等活动，带领逾百名香港女性青年精英、女企业家到内地交流，接受国情知识学习，帮助她们认识国家，了解基本政策，寻找发展机遇。

何超琼始终积极参与粤港澳大湾区建设，融入国家发展大局，也为香港妇协开启了全新的篇章，让香港妇协逐步成为全港影响力最大的民间妇女团体组织。

为庆祝香港特别行政区成立 25 周年暨国庆 73 周年，香港妇协筹备推出一个特别庆祝计划——《看见家书》。这个项目由信德集团全力支持，香港妇协邀请了 25 位嘉宾，从嘉宾的一封写出或收到的家书而引发香港及国家 25 年来的发展、奋斗、个人经历或见证、遇到的一些轶事，从而激发震撼及感动人心的家国情怀的感受，引发同辈的共鸣，或对年轻人产生启发，如何把握香港“一国两制”，鼓励香港青年充分发挥香港无可替代的独特优势，积极开启新一轮发展进程，继续融入国家发展，同心协力，为香港未来发展共谱新篇章。

自 1997 年起，何超琼就一直积极承担港澳妇女代表的双重责任，坚决拥护党的方针政策，推动及深化香港妇女对国家的了解和认同。作为民间妇女组织，香港妇协率先与中央社会主义学院在北京合办了连续五届的历史文化研修班，使学员们深入学习及交流国情国史，并且多次有幸获全国妇联主要领导的亲切接见，研修班让参与学习的学员们得到了十分宝贵的交流与成长机会。

为配合国家“一带一路”倡议，2016 年何超琼带领香港妇协策划了“‘一带一路’视觉艺术展览”，在香港展出了来自“一带一路”沿线国家的 15 位知名女艺术家的作品，并举办了多场分享和研讨会，启发年轻女性参与推动国家和港澳的发展。

2019 年在香港社会最艰难的时刻，何超琼也决然迎难而上，以香港妇协主席身份，在港举办第一届“巾帼建新力”论坛，展示了香港妇女的团结及香港国际形象，并向国际社会展现了香港的正能量。此次活动邀请到全国妇联主席沈跃跃，以及 11 个国家和地区 105 个团体组织参加，其中粤港澳大湾区的 11 个城市均委派代表参加这次论坛。

同年，“黑暴”严重破坏香港治安，威胁国家及市民的生命财产安全。何超琼以个人身份召集香港各界女性同胞，发起“8 · 25 全港妇女守护家园大集会”，约 7000 名来自不同领域、不同阶层的女同胞们齐聚香港湾仔会议展览中心，齐声呼吁香

2021 年，何超琼于企业活动上向嘉宾介绍信德集团发展历程

港社会向暴力说“不”。在瑞士日内瓦的联合国人权理事会第 42 次会议上，何超琼代表香港妇协先后两次发言，向国际社会介绍香港真实情况。通过接受媒体集体采访，表达香港人追求理性和谐的意愿，以及香港事务是中国内政的立场。

2020 年，何超琼再次担起向国际社会宣讲香港真实情况的重任，代表香港妇协以“社经理事会专业类咨商地位之非政府组织”名义，发函联合国，宣传港版国安法，重申“一国两制”，“行稳致远”，何超琼更亲自草拟了相关函件，获得多位监察顾问及执委成员联署支持。

在新冠疫情期间，香港与澳门和全国各地一样积极抗击疫情。在这样一个特殊的时期，何超琼仍然坚持举办在线活动，为香港妇女举办十多场介绍香港国安法、香港基本法、国家“十四五”规划等讲座，继续带领香港女性参与粤港澳大湾区建设。

多年来的努力坚持和卓越贡献，获得广泛认同，2021 年何超琼被授予“全国三八红旗手”荣誉称号，2023 年当选全国政协常委，为港澳、为全国，乃至全球华人女性同胞传递了鼓舞人心的正能量。

关爱青少年发展
增强国家认同和民族自豪感

在多年来推动中华文化传承和宣传工作的实践过程中，何超琼深刻意识到爱国主义教育和国情教育对于港澳青少年的重要性，因此一直不遗余力地支持和加强这项工作的全面推进，做好香港青少年的爱国教育和培养。

2010 年，何超琼担任香港女童军总会副会长期间，累计组织近千名女童军到内地考察和交流，增强香港青少年对内地的认识，与内地青少年建立友谊，进行交流。北京市政协发起的京港澳青少年互联社举办的在线活动，开办了了解中国历史、政治、文化、艺术等相关课程。何超琼将这一系列课程和活动力荐给香港女童军总会，邀请他们的会员积极参与，增强学习，增进认识，让香港的青少年，特别是女童的爱国主义基础教育得到全面提升，让青少年充分理解爱国、爱港、爱澳的重要意义。

何超琼又联合其他北京市政协委员共同发起成立北京香港交流协进会，以期深化京港两地在经济、文化等领域的多方位互动与沟通。这些年，通过这个平台，协会组织了近百位香港大学生来北京实习交流。

党的十八大提出巩固和发展爱国统一战线的部署，身为政协委员需要切实把思想和行动统一到党的十八大精神上，充分发挥政协的汇聚力量。多年来，何超琼把这项重要任务带入自己的社会工作当中，鼓励香港青年女性精英发挥所长，贡献国家所需。

面向世界
做好中华文化推广大使

何超琼从小天资聪颖，尤其在文化、艺术上具有极高的天分和造诣，并对中华民族五千多年的历史深谙于心，尽管从事商业领域，但她对于文化艺术的传承和对外传播始终抱有极高的热忱。她一直主动运用自身资源网络优势，搭建平台和管道，策划和筹办各类文化艺术展，向世界介绍香港、介绍澳门，以及推广我们国家不同地域的文化、艺术，在国家文化领域对外开放、走向世界的过程中贡献力量。

信德集团立足香港，辐射珠三角，深谙地区的发展脉搏，是粤港澳大湾区著名的文旅综合企业

何超琼目前受邀出任中国文物保护基金会副理事长、全国工商联旅游业商会执行主席，以及文化和旅游部世界级旅游景点和度假区专家委员会成员，她认为身为中国人要坚持正确的世界观、人生观和价值观，肩负起应有的家国情怀与社会责任，讲好中国故事，推广博大精深的中华优秀文化。

2021 年，何超琼担任香港法国文化推广办公室及香港法国五月艺术节联席主席，通过不同文化和艺术教育的方式，多个维度帮助香港青少年开阔眼界，让他们接触不同文化，并对比学习，期望以艺术为切入点，深化国情教育，培养爱国爱港情操，让香港青少年更理解祖国的含义，增强家国认同感和民族自信心。

支持新选举制度

香港在 2021 年完善选举制度，何超琼通过全国妇联履职，获选为选委之一，直接把妇女声音带进架构内。其间，何超琼与其他获选妇女代表走上街头，聆听香港市民的声音，向他们解释新选举制度，做好上下联通工作，并为香港选出一位有能力、有担当、有远见的新特首。

信德集团是大湾区著名的文旅综合企业，何超琼一直用好自身优势，带领企业参与各项国际交流活动，并助力国家旅游业发展。

2003 年，何超琼以港澳企业代表的身份，加入全国工商联下属全联旅游业商会，担任副会长，负责商会的国际事务，以推动中国民营旅游经济发展。何超琼协助促成了商会的多项国际合作，包括与联合世界旅游组织(UNWTO)调研合作项目、与世界旅游及旅行理事会(WTTC)签订合作备忘录、代表商会出席多届 WTTC 的年度峰会等。

香港在 2021 年完善选举制度，何超琼通过全国妇联履职，获选为选委之一，直接把妇女声音带进架构内

2008 年，何超琼担任世界旅游业理事会执行委员会委员，助力内地及港澳与世界各地交流、学习和分享，促进旅游业蓬勃发展。并在 2012 年创办了“世界旅游经济论坛”（以下简称“论坛”），这是首个从“一带一路”倡议出发，审视全球旅游经济形势的高端交流合作平台，致力推动公私营合作，以发掘旅游宣传、投资和合作机遇。论坛旨在全面推动中国旅游的可持续发展，包括为国家旅游从业人员提供培训、推动旅游扶贫、开展民间文化交流等。论坛亦组织国内民营企业家代表团到国外访问，进行投资考察及交流活动，以延伸论坛的平台功能，促进中外民间组织与旅游业界的沟通、交流及协作。例如，在 2018 年中欧旅游年期间，世界旅游经济论坛组织并率领国内代表团到欧洲多国进行访问考察，走访了欧盟总部及议会，在此过程中向欧洲的行业同仁们宣传推广中国旅游并介绍粤港澳大湾区的情况，得到热烈反响。

多年来，何超琼和她带领的家族企业，始终紧跟党中央和国家政策的步伐，继续用好自身优势，发挥所长，在国家“十四五”高质量发展时期，贡献力量；社会团结一致，积极培训人才，帮助港澳青年加强自身对国家的了解和认识，建立民族和文化自信，并引领港澳地区优秀人才把握国家提供的机遇，投入大湾区建设和国家发展，为人才发展与交流搭建平台，加强与内地及国际之间的交流合作，向海外介绍香港的优势，讲好香港故事。

作为女性同胞的表率，何超琼对自身的要求更是严苛，立志要传承好家教、弘扬好家风，建立和谐的社会；与国家一齐同心走向新时代，开启由治及兴的新征程，让香港特别行政区继续成长，抓紧机遇，迈向成功，并为实现中华民族伟大复兴，为我们伟大的祖国下一个百年奋斗目标作出应有的贡献。華

吴聪满

从一家酒厂的承包商起步，吴聪满历时40余载，将他一手创建的安德集团（AGI）发展成为横跨酒类制造与分销、房地产开发、连锁快餐店经营与综合旅游业的多元化超级企业集团。

多年来，集团不仅致力于始终如一地提供符合国际市场标准的产品和服务，更在助力菲律宾经济建设、引领当地产业创新的过程中，持续关助贫困学子与需要帮助的弱势群体，同时积极投身环境保护、动物保护等公益事业，造福社会。

“安”修志业 “德”誉天下

——菲律宾安德集团（AGI）董事长兼总裁吴聪满

“我为集团在以往取得的成就感到自豪，但我也意识到，为了 4.5 万名员工和他们的家庭可以持续绵延地幸福生活，我的责任越来越大。中国的改革开放对于菲律宾来说，是一部有关蜕变的绝佳范本，值得借鉴学习的内容非常多。未来，我们会更加潜心而行，为菲律宾的经济建设与国际竞争力注入更多能量。”

——吴聪满

酒界崛起

1956 年，4 岁的吴聪满随家人从福建移居香港，16 岁时移民菲律宾。这并不是一段直通优越生活的迁徙之旅。吴聪满的父亲在一家半导体收音机厂工作，母亲是一位平凡的家庭主妇，全家人与其他 3 个家庭合租面积不到 40 平方米的房子。

令人窒息的局促空间，加之起早贪黑的困苦生活，令吴聪满格外渴望成功，亦培养出他趋向于成功的高度自律。他至今都记得，在刚刚移民菲律宾的第一个星期，有一天早上 7 点钟，他起床后父亲生气地责备说：“你刚到这里，必须比这里的人更努力工作。你不能 7 点才起床，你必须 5 点起床！”那以后，吴聪满几乎每天都能看到日出前的寥寥星辰。

在马尼拉东方大学“工商管理学系”求学期间，他每天往返步行 6 公里上课，午餐以香蕉充饥，学业之余兼职数份工作贴补家用。初期，他出售手表、担任小学生家教来赚钱；后来，他在菲律宾中资公司担任进口助理，并凭借出色的业绩晋升为经理，之后成为副总裁。他一直坚持做这份工作，直到 1974 年以优异成绩毕业。

毕业后，父亲对吴聪满的建议是进入银行工作。这基于两个重要原因，一是银行离家近，免受奔波；二是银行职员可以享受凉爽的空调房，这在全年炎热且经济不发达的菲律宾极其难得。“父亲说，他之所以一直严格要求我，就是希望有一天我拥有供职银行、舒适生活的资格”。吴聪满感念这种满怀父爱的设想，但他的心底，一直有另一个念头——开一家属于自己的杂货店。

“学生时代，身边的很多同学家里都经营五金或纺织品生意。他们不用做到很大规模就可以妥善照顾全家人的生活”。满心羡慕的吴聪满一直在默默存钱。他对母亲说：“一旦存够了钱，我就会开始自己的杂货生意”。母亲鼓励他追求梦想。

但已然晋升为别家公司副总裁的吴聪满，踏入商界的站位，注定不是一家小小杂货店可以承载的。1977 年，吴聪满开始正式经商，他很快成为贸易公司的合作伙伴，批发进口电器出售给家电卖场，赚得了价值 100 万菲律宾比索的“第一桶金”。这期间，他结识了一位从菲律宾最大酒厂退休的酿酒师，迸发了进军酒业市场的强烈愿望。

两年后的 1979 年，恰逢菲律宾乌翁尼省的康利酒厂物色商人承包。吴聪满果断抓住机会接盘，成立统一酒业公司（Consolidated Distillers Inc），跻身酒类生产商。这并非一片遍地黄金的“蓝海”，比同行加倍勤奋的吴聪满依然举步维艰。

“当时，市面上的酿造酒，几乎全是杜松子酒和朗姆酒，我们也努力发展自己酒厂的这两种酒品。有时候，为了研究竞争对手的产品商标，我在超市里一待就是好几个钟头，可结果还是不成功”。吴聪满回忆说，接盘后的前 3 年，统一酒业经营惨淡，为扭转困局，他决定前往英国酒厂学习酿酒技术。

创业初期，吴聪满在统一酒业

在英国，吴聪满学习到很多他此前从未听闻的酿酒技术，他将这些技术带回菲律宾，并把酒厂迁往马尼拉，随后添置设备，全面升级了统一酒业的生产方式与产品视觉形象。

“安迪调和威士忌”(Andy Player Special Whisky) 成为统一酒业蜕变后推出的最著名的品牌。一段时间后，随着行业内的威士忌原料价格不断上涨，持续挤压利润空间，吴聪满再度思忖“改变游戏规则”。

1991 年，他引进皇胜 (Emperador) 品牌的白兰地酒，在被杜松子酒和朗姆酒统辖了近 150 年的菲律宾市场，正式“杀出”全新路径。

这种胆超全体同行的创新，注定赢得丰厚回报。“最初推广皇胜白兰地时，我们将市场定位于有品位、乐于体验新事物的成功人士。后来，皇胜也迎合了追求消费革新、消费升级的中产阶级的需要。借此，我们在被杜松子酒和朗姆酒‘平分天下’的菲律宾市场，创建了一个完全崭新的体系。当前两者的市场份额下滑时，皇胜的销售却一路攀升”。吴聪满说，时至今日，皇胜稳居菲律宾烈酒销量的首位，亦成为全球销量最大的白兰地酒品牌。

掌控皇胜酒业 (Emperador Inc.) 的吴聪满，在接下来的10年间，将集团的业务版图拓展至亚洲、北美洲、非洲、中东和欧洲的 40 多个国家或地区。2010 年，随着酒精饮料市场的不断增长，他布局进入蒸馏酒精饮料生产销售领域，瞄准年轻消费者再下一城。

2014 年，皇胜酒业启动战略性收购计划，于当年收购了全球第五大苏格兰威士忌制造商——怀特马凯有限公司(Whyte and Mackay Ltd)。威士忌是世界上销售速度仅次于白兰地的第二大烈性酒，怀特马凯在苏格兰有 5 家酒厂和 1 家装瓶厂，年生产 5000 万升酒，拥有全球年份最古老的珍藏威士忌库存量，产品遍及 50 多个国家或地区。

本次收购被皇胜酒业纳入囊中的品牌包括：大摩(The Dalmore)和吉拉(Jura)苏格兰单一麦芽威士忌；怀特马凯 (Whyte and Mackay) 和约翰巴尔(John Barr)调和苏格兰威士忌；麦肯雷夏克顿(Mackinlay’s)麦芽威士忌和富拉迪巴(Vladivar)伏特加。

2016 年，吴聪满带领皇胜酒业再次布局，以138亿菲律宾比索的交易价格，收购了西班牙最大、最古老的白兰地品牌芬德多 (Fundador)。“芬德多让我想起已故的父亲。多年前，为庆祝我从马尼拉东方大学毕业，父亲邀请亲朋好友，开启了 3 瓶芬德多。我好像总能回想起当时的情景，那么温暖的家人，那么踌躇满志的自己”。吴聪满说。

皇胜酒业的此次收购包括芬德多旗下西班牙最畅销的白兰地特瑞圣德纳六(Terry Centenario)，赤道几内亚主要白兰地品牌三株葡萄蔓(Tres Cepas)，以及英国顶级雪莉葡萄酒哈维斯(Harvey’s)。本次收购还包括芬德多酒窖，这是起源于1730年的西班牙最大最古老的白兰地酒窖，以及西班牙白兰地之都雪莉市的生产设施，包括熟成酒窖、葡萄庄园以及最先进的调和技术、装瓶生产线。

“收购芬德多巩固了皇胜酒业的霸主地位，除成为菲律宾最大的酒业公司之外，亦问鼎全球最大的白兰地公司宝座，”吴聪满说，此举也使自己成为西班牙雪莉市最大的外国投资者之一。“皇胜酒业在西班牙拥有近 1500 公顷的葡萄庄园、100 万平方米的地窖和装瓶设施以及 4 个酿酒厂。同时，凭借怀特马凯与芬德多的全球影响力，皇胜酒业的产品遍及全球六大洲的 100 多个国家和地区”。

2016 年，致力于强化全球竞争的皇胜酒业完成的另一宗收购，是向法国保乐力加集团买下了多个多美客 (Domecq) 品牌，其中包括墨西哥第一大白兰地品牌总统（Presidente），以及另外两个当地畅销品牌雅斯帝加 (Azteca de Oro) 和彼得大亨 (Don Pedro)。这宗收购令皇胜酒业成功进入拉丁美洲地区的白兰地市场，特别是在墨西哥，多美客品牌占据了当地市场的过半份额。

此后，吴聪满带领皇胜酒业精工细作，将早年间的看家产品——安迪调和威士忌重新包装上市，形成完整的产品储备。与此同时，他成立了全新的食品饮料公司，进口洋酒、罐头及食品原料，并取得 Gallo 葡萄酒的独家代理权，成为菲律宾香槟及洋酒的最大进口商。

地产界称雄

在酒类市场叱咤风云的同时，吴聪满早在 1986 年菲律宾地价暴涨时，就认定房地产是自己商业生涯的另一大“主战场”。

1989 年，时逢菲律宾局势动荡，吴聪满“逢低入市”，果断成立了美加房地产集团 (Megaworld Corporation)，挑战业内成熟的老品牌，锁定精选地段开发高端独栋大厦。

“当时有人觉得，我选择的时机经济下滑，风险很大，但我觉得‘追高’才是真正错误的做法。事实证明，1987 年至 1989 年间，菲律宾的地产价格接连上涨了好几次，我们很幸运没有错过大好时机”。吴聪满说。

这种“逆势而进”的智慧，引领美加房产一路不做“跟随者”，凭借数次令人惊艳的超前探索，成为地产界模式革新、策略革新的行业标杆。

1990 年，已拥有优质销售团队的美加房产，一直苦于难以获取土地所有资格。如何解决这个问题？吴聪满灵机一动，想到“跟地主合作”。1991 年，美加房产推出土地银行合作模式，这个直切痛点的“发明”，后来在地产界被广泛应用。

1994 年，吴聪满再次“敢为人先”。他留意到，彼时的菲律宾地产市场，产品类型呈现高端房产与低端房产的“两极化”。他据此组建东方帝国(Empire East)，进军尚为“蓝海”的中等收入房产市场，并迅速成为行业领导者。同年，美加房产在菲律宾证券交易所成功上市。

此后短短几年，吴聪满治下的地产集团，完成了从“单一大厦开发商”到“城市综合体开发商”的升级蜕变，其中最具代表性的项目，就是 1996 年启动的怡东城（Eastwood City）。

怡东城位于菲律宾计顺市 LIBIS，它是第一个被菲律宾政府承认的“为信息产业而建立”的经济特区，全菲第一个 BPO（服务外包）中心，亦是美加房产开创的城市综合体典范。

“早先，我留意到印度班加罗尔市的服务外包中心，雇用了大量年轻、训练有素且英语流利的当地人，有力振兴了地方经济。反观菲律宾，我们同样拥有兴建相关产业的优势基础，但需要一些因地制宜的创新”。吴聪满说，马尼拉作为菲律宾首都，是人口密度最高的地区，却缺乏良好的交通设施，因此打造一处集商务办公、住宅、休闲于一体的地产项目，是消弭“交通劣势”的绝佳解决方案。

美加房产正式推出“生活—工作—休闲—学习”（live-work-play-learn）一体化的综合城市体概念，并全面践行于怡东城项目。

吴聪满组建专门团队，联手菲律宾经济区管理局（PEZA），一方面制定适应新知识工业的相关法规，另一方面启动全球调研，前往新加坡、印度的服务外包中心取经。今天的怡东城，拥有住户量高达 3.5 万人的整片高层公寓，超过 8 万的外包专业人员，及超过 500 家商业和零售机构，成为马尼拉最具活力的集居家、商业、办公于一体的多元化中心。2004 年，政府授予吴聪满“年度企业家”殊荣，用以表彰他在怡东城项目中为吸引投资和解决就业作出的突出贡献。

美加房产开创的城市综合体典范——怡东城

“打造面向未来的城市综合体，令我们的事业变得更有意义——为更多的菲律宾人创造更美好的生活”。吴聪满说，集合“生活—工作—休闲—学习”多元功能的城市综合体开发，不仅满足日益增长的市场需求，同时也将美加房产推向房地产领域的更高峰。

特别在 1998 年金融危机期间，吴聪满更为重视通过尖端科技与前沿理念，为城市综合体创造更多价值。他派出一个团队前往美国、马来西亚、新加坡和印度考察学习。扩充经验的美加房产，此后一路高歌猛进，相继推出了数个具有里程碑意义的项目佳作，如麦金利山（Mckinley Hills）、福布斯城市中心（Forbes Town Cente）、新港城（Newport City）、曼哈顿花园城市（Manhattan Garden City）等。

特别值得一提的是麦金利山，这个总面积约 50 公顷的城市综合体，是美加房产的旗舰项目，始于 2005 年。其坐落于新兴中央商务区——Fort Bonifacio.Taguig，与马尼拉最繁华的商务商业中心马卡蒂为邻，距离国际机场 20 分钟车程。

麦金利山的住宅区包含 34 幢建筑，总计 4713 套单位；办公区占地 482 幅，总计超过 27 万平方米的办公空间分布于 15 幢办公楼中，著名跨国公司惠普（HP）、埃森哲（Accenture）和高知特（Cognizant）；中国、韩国的国际学校以及英国、韩国和卡塔尔大使馆等均坐落于此。此外，该项目的休闲配套设施更是别具特色，融合意大利风情的“威尼斯乐园”，搭载水域设计，融合酒吧、餐厅、专业商店、电影院和体育场馆等元素，浪漫别致。

麦金利山之外，美加房产的另一地产佳作，是同样于 2005 年启动的曼哈顿花园城市。

“虽然城市综合体项目在很大程度上满足了人们规避交通成本的多元化生活需求，但动辄数万公顷的项目地块，在城市化进程不断加速的潮流中，将越发难以在市中心找到立足之地。因此，开发位于市中心交通枢纽地段的地产项目，同样具有举足轻重的战略意义”。秉承此种理念，吴聪满联合阿拉内塔集团，在马尼拉核心位置打造了曼哈顿花园城市，这成为美加房产的又一创新力作。

曼哈顿花园城市是菲律宾第一个以交通为导向的房地产项目，其充分借助当地最便捷的公交工具——城市轻轨，将包含 9000 套公寓的住宅区与 2 号轻轨线、3 号捷运火车系统直接相连，不仅成为马尼拉的崭新地标，亦是菲律宾最大的住宅项目。

2007 年，在香港《金融亚洲》杂志的年度亚洲顶级企业评选中，美加房产位列菲律宾第一名。此外，安德还获得“菲律宾最佳管理公司”“最佳投资者关系”等诸多荣誉。

作为美加房产的创始人及领航者，吴聪满被业界称道的创新还包括：在中等收入的房地产市场建立连锁专卖；组建环球销售部；启用弹性付款方式；设立“房屋超市”，为不同层次买家提供全面选择。

美加房产通过其子公司环球地产（Global-Estate Resorts Inc.）、东方帝国地产（Empire East Land Holdings Inc.）和信德地产（Suntrust

Properties Inc.），满足不同的市场需求，同时全力开拓海外销售体系，在世界各地设立了超过 40 个海外办事处，蓄力在全球化竞争中取得更加优异的表现。

快餐食品界布局

在领率团队于酒业、地产业齐头并进，接连斩获佳绩后，吴聪满正式创立多元化事业总部——安德集团（AGI），伺机进军快餐食品行业。

1981 年初，菲律宾第一家麦当劳餐厅在莫雷塔的繁华街道开张，新颖且美味的食物吸引男女老少接踵而来。作为麦当劳在菲律宾的授权公司，金桥发展公司（GADC）一直致力于确保旗下的餐饮服务在全球 119 个国家执行高品质的流程化、标准化经营。

2005 年，安德集团与金桥发展公司达成交易协定，前者收购后者 49% 的股权，这不仅意味着吴聪满正式涉足快餐行业，更标志着安德集团将全球化的品牌建设能力提升到全新的战略合作层面。

事实上，吴聪满与金桥发展公司董事长兼创始人 George Yang 早有交集。多年前，吴聪满为麦当劳菲律宾门店提供厨房设施、快乐餐具和玩具等，两人的默契协作，为麦当劳在菲律宾的快速成长铺平了道路。在吴聪满入股之前，金桥发展公司经营有 260 家麦当劳餐厅，主要分布于马尼拉和其他城市。

收购股权的交易完成后，吴聪满致力于带领团队进行一系列的产品创新、店面形象升级、品牌营销等工作，同时快速拓展门店数量。

除此之外，吴聪满统领的安德集团，还将“Pik-Nik 马铃薯”等知名食品品牌引进菲律宾进行分销，同时配备总部标准的完备生产线与工艺流程。目前，菲律宾已成为 Pik-Nik 马铃薯在全球除美国以外的另一大重要市场，吴聪满则是掌控及运营这个市场的最高统帅。

公益慈善界反哺

从当年康利酒厂的承包人，到如今引领菲律宾产业界的杰出企业家，财富对于吴聪满而言，已从最初照顾家人的必要储备，升华为资产清单上持续翻滚的数字。虽然他乐于此道并为之竭尽全力，但他更愿意将自己的财富以有意义的方式分享给需要帮助的人，并将“服务社会”视为此生坚定不移的使命。

1997 年，吴聪满成立美加房产基金会，这是安德集团旗下一个非营利性机构。1999 年，基金会开展“奖学金计划”，帮助有前途但贫穷的学生实现求学梦想，并特别关注设计、工程等专业的人才培养。

“我出身贫寒，高等教育帮助我实现了成为企业家的梦想，我获得了可用于商业的知识和技能，这使我有能力和信心去追求我热衷的事业”。吴聪满坚信，教育是帮助一个人摆脱贫困的关键，“给一个谦逊且努力的人接受教育的机会，意味着给他一个改变命运的机会”。

2000 年，在意识到 IT 产业在整个国家发展中扮演的重要角色之后，吴聪满又将资助计划的范围扩展至跟 IT 有关的学科，比如信息科技、计算机科学、计算机工程等。

2005 年，作为“奖学金计划”的另一部分，美加房产基金会开始对那些在学术上和领导能力上都很突出的学生提供“领导奖励”。同时，基金会还资助了 100 多位在不同高校就读的学生。

截至 2023 年 12 月，美加房产基金会每年支持约 400 位学生“圆梦”，已经累计为近万名莘莘学子提供了奖学金。吴聪满每年都会抽出时间与学生们相聚，分享自己的创业故事，鼓励大家精进学业。而“奖学金计划”扶助的佼佼者，亦有机会在大学毕业后进入安德集团工作。

除“奖学金计划”之外，美加房产基金会还致力于支持国家建设、环境保护、动物保护、妇女儿童保护、老年人、残疾人等弱势群体保护等多领域的公益慈善事业。

2002 年，美加房产基金会赞助修建菲律宾野生动物园，该动物园目前已成为菲律宾濒临灭绝的动植物生长栖息的家园。

2005 年，美加房产基金会向菲律宾红十字会捐助 500 万菲律宾比索。

2006 年，美加房产基金会支持曼达卢永市加瓦德卡林加的住房改革。

2007 年，美加房产基金会和菲律宾教育部合

Megaworld 上市纪念日照片

作为当地的公共学校开展 Adopt-a-School 计划。

如今，美加房产基金会的“善业版图”遍布菲律宾的 15 个地区，并在过去的 20 多年间，与超过 270 个志同道合的慈善组织、机构和基金会建立了合作伙伴关系。

“基金会同时注重培养坚实的志愿者文化”。吴聪满说，安德集团的员工从事各种志愿活动累计超过 1 万小时，如给穷人分发食物，探访被遗弃者，装修公立学校教室，参加医疗牙科宣教活动，在灾难情况下提供救济，以及植树造林等。

美加房产基金会在公益慈善领域持之以恒的努力得到当地和国际社会的广泛认可。2017 年，基金会荣膺 12 个奖项，以嘉奖吴聪满致力履行企业社会责任并积极回馈社会的贡献。

在家乡福建的陈埭镇，他亦恪守庭训，铭记并践行父亲吴方奎支持家乡教育事业的理念，在晋江市陈埭民族中学认捐巨资，建造“方奎”教学大楼。该楼于 2000 年动工，2002 年 8 月竣工，高 6 层，建筑面积 6053 平方米。

2004 年 12 月，吴聪满荣获“福建省捐赠公益事业突出贡献奖”金质奖章、奖匾和荣誉证书。泉州市人民政府亦为其树碑表彰，称赞他“情系桑梓，慷慨解囊，造福社会”。

2017 年，吴聪满以 1.6 亿元人民币的善款额，位列胡润“港澳台及海外华人慈善榜”第四名。

集团主业与公益慈善事业之外，行程繁忙的吴聪满，亦从未疏离家庭亲情。“我很享受与家人共处的时光。比如与太太、孩子们以及他们的配偶及儿孙们一起用餐，那种幸福圆满的感觉，无法用金钱来衡量”。

如今，吴聪满正在全力推动安德集团的各项事业有序发展，并在恰当的时机升级转型。“我为集团在以往取得的成就感到自豪，但我也意识到，为了 4.5 万名员工和他们的家庭可以持续绵延地幸福生活，我的责任越来越大。中国的改革开放对于菲律宾来说，是一部有关蜕变的绝佳范本，值得借鉴学习的内容非常多。未来，我们会更加潜心而行，为菲律宾的经济建设与国际竞争力注入更多能量。”華

庄文甫

创新和速度，是根植于庄文甫事业团队的核心DNA，亦是他两次从零创业的成功“密码”。前一次，他参与并主导新加坡三德集团，历时17年发展成为全球最大的按键制造公司；后一次，他应邀创办万德国际集团，用12年时间将其发展成为全球第二大按键制造公司，并成功推动两家公司在新加坡股票交易所上市。

截至目前，万德国际集团已发展成为一家专注于汽车工业、3C消费电子、移动通信、工业医疗四大领域的高精密模具与关键零部件供应商，为全球客户提供一站式高科技增值解决方案，并针对多元行业的快速变化，以及不断迭代的客户需求做出敏捷响应。

心怀有志 永在路上

——万德国际集团董事主席庄文甫

庄文甫常常问自己和别人三个问题：56 岁、69 岁、78 岁，你都在做什么？

他的答案也和大多数人不同：56 岁他“高龄”创业，一路带领万德国际成为全球第二大按键制造公司；69 岁时他接任淡江大学大陆校友联谊会总会长一职，倾力打造联通两岸的文化、经贸交流平台；现年 78 岁，他乐于投身更多社会公益活动，关顾弱势群体，并持续细致地规划集团工作。

56 岁再战江湖

奋斗的起点该如何定义？庄文甫从不拘泥于传统答案。

2000 年，56 岁的庄文甫必须做出一个重要决定：是拿着从三德集团退休后丰盈的退休金享受人生，还是接受一份来自前同事的创业邀请，重出江湖。

在多数人认为可以理所当然休息的年纪，他选择了后者。

“我相信自己看得很准，也相信奋斗不只是年轻人的事情”。庄文甫说。

1982 年，36 岁的庄文甫，携家带眷，应邀前往新加坡，参与创建三德集团（前身为三德橡胶工业公司）并担任董事总经理之职。在集团董事局主席高新平的充分授权与高度信任下，他带领团队极速拓展公司的按键业务，稳步攀上行业制高点。

1990 年，三德集团在新加坡股票交易所上市。至 1999 年，三德集团已成为全球最大的按键专业制造公司，营业额从当初的 800 万美元跃升至 1 亿美元，客户名单覆盖全球知名企业，在中国拥有厦门、南通、天津等三个生产基地。

1996 年，在现金流充裕的利好情势下，公司董事局决意实行“多元化”投资策略，投入大量资金进军当时供货极为短缺的水泥行业，却不料遭遇 1997 年亚洲金融危机的迎头痛击，陷入财务危机。迫不得已，三德集团于 1999 年将最受市场欢迎的按键事业部套现偿还银行贷款，断臂求生，彼时已过知天命之年的庄文甫应势退休。

含饴弄孙的恬淡时光并没有持续太久。

一年后，三位前同事联袂找上门来。他们当中：一位是新加坡人，主攻技术工程专业；一位是中国台湾人，深具财务规划能力；一位是中国大陆人，为市场营销的高手，堪称完美的铁三角组合。

他们一致看好手机行业崛起的产业机会，在 2000 年底自立门户，合资收购了中国东莞一家从事按键生产的小公司，以此为起点创立万德国际，并邀请庄文甫出任董事长，继续主导他曾经威震江湖的按键业务。

考虑了整整一个月后，庄文甫应邀出山。

“按键是电子产业不可或缺的输入工具，应用领域在不断延伸。2000 年，恰好是中国大陆手机产业突破外资垄断，快速崛起的元年，市场远景可以预期。更重要的是，在这块熟悉的领域里，我与上

庄文甫在生产车间了解生产设备情况

游的供应链企业以及下游的客户群，都保持着良好的关系，加盟万德国际，是这辈子不可错失的良机”。庄文甫回忆说。

激起他重操按键旧业的另一个关键因素，当时新加坡政府大力倡导的“年轻人创业，老年人再就业”的口号。“我由此获得灵感，创业并非年轻人的专利，赋闲在家亦非年长者的宿命，难道老年人不可以创业吗？况且老骥伏枥，既保留着年轻人的激情与豪迈，也怀有岁月赐予的审时度势的沉着与审慎，两者交融，更添胜算”。决定再战江湖的庄文甫，拿出自己的养老公积金并悉数投入万德国际，同时抵押了房屋和股票，放手一搏。

听闻老领导“挂帅亲征”，三德集团原属庄文甫按键事业部麾下的一众精英，纷纷在他的召唤下再度集结，万德国际由此迅速完成团队组建，雄姿出征。

2000 年初始阶段，公司年销售收入为 80 万美元，3 年后，这个数字膨胀为 4800 万美元，翻至 60 倍。2004 年，鉴于公司更长远的发展，需要更多的营运资金，步入资本市场是最好的选择，成立仅四年的万德国际集团在新加坡股票交易所主板上市，这是庄文甫亲手栽培的第二家上市公司，亦是他主导按键业务青云直上的第二个高光时刻。

深耕中国，拓展东南亚

在排兵布阵的制胜方略中，“深耕中国”成为庄文甫最关键的抉择之一，并贯穿他后来的整个人生。

早在带领三德集团按键事业部快速扩张的 20 世纪 80 年代，庄文甫就高度看好中国改革开放后的市场资源与未来潜力，遂于 1985 年起，果断持续加码投资中国大陆，是当时外商投资的先行者之一。

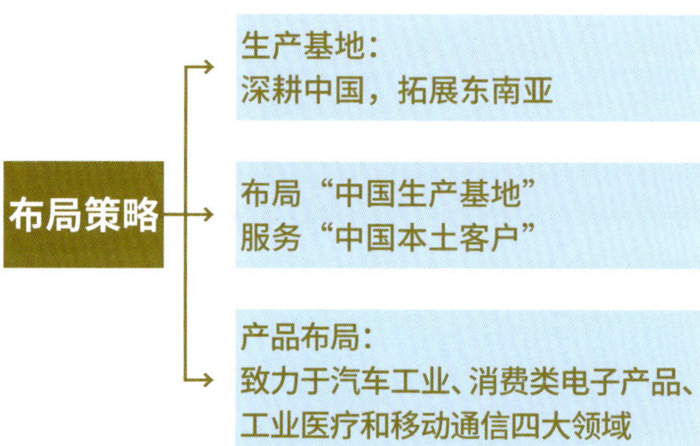

特别是 1989 年，时值多数外商因为一场政治风波对中国保持观望的关键时刻，庄文甫大胆倡议三德集团董事局，做出“加码中国”的投资决策，推动集团在中国的投资由制造业延伸到第三产业。

“三德当年的按键业务，属于劳力密集型行业，而新加坡工人数目相当短缺。因此三德业务高速递增时，曾一度面临所谓‘有订单，没工人’的尴尬局面。但 20 世纪 80 年代中后期的中国大陆，正值改革开放政策全速渗透于各行各业，劳动力充足，对外贸易渐趋兴旺，政府对外资企业给予优惠的税收政策和宽松的管理体制。至于政治环境，我更加不会担心，一个全力振兴经济建设的政府，不会容许混乱轻易发生”。庄文甫回忆说。

得益于他的睿智判断，以及三德董事局全体同仁的高瞻远瞩，三德集团由此创造了 10 年间销售业绩从 800 万美元狂飙至 1 亿美元的成长奇迹。

时间进入 2000 年，正值中国大陆手机产业突破外资垄断、快速崛起之元年，秉承对市场前景的精准预判，庄文甫为刚刚创立的万德国际明确了市场定位：以快制慢，以小对小，不以弱碰大。

一方面，他力主万德国际在中国大陆放手铺设生产基地。万德起步的第一家工厂，即 2000 年 12 月收购的东莞美泰电子产品有限公司，这是一家手机键盘制造商，具有硅橡胶和模内装饰（IMD）键盘的制造能力。此后，万德一路扩展中国大陆版图，于东莞、昆山、南通、吉安设立四大生产基地，展现了兼具实力与口碑的“万德速度”，也于 2022 年将销售业绩推高到 2.3 亿美元。

另一方面，庄文甫领率万德国际，致力于“服务中国本土手机企业，伴随中国本土企业的成长而成长”。

在当时，这是一个相当“非主流”的策略。

放眼 2000 年的全球手机市场，占据绝对比例市场份额的八大顶尖品牌［诺基亚（Nokia）、摩托罗拉（Moto）、索尼爱立信（Sonyericsson）、西门子（Siemens）、三星（Samsung）、LG、萨基姆（Sagem）、阿尔卡特（Alcatel）］正展开激烈的争霸竞赛，驱动业内制造商纷纷投诚，以“效力八大”为最大殊荣。

然而，庄文甫力主绕避“八大”战场，专攻当时规模较小、尚未得到市场重视的中国新生品牌，

庄文甫在公司生产车间了解生产情况及产品

如联想、波导、TCL、中兴、华为、金立等。

“宁以小对小，不以弱碰大”。庄文甫相信，中国品牌作为市场的后起之秀，虽然尚无法与全球“八大品牌”贴身竞赛，但其市场前景不可小觑。更重要的是，服务这些中国本土手机品牌，将护佑万德避开竞争大鳄的“尖牙利爪”，从而另辟蹊径寻觅到一份足够供给成长养分的“奶酪”。

事实证明，决策正确。

在准确的市场定位区隔下，万德国际一路陪伴这些新生的中国品牌茁壮成长，互为坚强后盾。至2005年，万德80%的营销额来自波导、TCL、中兴、联想、金立、华为等本土优质的手机生产商订单，全年销售额达到7490万美元，较2004年增长了27.8%，渐成全球排名前十的专业按键制造商。

羽翼渐丰之后，庄文甫又带领万德凭借今非昔比的实力，“杀回”当年刻意避开的“八大品牌”市场。2008年，万德在全球手机按键市场占有率达7%，中国本土品牌占有率保持在50%以上。截至2012年，万德集团销售额近1.1亿美元，跻身全球第二大专业按键制造商。

除布局“中国生产基地”、服务“中国本土客户”之外，庄文甫“深耕中国”战略的另一大方针，即“雇用中国本土员工”，“培育优秀本土人才”。

早在效力三德集团的20世纪80年代，“用人本土化”便是他格外推崇的方式。当时，很多外商对雇用大陆员工持抵触态度，他们认为“当地人不诚实、不可靠，也不具备与现代企业匹配的员工素质”。庄文甫对这种看法不以为然，他坚信，人心换人心，只要企业方待人真诚，率先付出，总能取得对方的信任，并在科学的培训与引导下，获得来自员工的良好回报。

基于此，他大批量雇用中国大陆的大学毕业生，并大胆启用中国大陆员工担任管理工作，迅速组建起一支优秀的中方团队，团队成员既拥有中国人传统的钻研精神与地域优势，又融汇西方现代的管理智慧及竞争力，在对阵强势同行的“战场”上业绩彪炳。更令三德集团董事局满意的是，此举为公司节省了一大笔可观的人事支出。当时，聘请一位外国管理人员需要支付的薪资可以请到5～6名中国本土相当程度的员工。

特别值得一提的是，这批由庄文甫一手招聘、培训、提拔的精干人才，不仅为当时三德集团按键事业部的高速成长作出重大贡献，也在后来听闻56岁的庄文甫决意再创业时，纷纷加入新成立的万德集团，成为公司的核心团队人员，续写佳绩。

近年来，随着中国大陆劳动力成本的急剧攀升，以及汇率调整、通货膨胀等因素，包括万德集团在内的劳动力密集型制造企业，展开了新一轮“坚守，还是撤退”的抉择。

不少同行考虑“另辟城池”，庄文甫凭借自己对中国大陆的深度了解，为万德集团坚守阵地投上信心一票。植根中国，依然是万德集团在短期内无可改变的大势。

基于供应链布局及满足客户需求的考虑，总部位于新加坡的万德国际，除在中国大陆设立的四大生产基地（东莞、昆山、南通、吉安）外，同时在中国大陆拥有众多的销售和工程办事处网络，并在德国、日本、美国和中国台湾等地设有办事机构，更在近几年渐趋向东南亚辐射拓展，以支持面向全球范围的产品和服务。

2020 年，万德国际在越南海阳省投资设厂，于当年第三季度正式投产。2023 年春季，万德集团又在马来西亚的森美兰州购买土地，开展东南亚市场的第二个生产基地，未来可期。

有智慧的撤退，有拓展的坚守

然而，高歌猛进并不是万德国际的唯一主旋律。

2008 年，金融风暴席卷全球，万德集团全年净利润仅为 66 万美元，跌幅高达 95.9%。在同行企业家忙着“找棉被过冬”的恶劣气氛中，庄文甫并不想蒙头等待，他开始思忖业务转型。

前瞻的直觉告诉他，是时候开拓“手机按键”以外的业务了。

2008 年之前，万德集团 75% 的营业额均由手机按键业务产生，但随着 2007 年第一代 iPhone 问世，庄文甫意识到，一个强大的智能手机时代已然启幕，按键型手机将逐步退出主流市场。事实上，这是一个相当超前的判断，在苹果公司封神之作“iPhone4”于 2010 年推出之前，鲜有同行笃定预见到这种趋势。

于是自 2008 年起的四年间，万德国际集团投资超过 3000 万美元，大举向触控屏业务领域进发。

然而这场“前瞻准确”的转型，却拐进了黑暗的“死胡同”。

经营者心路历程省思

- 没有坚持就不会有成功，过度固执就难以全身而退
- “坚持”与“撤退”之间的杠杆平衡点，是需要理性的思考，绝非感性的冒进
- 即使我们无法改变世界，也该顺应潮流，与时俱进
- 再难也要坚持，再好也要淡泊，再差也要自信，再多也要节省，再冷也要热情
- 有智慧的撤退，并不是失败，而是下一阶段成功的转折

截至 2011 年末，万德国际集团的触屏业务全年营业额虽达到 191 万美元，增长了 278%，但基于产量低、营运初期良品率偏低，以及由电阻屏转向电容屏的巨额技术改造等因素，集团业务年报最终宣布以 420 万美元亏损。这是万德成立 11 年来，首次出现年度亏损。

一边是不断烧钱难见成效的触屏业务，一边是萎靡不振不断下滑的按键业务，庄文甫迎来创业史上最黑暗的困顿期，他不确定是否还能维持下去。“助力不成，反成阻力，令人伤心，何去何从？”在万德内部的季刊中，他陈述着当时的迷茫，也深思着重新振作的途径。

“我认真反思过这次转型。虽然手机按键市场的衰亡，是科技迭代过程中不可避免的结果，然而这是否意味着，万德必须抛弃自己的按键立业专长？答案是：不”。庄文甫意识到，单纯的跨界转型，不如围绕目前的核心产业进行整合或拓展升级。

“机械键盘要 0.03 秒输入数据，而触屏要 0.05 秒，按键的高精确度、高速反应程度，都是触屏手段无法企及的。因此在很多安全性至上的行业中，按键依然是主流操作方式”。2012 年，厘清头绪的庄文甫，带领万德集团毅然叫停触屏业务，转向擅长的按键业务进行周边升级研发。

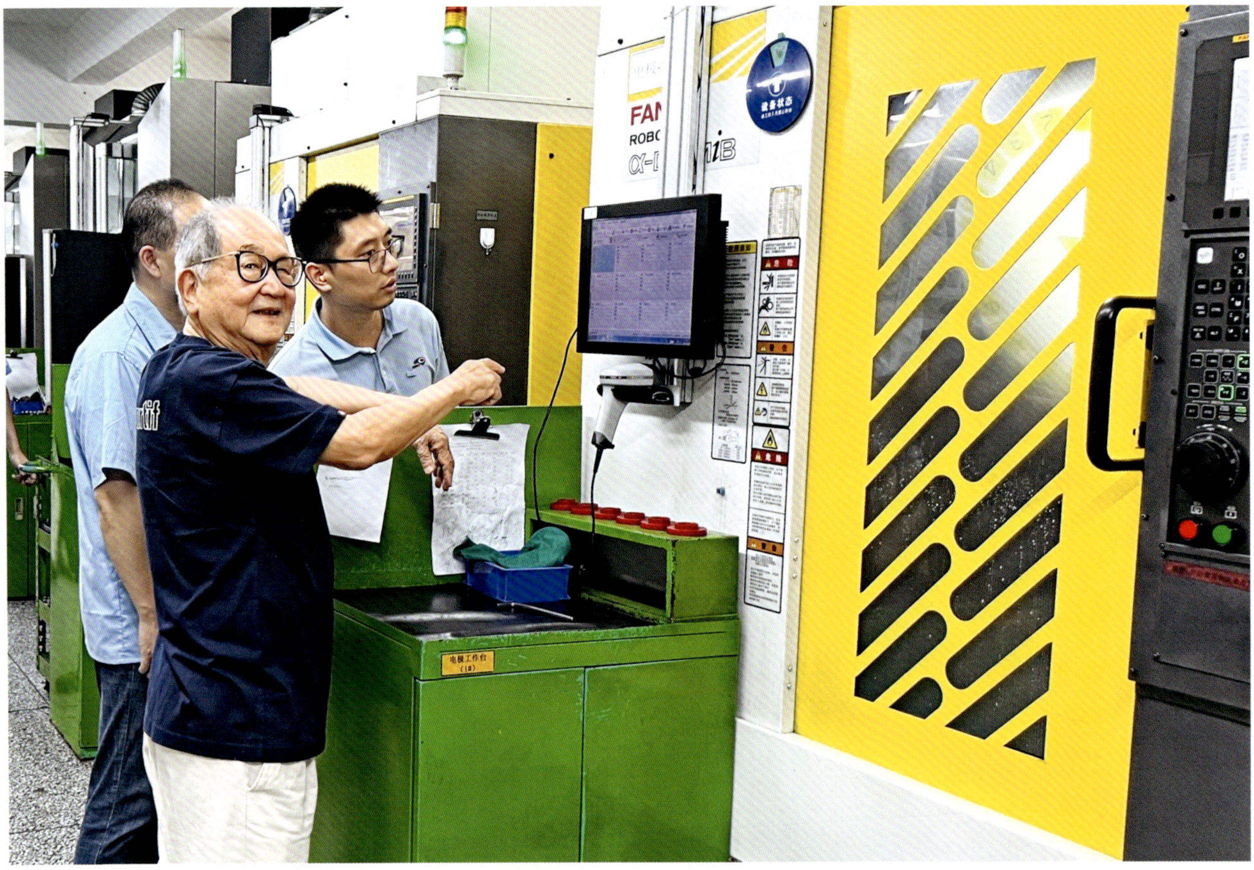

庄文甫经常抽出时间到公司的生产车间，与车间员工互动及相互学习

在他看来，有智慧的撤退，并不是失败，而是下一阶段成功的转折。

“转型升级是任何企业发展到某一个阶段，都必须去面对的。坚持与撤退之间的杠杆平衡点，需要理性的思考，绝非感性的冒进。由于万德在手机按键领域已获得客户的‘三度’认同(市场知名度、品质美誉度和忠诚度)，因此周边升级研发不必再投入庞大的营销推广成本，除营业额 2.5% 的研发费用外，不再新增预算”。庄文甫说。

具体实施的第一步，他带领团队率先锁定银行领域和汽车制造领域。“银行自动提款机和销售点系统都要求机械键盘的精确输入，这是触屏无法取代的。此外，汽车的安全零部件控制中，机械键盘亦非常关键”。一年后，万德国际凭借在按键行业深厚的功底，迅速成为汽车零部件供应商，生产内饰件及精密橡塑结合配件，并很快与银行系统达成合作，同时蓄力进军更广泛的工业及医疗器材组件领域。

为快速带领公司摆脱财务困境，庄文甫还在集团内部，进行了一系列组织改造。如人事精简、工作流程梳理、设备及模式升级等。“我们积极落实三个优化策略，即优化客户基础，加大稳定订单来源，减低呆账风险；优化技术力量，增强竞争差异化，创造蓝海市场；优化生产设备，提升生产效益，全面降低成本。同时，公司更大力进行管理干部与员工培训，委托台湾健锋及甲上两家知名的管理顾问公司，为团队进行了为期两年的管理体制提升行动”。他回忆说。

在运作方面，为更有效地监控成本开销，庄文甫带领万德集团整合了东莞的 3 家子公司，通过集中管理的方式，控制开支。此外，他们不遗余力地降低生产成本，加强生产效率，并分配更多订单给昆山及南通的两个工厂，以优化集团内部的利润回报。

一切努力终于在 2013 年拨云见日。

当年，万德国际扭亏为盈，集团全年销售额为 1.166 亿美元，与 2012 年的 1.091 亿美元相比，实现 6.9% 的增幅，其中按键业务占公司业务比重的 50%，并在全球按键市场份额中保有 20% 以上。

“我们的客户，包括主要的汽车供应商：Continental、Hella、Magna 和 Kostal，同时为领先的电动汽车公司提供解决方案，包括 Nio 等主流品牌。汽车工业领域之外，万德国际的客户还包括富士康、Celestica 在内的领先制造商，以及亚马逊、Beats、Netgear、Roku 等知名品牌”。庄文甫坦言，集团通过成功的转型升级，已由波动较大的市场转入产业链更大、更平稳的市场。

截至目前，万德国际集团已发展成为一家专注于汽车工业、3C 消费电子、移动通信、工业医疗四大领域的高精密模具与关键零部件供应商，为全球客户提供一站式高科技增值解决方案，并针对多元行业的快速变化，以及不断迭代的客户需求做出敏捷响应。集团产品类别占比分别为：汽车工业约 49%，3C 消费电子约 35%，移动通信约 8%，工业医疗约 7%。

具体来说，在汽车工业领域，集团的主要产品，是技术复杂的塑料部件，例如汽车的音频控制器以及钥匙扣。万德国际的解决方案包括：电子控制模块(ECU)中使用的精密零件、ECU 控制车辆发动机和其他组件功能、用于门或座椅或后视镜控制的功能部件，以及用于钥匙扣、车身控制和信息娱乐系统的装饰部件。

在 3C 消费电子领域，万德国际全力为客户创造独特价值。集团充分利用工程和装饰部件的结合，兼具红外导光能力，生产产品包括电脑键盘、扬声器、耳机、路由器、数字盒子外壳、遥控器以及汇流媒体和游戏设备、红外线(IR)导光。

在移动通信领域，万德国际具备提供模块化服务的全部能力，产品包括键盘、窗口镜头和抗反射镜片、防水外壳以及移动设备外壳。

最后在工业医疗领域，万德国际致力于帮助客户开发创新产品，包括定制解决方案范围，从条形码扫描仪到医疗诊断阅读器。

回首一路走来的起伏岁月，庄文甫深觉欣慰的是，万德国际集团是全球原按键专业生产商中没有倒闭而唯一转型升级成功者，也因此在 2020 年荣获台北经营管理研究院颁发的“最佳转型升级企业奖”。

在集团 2018 年的股东大会上，庄文甫表示：“2017 年度，公司销售额突破 1.7 亿美元，毛利与税后净利润分别为 3100 万美元及 1400 余万美元，这种双优成长，得力于汽配与消费电子产业，将推动万德集团的未来增长”。

万德国际集团旗下主要产品

庄文甫受邀在大学 EMB 班，讲授产业经营心得

2019 年，万德国际完成了另一件大事，实现了集团私有化。

事情可以追溯到 2018 年，万德国际成为全球电子设计制造领导者——环旭电子（USI）的供应商之一。在此后极短的两个多月内，凭借优异的应变实力，万德晋升为环旭电子（USI）的主要供应商。

在频繁的业务往来中，双方深度认可彼此敬慎笃志的执业理念，达成初步收购意向后，由环旭电子（USI）的全资子公司——环鸿电子股份有限公司（USI），与万德国际的控股股东 Keytech、Keytech 全体董事及庄氏家族，共同发起对万德国际的要约收购，并顺利完成。

2019 年 8 月 22 日，万德国际从新加坡证券交易所主板退市。

本次私有化收购，由 USI 在新加坡设立特殊目的公司 M-Universe Investments Pte. Ltd.（以下简称 M 公司）作为收购要约方，以每股 1.35 新加坡元的价格，发起收购要约。

截至万德国际退市当天，M 公司直接持有万德国际 100% 股份，其中 USI 以 6000 万美元左右，取得 M 公司 42.23% 的股权；Keytech 持有 M 公司 57.77% 的股权，继续保持对万德国际的控股权。万德国际创始人庄氏家族及经营管理层，合计持有 Keytech 100% 的股权。

“通过私有化收购，双方除强化供应链垂直整合能力、实现价值共赢之外，万德国际预计还将为环旭电子带来不错的财务投资收益”。庄文甫说，速度和创新一直是根植于万德集团的核心 DNA。“无论在何种情势下，都要懂得利用自身优势，以更快的速度和更贴合前沿趋势的方式来服务市场，是万德的竞争利器。我们未来的工作方向，就是要由‘成本管控’走向‘组织创新’‘工艺创新’‘方法创新’‘产品创新’和‘商业模式创新’。管控是有限的，创新是无限的”。

生命不息，奋斗不止

执掌万德集团一路走来，庄文甫最乐意看到的，除了企业自身的成长蜕变，就是员工从“打工者”到“合作伙伴”的角色转换。

“当一名员工的综合能力已经强大到足以去开辟另一片天空的时候，我们就会分给他一些股份，把他变成合作伙伴”。庄文甫说，为了让优秀员工树立“内部创业”的理念与信念，他不断打造万德集团的垂直整合，将上下游的关键生产环节，纷纷剥离成为集团内部的独立新公司，使独当一面的优秀人才有最大权限的施展平台。

出生	1945 年
籍贯	台湾嘉义
学历	1967 年淡江大学工学院测量科（今土木系）
现职	· 新加坡万德集团 董事主席（2001 年至今） · 新加坡三德集团 董事（2001—2020 年）
社团经历	· 全国台企联 常务理事 · 浙江省外资投资协会 副会长（2000 年至今） · 浙江省湖州市台协 荣誉会长 · 广东省东莞市台协 荣誉会长 · 淡江大学大陆校友联谊会 总会长（2013 年至今）
荣誉	· 2011 年度 淡江大学杰出校友菁英奖 · 2014 年度 淡江大学土木系金禹奖 · 2022 年 台北经营管理研究院第八届杰出大陆台商奖

在万德集团的内部季刊里，时常看到庄文甫对员工的鼓励，对生态的关怀，对生活的感悟，对收获的感恩，对困境的无畏。他深知，自己深耕数十载的按键及电子零配件行业，总有默默无闻者问鼎世界级，也终有世界巨头轰然倒塌。“故事很精彩，故事也很惨烈。无人敢担保自己始终会在江湖屹立不倒，但至少，我们在业界保持高度敏锐的触觉与行动力，在团队内部实施充分的自由并鼓励创新，会尽可能握住更大的、更持久的胜算”。

座右铭

- 年轻时的座右铭：自强不息
- 年纪大时的座右铭：“守株待兔终无获，缘木求鱼不可得。”
- 影响一生的座右铭：人生三度空间“知识的宽度、做人的厚度、思考的深度。”

“近年来，随着中国国力的不断提升，中国与美国维系了近半个世纪的‘制造国 VS 消费国’的分工体系正面临终结，取而代之的是两国不断深化的直接竞争关系。根植于中国的万德，势必跟随中国的经济曲线而律动。实行‘控风险、去库存、挤泡沫’为宏观调控主轴的经济政策，相信对一众制造企业而言，既要应对费用成本不断上升的压力，亦可借此修炼‘内功’，精进管理方式与成本控制”。令庄文甫欣慰的是，万德已为这一切做好准备。

目前，万德集团已经形成四大显著竞争优势，且在经营团队持续的努力优化下日益稳固。第一，是有稳定强大的客户群，集团获得了全球最大及多家主流消费性电子产品公司的订单；第二，实现了市场的成功转型，在塑料和橡胶领域有其独特专长；第三，提升了综合技术竞争力，具备将不同材料结合 Hybrid Moulding 成型技术与模具技术的生产能力；第四，有稳健而充满斗志的经营管理层团队，以及全员旺盛的企图心。

“爱拼才会赢，是每位台商都能朗朗上口的歌词，但我始终觉得，拼是手段，赢是目标，只有拼对才会赢。当中涉及必须衡量自身的财力，要有规划、有策略、有方向、有方法、有潜在的市场等各项资源，切不可盲目去拼，跟随大势量力而动，方为上策”。庄文甫说。

作为一家台商企业的领军者，他更悉心总结出台商离开中国台湾本土、进军大陆及海外的八大生存法则：一是下定决心才能安身立命；二是认同当地价值，包括主流价值及道德观；三是遵守当地法律规范；四是融入当地语言文化；五是尊重多元种族社会及信仰；六是遵守当地无形的社会契约；七是建立当地人脉关系；八是合法经营诚实纳税，善尽社会公益责任。

“台商企业决意前往中国台湾以外的地区布局时，勿有打带跑的心态，要做好长期与当地共荣共存的心理准备。因为从你扎根的那一刻开始，你的企业已经与当地绑定成为不容分割的命运共同体。”庄文甫说。

庄文甫参加淡江大学校友会活动

转型升级策略
- 爱拼不一定赢，只有拼对才会赢
- 转型升级的“五做”策略思考模式

除享受事业不断精进带来的成就感与满足感，庄文甫亦十分关注回馈社会的公益事业。“如果老天眷顾，能够留给我更多的时间，我将会投入更多的时间、精力、金钱，推动社会公益”。在他看来，能将毕生累积的经验分享给社会大众，或资助社会上有需要的弱势群体，将会是最有意义的美丽人生工程。

2013 年，69 岁的庄文甫，接任母校——淡江大学大陆校友联谊会总会长一职。“校友没有掺杂商业利益在里面，有的只是纯粹的情感基础。利害关系淡薄，彼此是心甘情愿的互助。这与普通的商会不同，虽然校友会与商会在功能上有部分重叠，甚至不如商会有地缘连接上的优势，但商会源于地缘也止于地缘，有地区的限制。而离开校园，却离不开校友圈，这里云集着友情和榜样，更云集着财富和可以汲取的养分”。在庄文甫看来，校友会因为有了“友情”，同学们愿意联合在一起雪中送炭或锦上添花；因为有了“榜样”，学弟学妹们愿意加入校友会，争取成为下一个被仰望的对象；因为有了“财富”，校友们互通有无，打造校园外的圈子经济，借此实现校友、母校双赢。

秉持“雏既壮而能飞兮，乃衔食而反哺”之理念，庄文甫在履任后，积极协助母校建立了创业孵化中心，在他直接领导下的大陆区校友会，更致力于打造连通两岸的创业、就业平台，向前往中国大陆发展的学弟学妹提供就业及创业资源。

为进一步强化与母校的产学合作，庄文甫以个人名义认捐新台币 300 万元给守谦国际会议中心的一间中型会议室，并表示相当乐意将万德国际的企业教育训练等活动，选择在守谦国际会议

打高尔夫球是庄文甫钟爱的自我放松运动

20 位大陆学生前往台湾岭东科技大学游学，以增进对台湾的认识和了解。

“投资在年轻人身上，是我很大的乐趣，他们将撑起中国的未来”。庄文甫说，改革开放 45 年来，中国给世人留下的深刻印象中，除了惊人的创造能力，还有中国人民特别是年轻一代不知疲倦的勤奋工作。“与人口规模和中国差不多的印度相比，中国的劳动力是印度的 1.7 倍；与美国相比，中国人口是美国的 4.2 倍，劳动力是美国的 5 倍。诺贝尔经济学奖获得者科斯曾对此感叹道：中国人的勤奋，令世界惊叹和汗颜”。

2016 年，庄文甫牵头筹划的“2016 淡江大学世界校友会双年会”在大陆东莞举办，这是两年一度的联络全球校友的盛会。“本次活动以‘有缘嘢，来作伙！’为主题，缘，是校友们的同窗情；作伙，邀请同窗作伙，打造圈子经济，则是实现校友共赢的美好契机”。庄文甫回忆说，在那次的双年会上，他特意邀请知名企业家为前来参会的校友做专题演讲，分享立业心得。包括：邀请全国台企联荣誉会长、台升国际集团董事长郭山辉，发表《“一带一路”，为台商带路》的演讲；邀请信邦集团董事长王绍新，发表《前进世界，持续成长》的演讲；邀请 IDI 朝代集团总裁柯耀宗，发表《转型力——巨变经济的制胜核心》的演讲。三位讲者结合自己的经历，为校友们提供了非常有价值的资讯，使听者获益良多。

谈及淡江大学大陆校友联谊会未来的发展，庄文甫乐观地表示：“随着中国大陆的经济环境日益蓬勃活跃，越来越多经商、求学的校友选择前往大陆‘开疆拓土’。我们衷心希望，大陆校友联谊会

中心举办。时逢淡江大学创校 70 周年之际，庄文甫又领头发起捐款，在母校园区设立校史馆与张建邦博士纪念馆。

庄文甫还将促进两岸年轻人的交流作为现阶段的重要工作之一。他在淡江大学土木系成立“庄文甫杰出系友境外研究生奖学金”，鼓励境外生前往淡江大学攻读硕、博士学位，并借此了解中国台湾的教育学术环境。截至目前，已累计捐入超过新台币 240 万元，供该系运用并吸引优秀学生申请就读。

不仅如此，自 2010 年起，他个人编列预算，每年花费新台币 60 万元，捐助湖州技术学院的

能做最温暖的后盾，让校友们无论身在何方，都能无后顾之忧在异乡打拼。”

除在母校担任相关职务外，庄文甫至今还担任浙江省湖州市台协会会长、浙江省外商投资协会副会长、江苏南通市政府高级经济顾问、广东省东莞市（东城）台协荣誉会长、广东省东莞市（南城）台协荣誉会长、全国台企联常务理事等职务，为地方政府的招商引资和经济发展贡献自己的力量。他还曾担任新加坡经济发展局中小企业升级理事会理事（LIUP/EDB），为行业和经济发展献计献策。

庄文甫应邀参加全国体育赛事活动

如今，在集团事务和公益事业之外，庄文甫在闲暇时间，会偶尔打打高尔夫球，他还喜欢收集中国古典艺术品，特别是人物画，参观画廊是他舒缓压力的一种方式。

庄文甫闲暇欣赏画作

崇尚人生打拼奋斗的庄文甫，为自己定义的人生“下半场”主题是：生命不息，奋斗不止。“奋斗者是精神最为富足的人，也是最懂得幸福、最享受幸福的人。如果上帝给我良好的健康与更多的时间，我乐于投身更多社会公益活动，关顾弱势群体，也乐于持续细致地规划集团工作，紧跟行业发展趋势”。

经常有人问庄文甫，第一次事业转折点时，他早已赚足了安逸度过余生的养老金，为何还在 56 岁时再战江湖？他回答：“年岁渐长是自然规律。我虽然也喜欢庭前观花、含饴弄孙，但奋斗是一项终身事业，大到家国天下，小到个人志业，能在有生之年不断将心中所想、所愿，幻化为现实，怎不令人欢欣愉悦！正如古人言：‘莫道桑榆晚，为霞尚满天’。”

时间永远向前，心怀有志的行者，永在路上。華

陈志成

陈志成从不认为，房地产开发只是单纯为人们提供“有瓦遮顶”的居所。在过去30多年间，他率领自己一手创立的丽阳机构，秉承集团独特的发展基因，旨在为居民提供安全、优良、便利、理想的家居环境，从马来西亚围篱式社区与度假式风格家居生活的开创先锋，一路成长为该国首屈一指的地产界标杆企业。

集团旗下所有的地产项目，都承袭丽阳独树一帜的品牌DNA——在绝佳的地理位置打造令人神往的生活方式，并凭借匠心独具的佳作，连年斩获诸多颇具威望的业界嘉奖。

以心筑家

——丽阳机构创办人、集团执行副主席陈志成

陈志成希望向外界传达一个清晰的概念，丽阳机构的房地产作品，惯以融合绝佳的地理位置、便利的社区通行、创新的设计、严密的安保以及高度舒适的空间实用性功能于一体，令选择丽阳的居民们安享惬意的幸福时光。

“据说家是心之所在，这听起来特别真实，我们建造的家，不仅要吸引消费者的眼睛和头脑，更要吸引他们的心。”他说。

理想住宅缔造者

何以为家？对于陈志成而言，这是一个不断进化的概念。

1955 年 5 月 10 日，陈志成出生于马来西亚柔佛州峇株巴辖（Batu Pahat）的一户普通人家，祖籍中国福建永春桃城仑山。他的父亲在柔佛的罗里公司担任书记，母亲是一位虔诚的佛教徒，家中兄妹八人。

注重中华传统文化教育的夫妻二人，将陈志成送入当地的华文小学读书，陈志成小学毕业后凭借优异的成绩，又顺利升入峇株巴辖英文中学，并考取了剑桥英语证书。精通双语，为他日后征战商界打下了坚实根基。

20 岁那年，不甘平庸的陈志成毅然决定只身前往吉隆坡闯天下。

高耸的楼宇，宽阔的街道，耀眼的霓虹灯，倒映在青涩少年眼中的陌生大都市，每一样都是跳脱于以往生活氛围的新奇体验。彼时，家对于陈志成而言，更多意味着一处稳定的栖身之所。

他努力谋生，第一份工作是百科全书推销员。没经验、没客源甚至不熟悉城市交通，陈志成的推销工作举步维艰，一度过得非常拮据，连一辆代步的摩托车都买不起。然而，用双脚丈量城市的过程亦有所收获，凭着聪明好学和真诚果敢的性格，陈志成渐渐积累起宝贵的销售实战经验，人脉也越拓越广。

其后，他跟随兄长陈志远，共同加入美国友邦保险（AIA），成为一名八面玲珑的保险经纪人。几年时间里，兄弟二人接连斩获了几宗大订单，不仅在行业内打出了一定的知名度，手头也渐渐宽裕，攒下了一笔可以创业的启动资金。

“我们选择的第一个属于自己的事业，是二手车市场”。陈志成说，他与陈志远首先瞄准了日野（Hino）卡车等重型车的销售，其后更成为丰田和普腾汽车的经销商。为赶超对手赢得客户，兄弟二人经常一大清早就骑着摩托车前往陆路交通局竞标特别车牌，以确保能够帮助客户竞得心仪的车牌。

几年后在一次机缘巧合下，陈志成从朋友处听闻，马来西亚的房地产市场即将步入快速发展通道，未来将大有可为。“对于我而言，这是一个全新的领域，朋友缜密的分析帮助我看到了这个领域光亮的前景，但我觉得凡事不可冒进，审慎探路更

为稳妥”。就这样，打定主意小试牛刀的陈志成，在柔佛新山甄选了一些地库，并凭借人生中第一项房产工程——UPC Court 公寓的圆满完成，为日后创建并执掌欣欣向荣的地产王国揭开了序幕。

1992 年，丽阳推出首个以度假村为主题的发展项目——丽阳高尔夫度假村，因而在马来西亚的产业舞台上掀起涟漪。位于八打灵再也的丽阳高尔夫度假村，面积达 625 英亩，并且拥有马来西亚最大的、获奖无数的“丽阳俱乐部会所”

1992 年，陈志成正式创立成隆机构（Dijaya Corporation Berhad），即如今丽阳机构（Tropicana Corporation Berhad）的前身。

一切正当时。

20 世纪 90 年代，马来西亚提出影响深远的国家战略规划——《2020 宏愿》，期望通过经济发展和硬体建设的元素实现达到先进国家的目标。这一愿景不仅推动整个国家自 90 年代初开启了为期 30 年的经济增长，更在很大程度上直接促进了吉隆坡和其他主要城市的建设。

秉持对市场变化的敏锐观感，陈志成留意到，彼时正在大兴土木的吉隆坡，虽然急剧涌现出一大批新兴的住宅小区，然而始终缺乏一处商业与住宅质量并重的综合房屋产业。

“事实上，家对于人是一个不断进化的概念，从遮风挡雨到享受生活，我一直坚信，住宅的终极要义，并不是单纯成为人们吃饭、睡觉的生活空间，而应当成为生活的艺术。”陈志成说。

于是 35 岁这年，他毅然申请了银行贷款，加上多年积蓄，购置了一块 625 英亩的优质地皮，启动开发马来西亚首个以度假生活方式为主题的住宅项目——丽阳高尔夫度假村（Tropicana Golf and Country Resort），其中包括一个面积达 45 万平方尺的俱乐部会所。

项目刚刚推向市场的时候，消费者对于住宅可以涵盖“除起居之外功能”的价值并不十分理解，销售反应略显平淡。为全景呈现丽阳高尔夫度假村的世外桃源氛围，陈志成一口气完成了 27 洞高尔夫球场的前 9 个洞口以及园景特色，让买家得以想象并预见未来房子的模样，并特意安排买家搭乘直升机鸟瞰整体发展地段，高尔夫球场配合绿意盎然的园林景致，在获得惊艳赞叹的同时，也收获了大批订单。

得益于消费者的青睐，丽阳高尔夫度假村不仅帮助陈志成一举偿清了银行贷款，更于 1995 年荣膺世界不动产联盟马来西亚分会（FIABCI）评选的马来西亚“年度最佳休闲发展项目”大奖。经此一役，更坚定了他在房地产界大展拳脚的决心，而其兄长丹斯里拿督斯里陈志远则持续为自己日益庞大的商业王国开疆拓土。

其后，乘胜出击的陈志成再下一城，购置了一块 409 英亩的地皮，开发丽阳英达度假村（Tropicana Indah Resort Homes）。诗情画意的田园环境，加之距离商业中心咫尺之遥的黄金地段，吸引消费者纷至沓来。

亦是在 1992 年，凭借团队旗下主要业务部门的出色业绩表现，丽阳机构（当时叫做“成隆机构”）在马来西亚股票交易所主板挂牌上市。作为马来西亚围篱式社区与度假式风格家居生活的开创先锋，陈志成渐渐为团队在业界确立了独树一帜的品牌 DNA——在绝佳的地理位置打造令人神往的生活方式，并接连推出屡获赞誉的重磅佳作。

建设丽阳机构首个综合发展项目——位于郊外岭花园（Taman Desa）的斯里帝沙公寓和店面办公楼；在八打灵再也推出首个商业发展项目，即白沙罗英丹电子商务园；推介占地 9 英亩的丽阳城综合发展项目，涵盖丽阳城购物广场、丽阳城办公楼和丽阳服务式公寓；推介丽阳名捷城首阶段，并成功在短短两天时间内售罄。

“通过园林绿化和实用性设计的整合，在最佳地理位置，创造出标志着自然景观和现代化居所融为一体的建筑风格，实现感官体验与品质体验的并驾齐驱，已成为丽阳机构商业与住宅产业计划的专属标杆”。陈志成欣慰地表示，该发展策略在 10 年间为公司产值带来了令业界瞩目的 5 倍增长。

2013 年，他将集团正式更名为丽阳机构（Tropicana Corporation Berhad），这是一个与久负盛名的丽阳高尔夫度假村（Tropicana Golf & Country Resort）并驾齐驱的名字。从这一刻开始，丽阳开始沿用标志性的“T”品牌以彰显集团与众不同的市场定位。

谈及更名缘由，陈志成透露：“当年我与太太潘斯里拿汀曾少秋在美国度假，偶然遇见一间名为 Tropicana 的酒店，当下便爱上了这个名字。Tropicana 有热带花园之意，一个小小的词汇，蕴含的是一幅广茂绚烂的图景。正如丽阳的使命，我们并不旨在推出单纯的住宅产品，而是致力于 Redefining the Art of Living——重新定义生活艺术。”

就在丽阳机构正式更名的 2013 年，集团成功创下了 21.6 亿林吉特的傲人销售额纪录，较 2012 年的 9.67 亿林吉特，大幅度增长了 1.24 倍，创下历史新高。其中主要贡献的产业计划包括：巴生谷的丽阳格兰德（Tropicana Grande）、丽阳商业街（Tropicana Avenue）和丽阳名捷城（Tropicana Gardens）以及柔佛州伊斯干达的丽阳金海湾（Tropicana Danga Bay）。此外，丽阳机构于 2014 年 5 月初与雅居乐地产控股有限公司（一家香港上市企业）合作，联合开发一块位于吉隆坡市中心占地 3.138 英亩的黄金地皮。

在这项联营计划中，丽阳机构以 4.48 亿林吉特，脱售位于武吉免登的地库，为公司进账 1.45 亿林吉特的特别盈利。随着丽阳机构规模的不断壮大，陈志成对地库投资充满信心，他通过在巴生河流域、北马和南马的地库收益，带领集团进一步拓展了丽阳高尔夫度假村与丽阳英达度假村品牌发展，并借此传递 T 品牌引领下的全新丽阳模式。

“我们希望通过做好项目的每一个环节，向外界传达一个清晰的概念，丽阳机构的房地产作品，惯以融合绝佳的地理位置、便利的社区通行、创新的设计、严密的安保以及高度舒适的空间实用性功能于一体，令选择丽阳的居民们安享惬意的幸福时光”。陈志成说。

2015 年，吉隆坡著名地标双子塔旁边，一座 150 米高的神秘楼盘拔地而起，这正是陈志成率领的丽阳机构的最新力作，亦是吉隆坡的新地标——丽阳豪庭高级服务式公寓与吉隆坡 W 酒店（The Residences and W Kuala Lumpur）。这座豪华高耸的建筑一共 55 层，其中 1 ~ 25 层是吉隆坡 W 酒店，25 层以上是丽阳豪庭。整个项目由世界知名的建筑设计公司斯基德莫尔、奥因士与梅里尔 (Skidmore，Owings & Merrill) 设计，该公司的知名建筑项目包括远近闻名的迪拜塔 (Burj Khalifa Tower) 与纽约世界贸易中心 (One World Trade Centre)。

作为丽阳机构旗下的第一家国际五星级酒店，亦是马来西亚首家 W 品牌酒店——吉隆坡 W 酒店已于 2018 年 8 月 23 日正式向大众开放。酒店拥有 150 间客房，开业后最高入住率超过 90%，正为不断增长的集团房地产投资板块提供稳定的经常性收益。

截至目前，集团旗下标志性的发展项目，除前述提及的位于八打灵再也的丽阳高尔夫度假村、丽阳英达度假村、丽阳英达的丽阳名捷城 (Tropicana Gardens at Tropicana Indah)、吉隆坡心脏地带的丽阳豪庭 (The Residences in Kuala Lumpur) 与吉隆坡 W 酒店之外，还包括：梳邦再也的丽阳维璟 (Tropicana Metropark)、加影的丽阳恒庭 (Tropicana Heights at Kajang)、哥打甘文宁的丽阳丰逸城 (Tropicana Aman at Kota Kemuning)、在柔佛伊斯干达区黄金地段的丽阳金海湾 (Tropicana Danga Bay) 与丽阳金海澳 (Tropicana Danga Cove)，在槟城的丽阳 218Macalister (Tropicana 218Macalister) 和在沙巴哥打京那巴鲁的丽阳地标 (Tropicana Landmark in Kota Kinabalu，Sabah)。

丽阳维璟和丽阳丰逸城，是陈志成的得意之作。“涉足房地产领域一路走来，我对于兵贵神速有了极为深刻的理解和体验。准确的信息加之迅速而前瞻的决策，是项目成功的重要基础。正如当初我发现丽阳维璟项目所在的土地开放买卖，我立即飞往台北面见地主，庆幸的是，地主被我的诚意打动，愉快成交”。陈志成回忆说。

作为一项首开先河，以捷运为导向概念而进行设计的综合性发展项目——丽阳名捷城，有望成为哥打白沙罗的下一个城市枢纽

丽阳维璟堪称“大都会公园”的缩写，其所在地理位置优越，这个充满活力与蓬勃气质的社区，以前是一片占地 88 英亩的工业地，丽阳机构接手后，将其改造成一个适合年轻消费者居住的度假胜地，更为马来西亚的无缝生活空间概念树立了全新标杆。丽阳维璟拥有住宅、商业和零售开发项目，林荫大道、GEMS 国际学校、医疗设施、娱乐休闲区，全都围绕着其占地 9.2 英亩、拥有人造湖泊的标志性中央公园。值得一提的是，2018 年 8 月，丽阳开通了备受期待、总耗资 1.15 亿林吉特建设的丽阳维璟高架天桥（Tropicana Metropark Link），以衔接联邦大道（Federal Highway）和丽阳维璟。通过这座高架天桥，成功将居民的通勤时间缩短了 10 ~ 15 分钟。

“随着丽阳机构更多地产项目的深度拓展，我们希望可以借此为周边社区提供更高的附加值，目前集团正朝着建设能够面向未来的基础设施和康乐设施的方向迈进”。对于陈志成来说，丽阳的使命不仅仅是建造房屋，而是建造能够满足居民需求的住宅和生活空间。因此在规划发展项目时，他们极为看重可否帮助居民拥有实用的便利设施、基础设施，以及良好的交通链接和可达性。

除去丽阳维璟，丽阳丰逸城是丽阳集团推出的另一重磅佳作。占地 863 英亩的丽阳丰逸城，环境优美，富有诗情画意。该项目致力于创造充满活力且具有可持续发展空间的建筑与城镇生活方式，由四期的开放式住宅和景观优美的花园构成，采用田园绿化风格，并拥有一个 85 英亩的中央公园和社区中心，含有步行和自行车道，标志性的黄色自行车图案，时刻提醒居民放慢脚步，充分享受生活。

生活艺术定义者

执掌丽阳机构一路成长为马来西亚地产界的标杆企业，陈志成一直未敢忘却自己的初心。“丽阳机构开发的住宅项目，都秉承集团独特的发展基因，旨在为居民提供安全、优良、便利和理想的家居环境，实现人与自然的完美融合”。这一点，正应和了他对于丽阳王国的愿景——Redefining the Art of Living（重新定义生活艺术）。

“我从不认为，房地产开发只是简单地建造房屋，或是为人们提供‘有瓦遮顶’的居所。自我涉足地产领域至今，一直坚信，我们的事业是为人们精心打造优质的生活方式，设计能让他们引以为傲并称之为‘家’的社区。据说家是心之所在，这听起来特别真实，我们建造的家，不仅要吸引消费者的眼睛和头脑，更要吸引他们的心”。陈志成的心愿如今已成为丽阳机构独特的核心基因（Tropicana DNA）。集团精心为客户打造布局合理、格调高雅、拥有美丽绿色景观、安全管理，甚至拥有便利交通和道路系统的住宅小区，旨在令客户安心将生命时光交托给丽阳营造的惬意空间。

另外，丽阳亦着意在旗下社区打造“幸福文化”，通过丰富多彩的互动专题，营造和谐融洽的居住环境。

比如，在丽阳维璟举办的首个“丽阳泡泡跑”(Tropicana Bubble Bridge Run)活动，超过 1600 多名参赛者参加了 5 公里障碍赛，旨在培养大家与家人一道运动的健康习惯；同样在丽阳维璟举办的还有“日落下的快乐时光”(Sunset Happy Hour)活动，这是一场居民中的美食家相聚的饕餮盛宴，大家一边享用新鲜的生蚝及红酒，一边畅意分享自己的美食心得；此外，还有丽阳维璟的首次“宠物嘉年华和市集”，这个为期两天的活动吸引了超过 1200 名宠物爱好者参与，嘉年华期间每只爱宠都被精心装扮，通过各式各样的游戏活动，有些人甚至在现场领养了新宠物。

不仅如此，丽阳旗下的其他社区，亦有精彩纷呈的个性化活动。丽阳丰逸城在其占地 85 英亩的中央公园举办了“公园巡游”(Glow in the Park)活动。园区内点缀着令人眼花缭乱的创意艺术装置，包括挂满五彩缤纷的 LED 灯甲虫车，夜晚还有点亮整个夜空的焰火表演。丽阳名捷城 (Tropicana Gardens) 则为居民带来了身心健康的讲座，以及瑜伽和呼吸技巧研讨会，以帮助居民在繁忙的生活中保持身心健康。

回顾带领集团一路走来的奋斗历程，陈志成表示，2013 年是丽阳机构的转型期。“在不损害未来资源的前提下，丽阳机构除了继续巴生谷的房产业发展，也配合基于长远蓝图的集团发展进度需求，进一步在巴生河流域和南马的黄金地段，开拓更多优质的综合房地产计划”。

平安度过这次转型期后，另一次关键性的挑战发生在 2018 年。

其时，由于金融市场的剧烈波动和全球经济的不确定性，加之外围贸易局势的持续紧张，马来西亚的经济增长陷入较长的疲软阶段，很多产业景气都下跌。在重重挑战的环境下，陈志成领率丽阳机构审慎管理投资源，同时继续以兴建优质房屋为业务核心，履行为居民及周边社区创造价值的初心承诺，安然度过“寒冬”。

谈及丽阳机构稳定成功的发展轨迹，陈志成说，除去集团推出的综合房地产项目均属质量上乘的佳作之外，另一半亦要归功于集团招揽了一批有执行能力和营运效率的销售人才和管理人才。

“多年来我一直相信，一家公司能否永续经营和不断成长，有赖于各类人才的辅佐。所以，我们相当重视良好解决和处理各类人事问题，认定员工将会是公司最好的资产，也是推动公司迈向目标及实现更大成功的最佳推手与利器”。陈志成说，为确保公司能留住人才，他经常在百忙之中抽时间亲自聆听员工的意见或想法，并敞开办公室大门，随时准备与他们沟通。“最重要的是员工们信任你，愿意与你分享。单纯的经济利益并不能捆绑人心，唯有以心交心，才是最长远的相处之道”。

如今，在整个团队众志成城的努力下，由陈志成一手创立的丽阳机构，已经从一个以发展度假风格住宅的先驱者，跃变成马来西亚首屈一指的房地产开发商。

展望未来，他表示，丽阳机构将继续以市场为导向，计划在现有和新的城镇中推出发展总值预计超过 30 亿林吉特的全新发展项目，以期在满足市场需求的同时，释放集团位于巴生谷地区、云顶和大马半岛南部地区策略位置的地库价值，以争取更好的成长机会。

企业使命践行者

有鉴于陈志成在房地产领域的突出成就，以及其为推动马来西亚城市发展作出的卓越贡献，他被册封为“丹斯里”。丹斯里是马来西亚的国家荣誉，由国家元首册封给对国家有极大贡献的杰出人士，意为“护国将军”，受封赐对象主要是部门秘书长、法官、社团领袖、退任部长及精英商人。

2013 年世界华人经济论坛盛典上，陈志成再度成为媒体焦点，时任马来西亚副首相亲自授予其“终生成就奖”。当年那个在吉隆坡默默无闻的穷小子，终于凭借数十年的艰苦奋斗，为马来西亚人民建造了千千万万的美好家园，也借此改写了命运，报偿了当年“不甘平凡”的誓愿。

此后，在陈志成张弛有道的布局下，丽阳机构不断成长，不仅于马来西亚住宅和商业发展领域持续书写佳绩，更连年斩获诸多颇具威望的奖项。

1995 年，丽阳高尔夫度假村被世界不动产联盟马来西亚分会（FIABCI）评选为年度最佳休闲发展项目；1997 年，丽阳高尔夫俱乐部的景观被马来西亚雪兰莪州政府誉为“雪兰莪州最佳景观”；1997 年、1999 年、2006 年丽阳高尔夫俱乐部三次获得由马来西亚高尔夫球协会所颁发的“最佳会所 / 设施奖”；2005 年、2006 年丽阳高尔夫俱乐部连续两年被评为“马来西亚最佳客户服务俱乐部”；1995 年、2003 年至 2006 年丽阳高尔夫俱乐部的球场多次被评为“最佳高尔夫球场”。

2009 年，丽阳旗下的绿苑半独立式房屋被给予马来西亚最高的五星评级，同时荣获“亚太地区最佳住宅发展项目”并荣膺 CNBC 国际地产奖国际最佳住宅发展项目；2010 年，丽阳高尔夫度假村获得马来西亚五星级殊荣，并在彭博电视协办的“亚太区国际地产大奖”中被评为“最佳高尔夫发展项目”。

丹斯里拿督陈志成伉俪向马来西亚 Ti-Ratana 慈爱福利中心的孩童赠送礼物，左三为拿督达摩拉达那长老

2011 年，丽阳旗下的英达居苑 1 公寓荣获“梦想家园奖 (Dream Home Award) 之最佳中等成本高级公寓”；同年，丽阳格兰德 (Tropicana Grande) 面向高尔夫球场的公寓被评为“马来西亚最佳高层住宅发展项目”，并被给予“最高的五星评级”，而且在彭博电视协办的“亚太区国际地产大奖”中被评为“最佳高层住宅发展项目”。

2012 年，丽阳机构在“BCI 亚洲大奖”中荣登“亚洲十大发展商”之列；同年，锦池苑的三层半独立式房屋在汇丰银行马来西亚有限公司与亚洲皇家特许测量师学会协办的“亚太区房地产奖”获得“马来西亚最佳多单位发展（高度赞扬）奖”；丽阳名捷城的 Arnica 服务式公寓被 Property Talk & Lifestyle Group(由 HAI 有限公司独资)、Patchay 城市研究和 Patchay 零售咨询评为“年度最佳房地产”；位于梳邦的丽阳维璟被 Property Talk & Lifestyle Group、Patchay 城市研究和 Patchay 零售咨询评为“年度最佳总体发展规划”。

2013 年，丽阳机构在“BCI 亚洲大奖”中荣登“2013 年亚洲十大发展商”之列；同年，丽阳凭借优秀的组织能力和品牌管理被授予“2013 年超级品牌奖”，并在“2013 年第九届亚太超级优秀奖”中荣获“名人堂大奖”。另外，位于梳邦的丽阳维璟在“2013 年亚太区房地产奖”被授予“最佳混合用途发展奖 (马来西亚) 的最高五星评级”。

2014 年，丽阳机构在“BCI 亚洲大奖”中荣登“2014 年亚洲十大发展商”之列，并在“2014 年东南亚地产奖”赢得了五个奖项；同年，丽阳还荣获 The Edge“最显著的成就奖”、The Edge“马来西亚顶级房地产发展商奖”、The Edge 马来西亚房地产和房地产投资信托基金类别之“最高利润的成长型公司”，并赢得“The Edge 2014 年十亿林吉特俱乐部奖”的一席之位；同时，丽阳还获得“2014 年亚太企业精神奖 ”(APEA)，并荣获由《马来西亚房产洞察》杂志 (*Property Insight Malaysia*) 主办颁发的著名发展者大奖“十大发展商之一”奖项。另外，集团旗下的丽阳维璟产业销售廊凭借着采用“活化再循环”概念而赢得了“马来西亚建筑师公会银奖”，丽阳维璟的 Pandora 和 Paloma 服务式公寓获得“iProperty.com 人民选择奖”之“最佳高层发展类别”奖项。

2015 年，位于哥打白沙罗的丽阳名捷城被授予“马来西亚最佳混合用途发展奖的最高五星评级”；丽阳豪庭 (The Residences) 及丽阳商业街 (Tropicana Avenue) 获得“绿色地产金奖”；同年，丽阳在“BCI 亚洲大奖”中荣登“2015 年亚洲十大发展商”之列，并连续两年在“The Edge2015 年十亿林吉特俱乐部奖”中获得“利润最高的成长型公司”。同时，在“2015 年布特拉品牌大奖”中获得“房地产人民选择奖”、在“2015 年国际房地产峰会奖”荣膺“亚太区最佳发展商网站”、在“2015 年 Property Insight 卓越发展商颁奖典礼 (PIPDA) ”被评为“马来西亚十大发展商之一”。

2016 年，丽阳荣获“2016 年 iPROPERTY 人民选择奖之最佳混合用途开发奖”“2016 年全国企业年报奖之 2015 企业年报优异奖”及“2016 年

The Edge 马来西亚房地产卓越奖之发展先锋大奖”等奖项。

2017 年，丽阳荣获“2017 年 Frost & Sullivan 最佳实践奖之新产品革新奖”“2017 年 iPROPERTY 发展卓越奖之人民选择奖”“2017 年 Property GURU 亚太地区房地产大奖多个奖项”“2017 年 Property Insight 卓越发展商颁奖典礼之年度十大顶尖房地产开发商”“2017 年 The Edge 马来西亚房地产卓越奖之十大顶尖房地产开发商”及“2017 年星报房地产颁奖礼多个奖项”等诸多荣誉。

2018 年，丽阳获“The Edge 2018 年度马来西亚十大顶尖房地产开发商”殊荣。同年，丽阳亦荣获“2018 年 BCI 亚洲十大顶尖开发商”“2018 年 iPROPERTY 人民选择奖”及“2018 年星报房地产颁奖礼全明星奖”等嘉奖；集团旗下的丽阳名捷城、丽阳丰逸城 Dalia 住宅、丽阳 218Macalister、丽阳湾公寓、丽阳豪庭、丽阳金海澳 Ayera 住宅等项目，亦分别摘得业界分量级奖项。

2019 年，丽阳已连续八年荣膺“BCI 亚洲十大顶尖开发商”和“亚太区房地产大奖”。同年，丽阳还荣获“2019 年 Property GURU 亚太地区房地产大奖”“2019 年星报房地产颁奖礼全明星奖和创意触摸城市酒店奖”及“2019 年布特拉品牌大奖之房地产人民选择奖”等嘉奖；集团旗下的丽阳恒庭 Ridgefield 住宅、吉隆坡 W 酒店、丽阳金海澳 Ayera 住宅等项目，亦分别摘得业界分量级奖项。

同时，他的个人也荣获业界多项荣誉。

2014 年 8 月，在马来西亚著名杂志《尚流 TATLER》主办的“2014 年马来西亚亚太企业家”颁奖典礼上，陈志成荣膺“亚太企业家”大奖；同年又获得吉隆坡暨雪兰莪中华总商会表彰。

2015 年，“BrandLaureate 特别版世界奖”授予陈志成“2015 年 Brandpreneur 终身成就奖”；同年，其又荣获马来西亚商界著名的英文媒体 The Edge 颁发的“The Edge 2015 年马来西亚杰出房地产企业家奖”。

2016 年 11 月 18 日，在世界不动产联盟 (FIABCI) 马来西亚分会主办的“第 24 届马来西亚产业大奖”颁奖典礼上，陈志成获得“2016 年产业风云人物大奖”殊荣，并由柔佛州苏丹依布拉欣殿下颁奖。2017 年，他获颁 2017 年马来西亚福建社团联合会颁发的“杰出企业家大奖”。

在全力推动丽阳机构深耕于地产界的同时，陈志成秉承企业家对于社会肩负的强烈责任感与使命感，以实际行动践行自己的慈善公益之路。

“从无到有，满足个人的愿望，这是一种小的快乐；从有到无，回馈社会，满足更多有需要帮助的人，这才是一种真正的大的快乐”。陈志成说，每个人都希望生活在和谐、清洁、友好、没有贫困与疾病的社会中，那么就需要有能力的人，主动将自己拥有的拿出来，持续改善那些不好的、帮扶那些羸弱的。“与全社会一起分享自己奋斗的人生果实，这才是生命最光彩绽放的时刻！”

2011 年，陈志成创立了丽阳机构旗下的慈善组织——丽阳基金（之前称为隆丽阳基金会）。通过丽阳基金，集团在过去的若干年间，主要针对教育和非营利组织进行慈善捐赠，积极回馈社会。

2016 年 1 月 27 日，圣约瑟夫机构马来西亚国际学校（丽阳八打灵再也校园）[St Joseph’s Institution International School Malaysia（Tropicana PJ Campus）] 获得丽阳基金共计 150 万林吉特的慷慨捐助。

在捐助仪式上，身为丽阳机构创始人与丽阳基金会副主席的陈志成，向圣约瑟夫机构马来西亚国际学校总裁汤姆斯 · 拉文修士（Brother Thomas Lavin）移交了有关的模拟支票。

“丽阳机构向来与本地社群和该公司旗下产业拥有人紧密合作”。陈志成说，建设圣约瑟夫机构马来西亚国际学校，展示了丽阳机构不仅意欲为本身的顾客创造和谐的伙伴关系，同时也希望打造理想与具有活力城镇项目的承诺。“我们希望可以为更多的人，提供优质的受教育机会。通过这项捐助，有关奖学金将可以协助学生提高自身的知识，丰富他们的学习体验，进而让这些年轻人开阔眼界，更自由、更完美地规划自己的人生路径。未来，丽阳机构计划在旗下的主要城镇项目，分别设立此类学校”。

截至目前，丽阳机构已经与马来西亚三所著名的教育机构合作办学，包括已经于 2016 年 9 月正式招生、位于丽阳英达的首家圣约瑟夫机构马来西亚国际学校（丽阳八打灵再也校园），以及位于丽阳维璟的 GEMS 国际学校和丽阳丰逸城(Tropicana Aman)的腾比(Tenby)国际学校。GEMS 国际学校和腾比国际学校分别于 2017 年和 2018 年 9 月首次招生，为当地孩童提供全面的学习机会，从而在发展范围内创造更加繁荣和谐的社区。

2019 年 9 月，丽阳与马来西亚教育部各自拨款逾数百万林吉特，以协助拥有 81 年历史却由于人口逐渐减少，在 2018 年底为学校唯一的学生举办了“一个人的毕业典礼”后就暂时关闭的马来西亚福隆港华小进行搬迁和兴建，以行动支持马来西亚的教育发展。“除丽阳机构的辖下社区外，我们将努力扩大与各类慈善机构、非政府组织和机构的联系，以期为推进社会和经济发展贡献一份力量”。陈志成说。

谈及自己的祖籍国，他更是感慨万千。“中国政府及人民秉持远见、胆识和胸襟三大格局，一步一个脚印推动改革创新，努力促进经济发展，让中国在短短的 40 年间，从发展中国家逐步发展成为世界数一数二的经济强国。尤其是，中国实现了在 2020 年实现现行标准下农村贫困人口全部脱贫，同步迈向小康社会的目标，这种知难而进的精神，尤其值得马来西亚参考和学习。”

丹斯里拿督陈志成相信成功没有捷径，要想成功就必须勤奋向上、努力打拼，并且要有勇气坚持自己的决定

在陈志成看来，中国经济的腾飞亦为包括马来西亚在内的各国带来机遇。根据统计，2018 年中马双边贸易额达 1086 亿美元，中国连续 10 年成为马来西亚最大的贸易伙伴，连续 3 年成为马来西亚制造业最大的外资来源，连续 7 年成为马来西亚在东盟以外最大的游客来源国。”

“作为‘一带一路’重要的节点，马来西亚具备地利、人才、稳健经济与金融体系，以及完善法制与保障等优势条件，加之大马亦是开通中国与东盟合作的门户，堪称一个非常利商的国家。我坚信，中马两国的双边经贸合作与成长，将长足推动中马两国关系的积极发展，合作前景十分广阔。全球经济局势明显放缓之际，马来西亚更要为中马经贸贡献力量。除了政府的努力，华社和华人企业家也责无旁贷，义不容辞配合政府共同推进民间经贸往来，互惠互利，共存共荣”。陈志成表示，丽阳机构随着中马关系的不断推进，进军中国市场，并在中国几个主要城市建立分公司，未来，也会在寻找有实力合作伙伴的同时，加大在中国的品牌宣传力度，让更多人了解丽阳机构，了解马来西亚，了解马来西亚的房地产市场。

2018 年 1 月，美国《国际生活》杂志公布全球退休指数，选出 24 个最适合退休的国家。其中，马来西亚名列第五，居于亚洲国家榜首。“身为马来西亚的地产开发商，这是机遇，也是不断超越自我、再创佳绩的挑战，丽阳深知路漫漫，誓将秉持初心，砥砺前行！”陈志成最后说。華

史立德

史立德博士，香港太平绅士，香港中华厂商联合会第 42 届会长，华彩集团主席。曾任及现任公职：中国人民政治协商会议第十二届广西壮族自治区委员会委员、香港广东社团总会副会长、香港医疗辅助队长官联会副主席、香港黄大仙区健康安全城市董事局主席、香港商界助更生委员会董事、香港潮州商会会董、香港理工大学院士协会管理委员会联席主席等。

多年来，史立德坚持参与各种社会及公益活动，为慈善团体出力。他坦言自己也是基层出身，又受过伤，自然明白社会各阶层的需要，既然自己有一定能力，理应回馈社会。

香江艳彩印华风

——华彩集团主席史立德

20 世纪 70—80 年代是处处充满机遇的时代：香港荣登“亚洲四小龙”之首，制造业及工业迅速发展；深圳河对岸的内地则刚实施改革开放政策，经济活力蓄势待发。天道酬勤，无数青年勤劳工作，期盼乘上香港和内地腾飞的快车。

那一刻，白天上班、晚上加班的史立德大概没有想过，多年后会建立自己的印刷王国——华彩集团，并获选出任香港中华厂商联合会第 42 届会长，以及担任内地政协委员等诸多社会公职，为推动香港工业发展鞠躬尽瘁。

出身草根 自强不息

史立德为家中五子的老二，自幼便打工帮助补贴家计，他在完成初中学业后，就毅然投身社会。为改善生活环境学习一门手艺，史立德选择进入印刷厂当学徒，他白天工作、晚上进修。16 岁时，他不幸遇上工业意外，痛失部分手指，史立德回忆说：“那次意外为我留下了永不磨灭的烙印，在家人及医护人员的鼓励和帮助下，我重建了自信。”

其后，他在不同岗位辗转并累积经验，于 1986 年创立华彩集团，成为当时全港抢先将印刷及包装“一站式”生产的公司，这在当时是创新性的举动，亦令华彩在芸芸同行之中脱颖而出。

同时，史立德踏上内地改革开放的快车道。1988 年，集团将部分生产线迁移至深圳宝安，成为其中一只北上的“开荒牛”。面对截然不同的营商环境，加上配套设施严重不足、政策有待完善等挑战，史立德亲自上阵指挥，解决处理上至供水供电，下至工人的食宿和培训等一系列问题。

对于印刷业来说，质量等于一切，因此，史立德相当重视设备和技术的持续提升。要知道，一台机器动辄需要数百万甚至上千万元，所以多年来他投资于器材的金额可谓天文数字。他笑言，如果将资金转换至其他投资，回报肯定高得多。但或许就是这份对印刷的热诚和执着，令华彩发展一日千里。从最初只有十多人的华彩印刷有限公司，逐渐成长为高峰时期员工多达万人的华彩集团，分销世界各地，成为国际知名的包装及增值纸制品龙头。

史立德年轻时醉心工作

在多年营商生涯中，最令史立德引以为傲的就是其前瞻性眼光。千禧年代，某知名品牌准备推出全球首部智能手机，并为此寻找制作包装盒的工厂。当时手机市场普遍只注重货品的性价比，对包装并没有太高要求，唯独史立德认为货品不能永远用低价抢客，其格调及品质更为重要。

史立德于 1986 年创立华彩集团

为争取订单，他说服当时的手机品牌总裁，指出精美的手提电话包装盒更能凸显产品的价值。同时，“红裤子”出身的史立德，由构思、设计、制造到生产线安排无不费尽心思，最后在全球竞争对手中脱颖而出，拿下这单生意，该包装概念更成为行业争相模仿的对象。直至今天，该“得意之作”的样板仍珍藏于公司特定的存放柜。

“人无我有、人有我优”一直是史立德的营商格言，集团业务和运作虽早已成熟，但要屹立不倒还需居安思危、不断突破。近年来外围环境颠簸动荡，劳工成本持续上涨，加上社会对环保的关注度日渐提升，升级至智能化生产乃是必由之路，史立德亦从设计和物料研发方面着手，以符合包装轻量化、多功能化和绿色化的大趋势。

加入商会 建设业界

史立德于 2002 年加入香港中华厂商联合会（以下简称“厂商会”），当年纯粹只为增加与业界人士的交流，殊不知越做越投入，能力被厂商会内同仁肯定，并于 2021 年当选厂商会第 42 届会长。

厂商会扎根香港近 90 年，是最具代表性的商会之一，会员企业逾 3000 家，行业分布广泛，包括各类制造、进出口贸易等，他们对推动香港以至整个粤港澳大湾区的经济发展有着重要贡献。

每一位厂商会会长都有其时代任务，而史立德上任时，香港正经历史无前例的挑战：由“反修例”示威活动到新冠疫情，令香港，甚至全球陷入停摆。在危急存亡间，史立德带领厂商会积极为中小企业发声，向政府争取更多的关注及支持；另外，为了

疫情期间许多经济和社会活动无法正常进行，但史立德排除万难，如常筹办工展会

史立德热心公益，于 2008 年担任仁爱堂主席

史立德很高兴特别行政区政府近年终于作出改变，着力发展创科和工业。国家“十四五”规划强调改造传统制造业，并支持香港建设成国际创新科技中心，这确实是大好时机。

史立德认为，特别行政区政府应为工业发展订立总体发展蓝图，对催谷新型工业、促进传统制造业升级转型和支持境外港资工业三管齐下、施策发力，并利用好香港的科技和品牌优势，带动香港工业再起飞。

史立德亦以实际行动支持业界引入新技术，包括推动厂商会下属的 CMA 检定中心成立分部科技商品化中心 CMA+，并倡议及发展“中试转化”和“环境、社会及管治”（ESG）服务，帮助本地科研成果落地和传统产业升级转型。

帮助企业的产品寻求出路，厂商会迅速建立网购平台及筹划多个直播带货活动，免费协助中小企业向本地和大湾区消费者进行推广。

网购虽然为当下流行且潜力巨大的销售方式，但实体展会的效用终难被取缔，尤其疫情期间，企业大多依靠本地市场支撑维持。在前景不明朗的境况下，史立德大胆决定，排除万难如常筹办工展会等大型展会，甚至在大屿山亚洲国际博物馆创办“工展会购物节”，更亲自与港铁高层会面，争取他们的支持。

对于疫后的营商环境，史立德反而很乐观，认为疫情已导致全球经济大洗牌，在《区域全面经济伙伴关系协议》和“一带一路”建设的推动下，全球经济重心正进一步向东移，并为产业带来了新市场及需求，以及降成本的契机。他说：“东盟市场有六分之一人口属中产阶级，其潜力固然不可小觑，而正全面拼经济、拼发展的中国亦快速地复苏起来。通关后我们积极协助香港业界发展国内内销市场，以把握国家的‘内循环’机遇，并透过外访考察，为港企寻合作、谋商机。”

作为香港工业最辉煌时刻的见证者、参与者和贡献者，史立德始终将复兴工业视为其初心使命，他说：“以往香港产业结构过于重金融、轻工业，不仅间接造成诸多社会深层次问题，更令经济在逆境时容易发生波动，亦难有大幅增长。”

“北部都会区”将成为香港新的发展引擎，史立德作为咨询委员会成员之一，积极向当局提议在区内预留土地，打造成“香港优势工业的示范基地”和“中试及产业化基地”，希望更好地整合本港各方面的优势，并利用大湾区的资源，推动香港产业全速发展。

创制垂法 博施济众

所谓“施比受更有福”，即使再忙，史立德仍坚持参与各种社会及公益活动，为慈善团体出力。历年来，他先后出任过 40 多项公职，包括黄大仙区议会议员、商界助更生委员会董事局成员等。史立德所作出的贡献备受香港特别行政区政府肯定，2010 年获委任为太平绅士，2007 年获荣誉勋章及 2017 年获颁铜紫荆星章，2023 年 7 月 1 日更获颁发银紫荆星章。

不止史立德，其夫人史颜景莲同样热心公益，两人分别于 2008 年及 2015 年先后担任香港六大慈善机构之一的仁爱堂主席，是第一对夫妇同为这个慈善团体担任主席，一时成为佳话。史立德坦言这是他夫妇俩的一项崇高荣誉，亦言自己也是基层出身，又受过伤，自然明白社会各阶层的需要，既然自己有一定能力，理应回馈社会。

除此之外，史立德亦关注更生人士的就业去向，曾捐赠支持释囚协助基金，助其日后更容易融入社会，又捐助“惩教署人员子女教育信托基金”，向从事惩教工作的人士致意。

年少时为贴补家计而辍学投身职场，其后靠不断进修最终在香港城市大学完成行政人员工商管理硕士学位的经历，令史立德明白何谓“知识创造未来”，所以他十分重视青年的教育工作，曾与香港多所大学设立助学基金培育人才，并经常到学校演讲和交流，向年轻人分享人生经验，勉励他们逐梦前行。“青年是香港的未来，国家的前途亦寄托在他们身上，作为上一辈，自当肩负言传身教的责任”。史立德说。

为感谢史立德对教育的支持和捐赠，多所大学包括他的母校香港理工大学的演讲厅均以史立德的名字命名，此外，多所本地及海内外大学亦先后向他授予荣衔，例如香港理工大学、香港城市大学、都会大学、香港教育大学、香港工业专业评审局、亚洲知识管理协会、职业训练局、粤港澳大湾区经贸协会和香港市务学会等颁发的荣誉院士勋衔。对史立德而言，这些荣耀既是鼓励又是肯定。

爱马成痴 磨炼斗心

史立德热爱马匹，办公室放满了马的摆件和爱驹照片，做了多年马主，现今与家人名下拥有多匹马，笑称马场已成为史家日常家庭聚会的地点。

他常言，赛马如人生，有高有低，起起伏伏，和从商一样，需不屈不挠，迎难而上，所以除了参与赛马活动外，他亦积极向青少年甚至残障人士推广骑术运动。

史立德的爱驹“一先生”于 2023 年的贺年杯上夺冠

虽然“拉头马”只是刹那风光，但他认为为了这一瞬间胜利却需要付出多方努力，包括操练、路程和骑师等因素配合，才能让马匹充分发挥水平。同样，要成为一个出色的工业家亦非一朝一夕之事，而是经年累月打拼的成果。

史立德已登花甲之年，但依旧在事业及社会公益领域努力拼搏，如马般干劲十足。華

陈志玲

在陈志玲看来，企业的社会责任，是支撑城市和区域持续发展的重要动力。作为企业、雇主及澳门社区的一分子，永利以承担社会责任为荣。

植根澳门21年来，她率领的永利，稳踞全球高端综合度假酒店巅峰，并致力于以旅游休闲业推动澳门与永利品牌实现“共生式”繁荣。永利积极响应澳门特区政府的“1+4”适度多元发展策略，奋力与各界沟通合作，持续推动澳门旅游业与体育、文化艺术、美食、会展、电商等行业联动融合，更在这个过程中，配合特区政府倡导的“旧区活化行动计划”，帮扶中小企业共谋发展商机，实现企业与城市社区的共生共荣。

与澳门共生 与家国共荣

——永利澳门有限公司总裁、董事会副主席陈志玲

使命感，深深植根在包括陈志玲在内的每个“永利人”内心深处。

在各行各业稳健复苏的关键时期，如何充分发挥品牌资源优势，在澳门经济适度多元化和建设世界旅游休闲中心的发展进程中贡献更大作为，以期焕活整座城市的综合魅力，助推社区经济发展，成为永利当下最重要的课题之一。

支持澳门产业适度多元化

2023 年，永利迎来扎根澳门第 21 年。

作为带领永利植根澳门、与这座城市彼此成就的核心领军人物之一，陈志玲将“实现永利与澳门‘共生式’繁荣”，从上任时的奋斗目标，幻化为光彩夺目的现实，不但成功推动永利稳踞全球高端综合度假酒店巅峰，亦奠定了其行业翘楚的地位。

21 年来，永利凭借“永利澳门”与“永利皇宫”，傲然绽放于这座魅力之城，同时助力澳门发展成为足以撬动全球旅游业生态的亚洲施力点，持续在文化体育、科技创新等领域蓬勃发展。

回首一路走来，陈志玲感触颇深。“2002 年，中央政府与澳门特区政府决定开放博彩业经营权，推动澳门调整、优化产业结构，以此带动当地经济多元化转型。永利开业以来，一直带领和促进整个澳门不断蜕变，不仅协助澳门发展成为世界首屈一指的旅游胜地，也让澳门居民体验到新的生活，从城市容貌到工作生活方式，都发生了巨大的改变”。

时间进入 2023 年，如何响应澳门特区政府推出的“1+4”适度多元发展策略？如何发挥“旅游 +”的联动作用，配合做优做精做强综合旅游休闲业，丰富世界旅游休闲中心内涵？如何凸显澳门在粤港澳大湾区建设的独特优势？永利，又能在整个过程中担当何种使命？成为陈志玲日夜思索的课题。

“新投资者和营运模式为澳门的旅游休闲产业发展注入新的动力，不断推出优质的旅游产品和提高服务水平，这些都让澳门在短时间内跻身成为国际旅游城市，以往每年带来旅客数量超过 3000 万人次。”然而令陈志玲及全体业者无比忧心的现实是，一场来势凶猛的疫情重创了全球服务业，澳门作为对外部经济环境具有极高依赖性的微型经济体，自 2020 年疫情暴发伊始，游客数量断崖式下跌，服务产业陷入泥潭，经济明显收缩，大中小企业都面临着各种各样的困难和挑战。

前所未有的逆境，令更多人开始反思澳门经济结构单一所带来的种种弊端，推进经济适度多元化，势在必行。

2023 年 11 月 1 日，澳门特区政府正式公布《澳门特别行政区经济适度多元发展规划（2024—2028 年）》（以下简称《规划》）。这是澳门首个全面系统的产业发展规划，是澳门贯彻落实中央要求，做好经济适度多元发展这道“必做题”的重大纲领性文件。根据《规划》，澳门特别行政区提出“1+4”适度多元发展策略，促进经济适度多元发展。其中，“1”是指按照建设世界旅游休闲中心的目标要求，促进综合旅游休闲多元发展，做优做精做强综合旅游休闲业；“4”指的是持续推动中医药大健康、现代金融、高新技术、会展商贸及文化体育等四大

永利澳门——豪华度假酒店

永利皇宫——豪华综合度假村

“永利呈献——2023 澳门斯诺克大师邀请赛”新闻发布会开球仪式

重点产业板块发展，着力构建符合澳门实际且可持续发展的产业结构。

“与城市社区同步繁荣永远是永利发展战略的核心。永利作为植根澳门的大型综合企业，定当抓住机遇，乘势而上，以自身的国际背景与行业经验，充分发挥资源优势，为助力澳门发展贡献力量。”秉持该理念，陈志玲率领永利团队积极展开布局，探索支撑澳门经济适度多元化的新动力。

她的目光首先聚焦于引入国际体育以及文化盛事。

近年来，永利一直致力于“以文化体育带动旅游，以旅游促进经济”之发展方略，借着举办多项大型及具有特色的赛事，如 FIBA3×3 澳门大师赛——永利杯大湾区资格赛、“永利杯”青澳国际帆船拉力赛、“永利——大湾区 Brompton 单车嘉年华 BWC 体验赛”等，让更多澳门及大湾区居民和游客参与其中，带动湾区各城市体育旅游事业的融合发展。

2023 年 6 月 28 日，永利官宣：《永利呈献——2023 澳门斯诺克大师邀请赛》于 12 月 25—29 日在永利皇宫宴会厅举行。

邀请赛由永利主办、澳门特别行政区政府体育局支持。大赛邀请了 8 位世界顶尖国际职业球手参赛，冠军奖金达 15 万英镑。受邀球员包括七夺斯诺克世锦赛冠军的罗尼·奥沙利文、首位登上世界第一宝座的中国球员丁俊晖、获选为全球杰青的香港球员傅家俊以及中国小将斯佳辉。

透过本次大赛，永利希望为澳门带来更多高水平的体育品牌盛事，培育具有澳门特色的体育产业。同时，令来自全球各地的旅客体验澳门多姿多彩的体育元素，实现旅游业与休闲体育产业的联动发展，丰富澳门“世界旅游休闲中心”之内涵。

陈志玲在大赛新闻发布会现场致辞中表示：“赛事旨在积极响应政府‘1+4’发展方向，搭建具有深度国际化的交流平台，以促进澳门文化体育多元发展，同时也是立足澳门在国际体育的影响力，作出的重大长远谋划。”

永利呈献的国际体育盛事，还有首度落户澳门的高尔夫球亚巡国际系列赛。

2023 年 11 月 13 日，永利宣布与亚洲职业高尔夫球巡回赛展开崭新合作，并于 2024 年 3 月将一场精彩绝伦的国际系列赛带到澳门高尔夫球乡村俱乐

2023 年 11 月，永利宣布将与亚巡国际系列赛共同举办“首届澳门国际系列赛”

第九届天下女人国际论坛在永利皇宫隆重举行，梅耶·马斯克发表论坛主旨演讲

部，进一步推动周边地区高尔夫球运动的发展。

值得一提的是，由永利呈献的本场国际系列赛澳门站，标志着澳门迎来了国际系列赛的首秀，同时亦见证永利持续致力于加强澳门在全球体育舞台定位方面所付出的不懈努力。

陈志玲与其率领的永利团队相信，备受瞩目的国际系列赛澳门站，将会促进澳门及周边地区高尔夫球运动的蓬勃发展，吸引顶尖的国际高尔夫球手、大满贯冠军们等明星参赛，彰显亚巡赛在全球舞台上日益增长的声望。除了为高尔夫天才球手们提供展身手的平台，丰富多彩的娱乐活动也将在永利皇宫被纳入赛事周，以供来自全球各地的宾客们尽情体验。

“我们很荣幸能够赞助首届澳门国际系列赛，这是亚洲一次高端精英运动赛事。透过赞助此项世界级的高尔夫赛事，进一步体现了永利全力支持澳门特区政府推动的‘1+4’适度多元发展策略。我们积极引入国际体育盛事，发展体育产业，巩固澳门世界旅游中心的地位”。陈志玲在国际系列赛澳门站新闻发布会上如是说。

除了引进具有全球影响力的体育赛事，陈志玲还带领永利全力推介澳门在文化艺术领域的特点及优势，配合特区政府的指导，以期促进澳门焕活旅游业生机，吸引更多游客前往澳门，感受焕然一新的城市魅力。

2023 年 7 月 30 日—10 月 31 日，由永利主办的特展“光影如炬：再遇达芬奇”，于永利皇宫盛大亮相。

该特展为响应澳门大型国际文化艺术盛会——“艺文荟澳：澳门国际艺术双年展 2023”，旨在带来多感官沉浸式观展体验，透过当代光影投射技术及数字化艺术直击心灵。

除数码艺术科技外，本次展览还联合澳门本地的科创型中小企业，采用 VR 虚拟现实及全息影像技术，突破传统展览模式的限制，以电脑构

永利“光影如炬：再遇达芬奇”艺术特展，illuminarium 幻影空间为游客提供沉浸式体验

建出虚拟 3D 世界，令观众透过影像、声音、光影和色彩沉浸式地欣赏每一处细节，呈现出曼妙的澳门文化之美，延续“全城美术馆，处处艺术园”的美好城市形象。此外，永利亦与澳门文物大使协会合作，提供预约团体导赏服务，进一步丰富大众的观展体验。

陈志玲在特展揭幕仪式上表示：“优雅知性是永利的艺术形象，公司希望透过展览让市民和旅客体验当代高科技构成的艺术空间，穿越历史时空，走一趟数字人文的光影旅程，在美学欣赏的过程中对信仰和命运萌生新的领悟。未来，永利将持续在澳门文化产业中发挥积极作用，促进‘文化艺术 + 旅游’的良性互动，打造本地的文旅产品，以期在经济适度多元化的发展中贡献更大力量。”

携手中小企业共同发展

为支持澳门本地中小企业更进一步把握大湾区发展机遇，并推动澳门旧区活化行动计划，永利不仅与澳门特区政府联手推动了首个片区活化项目“福隆新街步行区计划”，亦与澳门工商联会共同举办了“美丽尽在社区游”系列活动，协助更多优秀的澳门中小企业联动社区，探索更加多样化的营商环境，同时盘活社区经济，丰富文旅体验。

2023 年 9 月 29 日，永利“福隆新街步行区计划”正式启动试运行。

永利与澳门特区政府联手推动首个片区活化项目“福隆新街步行区计划”

“福隆新街步行区计划”是由澳门特区政府跨部门团队与澳门综合度假休闲企业协作推动的首个片区活化项目。其以福隆新街为核心，涵盖炉石塘巷、新填巷、桔仔街及何老桂巷之间的区域，旨在联动并焕活社区文旅魅力，为澳门旅游注入新活力。

作为首家与澳门特区政府展开历史片区活化工作的企业，永利充分发挥自身资源与商业经验等优势，深入丰富了福隆片区的文旅元素，包括优化街道氛围、引入大型艺术装置、文创市集、艺术文化活动、互动打卡游戏、夜市体验等，为区内营造具有活力与文艺氛围的文旅体验，带动片区内其他中小企业的经营与发展。

永利还为福隆片区特别融入“回到福隆艺术剧场”及“中西共融艺术快闪”等深受年轻人喜爱的元素，邀请内地及本地演艺人员参与，令市民游客体验福隆新街的风采。

在计划试行期间，永利亦联动了澳门工商联会在区内举办日间文创市集，邀请多家本地文创品牌进驻，售卖澳门周边的文创产品、手工艺品等，为更多中小企业带来商机。为进一步增强互动，为中小企业提供宣传机会，永利开发商圈联动小程序，以福隆新街为核心，辐射至新马路、岗顶等核心旅游区内的地标和商户，设置打卡点，通过互动打卡游戏的形式，实现超过 15 万人次曝光参与，超过 60 家中小企业直接受惠。

“2023 美丽尽在社区游之路环马忌士市集”系列市集活动

除此之外，永利同步与澳门移动支付服务商合作，邀请区内中小企业商户参与社区消费优惠推广，借此引领人流进入社区带动消费。另外，为丰富福隆社区的夜间体验，永利引入夜间市集酒吧餐车，提供美酒佳肴夜体验，让街区慢慢酝酿出各具特色的夜市氛围。同时，在不同的中西节日引入不同元素，吸引游人到访，感受澳门中西文化的融合与魅力。

陈志玲表示，永利一直致力为建设澳门成为世界旅游休闲中心做出不懈努力，更着意在这个过程中，配合特区政府倡导的“推进旧区活化行动计划”，帮扶中小企业共谋发展商机。“一直以来，旅游业都是澳门的支柱产业。永利持续响应特区政府的‘1+4’适度多元发展策略，与社区不同持份者合作，有序为澳门非博彩旅游发展和社区旅游作出贡献，借此发挥‘旅游+’的联动作用，助力推动本澳经济及旅游全面发展”。

时值 2023 年，由永利关爱基金会和澳门工商联会共同打造的系列市集活动，已迈入第七年。

作为 2023 年度系列市集的首站活动——永利在路环市区马忌士前地举行“2023 美丽尽在社区游之路环马忌士市集”，定调东南亚风情，向嘉宾们呈现充满异国风情的互动元素，包括本地歌手驻场、宝莱坞异域舞蹈、中泰网红直播等。

市集采取流动形式进行，吸引了文创及美食商家进驻，进一步拓宽了澳门本地的文创美食商店销售渠道。为丰富社区旅游文化元素，永利与旅行社合作推出两条“澳门精品游”路线及“缤纷路环历史文化深度游”微信小程序，吸引更多市民及游客从多渠道感受澳门独有的文化底蕴，带动路环人流以及周边商户，提振社区经济发展。

此后不久，永利主推的另一组“重头戏”隆重登场——“中华文化体验市集”和“国际夏日活力派对市集”在氹仔北帝庙前地相继联袂亮相，两大市集分别呈现了两种充满澳门特色的风格主题，不仅有本地文创品牌和特色美食摊位进驻，市集活动更辐射附近沿街商户。

为进一步丰富社区旅游文化元素，助力提升城市艺术文化体验，永利还特别与旅行社合作，推出“澳门精品游之城市艺文体验”路线，让参与者走访遍布澳门全城的艺术创作项目及装置，包括走进永利皇宫的“光影如炬：再遇达芬奇”艺术展，通过画作、装置、数码科技等艺术形式，以沉浸互动方式近距离鉴赏传世佳作。

“永利希望，透过市集活动和艺术精品游项目，整合盘活澳门旅游元素和资源，让市民及游客在澳门社区体验从人文艺术到美食娱乐的全方位乐趣，并引领他们到访澳门本地的特色老店和商户，激发消费活力，为更多中小企业带来商机，助力促进社区经济发展”。陈志玲说。

在持续联动社区，打造多样化文旅消费平台的同时，永利亦积极筹办澳门本地企业的合作交流会，借此拓展绿色商机，推动绿色应用与创新。

2023 年 8 月 18 日，“2023 年永利本地企业合作交流会——可持续发展推广暨中小企采购合作洽谈会”隆重启幕。

永利举办本地企业合作交流会，拓展绿色机遇，推动绿色应用与创新

这是永利响应由澳门特区政府主办的“澳门国际环保合作发展论坛及展览”衍生出的企业界盛事，于永利参展展位处举行。在一连四天的洽谈会上，永利采购专员与近 150 家本澳环保及创新类中小企业代表面谈，以期借助会展交流平台，与澳门中小企业共同开拓绿色合作商机，推动产业多元化和可持续发展。

永利在“澳门国际环保合作发展论坛及展览”的展区，以升级再造为核心设计理念，融入了多个环保创意元素，包括使用废旧材料回收制成的浮游花和巨型热气球铺砌展墙，以及将折旧制服等纺织品升级再造而成的纱线装饰，向大众传递独特的创意环保概念。

此外，展区亦展示了由永利赞助澳门培正中学研发的“多样组合水培套组”，该项目在“国际遗传工程机器设计竞赛”(iGEM) 中荣获多项殊荣，借此与参观者分享澳门优秀学子的创作成果，助力推动澳门本地的环保创意和教育创新事业长远发展。

针对可持续发展与商业创新等议题，永利更在参加展会之前，举办了“中小企与可持续发展”商业培训，并由澳门特别行政区政府旅游局作为支持单位，总计吸引了超过 80 家澳门本地中小企业代表参与。此次培训，深入浅出地剖析及探讨了企业社会责任、商业伦理及可持续发展概况及模式，鼓励企业发挥创新精神，与时俱进，将可持续发展的核心价值融入业务和日常运营中，实现绿色升级转型。

陈志玲透露，多年来，永利一直坚持推行及深化各项可持续发展策略与方案。当中包括：成为全球首家大规模安装并使用 Nordaq 过滤水装瓶设施的企业，可每年减少使用约 800 万个塑胶瓶；亦是澳门首家引入 Winnow Vision 人工智能厨余管理系统的综合度假村，有效减少 35% 的厨余垃圾和剩食。

不仅如此，永利更是澳门首家及唯一考获“海洋管理委员会 (MSC) 海产品产销监管链”以及“水产养殖管理委员会 (ASC) 水产品产销监管链”两项国际认证的企业，进一步印证了永利志在用实际行动优化能源消耗，致力于减少资源浪费和降低环境污染。

除推进绿色可持续发展理念之外，自 2016 年至今，永利一直积极面向澳门本地企业举办采购合

2023 年 7 月 19 日，在永利皇宫举办“永利杯——第七届全澳小学生国情绘画大赛”颁奖典礼

作洽谈会，优先本地采购、致力推动本地中小微企业持续发展。仅 2023 年第二季度，永利的采购总额中，就有高达 85% 的比例来自澳门本地企业，较 2022 年同期增幅翻倍，具体到永利对“三类企业”（小微企业、澳门制造和青创企业）的采购总额，则较上年同期增长 114%。

“后疫情时代，怎样帮助澳门的中小企业找到转型提升的契机，怎样将服务业跟科技创新融合，是澳门适度多元化发展需要考虑的重点议题之一。永利一直在营运中践行环保举措，不断提升业内绿色营运标准，并希望透过洽谈会等形式，协助中小企业经营者进一步拓展人脉网络及提升竞争力，共同发掘更多合作商机并创造价值，加快推动澳门经济适度多元化及可持续发展”。陈志玲说。

深化国情教育 蓄力乡村振兴

扶助中小企业并肩发展的同时，陈志玲与永利深信，年轻一代在未来的城市发展中，扮演着中坚力量角色，与时俱进的国情教育，至关重要。

2023 年 7 月，由永利关爱基金会与国情教育（澳门）协会联合主办的“永利杯——第七届全澳小学生国情绘画大赛”在永利皇宫宴会厅举行颁奖典礼。

“永利杯——全澳小学生国情绘画大赛”自 2016 年起举办，每届设定一个与祖国和澳门息息相关的主题，至今已有超过 6 万名本地小学生参与。

本届大赛荣邀中央人民政府驻澳门特区联络办公室经济部作为指导机构、澳门特别行政区政府文化局作为支持机构、澳门生产力暨科技转移中心作为时尚会演合办单位，并入选成为中国宋庆龄基金会联合举办的“2023 年粤港澳大湾区青少年公益年会”配套项目。

2023 年，永利杯以“传承民俗节气　弘扬优秀文化”为主题，旨在鼓励小朋友以手中的画笔，描绘中华传统节日以及二十四节气的经典画面，继承和弘扬中华优秀传统文化的深远内涵，陶冶情操、赓续传统，增强澳门青少年的国家观念，提升文化自信。活动更特意引入 AR 视觉展示，以创意、多元形式扩大受众面，吸引共计 52 所学校（占全澳近七成）、近万名本澳小学生参与。

大赛取得了丰硕成果，共收到近万份参赛作品，艺术水准不断提升，充分展现当代澳门少年儿童的艺术创想力，表达他们对中华优秀传统文化的认知和感受。

陈志玲在本届大赛颁奖典礼致辞时表示，中华民族拥有五千年以上的历史，民俗节气和传统节日是民族智慧的结晶，也是中华优秀传统文化的体现。比赛希望透过绘画将传统文化深深烙印在孩子们的成长记忆中，培养他们对民族文化的情怀和自信。

弘扬传统文化之外，陈志玲亦注重向年轻一代输入家国情怀理念。2023 年，由她本人亲自带队的

2023 年 7 月，永利澳门青年赴赣国情之旅及乡村振兴体验行活动

永利澳门青年团一行 30 人前往江西省南昌市、修水县及庐山市，开展“永利澳门青年赴赣国情之旅及乡村振兴体验行”活动。

永利澳门青年团成员，分别来自永利澳门和永利皇宫两座酒店的多个部门，大多数为 35 岁以下、服务公司多年的澳门本地青年。在江西省委统战部的支持和统筹下，本次体验行作为“2023 赣港澳台青少年交流活动”之一，会同澳门江西同乡会青年团、香港、台湾及江西当地的青少年，共同参与行程。

本次体验行活动，依托江西独特的红色、绿色、古色、金色文化资源，行程丰富。重头活动之一是参访“同心 · 赣港澳台青少年交流基地”，该基地已成为港澳台青少年认识江西、了解祖国的重要窗口和收获友谊的桥梁纽带。此外，青年团一行人追寻“红色足迹”，参观美庐别墅及庐山会议旧址，从中了解新中国的光辉历史进程，汲取砥砺前行的力量；同时参观了多个江西地标，包括江西省博物馆、滕王阁、庐山等，而后又游览了锦绣谷、黄龙潭、白鹿洞书院等知名景点，行走在壮美的风景中，感受祖国的大好河山。

身为带队者同时亦是整个行程的亲身参与者，陈志玲感触良多。“团队中的每个人，在此行中都收获满满。永利希望参与体验行的青年们，以认识江西为契机，更加深入地了解中国的历史和文化，感受学习革命先烈的伟大精神，并在返回澳门后，把永利青年的江西故事，以及江西人的热情和智慧，分享给家人、朋友和同事们，让更多澳门居民感受江西之美，借此传承红色基因，厚植家国情怀”。

值得一提的是，永利与江西的不解之缘，在此番行程中写下了浓墨重彩的一笔。

2023 年 7 月，永利关爱基金会援建“江西省修水县西港镇占坊村乡村振兴豆制品加工厂”项目，举行捐赠仪式。陈志玲及其率领的永利澳门青年团一行 30 人，出席了捐赠仪式。

这个即将兴建的豆制品生产加工厂，由永利关爱基金会出资人民币 200 万元援建，是响应国家乡村振兴政策、巩固拓展脱贫攻坚成果与乡村振兴有效衔接的项目。

该项目占地面积约 10 亩，计划总投资人民币 300 万元，新建标准生产仓储厂房 2000 余平方米，配套用房 500 余平方米，引进先进的豆制品生产加工设备，生产独具地方特色的“西港油豆腐”，旨在打造专业从事豆制品研发、生产、销售的现代化

2023年7月27日，永利关爱基金会援建江西省修水县西港镇占坊村乡村振兴豆制品加工厂项目捐赠仪式

食品企业。项目于2023年10月开工建设，计划于2024年6月竣工投产，预计年产值达人民币500万元，年增加村级集体经济收入人民币30万元以上。

在捐赠仪式启动典礼上，陈志玲表示，本次由永利关爱基金会支持援建的豆制品生产加工厂计划，充分发挥了修水的自然资源和产业特色优势，目标是将西港传统油豆腐制作工艺打造成专业、现代化的食品产业。项目建成后，不仅带动周边地区的农户共同致富，还可以吸引更多优质农产品生产和加工企业落户修水，不断推动区域经济和村集体经济壮大发展。

而较早前，永利人才培育及发展部门亦于7月到访修水县，在修水县人民政府的协调下，举行了“澳门永利培训交流分享会”，就《旅游酒店业推动社区关系产生的联动效应》《大型旅游休闲综合体如何提升整体服务质素》两个主题，向当地超过100位从业员，分享永利作为综合旅游度假村的成功经验。

永利期望通过经验分享，支持修水县提高旅游接待水平，以及酒店从业人员的工作质量，从而提升当地旅游服务品质，完善旅游产业链，多方面支持当地乡村振兴工作。

“企业社会责任涉及方方面面，是贡献城市和区域持续发展的重要动力。作为企业、雇主及澳门社区的一分子，永利以承担社会责任为荣。”陈志玲由衷地表示，中国是全球经济发展最具活力的地区之一，粤港澳大湾区、横琴粤澳深度合作区等国家战略，更为澳门未来进一步发展提供了更广阔的空间及机遇。

后疫情时代，中国正在构建国内和国际双循环驱动的新经济结构。粤港澳大湾区是中国独具特色的拥有两种经济制度和三种货币体系的区域经济体，其经济体量已经超过中国经济总量的11%。毫无疑问，澳门及其他大湾区核心城市作为枢纽节点城市，在双循环经济结构下将发挥越来越积极的联动和支点作用，并依托丰富的金融资源和多元的金融环境，成为中国新一轮经济跃升发展的施力点。

“产业适度多元化，一直是澳门近年来经济发展的核心关键词。中国是全球经济发展最具潜力的国家，粤港澳大湾区、横琴粤澳深度合作区等国家战略为澳门未来进一步的发展提供更广阔的空间及机遇。随着湾区旅游及会展业快速发展，琴澳融合必然给双方带来更多互相成就的发展机会，继而带动旅游业的合作。”陈志玲透露，永利一直大力支持区域发展，未来会持续透过不同形式的活动，促进两地交流合作，与湾区城市一起探索共赢的合作模式。同时，永利也会利用自身的优势，持续与澳门特区政府和业界共同努力拓展海外客源，为澳门开发更大的市场和机会。

奔赴下一程的目标，陈志玲和她率领的永利，踌躇满志，全力奔跑。華

卓永财

HIWIN 源自 Hi—Tech Winner 的缩写，公司创始人卓永财当初取此英文名的用意是“With us, you are a hi—tech winner”，即“帮助客户成为市场赢家”。当然，这个名字也饱含着他的个人抱负：上银科技要成为创新科技的赢家。

从 iPhone 到高铁，部分核心零部件上都打着“HIWIN”字样。HIWIN 不是欧美的品牌，也不是日本的品牌，而是来自中国台湾的华人品牌。

全球精密机械顶尖品牌 让世界感受华人创造

——HIWIN 集团创办人卓永财

目前，HIWIN 已是台湾地区最大的关键零部件制造厂、世界传动控制产品领导品牌之一，也是全球唯一具有最完整系列传动与控制产品的厂牌。最重要的是，HIWIN 产品代表了华人有能力研发制造高精密、高科技的工业产品。

化危机为转机的企业家

卓永财并非机械技术背景出身，他在大学念的是会计统计，在美国旧金山大学获得管理学位，年轻时的他原本立志要当个会计师，但却从金融家变成了全球化企业的创办人。

1983 年，卓永财在担任“台湾交通银行”投资授信审议会执行秘书期间，受命协助整顿出现财务危机的三星五金公司。卓永财一开始感觉非常突然，但在“台湾交通银行”总经理贾新葆的鼓励下，他最终决定承担这份使命。通过注入拯救资金、重整债务以及生产经营大整顿，卓永财只用了一年时间就使这个台湾地区最大的螺帽厂彻底重生，不仅实现扭亏为盈，还提升生产效率达 12 倍！三星五金公司的经历让卓永财深切地感到，一个公司的成败关键在于企业的经营管理能否到位。1984 年 4 月，他离开“台湾交通银行”转而成立企管顾问公司，为企业提供经营管理支持。

拥有美国旧金山大学管理学硕士学位的卓永财与美国加州大学伯克利分校（UC BERKERLY）管理学院合作，举办“高阶企业经营班”，每半年（寒暑假期间）带领台湾地区企业家去美国伯克利大学上两个星期的课程。课程包括“企业购并”（M&A）与“创新之管理”（Management of Innovation）等，这些课程即便放在今天都不可谓不先进。

1988 年因工作机遇，卓永财买下了制造滚珠丝杠的何丰精密工业公司股份，就此跨进精密机械行业。1989 年 10 月，卓永财成立了上银科技，与何丰精密生产同样的产品，他当时的想法很简单，把上银经营好了，再把何丰兼并。于是，上银科技从一开始就完全按照 ISO9000 系列标准来布局生产，1991 年成为中国台湾第一家通过该项认证的机械制造企业。深谙管理之道的卓永财意识到，上银科技要成为国际一流企业就必须有国际一流企业的布局，必须动用可能的资源寻求与世界先进同业的合作。

1993 年，在得知拥有 40 年历史的德国滚珠丝杠厂 Holzer 经营困难寻求出售后，卓永财立即行动，两度到德国考察。随后，他带领公司的高管团队前去做最后评估。期间还发生一个插曲，Holzer 破产管理人特助对卓永财他们特别冷淡，更直言华人只会“偷技术”。卓永财虽然愤怒，但他更加严谨。因为对企业并购和银行事务特别娴熟，他一个人就说服了德国银行团支持这项并购案。最终，上银科技以新台币 700 多万元并购了 Holzer，比预期价格节省了数千万。而且让人难以相信的是，Holzer 被上银科技并购的第二年就实现了盈利。

在完成这项并购 8 年后，上银科技的滚珠丝杠、直线导轨精度持续提升，可完全媲美排名世界前两位的日本 THK 和 NSK。在技术上实现超越的上银科技，反过来要击倒曾经封杀他们的竞争对手。上银科技的设备型号以“BK 一号”“EK 二号”等表示，“K”即日本对手（THK、NSK、IKO）。卓永财说：“一开始他们封杀我原料，所以很想揍他们，

1992 年，HIWIN 设立海外第一家子公司 HIWIN CHICAGO

具有最完整系列传动与控制产品的厂牌。最重要的是，HIWIN 产品代表了华人有能力研发制造高精密、高科技的工业产品。

先国际后本土
让世界感受华人创造

正如卓永财所言，上银科技的崛起不是一个简单的过程，而是一个从被歧视到被尊重的过程，其中充满了艰辛与汗水。30 多年前的 HIWIN 品牌没有什么含金量，要让人接受新品牌更是艰难，加上日本品牌长期占据亚洲市场，上银科技的出现立即引来日本品牌的集体攻击与大规模倾销。

是 BK(beating K，即“敲打三 K”)。后来‘三 K’连买设备也封锁，我就更生气，型号改成 EK 以随时提醒员工要争气。”

上银科技把最强的对手作为超越目标，使得公司自身经营能力、技术开发能力与日俱增。上银科技先后在日本设立子公司，在俄罗斯接手三星实验室，在美国设立研发中心。

2009 年 6 月，上银科技在中国台湾证券交易所上市。也是在这一年，上银科技买下以色列顶尖驱动器与控制系统研发制造大厂“Mega-Fabs”，借此填补公司在尖端驱动器与控制系统上的缺口，建构完整的半导体设备与机器人竞争力。

之后，卓永财深度推进全球布局、垂直整合战略。2010 年，卓永财买下英国百年螺纹磨床制造商迈萃斯(Matrix)。近几年，上银科技在德国的欧芬堡、俄罗斯的莫斯科以及中国大陆的苏州，相继投资扩建了研发中心、物流中心和生产中心，以推动持续成长。

如今，HIWIN 已成为台湾地区最大的关键零部件制造厂、世界传动控制产品领导品牌之一，也是全球唯一

卓永财以提升产品品质和生产效率图生存，但由于没有核心技术，公司经营陷入困难。为了缩小关键技术上的差距，卓永财积极寻求引入新技术。1990 年，他拜会清华大学研究陶瓷技术的苗教授，希望能合作研究陶瓷车刀。如果陶瓷车刀研制出来，上银就不用从国外进口，生产成本会大幅降低。最终，他们达成了为期 4 年的研究合作协议，陶瓷车刀也很快研发成功，这不仅为上银科技降低了生产成本，还让上银科技以富有竞争力的产品价格和质量打破了日本企业的垄断格局，公司经营从此好转。

卓永财说：“老实说，HIWIN 品牌要先成为世界品牌，才会赢得本土客户的认同。”而要成为

2019HMI 展合影

2011 年，卓永财于苏州举办 TRIZ 研发创新研讨会

2016 年，上银科技在苏州举办“德国工业 4.0 与中国制造 2025 高峰论坛”，卓永财与主讲嘉宾合影

一个世界品牌，意味着在技术上要超越日本和德国。为了跻身世界主流品牌，卓永财把主要工业国家的展览会和技术论坛看作是一个不错的舞台。他带领上银科技积极参与，不断提升上银科技的品牌认知度。

带动产业创新能量 引领潮流

卓永财认为整体技术提升与创新才是王道，因此，上银科技长期致力于加强与业界的合作，积极搭建两岸企业合作平台。早在 20 世纪 90 年代初，就与清华大学合作生产出陶瓷刀具。此后，又在大陆许多地方举办研讨会，介绍世界的最新发展动向，如 2011 年卓永财于苏州 TRIZ 研发创新研讨会，播撒创新的种子。近年来，与清华大学、中国机床协会、大连理工大学等保持着密切的业务往来，进行科技研发交流。

2016 年，在苏州举办德国工业 4.0 与中国制造 2025 高峰论坛，邀请了中国大陆卢秉恒教授主讲“中国制造 2025 的策略方向”；美国李杰博士主讲“工业 4.0的核心价值”；德国西门子王海滨先生主讲“德国工业 4.0 驱动全球产业发展”；上银科技卓永财总裁主讲“迈向智能制造之道”。完整的工业 4.0 专家阵容分享各国对于工业 4.0 及最新的工业发展思维，与会专家介绍国内外企业整体经营与制造经验，深入比对并了解中国制造业转型与工业 4.0 趋势发展之契机及中国制造 2025 建设世界制造强国的方向，进而点出中国制造的关键问题与改善途径，带给厂商学习与拟定未来公司策略发展的重要启示。

鉴于工业 4.0 及智能制造的快速发展，卓永财大力倡导“书同文、车同轨”两岸必须要有共同标准才能打造共同的市场，力促中国台湾智慧自动化与机器人协会和中国机器人产业联盟在 2014 年签署《机器人标准检测认证工作合作备忘录》，工信部在台北举办 2014 年海峡两岸高新产业合作研讨会，由 CRIA 领队共 12 家厂商参与，达成聚焦产业发展及以双方优势项目积极合作协议。2015 年完成两岸机器人标准检测认证工作合作备忘录及工作项目讨论，并成立两岸机器人标准专家小组，制订智慧机器人共同标准，促成两岸在工业型机器人、服务型机器人领域深入合作。在 2019 紫金山峰会上，卓永财接受媒体采访时表示：“两岸要打造共同的市场，推动共同的产业发展，离不开共同标准的制订。”他希望透过两岸企业携手布局全球商机以提升两岸经济在全球的竞争力。

研发与服务创新 备受肯定

上银科技自我挑战的同时，也专注于把每件事情做到最好，以把握智能制造与工业 4.0 的大趋势；

卓永财提出：“制造不是目的，是为了满足人类的需求；制造是一种服务，服务是创新的源头。”唯有创新才能超越，上银率先做到转型升级、提高产品附加价值，协同客户进行售前设计。根据客户端所面对的下游品牌厂商需求，协助客户运用上银科技的技术能量，并供应设备机台所需的关键零部件与关键系统，开发符合其需求的设备。对客户而言，一来可节省机台设计开发到上市的时间，二来运用 HIWIN 最新技术协助客户研发团队，省时又省钱，一举两得。如此为客户带来的前述种种好处，使彼此的合作关系更为紧密，HIWIN 不但了解客户，更了解客户的客户。

2019 年，卓永财出席“2019 两岸企业家紫金山峰会”，两岸智能装备合作项目签约仪式

精密机械是人类迈向高科技文明的基础，上银科技注重自主创新与核心技术研发能力，海内外研发人员超过 400 位，具有实力雄厚的研发团队，2001—2023 年连续 23 年荣获“中国台湾精品金、银质奖”殊荣，2014 年入选美国 NASDAQ 股市机器人指数型基金（ROBO-STOX）权重排名 TOP10，2015 年荣登福布斯全球创新成长百强企业第 37 名，2016 年获日经 Business 全球上市企业综合成长力百强第 5 名，2017 年被 Nikkei 日经新闻评选为“ASIA 300 市价增加率排行榜”第一名，市价总额倍增，为机械产业界的翘楚。2019 年荣登 ASIA 300“日经亚洲 300 强”第 16 名外，更荣获福布斯杂志（*Forbes*）2019 亚洲最佳 200 企业称号，卓永财个人也荣获亚洲商会 2019“年度企业家奖”殊荣，并于 2022 年蝉联四届哈佛商业评论 CEO 100 强。

卓永财与上银科技董事长卓文恒（左）在上银科技（中国）有限公司营运基地合影

HIWIN 集团总裁卓永财强调：“变动最大的时候，是交棒的最好时机。”上银科技在 2019 年成立满 30 年之际启动接班计划，由卓文恒接棒董事长，卓永财出任 HIWIN 集团总裁并协助年轻世代团队迈向新征程。卓文恒董事长面对环境的巨变与全球经济模式的挑战，展现了非凡的领导力，使 HIWIN 在危机中持续保持领先地位，2020 年除了首度荣获 TCSA 台湾地区十大永续典范企业奖，更以品牌价值 7500 万美元，荣获 2022 年中国台湾国际品牌第 25 名，成为机械产业的佼佼者，未来卓文恒董事长仍秉持着为人类福祉加值的信念，带领全体同仁齐心齐力开创新局，打造更有具影响力的国际品牌，持续在大变动的时代为 HIWIN 缔造新局！

助推产学结合 搭建两岸合作平台

卓永财带领 HIWIN 团队在公司营运与获利之余，积极投身公益，尤其在产学合作与人才培育上，更是投入大量的资源与时间，以期能结合产、学界

第10届上银优秀机械博士论文奖得奖师生合影

大连理工学校奖学金颁奖典礼获奖同学合影

的力量，加强研发升级，提升产品附加价值与核心竞争力。

2011 年，卓永财受聘荣任大连理工大学名誉教授

上银科技 2004 年创办了“上银机械硕士论文奖”，以期能为产业培育优秀人才，提升精密机械技术之创新能量；2008 年创设“上银智能机器手”实作竞赛，激励青年学子投入机械工程领域以及对机器手臂研发与创新应用，期许中国从世界制造强国迈向创新大国；2011 年委托中国机械工程学会 (CMES) 举办“上银优秀机械博士论文奖”。此奖是中国机械业学术研究的最高奖项与交流平台，目的是提升华人精密机械与制造技术的水平，加强高层次创造性人才的培育工作，鼓励青年学子们能多投入研究行列，走向通往高附加值的道路，也借此提高机械工程与智能自动化领域博士生教育的质量，增进产业界与学术界研究领域的互动了解，提升华人在全球机械领域的领先地位。

2012 年起陆续在大连理工大学设立“HIWIN 奖学金”“上银菁英学生奖学金”，每年资助学习态度良好、专业基础扎实、具有创新精神、堪为楷模的优秀学生，“上银菁英学生奖学金”获奖学生除了可获得奖学金外，还可以出国参访做国际交流。之后也在西安交通大学 (2017 年起) 设立奖学金，培育年青学子。“HIWIN 奖学金”“上银菁英学生奖学金”自设立以来，已有 620 位年青学子取得，累计发放奖学金 632.8 万元人民币。

上银科技对学校人才培育工作给予高度重视和大力支持，充分体现出上银科技高度的社会责任感，希望年青学子拥有国际视野，注重培养创新思维，排除外界干扰，专心提升研究能力和水平，钻研关键技术与核心技术，担负起民族的责任，为国家富强作出贡献。

深耕技术 迈向世界第一

上银科技在创立之初，就决定要走一条与众不同的路，将研发与品牌作为企业永续经营的主轴。尤其精密关键零部件独特的产业特性，技术本身就是核心竞争力，因此，为了站在技术的前沿，上银每年投入研发的资金高达营业额的 4% ~ 6%，并且在德国、日本、俄罗斯及以色列均设有研发中心，同时为打造完整的产品供应链，透过快速垂直整合，让上银的全球布局向前迈了一大步，不仅如此，更持续深耕关键技术，建构完整的产业价值链，加速脚步迈向世界第一传动控制与系统科技大厂。

卓永财说：“机械制造业是一个依靠持续创新的行业，创新也不是一天就能出成果，这是一条忍受寂寞之路”。即便在公司最困难的时候，他对创新的坚持也没有动摇过。卓永财认为：“一个企业如果要长期维持竞争力，没做基础（研发），是绝对不可能的”。

卓永财过去的成功来自三大法宝，分别是：坚强的领导，核心团队始终敢打敢拼；坚持创新研发以及对国际资源的有效整合；坚持培育人才，尤其是培养适应国际化趋势的领军人才。他认为，科学的战略，有效的执行，带动了上银科技的迅速成长。

卓永财还是一位了不起的发明家。比如，以往生产的不锈钢导轨从未超过 1.6 米，因为超过这个值，热阻设备、加工精度都会出问题。卓永财从解决热阻设备入手，将不锈钢导轨做到 2 米以上，创造了世界纪录。另外，卓永财带领研发人员成功解决了滚珠丝杠从研发到量产时间跨度大的问题，创出了世界最高开发效率。卓永财个人也拥有 32 项傲人专利，其中 29 件为发明专利，涵盖滚珠丝杠、线性滑轨、机器手臂、减速机、回转工作台、直线电机、电梯及风力发电机等不同领域。34 年来，卓永财带领上银科技打进由德日大厂寡占的领域，成长强劲，堪称华人企业的楷模。

在上银科技工作，绝对是一种幸福。卓永财除了自我提升外，也要求员工提升自己的能力。每个月有一个星期六是上银科技的“知识成长日”，包括保洁阿姨在内，所有的员工必须进公司，按照不同需求上课。卓永财引用柏克莱大学教授的话说：“天才自以为了不起，不会团队合作，钱用光了，一下子四分五裂。蠢才是每天损失一点，公司慢慢倒闭。”因此，卓永财认为：“一个企业，天才一定要有，但也要有执行的人才，组织才会平衡。”对于以色列、德国等文化背景完全不同的国际员工，卓永财在分配研发课题时常常要了解团队背景、人员特点，甚至要阅读大量的书籍以便和团队拥有共同语言。此外，他还将公司内外研发资源进行系统全面的整合，包括对遍布世界的研发中心资源的整合，公司与高校资源的整合，一线资深技术人员和纯研发人员工作模式的整合等。

从研发创新到公司全面系统性创新，卓永财努力做到极致。而极致与否取决于是否满足了全球客户的需求。卓永财描述机械制造行业的未来是：智慧自动化、智慧制造和智慧服务。他说：“从顾客甚至‘顾客的顾客’角度去思考，创新的 idea 就会出来！”

热心公益 回馈社会

卓永财不只自己身体力行终身学习，也带动整个企业集团的同仁不断地学习，上银的公益活动大多数都聚焦在教育方面。先进工业国家也不是一开始就很“先进”，都是他们的祖先一代一代地努力的累积，他们能，“我们当然也能”！因此，除了经营企业挑战自我的极限，在推动产业升级、产学合作以及弱势地区的学童教育方面，卓永财也花了很多时间，虽然个人力量微小，但总要有人能先发热发光愿意投入。若企业无法持续成功，也不会有机会与条件可以持续关注这些议题。因此，经营企业成为卓永财的“志业”之一，“终身学习，面对挑战”是对卓永财的最佳写照。

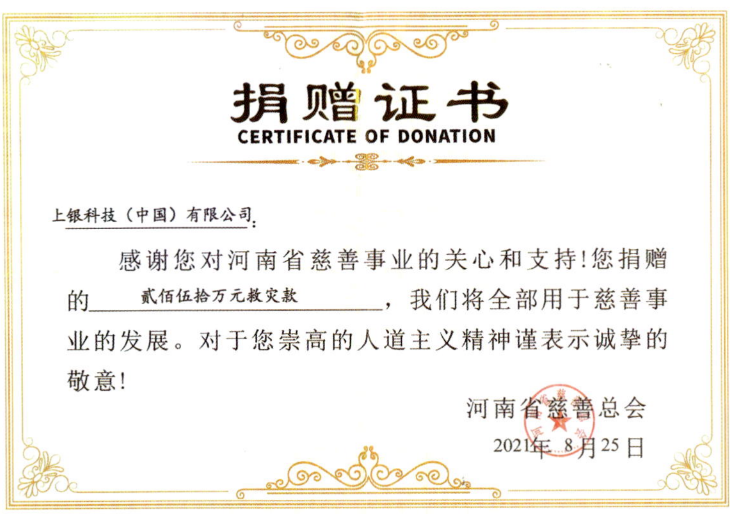

捐赠证书

CERTIFICATE OF DONATION

上银科技（中国）有限公司：

感谢您对河南省慈善事业的关心和支持！您捐赠的贰佰伍拾万元救灾款，我们将全部用于慈善事业的发展。对于您崇高的人道主义精神谨表示诚挚的敬意！

河南省慈善总会

2021年 8月25日

2021 年，上银科技捐款 250 万元人民币，支援河南抗洪救灾和灾后重建

上银科技除了推动产业升级外，在 2008 年四川大地震发生后，捐赠 312 万元人民币作为四川灾后重建经费，表达大爱。2020 年面对来势汹汹的新冠疫情，上银科技在抗击疫情的关键时刻，捐款 212 万元人民币给武汉市慈善总会，发挥抛砖引玉作用，为战胜疫情汇聚力量。2021 年捐款 250 万元人民币，用于支持河南抗洪救灾和灾后重建，表达同胞之爱，为实践人道关怀尽一份心力。

不分贫富均可享受精准医疗

上银科技跨入医疗领域有三个驱动点，第一，上银开发新产品一向基于一个基本信念在既有的核心技术上延伸，因为掌握关键技术和零组件，才能长期保有竞争力。

第二，上银创办人卓永财温暖的心。卓永财母亲 60 多岁时就过世，虽然起初是小毛病，但因台湾地区早期医疗资源不足加之贫穷，导致早逝，这在卓永财心中埋下一颗医疗助人的种子。也因其发现国外客户所制造的医疗设备都非常昂贵，因此萌生了开发实惠价格的医疗设备来救助更多人的善念。

第三，实践“精进人类生命品质的参与者”经营理念。

上银科技自 2010 年起积极投入医疗产业，产品所需之关键部件与技术皆为 HIWIN 自制，透过垂直整合，创造强大的成本优势，提供“不分贫富均可享受精准医疗”的医疗设备。2014 年在时任上海中医药大学康复医学院院长李信达的推动下成功促成了 HIWIN 上银科技与上海中医药大学的合作，上银科技捐赠下肢康复训练机 2 台，分别放置于上海中医药大学附属岳阳中西医

2014 年，上银科技捐赠下肢康复训练机予上海中医药大学

结合医院与上海中医药大学附属龙华医院，开启了中国台湾企业与大学合作的先河，上银科技“下肢康复训练机”是针对中风、创伤性脑损以及不完全脊髓损伤的病人在现行临床上比较难达到康复成效所开发的复健产品，已通过医疗器材品质管理系统 ISO13485 认证、CFDA 认证、欧盟医疗器材 CE 认证，产品不但符合安全要求，还兼顾使用者需求，病人可直接从轮椅上机，多功能治疗系统、虚拟现实、计算机游戏的视觉回馈设计，让病人有信心有尊严；治疗师可单人操作，人性化接口训练软件、远程监控复健平台，让治疗师可以减少体力负荷，多花时间与病患互动，与成效追踪。目前上银科技在全球已与多个医学中心合作，医疗经销体系陆续布建完成，相信由上银科技自行研发的产品可以为全人类的幸福作出贡献。

为迈向“创新强国”尽一份心力

一般企业在大陆设立工厂，通常都着眼于低廉劳动力成本及广大消费市场；然而，卓永财却有不同的思考，他认为整体华人的技术提升与创新才是王道，因此，卓永财创立上银科技之后，自 1991 年起就开始参加中国机床展，并为中国机床行业的工程师安排一系列直线传动领域的专业训练课程，提升中国工程师对关键零部件的专业知识与应用能力。

此外，上银也与清华大学、中国机床协会、大连理工大学、大陆主要机床厂等高校、学术机构和业界保持着密切的业务往来和科研交流。同时，呼应国家政策由“制造强国”迈向“创新强国”的目标，长期致力于加强与大陆业界的合作，积极搭建两岸企业合作的平台，为迈向“创新强国”尽一份心力。

做什么像什么的人生哲学

《论语·学而》篇：“君子务本，本立而道生。”正是卓永财的经营管理哲学，与“看得远，扎实做”相辅相成。卓永财任职“台湾交通银行”授投会主任秘书期间，看过许多潮起潮落的企业案例，奠定了往后经营上银科技公司的成功思维。从念会计的机械门外汉到进入精密机械产业，再到成为目前世界第二大传动控制专业厂，卓永财带领上银科技打了一场光荣战。

虽然一路走来很艰辛，但对卓永财来说，做什么就要像什么。“今天能有一番成就，没错啊！但哪些老板愿意像他这样投资，如果研发不投入那么多，EPS 绝对比现在高”。创业家的高度，让卓永财能仰望世界，精密机械的产业特性是“进入不难，做好很难”。他也深信：“任何企业都有经营价值，只要好好做，应该都有能力把它做好。”

精密机械是人类迈向高科技文明的基础，也是一个国家工业实力的指标。卓永财对于精密机械产业就有一种使命感，他希望通过他带领的上银集团，持续降低成本或制程创新来提升高精密制程的能力，并以“智能制造”及“智能服务”的双引擎

上银科技（中国）有限公司厂区全览

创新模式提高自身产品的附加价值，以确保在工业4.0的浪潮中维持竞争力，成为客户工业4.0的战略伙伴。

全球精密机械顶尖品牌

上银科技产品研发策略以高速化、高精度、复合化、生活化、环保化特性为主，产品主要包括如滚珠丝杠、直线导轨、直线电机、精密轴承、谐波减速机、线性致动器、驱动器、精密定位平台、晶圆机器人、医疗机器人、工业机器人及回转工作台等精密线性传动零部件，由“组件”发展至“次系统”“系统件”以至“整机”，广泛应用于国内外精密工业及高科技产业，涵盖产业包含：生技医疗、半导体、光电产业、智能自动化、环保节能产业、精密工具机与交通运输工业等。

上银科技制造的产品不但能提升人类生活质量，更能为全人类谋求更佳福祉。上银科技借由不断地创新，不仅延伸了应用领域的广度与深度，而且结合科技与生活，从节能环保，至生命科学、医疗设备、机器人等领域，持续为提升人类生命质量而努力，进而促进精密机械工业技术的提升与创新。

创立34年来，HIWIN在工业大国日本、德国夹击下杀出一条血路，抢下各个产业的指标性国际客户。除了努力提升产品精密度，卓永财也要求业务同仁要能说出中华文化的优美与深度，垫高品牌高度。

如今，放眼全球1/3以上的工具机设备上都使用“HIWIN”的产品，无论是制造iPhone的机台、手术台上的微创手术机器人手臂，还是地铁的车门定位；目前HIWIN也是晶圆生产设备精密定位平台的世界最大供货商，若是少了HIWIN的关键零组件或系统件，就无法精准发挥传动控制与移动定位作用。華

简耀强

简耀强博士是德勤会计师事务所东南亚区域的领导者，新加坡交易所中国资本市场的开拓者，亦是新加坡社区服务的引领者。

20 世纪 90 年代起，简耀强带领团队立足东南亚商圈，凭借高质量的上市咨询审计服务，奠定了德勤在东南亚 IPO 市场的领跑者地位，更通过一系列多元化服务，帮助客户预见性地把握未来商机，为走向全球市场的中国企业保驾护航。2018 年，简耀强加入新加坡交易所，成为中国资本市场的首席顾问官，在这个新中两国政府间的平台上继续为中国企业走向世界出谋划策。

与此同时，简耀强积极投身社会公职与公益服务。他着手推动了新加坡最大的专业机构——新加坡注册会计师协会 ISCA（前身为 ICPAS）与最大的基层组织之一人民协会（People's Association，PA）相结合，使之成为新加坡国内一股重要的公益浪潮。出于多年来对社区公益的卓越贡献，简耀强在 2008 年被时任新加坡总统授予公共服务奖章（PBM），在 2015 年被新加坡政府授予太平绅士（Justice of The Peace）头衔，并在 2017 年被时任新加坡总统授予公共服务星章（BBM）。同时，他身兼李光耀公共政策学院执行委员、新加坡乒乓球总会副会长等重要职务。疫情期间，他尽心履行公共服务职责，一边为新加坡弱势群体贡献资源和爱心，一边潜心挖掘后疫情时代新加坡和中国企业发展的新机遇。

搭起专业机构与社区服务的桥梁

——新加坡交易所中国资本市场开拓者简耀强

“疫情，让我更加珍惜每次见面的机会；珍惜每次踏上中国土地的机会；珍惜在繁忙之余属于自己的生活。”

——简耀强博士

不做新加坡的“旁观者”

分享，烙印于简耀强的记忆深处。

孩童时代，因为条件艰苦，“物质共享”是简耀强家庭的一大传统。即便是一个水果，家庭成员也会平均分配，每人一份。父母告诉孩子们：好东西不仅要和家人分享，也应该和更多人分享。那时，年幼的简耀强并不理解这些教导的真正意义，但是他将这些话牢记在心，逐渐作为价值观的一部分。

由于学习成绩优异，简耀强在20世纪70年代就获得前往英国就读的机会。因为当时马来西亚和新加坡是英联邦成员，英国对成员国态度友善，他们要承担的学费很少，简耀强这个普通家庭学子减轻了很大困扰。尽管如此，简耀强还是一边投身学业，一边利用周末时间打工。暑假，他“变身”为一名中餐馆的服务员，依靠半工半读，简耀强刚好可以应付学费和生活费。

1979年，他的求学生涯受到了冲击。当时，以撒切尔夫人为代表的英国保守党上台执政，英国对于国际学生的收费标准猛增。那一年，简耀强正在西约克郡的哈德斯菲尔德大学念本科最后一年，教育新政几乎在一夜之间让他面临辍学的危险——无论怎么打工，也凑不齐高昂的学费。

这个消息传回马来西亚的家中后，成为全家人的难题。父母到处走亲访友借钱，才勉强让他完成了学业。如今，简耀强回忆道，如果当时不能毕业，他的人生轨迹将发生变化，因为当时像他一样出身贫苦家庭的学子没这么“幸运”，不得不辍学。

“这之后，我开始懂得感恩，了解帮助别人、雪中送炭的重要性”。简耀强认为，基于这段经历，他在新加坡注册会计师协会设立了“简耀强博士奖学金”（Dr Ernest Kan Accountancy Scholarship），专门帮助那些经济困难的学生。除此之外，他还在新加坡管理大学（SMU）的会计学院设立了“简耀强博士补助金”（Dr Ernest Kan Care Grant），用于补助那些因家里或环境遭受意外，而影响学业的学生，帮他们继续维持学业。多年来，这一奖学金已经裨益多位贫苦学子，让他们有机会接受良好的教育，用成绩来报答社会。在简耀强奖学金、补助金的帮助下，多位学子曾获得了英国特许公认会计师公会（ACCA）与新加坡注册会计师协会联合培养计划考试的全球前三名、新加坡一等奖等优异成绩。

1981年，简耀强毕业后加入了当时世界八大会计师事务所之一，以审计师的身份开始了在英国的职业生涯。求职是个艰辛的过程，他寄出了50份简历，全部石沉大海。被人漠视的感觉相当煎熬，但他不想就此放弃，又重新寄出了50份。这次，感谢上天，他收到了8间公司的面试邀请，并成功

简耀强与新加坡总理李显龙（中）及新加坡社会及家庭发展部兼内政部政务部长孙雪玲（左）

得到了其中 4 家公司的录用通知。

简耀强全身心投入在英国的工作，但一切并没有想象中的顺利。尽管他说着一口流利的英文，熟悉当地环境，但在面对客户时他的一副亚裔面孔经常被别人当作“不在行”的外国人看待，最糟糕的几次，业务几乎开展不下去。

他想到过放弃，但又不甘心像个失败者一样就此放弃自己的理想。困顿中，他想到一句话，成了他自我激励的箴言。中国先贤孟子说：“天将降大任于斯人也，必先苦其心志，劳其筋骨，饿其体肤，空乏其身，行拂乱其所为，所以动心忍性，增益其所不能。”他转念一想，老天可能就是在考验自己，如果有勇气坚持下来，挑战自我，就能突破极限，开辟另外一片天地。

通过加倍的努力与钻研，简耀强终于证明了自己的能力：在进入公司的第五年，他被破格提升为业务经理，这在当时的英国公司里是不多见的。

得益于这家英国大企业高端的全球化平台，简耀强在快速积累专业知识的同时，也摸索出一套应对高强度任务的工作方法。

“那几年，我带领团队做过很多跨国大项目。印象比较深刻的一次，是我们曾在一个星期之内，完成了 35 家信托基金公司的审计工作。这听起来有些夸张，但在当时的伦敦，这种工作强度十分普遍。从业者必须学会如何高效分配时间与资源，按时完成任务”。简耀强回忆说，每当接手一项新任务，他总会把“总预算”和“总时间”醒目地标记出来，而后据此制定合理的工作计划，这个习惯一直保持到今天。

异国他乡的奋斗经历，既磨炼出他坚强的性格，亦锻造出他开阔的国际化视野。20 世纪 90 年代初，亚洲进入经济腾飞新时期，“亚洲四小龙”中，新加坡和韩国均发展成为新兴工业国家，中国香港与中国台湾，也在活跃的贸易往来下呈现欣欣向荣之势。简耀强感到，自己不能再“旁观”下去了，遥远的故土之上，蕴藏着太多可以大显身手的机会。

离开英国，是要下一番决心的。彼时，他好不容易留下来了，已经被授予英国永久居留权，又拥有如日中天的事业，当真要放弃好不容易打下的根基吗？简耀强斟酌了许久。最终，他决定返回亚洲。当提着沉甸甸的行李，坐上了飞往新加坡的航班时，他觉得自己的决定是正确的。“一来，那是我的家乡；二来，也是最重要的，我坚信亚洲市场潜能巨大，那是一个闪闪发光的新舞台。”

终于，简耀强凭借出色的职业履历，加入了德勤会计师事务所并担任审计经理。不久后，能力出众的他又被擢升为小组主管，他的事业线在新加坡得到了延伸。

为中国企业出海“出谋划策”

2002 年，简耀强被德勤委任为新一届上市服务组新加坡主席，之后在 2007 年荣升为东南亚主席，致力于为有意进军东南亚证券市场，特别是新加坡证券交易所（SGX，以下简称“新交所”）的企业，提供法律、税务、重组等方面的商业咨询与审计服务。

作为专家，简耀强十分看好新加坡的金融市场环境，其不仅是亚洲资本市场的重要门户，而且是企业实现融资国际化的有力平台——这对于中国企业尤为重要。

当时，新交所的整体市值虽低于香港交易所（以下简称“港交所”），但市盈率与换手率均表现出色。以 2013 年为例，港交所全部上市公司的平均市盈率为 14 倍，新交所则为 17.5 倍，这意味着企业在同等条件下，于新加坡有机会筹得更多资金。而从

简耀强与新加坡副总理、时任财政部部长王瑞杰

简耀强（左四）与新加坡教育部部长陈振声（左三）共同参与黄丝带公益活动

换手率上看，新加坡当年大公司的换手率达 56%，也高于香港。

此外，2003 年后，由于中国内地经济的增速超过 10%，大批企业都有意寻求海外融资机会，导致港交所上市排队严重，一度有上百家企业“扎堆拿号”，最慢的要等 3 年时间。而新交所基于有利的政策优势，无须排队，为企业节省了宝贵的时间。

更重要的是，新加坡是全球金融中心之一，新交所不仅提供从交易到清算、从结算到存托服务的一整套解决方案，同时还是亚洲首屈一指的中央清算中心。凭借海外上市公司超过 40% 的比例，新交所亦是亚洲最具国际化的交易所。

鉴于新加坡证券交易环境的优势，自 2004 年起，简耀强率领德勤上市服务组辖下的新加坡团队，乘借中国经济的强势崛起浪潮，着力辅助中国内地企业赴新上市，并在随后的 2005 年与 2006 年迎来 IPO 高峰期。

“2004—2007 年期间，总计有近百家中国内地企业登陆新交所，德勤负责了其中的近 30 家，在新加坡当地的 10 多家会计师事务所中，成绩是最好的。特别是 2005 年、2006 年，我们成功地将龙旗控股、中国渔业集团、东方天蝎、中国车轮等内地公司引入新加坡股市，并曾代表新加坡客户对在中国内地、中国香港、中国台湾及马来西亚的目标公司，进行收购和尽职审查”。简耀强说。

最忙碌的时候，他几乎每个月都要去几趟中国。在他看来，中国内地企业寻求赴新上市，关键要解决好三大问题：以最优方式进行企业结构重组、明确当地会计准则与国际会计准则的差距，以及完成财务报表合并。

具体来说，为达到海外上市标准，大多数中国企业都会选择结构重组。简耀强曾为很多中国企业提出过重组会计及税务方面的建议，如资本利得税、代扣所得税、财务成本的可扣程度等。重组后的企业，可凭借最优化的结构，最大程度享受税收优惠政策。

另外，很多中国企业沿用的当地会计准则，与国际财务报告准则 IFRS 或新加坡财务报告准则 SFRS 存在一定差异。德勤也专门为此类企业提供咨询服务，帮助他们对两种准则进行分析比较，并清楚了解沿用国际准则对财务报表产生的正面影响。

最后一个问题是财务报表的合并。因为中国当地会计准则并未明确要求企业合并财务报表，简耀强团队的职责，是帮助他们在最新的国际会计准则下，分析该行为是否合规，以及是否需要重新对财务报表进行合并。

有一个极具挑战性的个案，令简耀强记忆犹新。那是一家中国的大型国企，采取并不常见的“部门独立经营”的运作方式，而当时整个新交所尚无此类公司上市的先例。“我们因此面临一系列前所未有的、法律规定与会计准则方面的挑战。最终，在团队的不懈努力下，难题被一个接一个攻克，最终该企业顺利登陆新交所”。尤为令他欣慰的是，该企业至今与德勤保持着密切的合作关系。“如他们所说，相比帮助他们成功上市，他们更感激我们在最困难的时候，不退缩、不放弃”。

简耀强接受美国消费者新闻与商业频道（CNBC）电视采访

为进一步强化服务能力，在完善的区域性网络布局下，简耀强带领一众业务精英，为包括零售、高科技及电信、房地产、传媒及出版、金融、制造、医疗及生命科技、租赁、交通运输、教育、能源等多元行业的众多客户，提供了高质量的上市咨询审计服务，亦凭借出色的业绩，成功奠定了德勤在东南亚 IPO 市场的领跑者地位。“过去的十年中，我们一直位列东南亚市场前两名，并有五次在新加坡获得第一名”。

随着国际金融环境的变化，以及新加坡资本市场的调整，在近几年的市场中，房地产信托（REITs）和商业信托（BT）逐渐成为新加坡资本市场的热点。简耀强表示：“自 2013 年初，共有 20 个信托在本地挂牌上市，募集资金达 139 亿元，历年平均收益率 6.7%。”在简耀强带领下，他的上市组团队已经协助 9 家公司在新加坡成功地完成了房地产信托（REITs）或商业信托（BT）的上市工作。其中最具有代表性的是在 2017 年 1 月成功在新交所上市的中国零售商场信托大信商用信托（Dasin Retail Trust）和 2017 年 11 月上市的来自欧洲的克伦威尔房地产投资信托（Cromwell European Reit）。

简耀强在资本市场领域的工作成绩得到了社会的广泛认可，使他成为新加坡亚洲新闻台（CNA）、美国消费者新闻与商业频道（CNBC）等国内外主流媒体争相采访的专业人士。早在 2017 年 4 月，他就在接受 CNBC 电视采访中表示，虽然当时新加坡以及整个东南亚的 IPO 融资总量和市场估值还不及香港，但新加坡凭借其高效的管理和执行力无疑将赢得更多市场信心。为了证明此观点，简耀强对比了近些年新加坡在融资方面的综合表现，并将其与亚洲其他国家的同期表现做了对比。如今，从 2023 年疫情之后来看，新加坡金融市场的发展与简耀强 6 年前的观点可以说是如出一辙。

从德勤到新交所

在经历了 2005 年、2006 年的赴新上市高峰期后，中国企业的境外上市热潮开始逐渐减退，并在随后爆发的 2008 年美国次贷危机的冲击下，面临更多压力。然而，简耀强治下的德勤上市服务组东南亚区，在当时以植根多个国家的业务布局有效分散了变故带来的压力，继续保持稳定发展。

考虑到东南亚亦是中国企业投资的重要目的地之一，他同步进行多地布局，在 2014—2016 年，简耀强主导整合了以新加坡、马来西亚、泰国、印度尼西亚和越南 5 国为主的团结一体的东南亚中国服务部团队，以期帮助中国投资者克服语言和文化障碍，提供专业服务。在团队组建初始，简耀强也面临着许多未曾预料的问题，如在东南亚各个国家之间的人文、语言和环境上的巨大差异，使得团队的建立、架构和发展并没能像预想中的顺利。并且由于过去中国企业对东南亚的投资力度远远不及日本、韩国等发达国家，因此在某些东南亚国家中国专业人才储备很少，有时甚至无法在当地招聘到能说华语的专业人员。面对这些难题，简耀强积极地寻找解决办法，他的团队与德勤中国配合，通过“人才外派交流计划”“海外中国学生招聘”等一系列措施，使东南亚的中国服务

简耀强出席 2023 年 ICAEW 颁奖典礼

部团队稳步壮大。

简耀强说："在 2017 世界 500 强企业名单中，中国上榜企业持续保持强劲增长态势，达 115 家，比 2015 年度增加 9 家，上榜企业数量仅次于美国，稳居世界第二。这些进入 500 强的中国企业，有很多已经是德勤的客户，且多数都有积极的海外扩张计划。未来我们也会着重致力于该名单，为世界顶尖的中国企业提供顶尖服务。"

彼时，德勤全球中国服务部已发展成为专注于中国市场以及中国客户的规模最大、实力最强的网络之一，拥有覆盖全球 130 多个国家的约 500 名专业人士。团队致力于为走向全球市场的中国企业，提供更连贯和专注的服务支持，并协助全球跨国公司进入中国市场。

曾经有一家中国央企，在新加坡上市后，希望以新加坡为跳板开拓全球市场，继而展开全球并购，投资欧美业务。简耀强亲自造访过该企业位于山东的船厂，并带领上市组团队在成功辅助企业登陆新交所后，又指挥中国服务部遍布全球主要国家的精英团队，协同作战，帮助他们展开全球化海外收购。比如，他们去北欧收购时，北欧团队帮他们做财务尽职调查，以及了解适应当地的商业环境，为投资保驾护航。

自 2015 年起，简耀强还在东南亚聚合了一支包括全球上市审计、税务、财务咨询等多元领域的精英团队。他们与德勤中国配合，由新加坡带队，在三年之内成功组织了八次"一带一路"主题路演，路线覆及中国华北地区（北京）、华东地区（上海）、华南地区（深圳）、华西地区（重庆和昆明）以及马来西亚（吉隆坡）、越南（胡志明）、新加坡。这些活动受到了中国和东南亚各国政府的大力支持，中国商务部、中国国际贸易促进委员会、新加坡经济发展局、新加坡企业发展局、马来西亚投资发展局、泰国投资促进委员会、印度尼西亚投资协调委员会和越南工商联合会等机构的主要官员均有出席，并在路演上发言，以示对中国企业海外投资的支持，他们的出席也进一步增强了中国投资者进行海外投资的信心。

简耀强认为，"一带一路"倡议已深入人心，用创新方式共建"一带一路"，既是顺应时代潮流的战略规划，也是加强中外交流合作的有力平台。着眼于近年来德勤中国服务部在东南亚和中国之间的辛勤耕耘，以及对中国市场的深入了解，中国各省商务厅驻东南亚（新加坡）代表处，也积极寻求与德勤的合作。此外，德勤东南亚中国服务部团队也通过这一系列的活动，吸引了东南亚，特别是新加坡各个商会和专业机构的重视和关注，开拓在公司并购、财务、法律、税务和商业信息等领域的全面合作。

2018 年，简耀强加入新加坡交易所，成为中国资本市场的首席顾问官，虽然工作地从四大会计师事务所转移到了新交所，但这丝毫没有影响他为中国和新加坡的经贸往来作出贡献。

当年 11 月，他见证了新交所与新加坡浙商总会和中国期货业协会分别签署战略合作伙伴和谅解备忘录，作为新交所多元资产及国际增长战略的组成部分，进一步加强了与中国的联系。

2018—2020 年，简耀强先后在新加坡—浙江经济贸易理事会（Singapore Zhejiang Economic & Trade Council）、新加坡—江苏商务理事会（Singapore Jiangsu Business Council）、新加坡—四川贸易与投资委员会（Singapore Sichuan Trade and Investment Committee）、广东—新加坡合作理事会（Singapore Guangdong Collaboration Council）等组织中担任理事会委员。

2020 年是世界经受疫情考验最严峻的一年，而简耀强的全年计划排得满满的。

2020 年 8 月 31 日，广东—新加坡合作理事会第十一次会议在线上举行，这也是疫情暴发以来新中两国首次举行的地方经贸合作磋商会议。当时，疫情形势严峻，供需都遇到挑战，世界经济正面临巨大不确定性。简耀强在会上表示，新交所正在为广东各级政府、金融机构以及上市公司积极探寻发展商机。同时，新交所已为科技公司制定了一系列创新政策，助力粤港澳大湾区的科技企业打造科技高地，并为有离岸融资和发展需求的广东企业提供更多支持和服务。

之后不久，简耀强参加了新加坡和中国西部经济大省四川之间的商务交流，共同探讨、促进必要的商务和官方旅游，以期两地经济从新冠疫情中复苏。从当时来看，新川双边贸易持续强劲增长，2019 年贸易额达 16.8 亿美元（约 23 亿新加坡元），同比增长 16.6%。尽管新冠疫情重创全球经济，新川 2020 年前 8 个月的贸易额仍

新加坡交易所前首席顾问官（中国资本市场）简耀强在新加坡交易所演讲

简耀强出席新加坡—四川贸易与投资委员会第二十一次会议，并代表新加坡交易所作年度资本市场双方合作报告

简耀强（右一）出席广东—新加坡合作理事会第十一次会议，并代表新加坡交易所作年度资本市场双方合作报告。左二为新加坡卫生部长王乙康

在 2022 年新加坡“社区民生财案对话会”上，主持人简耀强和新加坡副总理兼财政部长黄循财（中）、新加坡东北市长朱倍庆（右）与现场嘉宾积极交流

逆势大涨，达 12.5 亿美元，同比增长 21%。新加坡仍是四川最大的外商投资国，累计投资 665 个项目，总额约 75.5 亿美元，涉及基础建设、交通及物流、创新及现代服务等领域。

新加坡—四川贸易与投资委员会也发表了深化双边合作的联合宣言，承诺加强产业发展、创新创业、企业国际化等六方面的合作，以加强两地经济关系。双方也将加强新川抗疫合作，共同保障供应链产业链畅通，协助两地经济加快恢复发展。双方联合主席 2019 年同意就“一带一路”倡议、创新、中小企业等三方面展开合作。新加坡有更多中小企业在四川寻求新机遇。其中，两家餐饮集团——莆田及发起人肉骨茶将落户成都，作为在中国西部开设的首店。

中国是东盟最大的贸易伙伴。随着经济引力中心向东移动，地缘政治问题对于不断变化的全球商业格局至关重要。

在同年 11 月举办的中新（重庆）战略性互联互通示范项目金融峰会上，简耀强建议中国利用新加坡的资本市场或者新交所更好地促进绿色发展和绿色金融体系。他向中国企业界介绍，新交所是一个经验丰富的绿色和持续发展融资市场，拥有多元化的发行人与多种货币的债券，亚太地区一半以上的环保及可持续发展债券在新交所上市，业绩显著。同时，新加坡金融管理局提供的亚洲全球债券资助计划和可持续债券资助计划，可助力各种可持续发展项目取得社会效益。

心系“后疫情时代”

疫情已经过去，世界经济进入重振期阶段。简耀强认为，中国经济目前面临的一个主要问题，就是由于制造业成本上升而导致的企业搬迁。

“企业搬迁问题早在疫情之前就开始显现，而疫情加剧了这一现象”。简耀强认为，位于广东等地的企业在几年前就已经开始搬到越南、缅甸等商务成本较低的国家。

的确，劳动密集型产业向人力成本低的地区转移是一个历史趋势。例如，20 世纪 90 年代，世界服装行业的中心从日本、中国台湾等地转移到中国内地，而现在又从中国内地转移到越南、柬埔寨、孟加拉国等国家。据专家分析，中国的商务成本从 2012 年前后就进入了上升通道，然而，劳动生产率的增长却明显滞后，这导致了劳动力成本方面的比较优势明显减弱。

新加坡也欢迎外国的企业家来发展和投资，并鼓励高净值个人建立家族办公室，管理财富，投资收益不需要纳税，还可申请就业准证，条件是他们每年需要在新加坡租用办公地点，雇用本地员工，其资产 10% 配置给对新加坡的投资。

根据新加坡金融管理局的评估，截至 2021 年底，新加坡约有 700 间家族办公室，比一年前的 400 家显著增加。根据房地产研究公司 Orange Tee & Tie 的数据，2022 年新加坡房价上涨了 8.6%，该公司在 2022 年 10 月的一份报告中称，来自中国的买家 2022 年购买的公寓数量超过了其他任何外国人群体。

面对越来越多来自海外的高净值人群，简耀强认为，新加坡的当务之急是要鼓励富人将带入新加坡的资产流动起来并产生价值，钱在那里“睡觉”，对新加坡的贡献非常有限。他表示：“倘若这些资金仅仅存在新加坡的银行里，享受银行的高利息，没有发挥更大的资本价值，这非但无法有效带动经济，还会造成财政负担。”他认为，政府需要想办法创造新的投资领域，譬如鼓励富人对新加坡的科

简耀强出席李光耀公共政策学院硕士博士研究生毕业典礼

技初创企业投资就是一个很好的途径。

过去 5 年，新加坡的金融科技投资从 2017 年的 2.3 亿美元（约 3.1 亿新加坡元）增加到 2022 年的逾 40 亿美元。金融科技在拓展经济机会、提升社会包容性，以及促进现有的贸易联系和连通，扮演着重要角色。在更广的层面上，新加坡也寻求巩固作为亚洲、全球的创新、科技和企业节点的地位。由于本地拥有战略资本和人才，使新加坡成为初创企业扩大规模和立足的理想地点、与其他亚太市场的连通性有助于初创企业涉足更广泛的市场，以及政府为积极扶持初创企业的创新和发展努力。从这个角度来看，新加坡更好地利用家族办公室的资金途径还有广阔的前景。

简耀强认为，疫情后的另一个问题是，由于新加坡经济主要依靠外贸进口，导致新加坡元常年坚挺，造成服务业价格过高。在一些领域，譬如医疗业，本地的价格远远高于周边市场，这不仅导致许多本地人去国外就医，甚至还造成不少医疗业者去外国开设诊所。他认为这些都是新加坡政府在后疫情时代必须考虑的问题。2023 年新加坡财政预算公布后，简耀强主持了由《时代财智》与新加坡管理大学联合举办的 2023 新加坡预算案圆桌会议，他在活动中引导嘉宾畅所欲言，并针对新加坡疫情后面临的房租飙升、就业扶持、企业复苏、高成本经济运营等重要社会问题献计献策。简耀强也感叹：“疫情，让我更加珍惜每次见面的机会；珍惜每次踏上中国土地的机会；珍惜在繁忙之余属于自己的生活。”

简耀强对于新中两国发展的真知灼见，也在教育领域发挥着重要作用。身为新加坡国立大学李光耀公共政策学院的执行委员，他负有评估学院战略发展计划、政策、科研项目的重任。李光耀公共政策学院云集了全球的顶尖学者和来自著名国际组织的业界专家，国际学生占在校生总数的 80%，全球 70 多个国家的文化、观念和专业背景在学院的课堂里得到充分展现——这也为简耀强的事业提供了另一用武之地。

“多维度”社区服务践行者

过去十多年，简耀强潜心致力于新加坡社区服务。他是新加坡最大的基层组织之一人民协会（PA）的前董事会成员（2014—2017 年），也是新加坡 100 多位被授予太平绅士（Justice of The Peace）

简耀强（左三）与新加坡国务资政张志贤（左五）、新加坡卫生部高级政务部长普杰立（左六）、新加坡社会及家庭发展部兼内政部政务部长孙雪玲（左四）、新加坡白沙—榜鹅集选区国会议员杨涴淩（右四）等共同出席 2023 年榜鹅新春晚宴

简耀强与新加坡国务资政张志贤、新加坡卫生部高级政务部长普杰立、新加坡教育部前部长黄志明、新加坡贸工部前政务部长张思乐等共同参与社区邻里活动

头衔的有功人士之一。在三年疫情期间，他不仅关心社区年长者诉求，提供关怀，而且定期探望本地监狱服刑人员，陪他们“聊天”，倾听他们的心声。

简耀强认为，通过更好的组织可以让社区服务更有效。他先后参加了不同机构组织的活动，其中最重要的一项是成为榜鹅（Punggol）西公民咨询委员会主席（榜鹅北公民咨询委员会前任主席），以及榜鹅海岸社区的资助人。

他家离榜鹅有一定的距离。深入榜鹅为民服务，那边也没有他的停车位，久而久之，他将榜鹅视为自己的另一个“生活区”。“只要有需要，我一定会过去”。

据简耀强了解，榜鹅地区居住有数千名 65 岁以上的年长者，无论是独居还是和老伴生活在一起，疫情对他们都造成了心理影响，甚至是抑郁。为了解决这个棘手的社会问题，简耀强和他的社区志愿者们想出了一个“双管齐下的治疗方案”。

在物质上，简耀强倡导定期将食物等生活必需品送到年长者的家中，以解决老年人的实际需求，为他们的生活提供便利，在一定程度上减少他们对生活的忧虑；在精神上，简耀强和他的社区工作者们通过反复社区调研，决定通过“赠送收音机”来缓解年长者的心理抑郁问题。

“收音机在数码时代常常被人遗弃，但却可以消除年长者的寂寞。经过计划，我们决定订购一款既可以收听各类广播节目，又可以通过存储卡播放 1000 首老歌的收音机，并将它们一个一个送到年长者的家中。”让简耀强和团队感到欣喜的是，这些精心挑选的收音机受到了许多年长者的欢迎，收音机不仅能用来听歌，还能让乐龄人士了解更多的讯息，在疫情期间改善年长者心情功不可没。

除了为年长者嘘寒问暖，简耀强每月还定期为樟宜监狱的服刑人员进行开导和咨询。“我主要充当了一个倾听者的角色，服刑人员的生活环境和我们不同，他们也有需求。我的任务是一边开导他们，一边了解他们的各种需求”。只要服刑人员的需求合理，就要尽力将他们的声音传递给当局管理者。

20 世纪 90 年代中期，新加坡的经济发展成绩斐然，成为东南亚重要的金融和贸易中心。其间，人民的生活水平也得到大幅度提高，住房、教育、交通等民生条件迅速改善。其中“居者有其屋”的组屋计划，也基本完成。但是经济飞速发展的过程中，差距也自然而然形成，精英一代脱颖而出的同时，少部分居民的生活水平仍旧不尽如人意，远远落后平均水平。

早在疫情之前，简耀强就已热心服务于社区。虽然在世界知名的大公司工作，作为精英团体的一员，简耀强总觉得自己应该为这些“差距”做点什么。幼年起便烙印下的分享精神，驱使他投身公益与社区服务事业。简耀强觉得自己在这方面很有天赋。因为同样经历过贫困，他很了解这些基层群众有哪些需要，知道哪些群体亟须帮助，也知道如何迅速有效地帮他们解决问题。

投身社区服务后，简耀强乐在其中，时至今日，这已经成了他最大的兴趣。起初，简耀强的社区工作完全出于自发行为，所涉领域很广，更像是一个“救火队长”。他接触不同社会层次的人，了解他们的需要，然后尽力予以帮助。

多年间，除了固定的“简耀强博士奖学金”和“简耀强博士补助金”，以及每年赞助 2 位有经济需求的实习会计师外，简耀强的更多公益行为并没有“形成条理”。他既可以赞助有肾衰竭患者的家庭，帮助他们渡过难关、重拾信心，也可以就“路障设置不合理”“需要安装更多监控防止居民被骚扰”等鸡毛蒜皮的小事去找有关部门协商。

因为十几年如一日的奉献，简耀强于 2013 年 8 月 4 日，被白沙—榜鹅区授予“十年长期服务奖”。该奖项由白沙—榜鹅集选区国会议员刘梦琳在榜鹅国庆敬礼仪式上为其颁发，当日，台下坐着不同社会层次的人，他们几乎都认识已经在榜鹅社区“服役”十几年的简耀强。

深入社区服务的同时，简耀强也积极投身和专业相关的社会公职，致力于本土会计行业的发展。他先后多次在东盟会计师联合会上，带领新加坡代表团为本地会计师行业寻求新的发展机遇。

简耀强曾任新加坡注册会计师协会（ISCA）会长和理事会成员、新加坡会计与企业管理局（ACRA）前董事会成员（2004—2010）。在这类社会公职中，简耀强发现，一些会计师和自己一样热衷于社区服务，但其中的部分人不得要领。

鉴于此，简耀强决定推动这个拥有 3 万名成员的新加坡最大的专业机构，成为公益环节中的重要一极。2010 年，他代表当时的 ICPAS 和新加坡人民协会（PA）签署协议，这也是新加坡第一次有专业的机构和 PA 签署正式服务协议，搭起新加坡专业机构与社区服务的桥梁，至今仍被视为新加坡社区服务的典范。

这份协议不具有强制性，是一个相对松散的体系：志愿者可以决定自己的服务区域和内容，也可以拒绝 PA 的要求。对此，简耀强的想法是：“我知道会计师们很忙，但是如果我们能够得到 1% 的支持，那就是 300 名志愿者了。”

事实证明，这份协议的成果比简耀强预想中要好得多。协议签署后，很快便有超过百位 ISCA 成员，自告奋勇报名参加各种社区公益活动。时至今日，它已经成了新加坡国内一股重要的公益浪潮，同时也将简耀强的社区服务计划推向了一个新高度，曾被新加坡媒体称为“重要变革中的核心”。

此外，简耀强积极地寻找与中国会计师行业的合作机会，2013 年，时任新加坡注册会计师协会（ISCA）会长的简耀强，带领协会主干成员，进行了协会有史以来首次对中国的拜访交流，并成功地与中国注册会计师协会（CICPA）、北京注册会计师协会（BICPA）和北京国家会计学院（BNAI）建立了合作关系。他也关心整个东盟地区会计师行业的发展情况，包括人才的吸引与培养，并在一系列大型会议，如国际会计师联合会（IFAC）理事大会、联合国贸易发展大会、国际会计报告准则分会以及东盟会计师联合会（AFA）大会等发表重要演讲。

简耀强因为多年来的卓越贡献，在 2008 年新加坡国庆日被时任新加坡总统授予公共服务奖章（PBM），其后又在 2017 年被时任新加坡总统授予公共服务星章（BBM）。这一设立于 1973 年的奖项是新加坡最重要的荣誉制度之一，奖章通常被授予对新加坡公共服务作出重要贡献的人士。

2017 年，时任新加坡总统哈莉玛为简耀强颁授公共服务星章（BBM）

2023 年 10 月，新加坡总统尚达曼（前排中）与简耀强（前排右一）及其他新加坡人民协会（PA）基层委员会资深委员于午餐对话会后合影

简耀强与新加坡贸易与工业部兼文化、社区及青年部政务部长刘燕玲参加中资企业（新加坡）乒乓球友谊赛

2015 年，简耀强被新加坡政府授予太平绅士（JP）的头衔。该头衔通常被授予在专业、公共或社会领域有显著贡献的人士，每次受委任期为 5 年，而在这上述领域里，简耀强都有卓越贡献。出于该头衔的社会公信力，太平绅士有权执行一些社会任务，比如担任法庭调解员，担任婚姻见证人，或者给文件签名等，其签名受法律认可。

“多维度”的社区服务工作占据了简耀强大量业余时间，但是他常常思考如何能更有效地工作，并鼓励更多人投入社区服务工作中。简耀强建议年轻人：“赠人玫瑰，手有余香。帮助他人，收获的不仅是满足感与发自心底的愉悦，还能建立起强大的内心，以及有更多的深层体会。”

用乒乓“转动世界”

熟悉简耀强的人都知道，乒乓球是他最钟爱的体育项目。他从十几岁就开始打乒乓球，至今从未中断。在德勤工作的岁月里，他除了在业务领域打拼，还连续多次带领德勤在各类乒乓球比赛中夺得桂冠。

2022 年 8 月，简耀强对乒乓球的热衷和执着让他顺利当选新加坡乒乓球总会副会长。自那以后，乒乓球不仅仅是他的体育爱好，而且还为团结国人，加深与中国的友谊作出了贡献。

“我没有当过乒乓球总会副会长，但我会努力履行职责，在一个新的领域发挥自身的价值”。简耀强说。

2023 年 5 月在柬埔寨举行的东南亚运动会，是简耀强当选乒乓球总会副会长后的一次重要体育赛事。经过激烈竞赛，新加坡乒乓球队最终收获 4 金、2 银、3 铜，共 9 面奖牌，超越目标。几乎每一次新加坡队员

2023 年 9 月，在杭州亚运会期间，简耀强接受中国中央电视台专访

出现在赛场上，看台上都会出现简耀强的身影，他通过社交媒体及时向国人传递队员在场上奋勇拼搏的一个个瞬间。

此外，简耀强还利用重大体育赛事拉近新加坡和世界的关系。2023 年 9 月在杭州亚运会期间，简耀强接受了中国中央电视台的专访，在中国内地反响热烈。采访中，他表示曾观看过北京夏季奥运会开幕式和冬季奥运会开幕式，两场开幕式让他至今记忆犹新；而此次杭州亚运会开幕式中精彩纷呈的演出同样令他印象深刻，他对亚运会中的科技创新以及传递出的积极理念给予高度评价。

他告诉中国记者，此次亚运会开幕式的独特之处在于它的 3D 动画，真的是精彩绝伦，中国的高科技再次超出了他的预期。比如，当运动员跑向终点，点燃电子火炬时，就象征着中国已经走过的征程。“整个表演融入了很多构思，那一刻我觉得这一切真的是太棒了，这是我所见过的最好的亚运会开幕式之一”。

同时，简耀强十分认同此次亚运会的绿色办赛理念，他认为，中国选择在这样的盛会上倡导绿色理念，充分展现了大国担当。在举办绿色运动会上，中国走在了世界前列。亚运会是一个大舞台，有数亿人观看，这样一场关注气候变化和可持续发展的绿色亚运会，中国以身作则，很好地传递出了绿色理念。

简耀强认为，这次杭州亚运会传递出连接彼此，增进理解和友谊，推动世界和平的理念，对当下的世界非常重要。中国通过亚运会这样一个机会不仅展现出比赛中竞争精神，更展现了珍视友谊的理念，让各国能更多地了解彼此。中国向世界展示了愿意结交四方好友，一起成功，为每个人创造一个更美好的世界的诚意。

2023 年 5 月，在柬埔寨举行的东南亚运动会上，新加坡乒乓球队最终收获 4 金、2 银、3 铜，共 9 枚奖牌的好成绩

从东南亚运动会、亚运会再到奥运会，简耀强在此次受访中所表达出来对中国的了解和友好，受到了无数中国网民的点赞，也为新加坡和中国的友谊增光添彩。

简耀强告诉我们，新加坡乒乓球总会副会长这个新职位让他更加充分地认识到：不断探索未知领域的重要性，未来的世界充满新知，只有秉承对新事物的渴望和追求，不惧挑战，才是人生永恒的主题。華

刘相尚

刘相尚，祖籍广东，印度尼西亚华侨，于1979年在中国香港创立力劲集团。集团主要为制造业客户提供生产的解决方案，量身定制生产所需的机器。

经过40多年的努力，刘相尚带领力劲从一间小小的机械厂，发展成为香港上市企业、全球知名的压铸机生产商、中国主要的注塑机制造商及最具解决方案的加工中心制造商，成为代表民族工业的世界机械制造业品牌。

振兴民族工业 铸就世界品牌

——力劲集团创办人刘相尚

“我喜欢搞技术，设备都是自己设计的，比起出外旅游玩乐，我更爱工作，因为对我而言，没有什么比钻研一部机器更有成就感。”

——刘相尚

刘相尚自小对机械有浓厚的兴趣，少年时代便在父亲经营的汽车维修厂工作，他 13 岁时便学会了维修整辆汽车，奠定了其日后在机器制造业领域发展的根基。

刘相尚小时候在印度尼西亚读书，但因当地华语学校被封锁，他选择回到中国内地继续学业，其后他经历了“文化大革命”的社会动荡时期，再辗转来到香港发展事业。童年时经历的种种波折，磨炼出他勤奋坚毅的性格。

20 世纪 70 年代，香港工业发展如日中天。刘相尚积极投身到自己感兴趣的工业制造领域，在香港工作两年后，他逐渐看到机器制造业的前景。自此，他白天在机械厂工作，晚上到夜校念书增值自己，并积累工厂运作及机械知识。经过多年的努力，刘相尚于 1979 年创立“力劲”品牌。

20 世纪 70—80 年代香港工业发展迅速，厂家要制造产品就要购买昂贵的外国机器，刘相尚看到市场潜力，便迎合客户的需求制造本地化的机器，帮助香港厂家发展，力劲的机器要比当时日本及德国进口设备便宜 3 ~ 5 倍，加上质量优良，于是打响了本地市场。

力劲迎合香港工业环境和客户需求而发展起来，为制造业厂家提供有竞争力的设备，生产各类产品，帮助厂家拓展业务，涉及钟表、玩具、日用品、礼品、银器等各行各业，从而促进了香港工业的快速兴旺发展。

以钟表业为例，当时由力劲生产的机器突破了传统技术，只需要几秒钟便可生产一个表壳，在本地表壳机械市场取得超过六至七成占有率，可以说力劲的机器促进了香港钟表业的蓬勃发展，出口量高居世界第一。

曾荣获香港青年工业家奖的刘相尚，是香港工

20 世纪 80 年代，刘相尚从国外引进高端加工设备，以生产第一代力劲热室压铸机及注塑机

1991 年，力劲集团进驻深圳，并跟随内地改革开放的步伐积极拓展内地业务，如今已发展成为压铸业界首屈一指的大型企业

业的先锋，他带领力劲在 20 世纪 80 年代生产出香港第一台热室压铸机，为制造业厂家提供价廉物美的机器以生产各类产品，促进了香港工业的蓬勃发展。

1978 年，中国内地实行改革开放政策，刘相尚凭借着敏锐的商业触觉，感觉到祖国内地即将掀起一场史无前例的“工业化运动”。深圳是中国对外开放的窗口、改革开放的前沿、第一批经济特区。

1991 年，刘相尚正式进军内地，于深圳成立力劲机械（深圳）有限公司，成为集团在内地的首间制造厂，亦是深圳及国内首批外商独资企业。进入内地初期，国内资源匮乏，力劲便引进了技术、资金、人才与设备。国内改革开放政策为力劲的发展提供低成本及优质的劳动力，加上内地政府对工业的大力支持，亦让公司发展变得顺利。而伴随国家的经济发展及配合内地客户的业务，力劲先后于上海、中山、宁波等地设厂及建分公司。

力劲到内地发展初期，国内对日用品的需求较大，力劲便为个体户提供制造钥匙、拉链头等日用品的机器。随着 20 世纪 90 年代初期内地的家电市场崛起，力劲便开始制造生产家电的机器。20 世纪 90 年代中期至 2000 年以后，内地人民生活水平日益提升，衍生交通需求，力劲便从轻工业走向重工业，拓展生产摩托车的机器，促进当时国内的摩托车年产量

随着内地改革开放的步伐加快，力劲集团于上海设厂及建分公司，方便为华东等地区客户提供产品和服务

为配合公司的快速发展及满足客户日益增长需求，力劲集团将中山生产基地设立为华南注塑机生产总部，集研发、制造、销售及服务于一身

力劲集团于宁波建成压铸机及注塑机两大生产基地

由100万辆快速增长至2000万辆，在国内的摩托车零部件市场，力劲压铸机占了八成的市场份额。

到21世纪，人民生活需求日益提升，汽车进入家庭，力劲便进入汽车行业，为汽车厂提供机器生产汽车的发动机、变速箱等零部件。在此之前，国内一些汽车厂发动机、变速器等动力系统的零部件，都无法自主研发和生产，需要靠进口，再进行组装，刘相尚看到了汽车核心零部件“国产化”的历史机遇，率先推出一系列用于发动机缸体、变速箱壳体等汽车关键零部件的冷室压铸机，以及大吨位冷室机，受到广大整车和零部件厂商的欢迎。其后，力劲业务亦拓展至手机、电讯等机器设备。

40多年来，国家工业与经济飞速发展，力劲集团紧随国家制造业的步伐，抓住不同时期的市场需求和机遇，实现企业快速发展和成长壮大。

刘相尚带领力劲集团把握国家的发展机遇，与内地企业一同成长，见证内地改革开放种种变化和国家经济社会的发展历程。刘相尚坦言，改革开放的第1个10年，大家都是“摸着石头过河”，首10年的发展总算是解决了人民生活的基本需要；第2个10年，则完善了基础的交通配套；第3个10年开始了大型交通系统的发展，其后第4个10年，便开展了电讯业的建设。中国改革开放40多年大幅改善了内地民众的生活水平，给予了港商大展拳脚的机会，同时借着世界工厂，为全世界提供价廉物美的产品。

2008 年，力劲集团收购意大利压铸机品牌 IDRA，锐意开拓国际市场

2006年，力劲集团在香港联合交易所主板成功上市，成为力劲发展史上的里程碑。为了继续推进国际化战略，力劲集团于2008年收购了拥有70余年历史的世界顶级压铸机制造商意大利意德拉公司(IDRA)，一举成为全球领先的压铸机制造商。

力劲集团全球首发 DREAMPRESS16000T 智能压铸单元，实现刘相尚心中的压铸梦与中国梦，持续赋能中国汽车工业不断成长

现时外国很多车间都采用中国制造生产的机器，但是在20世纪90年代，刘相尚参观美国的车厂时，国外很多厂商采用的都是美国、德国和日本制造的机器，他对外国的技术感到非常震撼。然而到了2008年，力劲集团生产的机器与世界多个品牌竞争，最终成功为美国大型车厂提供21台套3000吨全自动化的机器，制造变速箱和发动机缸体，协助车厂大大地提高了生产效率和竞争力，至今该车间仍在高效稳定生产运转中。由羡慕外国的技术到自己做到，只花了10年的时间，刘相尚感到很荣幸能为香港工业界争光。

力劲集团为美国通用汽车研发的DCC3000U大型压铸机，得到业界高度评价，获颁“2012香港工商业奖：机器及机械工具设计大奖”荣誉。

2019年，力劲回应客户的市场需求，生产大型智能压铸机，研发全球首台6000吨大型冷室压铸单元，为美国著名电动车厂提供大型智能压铸机设备，突破传统生产汽车制造模式，将用于生产玩具车的一体成型概念应用在汽车行业上，协助他们以革命性的“一体化成型”技术制造汽车的底盘，开创汽车压铸件一体化成型生产模式的先河，该机器荣获2021年度香港工商业奖——“设备及机械设计大奖”。

2021年，力劲更成功全球首发DREAMPRESS 9000T智能压铸单元，从汽车发动机、变速箱等大型结构件的压铸生产，到多部件一体化压铸成型，力劲压铸机制造技术不断创新、突破与超越，持续赋能中国汽车工业不断成长，引领新能源汽车行业前沿发展。时至今日，力劲已研发至16000T超大型智能压铸单元，广为新能源汽车龙头企业所采用。

刘相尚认为，未来新能源汽车将和传统燃油汽车“并驾齐驱”，推动汽车工业长期稳定发展。“汽车轻量化”的长期趋势、汽车零部件对铝／镁合金压铸件的需求、汽车结构件的一体压铸成型等，将促进中国压铸产业的稳步健康发展，力劲集团已为此做好了准备。

40 多年来，对机器制造的无限热爱与情有独钟，激发着刘相尚不断开拓新的压铸事业领地，实现着心中的压铸梦与中国梦。这亦创造了中国压铸业发展史上的里程碑，标志着中国压铸业正在由大转强。

刘相尚积极把握国家发展机遇，把力劲从一间小小的机械厂，发展成为全国最大的压铸机制造商

随着内地人力成本上涨，租金亦不断攀升，经济亟待转型。刘相尚认为发展高增值产业，是内地未来的发展方向。力劲集团将配合粤港澳大湾区的规划，着手发展高新医疗科技，研发智能医疗器械，将在更深层次推进智能化、自动化、网络化及节能环保设备在新能源汽车、通信以及其他领域的研发与应用，朝着科技创新和高增值产业发展，再度抓紧大湾区发展带来的机遇，并致力于实现碳达峰及碳中和目标，推动绿色低碳技术创新，为可持续发展作出贡献。

2023 年，力劲集团荣获香港中华厂商联合会颁发的“香港 ESG 奖”，该奖项旨在表彰企业在可持续发展领域的贡献。

在带领企业发展的同时，刘相尚亦致力推动压铸行业的发展。2002 年，科技部在力劲（深圳）工业园召开“十五”国家科技攻关计划 “镁合金开发应用及产业化”项目成果发布会。

多年来，力劲集团先后参与国家“十五”科技攻关计划、国家“十一五”“十二五”“十三五”“十四五”科技支撑计划，集团亦是“ISO/TC306”重要成员和“TC186/SC2”秘书处承担单位，参与制定国际、国家及行业标准 44 项，为提升中国压铸设备国际竞争力和推动行业发展作出贡献。

刘相尚在压铸工艺及压铸机制造方面，拥有专业知识及 50 年的务实经验。他对工艺技术的专注、企业发展的远见，工业及高新技术的推动，努力不懈，实属行业中的典范。

2020 年，刘相尚荣获中国铸造协会授予的“中国铸造行业终身成就奖”。刘相尚表示，作为铸造行业的一员，感到非常自豪，很幸运能够乘着改革开放的东风，一路发展到现在，见证了国家铸造行业从小到大，再到成为铸造强国的转变。希望未来与各界同仁，以不变的初心，携手前行，铸就中国铸造业的美好未来。2023 年，刘相尚荣获香港工业专业评审局颁发的“杰出成就奖”，表扬其在工业界的杰出成就。

在科研方面，力劲集团实施科技领先战略，集团组建一支由 200 余名工程人员组成的技术研发团队，并与清华大学成立“清华—力劲压铸高新技术研究中心”，并联合北京化工大学、香港理工大学、浙江大学、华南理工大学等科研院校，在特种铸造、注塑成型、自动控制、材料技术等方面进行多元化技术合作。

力劲集团的产品集各领域先进技术于一身，累计获得技术专利超过 200 项，成功研发出中国第一台镁合金热室压铸机、第一台镁合金冷室压铸机、第一台实时控制冷室压铸机、第一台两板式压铸机、第一台 2000/3000/4500/5000/6000/9000/12000 及 16000 吨等冷室压铸机，填补了十余项国内空白。

力劲集团的经营宗旨是“让客户得到最大的利益，因为客户的成功，便是我们的成功”，并始终以“振兴民族工业，成就国际品牌”为己任，集团坚持为客户提供优质的产品及服务，为品牌建立优良的信誉，广为业界认同，在行业内屡获奖项。其中力劲多种产品多次获颁“香港工商业奖”，力劲集团和旗下企业及集团所属产品和商标先后获颁“香港名牌”“香港卓越名牌”“香港名牌十年成就奖”“2018 年杰出上市公司大奖”“国家级高新技术企业”“中国名牌”“中国机械 500 强”“中国注塑机 10 强企业”“深圳工业大奖”“深圳百强企业”“深圳知名品牌”“国际信誉品牌”等荣誉，其压铸机入选国家“第五批单项冠军产品”。

力劲集团荣获“2023 香港 ESG 奖”，创造可持续发展价值

刘相尚热心回馈社会，力劲集团向多所大学及机构捐赠压铸机作教学和研究用途，同时每年捐献各大专院校奖学金及助学金，致力扶持教育和培训人才。

刘相尚是香港工业专业评审局荣誉院士及工商院士，并历任香港铸造业总会会长、香港塑胶机械协会会长，现任中国智能铸造产业联盟副理事长、香港中华厂商联合会会董、香港铸造业总会名誉会长及荣誉会长、香港塑胶机械协会顾问及永远名誉会长、香港玩具厂商会名誉副会长及香港经贸商会会董。多年来，他担任各项公职，积极服务社会。

身为印度尼西亚邦加归侨，刘相尚还担任香港华侨华人总会名誉会长、香港侨友社名誉会长及香港侨爱基金董事，他热心慈善公益事业，经常慷慨

中国台湾力劲拥有专业设计人才，专注于集团 CNC 加工中心的研发与生产

刘相尚将生产玩具的一体成型概念应用在汽车行业，实现汽车大型压铸件“一体成型”方案，广为新能源汽车龙头企业所采用

深圳是中国改革开放的前沿城市，力劲也在沿改革开放的道路前进，很荣幸见证了经济特区的飞速发展，今日的深圳经济特区和粤港澳大湾区优良的营商环境，给企业提供了很多发展机会，希望在铸造装备这一小小的领域中，力劲可以贡献一份力量。

在刘相尚的带领下，力劲集团不断拓展内地和海外市场，持续提升中国压铸装备的自动化、智能化技术水准，促进装备制造业的繁荣与发展，建立起压铸行业的领军品牌。

至今，力劲在深圳、中山、上海、宁波、昆山、中国台湾，以及意大利设有 11 大现代化生产基地，占地面积超过 100 万平方米，聘用超过 5000 名员工，具备全球压铸行业首屈一指的生产规模。同时，在全球发展超过 20 家代理商，设有超过 60 个销售办事处和服务中心，销售及服务网络遍布全球。

解囊，对印度尼西亚邦加乡亲富有很深的感情。刘相尚是一位爱国爱港爱侨的企业家，不忘回馈社会，积极支持内地及香港的慈善事业，深入基层关心和服务社会大众。

2020 年，刘相尚荣获香港创新科技及制造业联合总会授予的“香港创新科技卓越企业家成就大奖”。2021 年，荣获香港商报颁授的“卓越社会责任企业家大奖”，此奖项旨在表彰对社会作出无私奉献的企业家，克尽社会责任，为社会的可持续发展，以及维护社会的整体利益带来了正面作用。2023 年，香港镜报向刘相尚颁发“第 10 届杰出企业家社会责任奖”，表彰其积极履行企业社会责任，为创造更美好的社会贡献力量。

2020 年，刘相尚入选由深圳工业总会、深圳十一区（新区）政府（管委会）共同主办的“献礼特区 40 年、致敬品牌 40 人”榜单，以表彰其扎根深圳 30 余载，为我国工业装备制造业的发展作出的突出贡献。

在深圳经济特区的 40 年跨越式发展历程中，刘相尚创办的“力劲”作为深圳市第一批外商投资企业扎根特区，开启了力劲在深圳特区发展的全新篇章。

回顾力劲品牌的 40 年成长历史，刘相尚表示，

凭借企业家的拼搏与奋斗精神，刘相尚很荣幸作为一家港资企业，在过去 40 多年来，力劲集团积极把握国家改革开放政策带来的发展机遇、见证香港回归祖国的发展历程。力劲集团与国家经济腾飞同步，与内地和香港的企业共同成长，为内地和香港工业发展作出贡献。

刘相尚表示：“我喜欢搞技术，设备都是自己设计的，比起出外旅游玩乐，我更爱工作，因为对我而言，没有什么比钻研一部机器更有成就感。”或许正是这份对机械的热爱，令刘相尚在集团成立 40 多年来，仍能带领公司不断突破求新，有幸参与中国史无前例的工业化进程，成为那个帮助改写汽车制造行业的人，并亲眼看见了中国制造走向世界，在业界尽展锋芒。

在未来，力劲集团将继续积极融入“十四五”规划发展大局及抓紧“一带一路”和粤港澳大湾区发展机遇，并秉持企业的经营使命：“始终致力于客户的成功”，为全球客户、业界、国家的工业发展贡献力量。華

傅春安

新加坡著名企业家傅春安，经常被形容为文化商人，也有人呼他为儒商，因为傅春安的骨子里始终流着“文化与艺术”的血液。

不管在企业界还是文化艺术界，傅春安都有非凡的表现，而且即使人到高龄也依然活跃在此两大不同的领域。企业界，他是新加坡民营运输业巨子；文化艺术界，他是许多团体的积极分子，还是业余的作曲人、音乐制作人，他不但自己醉心投入，而且出钱出力从不落于人后。这让他变得很特殊，在文化艺术界，他是一位大“商家”；而在商界，他又是位大“文人”。

商儒精神儒为先

——新加坡傅长春储运集团董事长傅春安

傅春安的事业主要有两大块：一是商业事业，主要是傅长春储运集团公司，另一个事业是社会事业。多年来，他先后出任新加坡工商联合总会中国及北亚工商组副主席、新加坡制造商总会副会长兼中国经贸委员会主席、新加坡—辽宁经贸理事会理事、新加坡—山东经贸理事会理事、新加坡—四川经贸理事会理事、新加坡华乐团（国家级）董事兼艺术与市场发展委员会主席、南洋艺术学院理事会副主席兼南艺联谊会会长、新加坡音乐家协会会长、新加坡作曲家协会及新加坡合唱总会名誉会长、新加坡国立大学中文系校友会名誉会长、中国辽宁省锦州市经济顾问、江苏省泰兴市经济顾问、中国国际文化交流中心顾问、宋庆龄基金会顾问等社会公职，并通过此，为中新经济文化事业积极贡献力量。

由于多年来热心公益事业、积极推动文化活动和关怀社区，傅春安于 2019 年分别获得新加坡文化部长颁发的个人杰出文化贡献奖和总统颁发的公共服务奖章 PBM。

并非“含着金钥匙”出世

虽然事业有成，可是傅春安却不是“含着金钥匙”出世的富家子，而是“贫下中农”出身的子弟，他的奋斗历程，可以说是伴随新加坡的发展而成长。

回顾来时路，傅春安不无感慨，也庆幸在这艰苦创业的过程中，国家、社会、家人、朋友给予的支持及协助，因此他总是怀着感恩的心情回馈社会。

谈到他的家庭背景，傅春安说：“我们家共有八位兄弟姐妹，我排行最小，三岁时父亲就去世，我也一直由母亲、大哥和二哥含辛茹苦抚养长大，当我觉得我应该独立，对家人的生活应该有帮忙时，我决定放弃年轻时的最爱（音乐）而从商，希望事业上有所作为”。

当时傅春安的两位兄长已在经营运输业，不过规模并不大，大哥二哥也得亲自驾驶罗厘（货车），和几名员工一起为新马一带俗称的九八行（出入口商）、蔬菜水果商运载货物和工人，店里则请个伙计帮忙接听电话和安排工作。小公司虽日夜忙碌，但收入十分有限。

傅春安 1964 年加入大哥和二哥的小型运输公司，1965 年新加坡独立，成为新加坡共和国。在这百业待兴的年代，一切都很落后，也意味着开拓，这就为傅春安提供了一个大显身手的机会。

眼见兄长们的小本经营和保守做法收入低且不稳定，加上他预见新加坡政府在建国总理李光耀的领导下，决心大力推动工业化政策，整个经济结构和形势，势必发生重大的变化，运输行业有必要做出相应调整，以掌握新变化带来的商机。于是他决定多找些工厂及外商客户，这样一来运载的货物量不但多，而且收入也比较稳定。

感恩张泗川兄弟和翁炳荣

傅春安从商后的第一个大客户，就是新加坡糖厂。提起糖厂，傅春安总是心怀感恩，尤其是感激已过世的四海栈集团老板、糖厂董事长张泗川，以及他的弟弟张泗发两兄弟。傅春安把张氏兄弟视为傅家事业的大恩人。

当年傅长春公司负责把运抵码头的散装原糖卸下，通过输送带送入厂里，加以提炼，傅长春也承包提炼后的白糖和赤糖，加以包装、储存，然后运送给本地客户或出口，这就是早期所谓的“一条龙”服务，如此也扩大和增加了公司的业务规模和赢利。

傅春安透露，当年业务需要扩充，小本经营的公司资金紧缺，要不是通过张泗川担任股东兼董事经理的崇侨银行一笔 10 万新加坡元的融资，傅长春恐怕就错失发展的良机了。因此饮水思源的傅春安，数十年来对张泗川、张泗发兄弟，总是怀着感恩的心。而新加坡糖厂提供的生意，也是傅长春事业发展的一个转折点。

脑筋转得快的傅春安，清楚了解事业要发展，离不开技术的支援。为此，他多次远赴当年技术最先进的亚洲国家日本进行考察，然后将“土法炼钢”转移到本地使用。

提到这个“技术取经”的过程，傅春安不忘提起他事业上的另外一个贵人，那就是旅居日本的著名歌影视巨星翁倩玉的父亲翁炳荣先生。傅春安与翁炳荣深交超过半个世纪，通过翁炳荣的关系和协助安排，傅春安多次到日本考察学习，掌握了运输业的先进管理和新技术，这对他发展事业有很大的帮助。

所谓“工欲善其事，必先利其器”，学习了先进的管理和技术，尤其是日本港口的作业方式，傅长春公司在争取大客户，尤其是要求很高的国际大客户时，更显得“底气十足”了。

2018 年 10 月，翁炳荣在台北与世长辞，享龄 95 岁，傅春安率领家人赴台湾吊唁，并且在告别仪式上，向来宾阐述他和翁老的深厚交情，以及翁老如何帮助他的感人故事。

紧接着，傅长春公司又接到不少大客户的长期订单，并且连续投标到三家炼油厂的庞大运输工程，使得傅春安的事业更上一层楼。新加坡目前仍是世界第三大炼油中心，傅长春公司的运输业务，也长期借到“炼油中心”的这股东风。

勤奋工作露宿码头

20 世纪 60 年代，国际石油公司壳牌在新加坡小毛广岛的新炼油厂兴建工程，由日本的 TKK 公司标得，傅长春公司则负责把建炼油厂的钢板及其他建材从轮船卸到平底船上，再由平底船搬运到建新厂的地点。

傅春安回忆：由于钢板呈弧形，而且搬运和堆放方法与工具都有严格的规定以避免损坏，为了顺利完成任务，傅春安又到日本实地考察，并住进 TKK 的工厂宿舍 4 天 4 夜，之后他掌握了新技术，并大胆以分期付款方式购买了 32 万元的先进设备，包括专门运载大木桐的“山大王”卡车。

32 万元在当年，足以买下好几幢大别墅，如果缺乏胆识与远见，不可能作出这么大胆的决定。傅春安，可以说是破釜沉舟、全力以赴之举。

从上述实例可以看出，傅春安具备一个成功企业家所需的几个素质：一是认清目标坚定不移，不管遇到资金还是技术困难，都设法克服；二是人缘关系——贵人不是天上掉下的馅饼，如果不懂得待人处事，就不可能被欣赏、信任与支持。

在那段拼搏的岁月，傅春安为了监督工作，他曾经连续三天睡在工作船上，也常常露宿码头。他说，那段日子着实辛苦，幸好有家族成员，还有忠诚的员工 ，愿意与他共进退。

那笔 32 万元的投资，确实对傅春安的事业起到很大的推动作用。在取得壳牌（SHELL）石油公司的运输工程后，埃索（ESSO）石油公司和新加坡石油公司（SPC）也先后兴建炼油厂，运输设备的庞大工程，也由傅长春公司承接，之前的设备也陆续增加到上百万元。

凭借傅春安的一套设备与经验，做了三大宗价值数千万元的生意，这是傅长春公司重要的转折点。难得的是这三家国际石油公司，至今仍然是傅长春的忠实老客户。细水长流的多年关系，也印证了傅长春公司的信誉。公司业务逐渐扩充，傅长春公司也发展成为傅长春集团。

异于常人的眼光，是成功企业家不可或缺的，这方面傅春安也有独到之处。1970 年初，当集装箱箱运开始抬头，傅春安便看准这一业务的前景，认为既然集装箱运输的潮流已经成为无法阻挡的国际趋势，就必须设法迎头赶上并与“潮流”共舞。

因此，傅春安和友人合作出资，成立了新加坡第一家集装箱运输、储存及维修中心和仓库，并且还为客户在港务局和裕廊码头包装及转运大宗散装物资。

单单在 20 世纪 80 年代初，傅长春集团为客户包装转运的化肥及谷类货物，一年就超过 300 万吨。此外，傅长春集团也和海山合集团（现改为新加坡海运集团，已是上市公司）合资，成立海傅（HAI POH）港务管理公司，经营港务管理及海港专用码头货物管理。至此，傅长春集团可提供包括海陆空在内的全面运输服务，并且在中国台湾和香港设立了子公司。同时，在高雄港租用了两个专用码头，专门处理化肥包装，转运中国大陆的业务。

说到海傅港务管理公司，傅春安不忘提起合作伙伴——著名企业家欧石吉（CK Ow），傅春安说，他与欧石吉认识 50 年，欧石吉的父亲欧金水从事驳船业，欧石吉 17 岁接手因病逝世父亲的生意，后来他专注于三井船运集团（Mitsui OSK line）的航运生意，把一些运输与维修的业务给傅春安做，两人还合资成立公司，一直愉快合作至今。

截至目前，傅长春集团拥有大小近 2000 部各种类型的运输车辆，其中一部 208 个车轮、价值百万新加坡元的先进“巨无霸”大卡车，可运载单件 800 吨的庞大物资。

傅长春储运公司是新加坡规模最大的民营储运公司之一，1999 年曾在新加坡股票交易所的主板市场上市，是傅长春集团多元化业务中的核心业务。公司已于 2018 年除牌退市，成为私有化企业，傅春安也于同年卸下集团总裁职务，保留集团董事长的职衔，女儿傅琴芳接任集团总裁，与接任集团副总裁的儿子傅启良，共同扛起“把家族事业打造成百年企业”的重任。

回顾过去 60 余年，傅长春集团不但由小变大，同时也由近及远，并朝多元化道路迈进，而这一切，应该从 20 世纪 80 年代，中国的改革开放刚刚开始谈起。

老本行与多元化

傅长春集团进军中国，立足点还是在“老本行”业务。傅春安在中国的第一项投资，就是和中国外经贸部辖下的中国海外工程总公司合资成立鸿运国际运输公司，经营海陆空运输及代理国内和国际机票、快递业务。目前，傅长春集团拥有独资的傅长春储运（上海）有限公司。

此外，傅长春集团也在中国发展房地产。由于集团在这方面比较缺乏经验，因此和新加坡的发展商源美集团以及苏州外经委合作，在苏州靠近新区的黄金地段，兴建 28 层的苏州国际经贸大楼，于 1995 年 9 月 20 日落成，并供苏州市政府在该大楼前广场举办苏州国际丝绸旅游节，当时刚好访华的李显龙副总理，也受邀见证这历史性的一刻。

谈到中国的投资，不能不提起傅春安的“中国情结”，虽然说“在商言商”，而傅春安这份深厚的中国情，却不是纯粹以“经商致富”为目的，而是更多表现在文化与民族感情之上。

傅春安于 1986 年到苏州发展，所以他也顺理成章有机缘参与李光耀资政和新加坡团队建立苏州工业园区。

他曾在联合早报举办的“在商言商”讲座上，分享在中国的成功生意经，“在中国做生意，得记住四个字‘人在中国’，也就是说，时时刻刻提醒自己，要尽量根据中国的国情、民情、制度、政策等来谈判生意，协调谈判方式，不可一味以新加坡的思维模式作为标准来和中国朋友谈判合作”。

对傅春安来说，新加坡是他土生土长的家乡，自然有最特殊的感情，而作为祖籍福建安溪的海外华人，中国无疑是傅春安的第二故乡，他对中华文化与艺术，更有一份向往和爱好。

中国于 1978 年宣布改革开放政策，傅春安看好中国的庞大市场，于 1981 年前往中国寻找商机，30 多年来累积了不少中国经验，也建立了广大的人脉网络。

除在中国投资，帮助中国把外资企业“引进来”，傅春安也积极为中国企业“走出去”贡献力量。他常年在新加坡接待中国代表团，并与大家共襄开拓国际大市场的盛举。他认为，新加坡可以在帮助中国企业走出去方面发挥重要作用。

“中国企业要走出去，可以尽量利用新加坡已存在的优势，包括通过新加坡的金融中心地位筹集资金和在新加坡股票交易所上市，新加坡优越的国际地理位置，包括世界最佳空港和最佳海港，及拥有运输和完善物流设备。可以让中国的企业扩大对外投资，扩大出口，扩大业务，充分与国际接轨，尽量利用新加坡资源！可以少走许多弯路。”他说。

率团祝贺新中国成立 40 周年

值得一提的是，1989 年世界许多国家制裁中国，而 1989 年正是新中国成立 40 周年，形势严峻。新加坡工商界在当时新加坡贸易发展局（现改为新加坡企业发展局，Enterprise Singapore）的支持下，组成庞大工商访华团于该年 9 月底至 10 月初前往北京，祝贺新中国 40 周年国庆，同时参加新中国 40 年大型企业及工业成就展。

傅春安于 1989 年 9 月率团访华期间，受邀在新中国工业 40 年大型企业成就展的晚宴上发表演讲

被新加坡建国总理李光耀委任为团长的傅春安率团到了人民大会堂，才知道新加坡代表团是最大的代表团。因为情况特殊，由当时中国公安部的常务副部长顾林昉亲自陪同，安保周密。傅春安深知自己肩负着艰巨任务，访问很成功，中国方面热忱接待，中国领导人还在接见时说：“患难见真情，你们毅然而来，我们非常感动。”

傅春安回忆道：“我们的访华团很受重视，被中国领导人形容为体现‘患难见真情’的访问团。在人民大会堂的宴会上，我代表访华团致词的内容，有这么一段话：‘我们希望看到一个稳定和强大的中国，一个稳定和强大的中国不但对亚洲有好处，对全世界都有好处。’今天，相信很多人和我一样，仍然坚持这个看法”。

时任中国外交部部长唐家璇于 2002 年到访新加坡，为中国大使馆新馆主持落成庆典，当时的中国驻新加坡大使张九桓，将傅春安介绍给唐家璇部长，唐部长说：“您就是傅春安先生，您为我们国家和人民做了那么多事，我要代表国家和人民再一次感谢您的贡献。”这句话让傅春安深为感动和欣慰。

傅春安把家族事业做大做强，成就自然有目共睹，然而在他内心深处始终不能“忘情”，那就是从年轻时代就“痴迷”至今的音乐——当年机缘巧合下到英国学习音乐，在英国皇家音乐学院体系中，他主修钢琴，并兼修声乐、作曲及指挥和音乐制作等。

新加坡独立初期，国家与人民都是一穷二白，为了发展事业，他不得不暂时舍弃最爱，成为“音乐的逃兵”，不过他对音乐的爱好始终无法割舍。他自己也多次坦陈对音乐的爱好，一次接受《福州日报》访问时，他就曾这样说过：“人生不能缺少爱好，我以前是学古典音乐的。数十年来，我‘不务正业’地喜欢着音乐，也创作了不少歌曲。”

在事业有成之后，傅春安成立了远东音乐集团公司，并且投下百万元巨资（新加坡元），聘请日本设计师 Sam Toyoshima 创建一大一小两个一流录音棚，希望在音像制作与出版方面大展拳脚，改革开放初期的中国大陆，更是他为实现音乐梦想而锁定的目标。

夫人包娜娜名列远东十大巨星之一

傅春安的夫人包娜娜是中国台湾十大歌星之一、远东十大巨星之一，于 1988 年受中国中央电视台的邀请，参加当年春节联欢晚会，并为中央电视台拍摄一小时的“专题节目”。傅春安精心策划了包娜娜专辑，配合“春晚”及“专题”节目，专辑大受欢迎，销量超过 550 万张，在中国造成很大的轰动效应。直到今天，中年以上的中国人，对于《掌声响起来》和《三百六十五里路》等歌曲，还是耳熟能详，甚至朗朗上口。

傅春安在 1992 年，以新加坡远东音乐集团的名义，与中国中央电视台的下属单位中国国际电视总公司，合资成立了今日国际视听制作公司，全面发展中国的音像市场。

一家外国公司能在当年参与仍严格管制的意识形态领域业务，非常的难得，在这之前傅春安与中国海外工程总公司合资成立的鸿运国际运输公司，同样属于受管制的行业，由此可见傅春安在中国所获得的高度信任。今日国际视听制作公司除了参与音像制作、出版与发行，也协助引进外国优秀影片，供中央电视台黄金时段的电影频道放映。公司也参与投资电视剧的制作，并进一步和中央台合作，开创“国际影院”及“世界影视城”两个受欢迎的节目。

傅春安在音乐上可说是多面手，他能作曲、作词、担任音乐制作人和大型舞台节目监制。在夫人包娜娜的协助下成立远东音乐集团，进一步和中国国际电视总公司建立合资公司，无疑再次圆了傅春安的梦想，而中国相关领导对傅春安在这方面的积极贡献也给予重视和肯定。

1988 年，中国国际文化交流中心和人民日报文艺部联合主办新时期十年金曲、十大金星（1978 年至 1988 年）的盛大评选活动。傅春安被主办单位聘为总顾问及总监制，为入选的 19 名歌手录制 3 张专辑，再从这 19 名歌手中评选出十大金星。傅春安带了新加坡的著名录音师 Richard Goh 和一部分先进的录音器材，在北京八一电影制片厂进行录制。

夫人包娜娜则受邀为在北京首都体育馆举行的十大金曲、十大金星颁奖典礼大型晚会的主持人并献唱多首成名曲，盛况空前。

1986—1988 年，当时中国的文艺界还没有像今天这样开放、蓬勃和普遍。傅春安和包娜娜可以说起了很大的带头和推动作用，实是功不可没！当然也离不开中国国际文化交流中心、中宣部、文化和旅游部等的大力支持。

回顾 1969 年傅春安在新加坡主办的“歌舞升平慈善晚会”，为民众联络所筹募基金，该盛大晚会邀请了当时红遍新加坡、马来西亚和中国港台地区，唱红了《负心的人》及《今天不回家》的中国台湾“泪盈歌后”姚苏蓉及台湾歌仔戏皇后杨丽花参加义演。

引荐邓丽君到新加坡

傅春安也把当时只有 16 岁，刚刚崭露头角的玉女歌星邓丽君请来，与两大“皇后”同台演出，这是新加坡观众首次对邓丽君甜美的歌声和清纯形象予以接受和肯定；她受欢迎的程度，居然不逊于两位天后级巨星。

傅春安对邓丽君第一次到新加坡演出所获得的成功印象深刻，于是鼓励小小年纪的邓丽君留在新加坡发展。傅春安和包娜娜共结连理，也是邓丽君做的红娘。邓丽君在 42 岁的璀璨年华骤然离开人世，令傅春安、包娜娜回忆起来还是十分伤心！

说到远东十大巨星，老一辈人士必定记忆犹新。自 1969 年起，傅春安负责主办数十场大型慈善晚会，为社会上需要帮助的团体筹募活动基金，包括 1973 年及 1975 年两届“远东十大巨星慈善晚会”。

1973 年的远东十大巨星（排名不分先后）是姚苏蓉、邓丽君、甄妮、凤飞飞、杨小萍、杨燕、甄秀仪、秦淮、潘秀琼、万沙浪。特别嘉宾为翁倩玉。1975 年的远东十大巨星（排名不分先后）则是包娜娜、白嘉莉、尤雅、张明丽、陈芬兰、刘明颖、李雅芬、青山、黄清元、钟玲玲，特别嘉宾为甄妮、凤飞飞、杨燕。

早在 1986 年，傅春安就活跃于中国的文艺界。他和原中国文化部长王蒙私交甚笃。通过王蒙部长的关系，他又和中国对外演出公司总经理宋成九、处长叶民辉及东方歌舞团团长王昆等建立了非常友好的关系，经常赞助和接待到新加坡演出的中国文艺团体，包括两度在新加坡接待东方歌舞团。

同年，受中国音乐家协会、中国国际文化交流中心及东方歌舞团的联合邀请，傅春安同夫人包娜娜到北京参与“金孔雀杯、银孔雀杯”的评审工作。这次大规模全国性的歌唱比赛，第一次有“通俗唱法”的比赛项目。而这次“通俗唱法”比赛正是傅春安、包娜娜夫妇的专长。

从 1986 年开始，傅春安和中国国际文化交流中心理事长程思远、秘书长杭雄文、文艺部主任卢红生及处长江凌等建立了友好及合作关系，并受聘为中国国际文化交流中心和宋庆龄基金会顾问。

1986 年，在中国国际文化交流中心的支持下，傅春安负责策划，在首都体育馆举行了一场为宋庆龄基金会筹款的盛大晚会，由中央电视台名导演黄一鹤担任总监。傅春安也第一次引荐新加坡著名歌手陈建彬、颜黎明等到北京参加义演。当时，还受到时任宋庆龄基金会主席康克清的亲切接见和宴请。

时任中国广电部部长艾知生（左三）与傅春安（左二）一见如故，相谈甚欢

20 世纪 80 年代随着中国改革开放开启了国门，流行歌曲也进入了神州大地，傅春安因缘际会见证了这个时代，他协助中国的通俗唱法先驱谷建芬老师，设立谷建芬声乐培训中心，他们无私指导学生，培养了好几位蜚声海内外流行乐坛的歌星，如毛阿敏、刘欢和那英等，在中国流行歌曲乐坛写下佳话。

协助开创《正大综艺》栏目

值得一提的是，傅春安也是中国中央电视台家喻户晓《正大综艺》栏目的共同创办人兼顾问。

1988 年，傅春安（左二）与新加坡电视台合作，邀请中国著名相声表演艺术家马季（左一）、赵炎（右一）赴新加坡演出

这个机缘说起来有段趣事：原来，在中国有庞大投资的泰国正大集团董事长谢国民，有一次在和傅春安闲聊时谈到一个心愿，他问傅春安："我希望做一件能给中国 10 多亿老百姓带来共同一笑的事，有没有可能？"傅春安灵机一动告诉谢董事长，有！可以通过电视做到！而在中国的电视广播系统中，只有中央电视台覆盖全国。

就因为谢董事长的一片爱心，傅春安积极协助筹办《正大综艺》，并成立正大综艺有限公司，由翁炳荣出任董事长，重金礼聘当时台湾综艺界最佳编导、最佳制作人江吉雄出任总经理，傅春安担任顾问。要在中央电视台开办一个像《正大综艺》这样大型的，内容涵盖知识性、教育性和娱乐性，而且要能持久受到大家欢迎的电视栏目，难度实在不小。还好，公司内有对电视制作拥有丰富经验的翁炳荣董事长、江吉雄总经理的精心策划；加上当时国家领导以及中央电视台相关领导的鼎力支持，终于实现了梦想！《正大综艺》不但受到广大民众的欢迎，也培养了诸如主持人杨澜、王雪纯等优秀人才。据专家评述，《正大综艺》影响了中国的电视内容和形态。

1988 年，为配合"推广华语运动"，傅春安与新加坡电视台合作，并赞助新加坡元 20 多万元，邀请中国著名相声表演艺术家马季、赵炎前来新加坡拍摄 13 集精彩相声专辑"笑一笑、少一少"，受到广大受众欢迎，并引起极大反响。

傅春安对于音乐和文化艺术的感情，不仅仅表现在个人兴趣方面，很大程度上还与社会公益事业挂钩。过去数十年，傅春安在这方面的贡献更是有目共睹。

2017 年，傅春安连同一批志同道合的朋友，发起组织了世界华人文化交流会，世华文化会于 2017 年 10 月注册，属于非营利组织，自成立以来，即展开多项面向社会、乐龄人士和社区的文化公益

李光耀（右二）受邀出席“千年一音”慈善晚会，左一为筹委会主席傅春安，左二为广声法师，右一为新加坡华乐团主席周景锐

活动，包括文化座谈会、华文书展、新春春联创作、拥抱夕阳老歌欣赏会、关怀进社区等活动，这些活动有的与报社和社区基层组织联办，包括卫生部部长颜金勇，文化、青年与社区事务部长傅海燕及高级政务部长许宝琨医生，都曾受邀担任节目主宾。2019 年 1 月，世华文化会喜获慈善总监认可的“慈善组织”资格。以“出钱出力”形容傅春安对文化艺术和教育事业的支持，一点儿都不为过，是名副其实，除了以集团名义设立傅长春艺术基金外，傅先生也以个人名义成立了傅春安艺术基金，出力扶持文化团体，推动文化事业。对于日理万机的富裕人士来说，出钱支持文教活动乃举手之劳，出力反而没有那么容易。

多次为新加坡华乐团筹办慈善晚会

新加坡华乐团是国家级乐团之一，傅春安在这个乐团担任义务董事超过 10 年，每年负责任务最为艰巨的筹款活动，每一次都不负众望，争取到超出目标的筹款数额，即便在世界金融危机阴影下的 2008 年和 2009 年，傅春安也不负众望，交出了漂亮的筹款成绩。

筹备慈善晚宴是一项庞大的工程和艰巨的任务，尤其是在金融海啸的非常时期，企业界都在紧缩银根，要人出钱并不容易，而且每回还得邀请有号召力的主演嘉宾负责压轴表演，以增强慈善晚宴的号召力。然而，凭借多年在企业界和演艺界的人脉，傅春安总是有办法圆满完成任务。一些演艺界的大腕如香港阿姐汪明荃、楚香帅郑少秋，电影《金大班最后一夜》女主角姚炜，都是在与傅春安的交情下挺身而出，不收一分酬劳就爽快答应，使慈善晚宴取得很大的实效。

傅春安多次受邀担任华乐团慈善晚宴工委会主席，为新加坡华乐团举办筹款音乐会，其中包括以李显龙总理为主宾的“华乐情深 2005”及“华乐情深 2007”。2006 年及 2009 年，新加坡华乐团与光明山普觉禅寺联合在新加坡万人室内体育馆举办的“千年一音”也由傅春安担任工委会主席。

“千年一音”为新加坡华乐团及菩提学校筹募基金，李光耀资政为晚会主宾，第一次演出除了筹得可观的 600 多万元（新加坡元）善款外，节目精彩，深获好评。认识傅春安多年的人，都不得不承认他是一位人生多姿多彩、经历丰富、精力充沛、人情通达、布施广泛的人。

傅春安是企业家，掌管大型的海陆空物流集团；他是文化人，除了钢琴、声乐、作曲和指挥，也是经验丰富的音乐制作人；他又是热心文化艺术的推手，不但发掘演艺人才，也为文化教育活动出钱出力，而且持续数十年，在每个领域都干得有声有色。

早年指导过傅春安的音乐界前辈李豪女士 93 岁高龄辞世，傅春安还与一班跟随李豪老师多年的同道，为老人家办追思会，傅春安还在各大报纸刊载全版追思启事，充分体现华人“一日为师，终身为父（母）”的尊师重道精神。“我无以为报，只能以一首歌的歌词来表达我现在的心境：‘朝霞奉献给太阳，星光奉献给月亮，我拿什么奉献给您？’老师——只有我这颗感恩的心！”他在为纪念李豪老师而写的悼念文章中写道。

回顾这些年来的人生经验，傅春安确实给人“圆融”的感觉，因为在他交往的朋友中，不仅涵盖政商、文化、艺术等领域的名人，也经历了赫赫有名的重大历史事件。

令他最难忘的是与已故海协会会长汪道涵的交

往。大家应该不会忘记 1993 年轰动世界的第一次“汪辜会谈”。那一次代表中国海协会的汪道涵，以及台湾的海基会会长辜振甫，双双率领代表团到新加坡，开展海峡两岸的直接对话。

当年汪老下榻乌节地区的丽晶大饭店总统套房。“汪辜会谈”举行期间，汪老在百忙之中还邀请傅春安到套房一叙，显见两人交情之深厚。傅春安数十年来在中国结交的好朋友，涵盖政商与文化艺术领域，这与他秉承真诚待人处世之道有直接的关系。

为了表彰傅春安多年来热心支持文化事业，时任新加坡文化、社区及青年部部长傅海燕向傅春安颁发文化杰出贡献奖（个人），同时，傅长春集团获颁文化贡献奖（企业）

傅春安除了勤奋经营好家族的生意外，也积极参与社会工作。傅春安形容他对文化艺术上的付出，就好像国民服役，完全是对国家的回馈，除此之外，他也在工商领域扮演“国民服役”的角色。

常带团访问中国 几成“专业领队”

傅春安经常被委任为工商代表团团长，带团到中国访问，为新中两国经贸合作做了不少工作。他半开玩笑地形容自己，已快成为“专业领队”了，因为傅春安几乎每一年都受委托带团到中国访问，参加由部长和国家领导人领导、级别很高的经贸代表会。

傅春安参加的重要活动还包括 2006 年配合新加坡总理李显龙访问广西南宁，参加中国—东盟十国高峰会议；2008 年配合新加坡节在北京和上海的庆祝活动，率领新加坡华乐团访问北京、上海、广州、深圳、中山和澳门等。

对傅春安来说 2009 年和 2010 年都是忙碌的：2009 年 5 月，傅春安率领由 300 多名企业领导组成的访华团，到福州参加“非常新加坡品牌展”，配合海峡两岸经贸论坛的举行，获得成功，访问期间，傅春安还接受各电视台、电台及《福州日报》记者的专访。

2010 年 10 月，傅春安二度带团出访中国，第一次是配合新加坡国务资政吴作栋访问福建省的厦门和福州，也特别陪同李奕贤部长访问平潭岛。紧接着 10 月 18 日到 24 日，傅春安又率领 44 家公司共 60 多人的经贸代表团访问广西，参加中国—东盟投资峰会和经贸论坛，并代表新加坡制造商联合会发表专题演讲。

傅春安近年来较少参与经贸出访活动，反而选择更多时间，投入关心文化和关怀社区方面，但在 2019 年 7 月和 8 月，傅春安分别代表新加坡工商联合总会，率团抵达台北，参加新台经贸会议，同月底又作为理事，参加新加坡辽宁经贸理事会在沈阳和大连举行的年度会议。

对于接下来的人生，这位孜孜不倦的商儒，仍然坚持“有一分热，发一分光”，他将继续支持文化艺术，以此方式回馈社会。他始终相信，文化是迈向优雅社会的阶梯，因此，他身体力行，把儒与商做了最美丽的结合。華

刘友波

生于战火，长于新中国，纵横于改革开放大时代，在百年未有之大变局的当下，已届高龄的刘友波仍在探索理想的边界，因为他选择的以“治病救人，健康益寿”为宗旨的健康事业本就永无止境。

作为华侨世家传人，他总会在祖国需要的时候挺身而出。无论是在改革开放初期承担起中国出口阿富汗茶叶业务，还是为地震灾区及时赠送急需药物，抑或全力发展医药实业振兴中国医药等，他都敢为人先，倾尽全力。

作为客家人和工程学家，他将“忠爱家国”和“实业报国”完美地结合在了一起，他旗下的“积大制药”，采撷东西方之长，持续精进，迭代创新药持续推出，还在欧盟等国家和地区擦亮中国制药的招牌。这就像“积大制药”创建者的名字“积华”——汇积中华。

汇积中华 永无止境

——香港积华集团主席、昆明积大制药股份有限公司董事长刘友波

“一个人来到这世间，就要尽一个人为人的责任，上对祖先、父母，下对子孙后代。兴办实业，赚钱不是唯一目的，要对员工负责、对客户负责，要对国家和社会负责，我们制药企业，还要对民众健康负责。”刘友波说。

刘友波经历了或正在经历着的香港崛起时代、中国内地改革开放时代以及当下的中国特色社会主义新时代，在他的人生历程中这都是可以作贡献的最好时代。在香港时代，他以商贸事业沟通东西方；在改革开放时代，他从无到有做大医药实业；在新时代，他的医药实业已经具备了科研、生产和销售一体化和海内外市场一体化的新发展格局，集团事业蒸蒸日上。

因为对经济及社会的贡献，刘友波获得了在华外国专家最高荣誉奖——“友谊奖”。他曾受到时任国务院总理温家宝的亲切接见，还获得时任国务院副总理钱其琛、时任国务院副总理回良玉等领导人亲自颁授的“科技兴业示范企业”“友谊奖”等各种荣誉。他也是“杰出港人——回归20年影响香港20位卓越人物大奖”、首届“全球杰出华商慈善人物大奖”等的获得者。

传承华侨世家精神 历经劫难不忘初心

刘友波原籍在广东大埔县敬里村。大埔县是客家人之乡，还是远近闻名的侨乡。刘友波父亲省吾公就是一位远赴南洋、建功立业的传奇人物。省吾公原本务农，穷则思变，省吾公在36岁（1914年）那年带着两件旧唐装衫下了南洋，到印度尼西亚打工。仅用六年时间，省吾公就发起成立了印度尼西亚尖美市合盛股份公司、重庆粉厂等五家实业，撑起一摊五金百货的生意。1933年，省吾公事业有成，从印度尼西亚返乡，花费3万余光洋新建客家围屋“德馨世守”大厦，房间51间，同时修建了祖屋“南阳世业”并赞助重建了村里的“进德学校”。

“德馨世守”大厦至今还在，已经是当地政府的历史文物。和这座大厦一并留下的，还有《朱子家训》，又称《治家格言》。《治家格言》宣扬“正德”“修身”“齐家”思想，许多名言警句流传广泛，如“一粥一饭，当思来处不易；半丝半缕，恒念物力维艰”“宜未雨而绸缪，毋临渴而掘井”“祖宗虽远，祭祀不可不诚；子孙虽愚，经书不可不读”等。

刘友波出生于1938年，是家中最小的儿子，颇得父母宠爱。他4岁开始学《三字经》《千字文》和《增广贤文》，6岁入学“进德学校”。在家训和诗书礼仪的熏陶下，刘友波对“孝顺”二字早早就已领会，他7岁开始给长期患有脚疾的母亲洗脚，无一日间断。

刘友波年幼的时候，也正是国家和民族遭难的时候。在日本侵略者的铁蹄下，祖国山河破碎、生灵涂炭。等到日本入侵印度尼西亚，省吾公在印度尼西亚的事业也随之化为乌有，“德馨世守”的侨汇也告断绝。为了偌大的家族有口饭吃，省吾公召集家人开荒种地、改池沼为鱼塘，以补粮食缺口。对这一时期的困难，刘友波仍记忆犹新，不仅吃不饱饭，学业更无保证。他那时是“一盏豆油灯，直

至夜三更”，“进德学校”也常常传播抗日歌曲和精神。

因为战争而家道中落，刘友波刚上初中时，母亲给他准备的一周的菜就是一大碗咸菜。母亲常为儿子果腹艰难而垂泪。刘友波见到，总是劝慰说，“儿能吃苦。定当用心读书，考得好成绩，报答父母养育之恩。”但很快刘友波便辍学了，因为父亲省吾公遭陷害被逼走印度尼西亚，家中只有母亲、姐姐和妹妹，姐姐出嫁，少年刘友波这唯一的男孩必须挺起胸膛，主持家计。

11 岁下田耕作，13 岁担起全部农活，刘友波尽己所能地让母亲和妹妹过得好一点。15 岁那年，父亲省吾公在印度尼西亚病逝，侨汇中断，刘友波母子三人开始遭受更大的苦难，一日三餐都是粥，粥清可照人，甚至断炊。母亲几次欲寻短见，终不忍抛下爱子幼女，母子三人常以泪洗面。幸亏有两个好邻居时常接济，一家三口才不至于行乞街头。

刘友波的榜样是父亲省吾公，父亲留给他的那句话“创造事业，光前裕后”，一直埋在心底，只待应时而动。

在 16 岁这年，当生活条件略有所改善，刘友波先安顿好母亲和妹妹，接着进了“进德学校”复读六年级。仅用半年时间，他就以优异成绩考入“大麻中学”。在中学，他各科成绩名列前茅，也是备受学校师生关注的人物。自此后，他和校长张霖，老师刘公任、徐昂等结下深厚的友谊，交往了几十年。

刘友波 22 岁时考上大学，攻读机械装备专业。这段经历让刘友波对现代工业制造、工厂管理跃上了理性的层面，对他之后创业产生了不可估量的影响。

大学毕业后，刘友波被分配到国家轻工业部上海设计研究院，他从实习生开始，一步一个脚印地晋升至项目工程师。他的第一项业务是担任卷烟生产项目助理员。这个看似简单的工作，刘友波做得有声有色。这不仅得益于他遇到了两位专家级的良师，对于他的种种疑问，这两位师傅有问必答，还得益于他自己的勤学好问、重视调研的做学问态度，刘友波下烟田、参与烟叶采收、到工厂观察烟草整个生产制备流程，比如他通过实践累积，以“一闻二压三顿”的物理法即可知道香烟的品质等级。经过 8 年的艰苦磨炼，刘友波从卷烟生产助理员被擢升为整体项目工程师。

刘友波的父亲：刘公省吾（1920 年摄于印度尼西亚）

除了卷烟行业，刘友波还对奶制品、制糖等行业项目广泛参与，也收获满满。

在此期间，刘友波于 1965 年与大学同学陈庆明喜结连理。那时候结婚，比较讲究的会准备一间新房和“36 腿”——木床、木桌、衣柜等木质家具，但刘友波没有这些，他和陈庆明结婚简单到仅一张结婚照和一把喜糖。新房是刘友波恩师临时借给他们的。不过，简单、朴素的“结婚仪式”，却藏着无尽的欢喜和美好，因为他们找到了冥冥之中天定的另一半，他们一个眼神儿就知道对方在想什么。

得夫人助力，刘友波有幸认识了一位中国传奇人物——中国核弹之父、中国科学院院士、核物理学家王淦昌。王淦昌是陈庆明的“叔公”。20 世纪 80 年代初，刘友波弃教从商前后，每次去北京都会到王淦昌院士家里问安请教。王淦昌曾建议他不要从商，要沿着科技研发之路走下去，一定大有作为。虽然刘友波还是经商创业，但重视科研的建议他一

1932 年落成的“德馨世守”大厦（摄于 1960 年）

直铭记在心且不辍实践。而他在创业之路上取得的成绩，也最终让王淦昌肯定。

工作稳定、家庭幸福，刘友波的人生似乎将在既有的轨道上前行。但在这种幸福以外，他与母亲（当时住在马来西亚刘友波大姐家中）却天各一方，作为儿子的他备受无法尽孝的折磨。同时，家族传承的“创事业”基因也无时无刻不在提醒他不能安于现状。

1974 年，36 岁的刘友波放弃上海的稳定工作，携家带口闯荡香港（父亲省吾公也是这个年龄下南洋的）。之所以没有重走父亲的创业路，是因为相比东南亚，香港拥有得天独厚的发展条件，同时也是创业者的天堂。尽管有人地两生的不利因素，但刘友波认准了香港大时代的机遇。

担起国家重托创“积华” 诚信立本拔头筹

初到香港，刘友波调研了 3 个月才求职应聘，结果有三个知名公司或学府抛来橄榄枝，刘友波最终选择香港大学工业工程系教职作为人生转变的第一阶。工业工程系是当时香港大学新设专业，教授工商企业管理和人体工程学等课程，其中工商企业管理课程对刘友波来说是一个天赐的学习良机，这为他之后创建现代化企业提供了扎实的理论基础。

在香港大学期间，刘友波用三年半勤工俭学的课题 *AN APPROACH TO THE DESIGN OF MULTI–FUNCTIONAL MACHINE TOOLS* 研究模式考取了“工程哲学硕士”（M.PHIL.Engg.），并于 1981 年 1 月香港大学第 113 届毕业典礼上，由时任港督麦理浩爵士颁授荣衔。当年，他还获准成为美国工程师协会高级会员及注册工程师资格，时年 43 岁。

也是在港大期间，刘友波侄子刘树芳承接印度尼西亚万隆政府的食糖代理批发业务，并创建食用油生产厂，做得风生水起，刘友波曾作为技术顾问帮助侄子审核食用油精炼厂的主要机械设备、生产流程和厂房设计。

在视野和阅历大开、子侄辈人才辈出之际，1976 年，刘友波下定决心注册成立了“东华兴贸易公司”，开启创业之旅。在创业之初，从建立第一个银行账户到赢得第一笔订单，每一次都是从无到有、从阻碍重重到顺风顺水。

夫人回忆“东华兴”创办之初时说，就是摸着石头过河，“友波想做的事情，只要认准了目标，不管怎样一定会去做，而且要做好，做成功。友波相信‘走运’是走出来的运气。记得第一次参加广交会，我们没有项目或具体的业务，就是去看看，但就是走了一圈，我们就学到了不少国际贸易所必须具备的基础知识，结识了不少客户，可以说是不虚此行”。

在注册“东华兴”后的 1977 年，刘友波终于首次在港置业，次年接母亲到港，一家团圆。时隔 21 年，母子终于再次生活在一个屋檐下。

母亲到来，好运气跟着来了，刘友波的事业开展越发顺遂。1978—1979 年，苏联与阿富汗关系紧张，并最终出现了苏联入侵阿富汗的一幕。这导致中国对阿富汗的茶叶等产品出口环境发生巨变。1979 年 10 月的一天，刘友波突然接到上海茶叶进出口公司打来的电话，邀请他到上海洽谈业务。等飞赴上海后，上海茶叶进出口公司希望刘友波承担起中国绿茶和中国红茶出口阿富汗市场的业务。刘友波受宠若惊，同时也感觉责任重大。因为自己对茶叶生意完全是外行，能不能胜任呢？对方表示会全力帮助他补上“欠课”，让业务走上正轨。刘友波决心竭尽全力做好这项业务，以不负国家托付。

在这样的背景下，1980 年，刘友波辞去港大教职，将“东华兴贸易公司”改组为“积华国际（香港）公司”。“积华”（JIWA），取自马来文，象征太阳、生命力和活力。中文含义是“汇积中华”，意思就是向祖国母亲致敬。

1997 年，中国科学院院士王淦昌访问香港，并与刘友波相聚

1997 年，刘友波陪同中国卫生、药监部门的专家到欧洲调研药厂

1980 年第四季度，中国和阿富汗政府间贸易正式中断，民间贸易成了两国商贸往来的主力。当时，中国每年出口阿富汗市场的绿茶和红茶大约为 1300 吨和 500 吨。这些原来国企贸易的业务，全部转到了“积华”。为了迅速、高效地承接这些业务，也为了不让其他竞争对手钻空子，刘友波确定了一条“原则”：诚实地执行代理条款，做好服务，不让阿方客户流失。经营中不收取差价，只收 2% 的代理佣金。在半年内，“积华”实现茶叶出口 600 吨。与之合作的中方伙伴认为，“积华”诚信可靠，完全有能力承接阿富汗市场的茶叶出口业务。

刘友波的“原则”与以盈利为核心的商业法则有很大差别。他把承担中国商品出口的任务当作第一重要的工作，而把盈利放在次要位置。这种“舍利取义”的君子之风是商界的一道清流，也令他赢得中方伙伴和阿方客户的认可，以及为“积华”铸就美名。

从 1980 年下半年到 1986 年，“积华”茶叶出口量从 600 吨 / 年升至 3800 吨 / 年，破历史纪录。不过，到了 1987 年，因为茶叶出口渠道增多，价格竞争混乱，刘友波向有关单位申请放弃阿富汗茶叶贸易代理权。

从茶叶贸易中抽身的时候，刘友波已经有多项业务取得佳绩。在这些业务中，医药业务也是刘友波承载国家使命和商业发展需要的一项业务。20 世纪 80 年代初，国内药品原料和制剂均较缺乏，许多产品需要进口。1980 年，“积华”受广东省药品监督管理局委托，需要尽速从指定生产国和生产厂家，按照 BP 药典标准订购 3000 千克红霉素碱原料。就像茶叶贸易一样，刘友波边学边做，为此只身奔赴意大利。在意大利 Perrial 公司高效率地完成了这笔生意，但最终财务结算，“积华”亏了 5000 美元。时任广东药监局局长询问此事时，刘友波回答说，“志在学习，我做这一笔生意不在生财”。也是这件事，成了“积华”医药事业的开端，同时也令“积华”在医药领域打出了品牌。

意大利 Perrial 公司除了生产红霉素碱等原料外，当时还在大力推动大输液针剂产品出口。刘友波应 Perrial 公司市场总监邀请去该公司参观其大输液针剂大型全自动生产线，这也是刘友波二赴意大利的故事。当他看到这条生产线从投料到生产、质检、包装等环节全部自动化及无菌化后，深受震撼，而且这条生产线所需员工仅为 18 人，产能 5000 瓶 / 小时。当时，国内没有这样高效、高质、高产的同类生产线，刘友波因此向主管部门推荐派员考察 Perrial 公司。在刘友波的积极奔走下，1983 年，刘友波三赴意大利——陪同中国药监考察团访问 Perrial 公司。考察结束之后，“积华”与 Perrial 公司结成了战略伙伴关系，Perrial 公司大

“积大制药”及其子公司

输液产品走进了中国市场。同时，中国药监部门也借此推动国内药品生产技术进行升级和改造。这就是人们喜欢谈论的“三赢”局面。

在医药业务大发展之际，“积华”的轻工、矿产、房产等贸易或投资业务全面开花。因为各项事业发展迅猛，“积华”短短几年就成为国际性综合性贸易公司，旗下包括积华茶叶有限公司、积华国际有限公司、积华医药化工有限公司、积华五金矿产公司、积华投资有限公司等子公司，年贸易额2.5亿元。

博弈大时代 立志健康业

站在潮头浪尖，各项事业进展顺遂，但刘友波却看到了大时代的新风向。中国的改革开放一开始是粗放式的，进出口产品都需要经贸易代理机构才能完成，但随着取得进出口资质的公司增多以及直接贸易的增多，单纯的国际贸易模式显然不再是好生意。刘友波之所以当机立断停掉阿富汗茶叶代理权，就是基于该判断。

不仅茶叶业务，刘友波认为，“积华”的航向要进行重大转变。经过慎重考虑，1987年，刘友波提出“实业为基，贸易为辅”的核心发展战略。一方面扩大实业，另一方面缩小贸易，比如旗下茶叶、五金、轻工、纺织、土产等还在盈利当中的贸易业务均被放弃。也是在那一年，“积华药业有限公司”正式成立，专事发展医药实业和相应的国际科技研发合作业务。

之所以将实业方向确定在医药领域，是因为医药和人的生命密切相关。刘友波父亲省吾公、母亲和大哥，有的是因为高血压去世，有的被腿疾困扰一生。刘友波觉得，做好医药，功德无量。

刘友波的“健康事业”理想是：治病—救人，健康—益寿。

刘友波的“健康事业”是从中医药开始的。中医药是中华民族原创的医学科学，数千年来为中华民族的繁衍昌盛作出了重要贡献。当时，中医药现代化潮流兴起，日本和韩国的“汉方”技术取得快速发展。刘友波经过反复调研，顺势在中药领域进行了布局，在代理了知名传统中药新品及与多个中医药研究机构达成合作后，他筹划设立中药生产厂。

但设厂过程却出现意外。当时，刘友波应广东省委和广东药品监督管理局高层的邀请，打算“为家乡做点贡献”，准备在老家大埔县开设“广东积

“积大制药”建成投产新闻发布会（1994 年）

大制药有限公司”——盘活当地的大埔制药厂。这个计划最初进展顺利，但一切准备就绪时，怎么也等不来政府批准文件。这导致公司“三证”——企业营业执照、税务登记证和组织机构代码证无法办理，之前签署的投资协议无法落地，项目被迫搁置。大埔县为何先热后冷？刘友波始终不知道原因，但这次挫折，事后看来反而是一件幸事，因为大埔县地处山区，交通不便，若“积大”在那里落厂，后续能否“山窝里飞出金凤凰”可能还是个未知数。

和老家无缘，刘友波将目光投向了云南。这是一个惊人的决定，当时云南改革开放的环境和力度与沿海省份难以比肩，刘友波为何选择“落后”地区开始自己的医药实业计划？

刘友波和云南的联系最早发生在 1988 年。当年，云南临沧发生 7.4 级大地震，损失巨大，人民急需医药等救灾物资。香港《大公报》刊载了云南灾情，呼吁华人华侨捐资赈灾。刘友波看到报道后，立即与《大公报》报社联系，请求将进口药品青霉素 G 钾 10 万支送往灾区。青霉素 G 钾是地震灾区急需药物，刘友波的义举令数以万计的灾区人民受益。时任云南省省长和志强亲自致电刘友波表达感谢。这次仗义捐助是因为刘友波对祖国血浓于水的华夏亲情，而他在云南无亲无故，对云南的了解几乎是一片空白。

经过大埔设厂的经验教训后，刘友波进军云南时做了许多调研。1993 年 7 月，刘友波带了 7 人小组到云南考察，受到了省药监局和地方企业负责人的热情接待。在一个星期的考察中，他发现云南缺医少药、制药工业落后，各方都渴望谋发展、谋转型。和上上下下的诚恳、用心相比，云南药物资源丰富、人力成本低、政策条件优厚，这些信息都显示，云南有巨大的发展机遇在等着他。

云南，寓意“彩云之南”，本就是一个充满诗意和魅力的地方。经过 7 天考察，刘友波与“云南医药工业公司”就许多合作事项进行了深入交流，并达成了合作意向。1993 年 8 月 8 日，首届“昆交会”开幕，刘友波应云南省政府邀请与会。在此次盛会上，“积华医药化工有限公司”和“云南医药工业公司”下属企业“振华制药厂”签订了成立“中外合作昆明积大制药有限公司”的合同，揭开了“积华”投资云南的序幕。

“中外合作”的协议是，中方以厂房作为合作资产，“积华”承担所有资本投入、产品、技术、市场等。中方厂房每年收取一定的租金，合作期 15 年，中方不承担经营风险。这个协议很像一份租厂经营的协议，而不是合资共建、共负盈亏的股份化

刘友波在“积大科研”指导工作（2014 年）

2003 年，“积华”在香港联交所主板上市

昆明积大高新基地开工剪彩仪式（2003 年）

合作协议。对于合作伙伴的“保守”，刘友波一年多后才知道，当时到云南考察投资医药的外商多如过江之鲫，但真正落实投资的，在刘友波之前只有一家。

即便如此，刘友波作为“积华”负责人还是毫不犹豫地在协议上签了字，因为“机会只留给有准备的人”。刘友波考虑的是，时间就是效益，项目能快速落地，早日投产，就在市场竞争中取得了先机。

在“积大”签约注册后，刘友波突患恶疾，不得不住院治疗，但他始终没有放下手中的工作。这对合作伙伴和“积大”的创始员工来说，刘友波值得信赖。

1994 年春，大病初愈的刘友波在昆明主持召开“积大”筹建组首次工作会议，具体讨论安排了生产线设备调研及车间厂房设计改造的相关工作。由此，“积大”建设进入加速期。

在生产线建设重头戏开展的同时，“积大”的功能部门、组织建设同步跟上。比如，“积大”斥资 400 万元购置员工宿舍；成立积大工会，成立党支部；为全员缴纳社保，实行“五险一金”的福利保障制度。这些举措在当时的云南外资企业中均是首开先河。

1994 年 5 月，刘友波召开全体员工大会，首次提出“积大”管理的七个要点和用人的六字方针，用人的准则就是“忠诚、负责、效率”。

“积大”高管说，“忠诚，就是对公司忠诚、对自己忠诚、对用户忠诚，不能做假；负责，就是敢于承担责任，谁牵头谁负责，不能推上诿下；效率，我们公司行事作风是雷厉风行，容不得半点的拖拖拉拉。每个人都按照‘忠诚、负责、效率’六字方针做事，公司上下便有了向心力、凝聚力和战斗力，这也是‘积大’能在短时间内取得优异成绩的原因”。

“积大”的筹建其实就是一场和时间的赛跑。“积大”仅用四个月时间就完成了设备采购，粉针车间从设备调试到投产也仅用了 4 个月。5 个月内，“积大”建成的口服片剂、口服胶囊和粉针剂生产线全部通过主管部门验收。6 个月内，“积大”主要产品按计划正式投产。从签约到正式投产，“积大”总共用时 11 个月，创了云南省外资企业从签约到投产的时效历史纪录。

“积大”从筹建之初就成为彩云之南冉冉升起的制药界新星。投产的产品品质也广受认可，“积大制药”的生产技术、工艺和原料均由欧洲、日本引进，以保证“绝对品质”。产品不仅符合乃至高于国家标准，同时也通过了欧洲的药检。在市场方面，“积大”主要产品快速进入云南、北京、上海、天津、广州、南京、武汉、成都和重庆等省市主要医院，市场认可度很高。

“积大”毅然扛起云南医药品牌大旗，获得云南各级政府的肯定。同时，在鲶鱼效应之下，合作伙伴“振华制药厂”也积极提速发展。

从企业效益来说，“积大制药”在经过了将近两年的大笔投资之后，于 1996 年实现盈利，这在当时是很了不起的成绩。

健康事业创辉煌 实业报国无止境

到 1998 年，“积大”实现利润规模首次突破 1000 万元，达到 1240 万元。2000 年，“积大”被认定为“云南省高新技术企业”。期间，“积大”股东“积华药业”和“云南省医药医疗器械工业公司”开始研究从“中外合作”模式转向真正的合资体制。2002 年 2 月，“积大”合资模式正式确定，“积华药业”占股 65%，并负责经营管理；“云南省医药医疗器械工业公司”占股 35%，入股资产是现有厂房和无形资产。

2004 年，刘友波获颁在华外国专家最高荣誉奖——“友谊奖”（摄于北京人民大会堂）

昂首奋进的“积大”团队（摄于 2009 年）

改换到合资赛道后，“积大”发展更进一步。2002 年公司销售额突破 1.69 亿元，产线扩大到无菌粉针、无菌水针、口服胶囊、口服片剂和口服颗粒等 7 条 GMP 生产线，产品增至 19 个品种、5 个剂型和 28 个规格。

同时，“积大”充分发挥“积华”在国际市场的优势，每年引进 1~2 种新药，并进行仿创结合，逐步实现“积大制造”。这种良性循环奠定了“积大”年年创利、步步高升的基础。

2003 年，“积华”在香港联交所主板上市，谋求“实业 + 经贸 + 资本运营”的企业发展新格局。同年，“积大”在昆明高新区买地新建占地面积 70 亩、共 5 万平方米的产、销、研一体化基地，该基地建成后，拥有 13 个车间、17 条生产线，全部通过国家 GMP 认证，部分车间还通过了国际市场的药品认证资质，“积大”整体产能增加了 4 倍。

这意味着刘友波实业转型迎来了里程碑式的发展。站在事业新发展阶段的刘友波，2004 年开始进行新布局。他提出“东西两翼”战略，即在医药贸易上要增强东方中国和西方欧盟市场的互动，在医药实业上要挖掘中国东部和西部“地利”，相互配合、错位发展。

2022 年，刘友波捐赠 1500 万元人民币设立“虎山中学刘友波教育基金”。“虎山中学”于校园内建立纪念座，以示感谢并铭记刘友波之善举

2016 年，刘友波为“广东虎山中学”设立的“一褒学术大厅”

2018 年，刘友波为“广东大麻中学”设立的“校训座”

2017 年，香港回归祖国 20 周年之际，刘友波获颁“杰出港人”殊荣

之后，刘友波陆续主持成立了无锡积大制药有限公司，云南积大生物科技有限公司、昆明积大药品销售有限公司和积大医药（香港）贸易有限公司 4 家子公司。“积大”透过全新架构迎来新生，其中“无锡积大”生产符合欧盟和中国 GMP 标准的高端原料药，“积大生物科技”生产具有创新性的专科原料药，“昆明积大”是生产、新药研发、国际贸易的平台公司，“香港积大”从事医药原料及药品进出口业务，从而构建起集科研、原料生产、制剂生产、销售于一身的、中外市场一体的完整产业链。

截至目前，“积大制药”产品覆盖心脑血管、肿瘤、骨骼肌肉、泌尿、消化和肝病五大领域，填补了多项药品生产空白，诸多产品获“云南名牌”“云南著名商标”称号。公司自成立至今，累计实现营业收入 152.26 亿元，净利润 12.85 亿元，缴纳税金 17.53 亿元。

在产品和市场两端均走在前列的情况下，“积大”收获了许多殊荣，曾荣获包括国家、省、市及昆明高新区等各级政府部门颁发的中国化学制药行业工业企业综合实力百强、中国医药工业最具成长力企业、高新技术企业、全国外商投资“双优”企业、云南外资企业前十名、云南企业百强、云南省外商投资先进技术企业、云南省战略性新兴产业领军企业、云南省小分子药物工程研究中心等多项荣誉。

在这个过程中，各路资本也将目光聚焦到了“积大”身上。2012 年，一家美国策略投资基金公司投资“积大”，“积大制药”股份改革由此更进一步。刘友波带领的“积华”在“积大”的股份占比从之前的 70% 降至 49%，为冲击 A 股市场做准备。虽然之后“积大制药”上市未果，但并不影响刘友波带领“积大”继续向前。

在沿着心中的健康事业梦想，一路披荆斩棘、连创辉煌之际，刘友波也为此付出了巨大的健康代价。1992 年，刘友波在香港推广中医药文化，在召集举办的一次学者交流会后，他回到住所休息，突然昏倒在地。幸得家中小狗 Buda 狂吠，引来司机和佣人，刘友波才及时送医捡回一条命。医生认定是“恐慌病”，一种忧郁症。这个病折磨了刘友波很长一段时间。这之后他还有三次与死神赛跑，一次是 1993 年患早期腮腺癌，电疗过程九死一生；一次是 2011 年冠状动脉堵塞，心脏搭了四道桥；2013 年患第一期肠癌，所幸就医及时。

2018 年 7 月，刘友波获颁“全球杰出华商慈善人物大奖”

2020 年，昆明积大制药股份有限公司通过昆明市红十字会捐赠现金 170 万元人民币，支援昆明市抗击新冠疫情工作

每一次与死神擦肩而过，刘友波都会更加珍惜生命、生活和事业，并用自己的诚心做好每一件事。他说，凡事命中注定，生命不息，奋斗不止。

也是因为有遭遇健康问题的切身体会，刘友波越发重视科技研发、人才和公益慈善事业。多年来，刘友波在国内的捐资助学、抗震救灾、扶贫济困、员工帮扶、健康中国、抗击疫情等公益慈善活动中从不缺席。他在 1996 年捐资 80 万元港元以“教育科研基金”方式向昆明医学院资助教学和科研。之后又于 2003 年在昆明医学院设立了“刘友波助学金”，专项资助经济贫困的优秀学生。

作为长期支援国家和社会公益慈善事业的战略性尝试，刘友波于 2015 年在香港注册成立了基金会，逐步开展社会公益事业，至今已在教育发展方面试水。2022 年，基金会捐资 1500 万元人民币在“大埔虎中”设立永续性基金。刘友波说：“未来我计划将个人资产主体全部贡献给国家的科技和教育发展事业，通过此举影响并带动海外侨胞共同为祖国的科技和教育发展出力”。

跟随董事长刘友波的公益慈善足迹，“积大制药”也在 ESG（环境、社会和公司治理）方面积极作为。在新冠疫情中，2020 年，刘友波个人和“积大”共同以“昆明积大”名义，通过昆明市红十字会捐赠现金 170 万元人民币，向全国各地部分医疗机构捐赠防疫物资约合 150 万元人民币。

因为对经济及社会所作出的卓越贡献，刘友波获得了从国家级到各级政府以及国家公益慈善部门颁发的各种称号、荣衔和荣誉。同时，许多社会组织纷纷邀请刘友波兼任公职，例如云南省侨联顾问、云南省侨商会副会长、云南省外商投资企业协会副会长等职。

无论时代如何变迁，刘友波永远不变的是对祖国的忠诚。刘友波说：“不求功著于景钟，唯望抚心而无愧”。这种遵道而行，择善而从，心有家和国，却不问功与名的人生信仰，正应了“仁义”二字，也是刘友波“治病救人，健康益寿”济世理想的要旨。華

孟丽红

作为港区全国政协委员，孟丽红爱国爱港，积极建言献策，踊跃参与祖国建设和香港发展，展现了浓浓的家国情怀……

作为商界杰出企业家，她缔造庞大而稳健的商业体系，打造饮誉全球、国人叹美的“中国第一邨”、粤港澳优质生活圈示范区……

作为著名慈善家，她恫瘝在抱，热心公益，积极回馈社会，把赤诚纯粹的爱心洒向祖国大江南北……

精耕湾区创辉煌 爱国爱港勇担当

——全国政协委员、祈福集团副董事长孟丽红

“祖国翻天覆地的巨大变化，给了我们强大的自信心和自豪感，我们是改革开放和中国富起来、强起来的参与者、见证者和受益者，也深刻感受到香港回归26年来的繁荣发展。未来我们将紧抓国家‘十四五’规划和粤港澳大湾区机遇，稳健前行，同时发挥桥梁纽带作用，积极推动香港和内地的交流”。

——孟丽红

敢为人先
从香港到广州，在荒山沼泽上掀起
“造城运动”

20世纪90年代初期，孟丽红和先生彭磷基受番禺政府的邀约回到家乡进行投资考察。

当时他们考察了多个地块，其中钟村一个地块(即现祈福新邨用地)，放眼望去是石头山和沼泽地，既不能耕又不能种，地块内几个养鸭子的水塘一年产值只有几千块。

孟丽红伉俪凭借超前眼界和国际视野，认为这里是投资开发最理想的地点，能吸引广州人和香港人来此买房居住。一是地理位置好，毗邻广州城央，离香港近；二是文化同源，大家都说粤语；三是生态环境好，宜居、宜业，虽然祈福新邨当时是石头山和沼泽地，但背靠大夫山，遥望珠江，堪称风水宝地。

“我们心里都十分清楚，中国的发展只会越来越好，人民生活越来越富裕，对住房的需求越来越高，市场空间越来越大。而我们曾在国外生活过，知道有‘精英卫星城’的概念，从地理空间上来看，祈福新邨有作为广州‘卫星城’的条件。我们希望引入国外的开发模式和经验，结合当地实际，打造一个为居民提供理想生活的‘精英卫星城’。加上我丈夫的祖籍是番禺，我们对家乡、对祖国有很深的感情，改革开放初期受到番禺政府热情邀请回乡投资。当时看到家乡面貌比较落后，希望能够尽自己的力量为家乡做点贡献。因此，当时我们就下定决心，要在这里规划建设一座国际化宜居大城，一个中西合璧的‘地球村’，打造成一个代表性项目，为国家在这方面的发展提供一个参考范本。”孟丽红说。

但这些对当时的广州而言，无异于天方夜谭。因为20世纪90年代番禺房地产行业几乎是一片空白，内地大多数人仍处于自建房、单位福利分房或房改房的居住状态，“商品房”概念尚未成型。“很多人有经济条件想住得好一点，但当时没有大规模的商品房供选择。”这对他们后续的开发增添了信心。于是，一场轰轰烈烈的“造城运动”随即展开。

缔造标杆
从“中国第一邨”到“粤港澳优质圈
生活示范区”

1991年冬，祈福新邨首次开盘发售，许多买家冒着寒冷带着被子通宵轮候，500多套别墅在两小时内被抢购一空。

“当时第一期开卖，买家八成是港人。”孟丽红说。祈福新邨首期主打度假概念，联排别墅一栋才19万元人民币，合适的价位、优美的环境和完

粤港澳优质生活圈示范区“祈福新邨”航拍夜景

善的设施，吸引了很多香港人。一些从香港来的记者、摄影师、广告人、律师都毫不犹豫地出手。当时有些香港人甚至“只识祈福，不识番禺”，祈福新邨掀起了港人第一次置业内地的热潮。

祈福新邨是少有不占用耕地开发的。1993 年，时任国务院副总理朱镕基前来参观，原定祈福新邨停留 3 分钟，但被现场环境震撼，参观了整整 1 个小时。在了解开发理念后，朱镕基赞赏：“如果每个开发商都像祈福这样不浪费一分耕地，我就放心了！”并盛赞祈福新邨为“中国第一邨”。

祈福新邨的开发运营，开创了房地产行业的许多个“率先”。祈福新邨第一次引入国际先进理念，以“房地产为龙头 + 城市国际配套”超前规划，以运营城市的模式开发社区，更是重新定义了什么是房地产开发——不仅仅是卖房子、卖一样商品那么简单，而是创造了一种高品质的生活方式。祈福新邨“精英卫星城”的成功实践，为广州南拓奠基铺路，为城市向南战略提供成功样本，也增强了政府不断向南发展的信心和决心。

祈福新邨设立大型售楼部，培训专业售楼员，提供售楼书、售楼合同、沙盘模型、电视广告、报纸广告、设示范单位及免费穿梭睇楼车等一系列的营销硬件及软件设施，均属国内首创。在香港专设“睇楼团”，创国内“体验式营销”先河；第一个提倡按揭买房、第一个在社区自建会所、第一个成立专业物业管理、第一个提出设立“物业管理基金”、第一个自营引入楼巴、邨巴、第一个将港澳巴士引入社区、第一个自建社区消防队、第一个先后投入数千万元人民币在住宅用地上自发建设两座总设计规模日处理量约 3 万吨的污水处理厂（净水厂）、第一个提倡以“以虫治虫”综合生物链来除害虫、第一个重视营造国际社区文化、第一个自建多条市政隧道 + 多条天桥连廊、第一个建造全新国际化大型交通枢纽祈福交通中心……

功不唐捐，玉汝于成。孟丽红伉俪以敢为人先的气魄、超前的国际视野与理念、前瞻性规划运营，不断创新和探索，不惜代价持续投入，打造了轰动全国的传奇经典巨作——祈福新邨，缔造了有口皆碑的“祈福模式”。如今，这里已成为广州乃至全国的荣耀、创新、活力、幸福之城，是广州的一面独特旗帜、著名地标和名片，也是城市社区建设的精神符号！祈福新邨的运营理念先进，模式超前，一直被模仿，却从未被超越！

祈福新邨占地 7500 亩，汇聚全球 100 多个国家及地区精英，约 20 万人口，其中港澳居民累计约 3 万人，居民人口规模堪比国内一个城镇，22 号线地铁就在家门口，1 站直达广州南站，已轻松构建起粤港澳 1 小时生活圈，是集居住、交通、医疗、健康、教育、养老、商业、商务办公、旅游、文化、法治、科技、国际人文等于一体的国际化大城。值得一提的是，祈福新邨各项服务同时与港澳深度接轨，还专门成立有服务香港住户的“祈福香港同乐会”，是全广州汇聚港人最多的社区，也是港澳等全国各地精英最喜欢的国际优居社区之一，亮点突出，贡献非凡，在全国独一无二。多年来祈福新邨获得荣誉无数，享有“中国第一邨”“小联合国”“全国名盘”“中国超级大盘经典教科书”等美誉。因开创多个“率先”，荣幸入选“敢为人先——广东改革开放一千个率先”；2021 年，祈福新邨被广州市政府划定为宜居、宜业、宜游的“粤港澳优质生活圈示范区”样本！孟丽红伉俪带领的祈福集团也被誉为“中国造城大师”“中国城市运营先锋”等多种称号。在持续的投入中，祈福集团承担了许多政府职能，直接为政府减轻了资金、人员等各方面的负担，备受政府赞誉！

这些，都是孟丽红伉俪共同耕耘的硕果。凭借数十年国际和国内的房地产开发经验，继祈福新邨后，祈福集团又先后在广东花都、佛山、肇庆，江西等地开拓了多个项目。

心系教育
国家教育改革先行者，创办十几所学校

20 世纪 80 年代中后期，国家教育改革开启，逐步开放社会力量办学。90 年初，民办教育逐步试行。孟丽红伉俪是国家教育改革的先行者，助力推动中国教育接轨国际。

在内地创业过程中，孟丽红深刻感受到本地“人才荒”，需从香港聘请大批专业人士前来指导、培训，或做英语翻译，这是孟丽红伉俪萌生教育办学的一大原因；另一方面，伴随祈福新邨首批交楼，业主陆续入住，他们希望孩子能在家门口享受最好的教育。

“我们当时预见，中国未来必定会与世界接轨，一定要学好世界通用语言，最终我们提出‘培育学贯中西的复合型人才’的教育模式，创办了当时广州最早的国际学校。”

1995 年，当时尚未有规划条例规定开发商要建学校，但国际中英文学校——祈福英语实验学校诞生了，祈福集团成为最早一批创办双语教育学校的开发商。当时的内地，民办教育、双语教育都是新生的教育模式，在创办之初就遭遇了重重困难。“一方面，没有优质的外教，就走遍北美去寻找合适的外教。外教招聘来后又要和当地政府做工作，放宽外教进入的名额。”孟丽红笑着回忆，但她为此很自豪：“当年祈福学校聘请的外教，比整个广东省的外教加起来都多。”

师资难题是一方面，生源难题又是另外一方面。在 90 年代，社会对双语和民办教育的接受程度不是特别高，很多家长都持观望态度，第一年招生只有几个学生，学校的职员比学生还要多。

“面对这些困难，但我们依然坚持高品质教学，坚持小班制，坚持双语教育，甚至连班级配置都有中英两个课室及班主任，既打好中国传统文化基础，又学习西方的文化、逻辑思维方式。”

孟丽红表示：“我们当时就有一个信念，中国早晚会融入国际社会，我们培养的学生将会是在国际交流上没有任何障碍，可以站在世界舞台中央，具备领袖气质的精英。教育强则少年强，少年强则祖国强。”

祈福教育曾连续十几年未能盈利，通过持续不断的资金投入，口碑的积累，教育成果逐步显现。从门可罗雀到门庭若市，这背后是祈福对教育事业的信念坚守。

据介绍，祈福英语实验学校目前已有来自世界 40 多个国家和地区的近 5000 名学生入读。学校以三大特色闻名，一是教学理念及师资国际化：开创“中英文双语教学”模式，聘请国内老师及欧美外教近 140 人，涵盖有国际班、国内双语班和港澳班等特色鲜明的完整课程体系等，其中港籍学生 1000 多人，是香港学生入读内地学校首选之一；二是课程体系多元化：开设有双语教学课程特色、全英文国际课程和多元文化教育，学生毕业时可申请或直接升读不同国家和地区的大学；三是教学成果优质化：是全国唯一连续 16 次获得美国、德国、瑞士等国际发明金奖的名校，学生 100% 被国内外名校录取，获得国际 CITA 认证、广东省一级学校、广东十佳民办学校等荣誉。

随后，孟丽红又带领祈福集团，相继创办了十几所学校及幼儿园，包括祈福新邨学校（九年制）、祈福幼教集团，包含祈福新邨幼儿园、祈福精英幼儿园等 8 所幼儿园，并开办早教中心等，打造了完善的教育体系，多年来培育学生数万名。

医疗创举
创建国内首家国际 JCI 认证医院，推动中国医疗接轨国际

2000 年，祈福集团再一次走在时代前列，参与国家医疗改革，开启中国民营医院先河——斥资

国际 JCI 认证、国家三甲医院——祈福医院

10 亿元人民币兴建广东祈福医院。提起创办医院的初衷，孟丽红表示，一方面这是有感于当年番禺医疗条件落后，环境差，看病排长队，没有隐私。“当时生病了就需要回到香港，所以我们想建造一家环境优雅、设备先进、医术高明的一流医院，服务于业主、造福于社会。另一方面，我先生从小就有从医的梦想。”

当时内地房地产市场还非常火热，民营医院市场也刚起步，10 亿元人民币巨资足以在广州珠江新城拿下很大一块土地，但他们依然坚持投入医疗，并从开始就定位打造一流的国际化医院，致力推动内地医疗接轨国际。建院前，孟丽红伉俪考察了欧洲、美洲、新加坡、中东、日本等十多个国家的医院。“我们将医院设计得像酒店，让病人忘记自己是病人，来这里只是‘休息’一下，减轻精神压力。”

凭借对医学的执着情怀和不惜投入，祈福医院逐步扩张，一期、二期投入共逾 30 亿元人民币，目前已发展为大型综合性三甲中西医结合医院，是国内首家并连续七次通过国际 JCI 认证的医院，医院建筑面积近 30 万平方米、可开放床位 3000 张，全院临床医技科室共 56 个，设有大型现代化门诊部、住院部、急救中心、卒中中心、国家胸痛中心、VIP 贵宾中心、国际健康管理中心、体检中心、皮肤医学美容中心等近 200 个门诊，专科俱全，疗法独特，肿瘤中心及康复中心尤为特色。包含国家级重点建设专科：儿科、神志病科，省级重点专科、广东省中医名科等。现有国际先进设备约 1400 套，汇集国内外专业医护药技人才千余名，副高以上专家 200 多名。祈福医院已成为广州市医保、工伤、生育定点医疗机构，各级公费医疗、全国异地联网结算定点医疗机构，广东省首批涉外定点医院之一，得到国际 40 家著名保险公司的认可并签约合作。

祈福医院还积极推动粤港澳大湾区医疗融合，自 2001 年至今，港澳籍居民诊疗人数达 100 多万人次。还编著《粤港医疗服务政策对接的研究》一书，促进香港与内地进行医疗交流。早在 2005 年香港医管局原行政总裁高永文医生就率领 13 位港医来祈福医院驻诊，是中国首批在内地执业的香港医生，并且积极与世界热疗医学会、加拿大麦吉尔大学、香港中文大学、香港浸会大学等开展临床教学及科研交流等合作，推动中国医疗国际化！

多年来，在孟丽红伉俪带领下，祈福医院秉承“医者仁心 · 关爱生命”的办院宗旨，以建立“百年祈福医院”为目标，主动承担社会责任。获得广东省抗击非典模范集体、中国医院十大知名品牌、广东省十大百姓信赖品牌医院、全国百佳诚信文明示范品牌医院，还获得香港公众评选的“香港市民最信赖的中国内地医疗机构”等荣誉。

高光不断
多元发展，稳健前行

2016 年，孟丽红带领祈福生活服务在港交所主板挂牌上市，打开了集团产业登陆资本市场的大门，构建起一个包括物业管理、零售服务、餐饮服务、资讯科技服务及配套生活服务的多元化业务组合。

2017 年，祈福集团迎来又一个高光时刻：斥巨资打造的又一政府重点项目祈福缤纷世界开业，总商业体量 43 万平方米（包括一期、二期、三期），强强联合各大品牌，打造刺激娱乐天堂、国际购物天堂、环球美食天堂、建筑艺术天堂，精彩夜市天堂，集游、赏、购、吃、喝、玩、乐、住等多元化为一体的世界级旅游体验中心，成为广州市重点项目，打响番禺“全域旅游”头炮！祈福缤纷世界打造了独具特色的旅游品牌，已成为粤港澳大湾区热门“打卡”胜地。

孟丽红向中国扶贫基金会捐赠 3000 万元人民币

在孟丽红伉俪带领下，经过 30 多年发展，如今的祈福集团，已发展成为集地产、医疗、教育、酒店、科技、生活服务等于一体的多元化集团。尤为难得的是，无论是在市场“燥热期”还是“动荡期”，祈福集团始终保持其低调、稳健、务实的作风，稳扎稳打，深耕细作，稳中求进，行稳致远。

热心公益
数十年如一日，保持纯粹初心

孟丽红第一次做慈善，是在 20 世纪 80 年代初。

“其实那个时候，我们从香港回内地创业，并没有多少钱，但看到家乡校舍像破庙一样，一个黑漆漆的小屋子，房顶是草搭的，房屋四周到处都是洞，透过洞往里面看，看见一些小孩蹲在地上，原来他们在读书，但没有灯、没有书桌，决定拿出 100 万元人民币给政府建学校”。这一年，钟村育英小学建成，成为当地条件最好的学校，一度引发“参观热潮”，后来孟丽红伉俪又多次追加捐款。

孟丽红一直深信，扶贫先扶智，扶智靠教育，教育扶贫是扶贫的治本之策，是阻断贫困代代传递最重要、最有效的途径。“少年强则国强，我相信通过教育可以改变一个人、一个家庭的命运，改变国家落后的面貌，让贫困的孩子有学上，也为国家、为社会献出一份力量。”

90 年代末，孟丽红伉俪随港澳扶贫考察团到百色考察。当时百色整体落后，教育资源非常匮乏，整个百色只有一所高中，很多学生辍学。她又一次决定捐资办学：“除了捐出希望小学，还决定捐献一所高中。学校的规划、设计、建设、设施配置一定要好，教学楼、宿舍楼、饭堂、电脑室等都要有，又亲自面试挑选老师、严格审核贫困生家庭背景等，所有这些我都亲自把关。”孟丽红说。祈福集团先后捐资 3000 多万元人民币，创办了百色祈福高中，后又设立“孟丽红学术交流中心”“孟丽红班”等，为学校发展倾注了大量心血。她还每年都抽空前往学校探望师生，实地了解情况，和师生面对面交流。

学生们与孟丽红感情深厚，每年都会有很多学生来信和自制卡片等，至今已有数千封。“告诉您一个小故事，上次您来那天，一下子聚集了太多的人，导致饮水机的水都不够了，于是我们称那一天为‘孟母日’。”其中一名学生在给孟丽红的信中写道。

“每次翻看阅读，我都有一种莫名的感动。虽然，每次我到校园探望他们，被同学们团团围住的时候，我都无法一一分得清他们，但是，我深深知道，他们每一个人都有属于自己的故事，他们那种艰苦中成长，逆境中奋发，渴望追求知识的正面人生观，我全部都感受到了。”孟丽红感慨。如今，百色祈福高中已培养了 3 万多名品学兼优的毕业生，多名学生考上清华、北大，被家长们誉为“广西第一校”，已发展成为广州帮扶百色教育的品牌学校，涌现出无数杰出校友，包括被追授“时代楷模”、全国脱贫攻坚模范、“七一勋章”获得者黄文秀。

30 多年来，孟丽红个人和集团共向社会各界公益事业捐资共逾 7.5 亿元人民币，包括教育、医疗、扶贫、赈灾、环保、文化等多个领域，尤以教育、医疗领域为主，并积极参与毕节扶贫、“中国光彩事业”帮扶革命老区、清远助农等多类项目，受惠机构和个人遍布全国各地，为中国慈善公益事业、脱贫攻坚、乡村振兴贡献了重大力量！

和很多企业家不同的是，孟丽红做慈善有自己

祈福集团赞助的宋庆龄少年儿童发明奖，吸引了很多香港青少年参与

的特点：一是亲力亲为；二是非常纯粹，不与任何商业投资挂钩、不谋任何利益、不计任何回报，数十年如一日不忘慈善初心，不改纯粹本色；三是持续性强，多项慈善项目都已持续 20 多年，如新长城孟丽红助学金、宋庆龄少年儿童发明奖等；四是创新性，开创慈善新模式，“输血 + 造血”齐头并进。

受孟丽红慈善精神影响，很多昔日的受助学子毕业后坚持薪火相传，尽己之力传递关爱。比如部分受助学生自发设立“涌泉基金”，通过该基金捐款帮助更多寒门学子；有些学生在校时一直积极参与各项公益活动，毕业后进入慈善机构工作，并立志以慈善为毕生事业。

孟丽红常说：“慈善是一种习惯、一种状态、一种情怀、一种持续传承的精神力量。”她认为每个人都应力所能及做慈善，企业家更应有自觉的慈善意识并付诸实际行动，履行社会责任。在孟丽红身体力行、人格魅力和榜样示范下，祈福集团早在 20 多年前就成立了义工队，还发动业主、师生、医务、员工等共同做公益，将慈善理念深深融入祈福企业文化、社区文化基因。

抗疫先锋
积极支援各地抗疫，危难面前勇于担当

新冠疫情暴发以来，孟丽红带领祈福集团响应国家和政府号召，积极参与抗疫防疫。她本人亲自从国外急筹医疗物资捐赠给政府，而旗下医院、物业、酒店、商业等各行各业全面投入战“疫”。其中，祈福医院累计派出数十名医护人员支援一线抗疫，前后抽调数百名祈福医护人员支援广州各场所核酸采样、转运密接 / 次接人员，还打造广州市番禺区最大的疫苗接种点及广州示范性接种点、核酸检测点。疫苗接种点专设港澳台人士登记窗口和通道，是广东省在粤外籍人士及港澳台同胞新冠病毒疫苗第一批定点接种单位。祈福集团提供两家酒店共 800 多个房间给政府作为隔离中心。截至目前，为疫情支援超 7000 万元人民币，为大湾区复工复产和社会稳定发展贡献力量。

2022 年 2 月中旬，香港暴发第五波疫情。在疫情最严重及医疗资源最缺乏时，她即时专门成立祈福集团专职援港抗疫小组，除捐款 70 万元人民币，还筹措到 1.5 万盒药品，捐赠及送递到各港人社团

2022 年，孟丽红参加全国两会现场照片

社会活动，用心团结香港各界群众，开展香港青少年爱国主义教育，大力推动人心回归；充分利用集团资源，努力推动香港与内地经贸、医疗、养老、教育、旅游等领域的共融共通；积极参与经济建设及防疫抗疫工作，充分发挥了一名港区政协委员的双重积极作用。

孟丽红尤其关心香港青少年发展，她自主发起“祈福集团·新时代青年创智发展计划”，每年举办京穗港台大学生为期一个半月的实习交流；多次参加香港“进校园”国情讲座、开展“京港粤绿色学校交流计划”、香港青年“广州一日 CEO”活动、“高飞远翔”粤港青年明日领袖培训、“宋庆龄少年儿童发明奖”、推动祈福新邨学校与香港学校缔结为“姊妹学校”等；创造各种机会推动香港青年到内地实习、就业、创业，如大湾区青年就业计划、港澳台青年展翅计划等，推动香港青年融入国家发展！

及港人会员手中，并通过各种渠道和平台发声为香港和香港市民打气加油。

孟丽红及祈福集团抗疫成绩获得政府充分肯定。2020 年，孟丽红荣获全国妇联“抗击新冠疫情全国三八红旗手”荣誉称号，祈福集团获中华全国工商业联合会授予“抗击新冠疫情先进民营企业”以及分别获广东省、广州市授予“抗击新冠疫情重要贡献民营企业”等荣誉称号。

心怀家国
积极推动香港与内地共融共通

2018 年初，孟丽红当选为第十三届全国政协委员。她说：“这是一个光荣的使命，在更高的平台为同胞谋福祉，为社会发展鼓与呼，为国家进步尽自己绵薄之力，这是无上的荣耀，也意味更多的责任和担当。”

孟丽红积极履行委员职责，紧扣党和国家工作大局，认真调研、撰写及提交提案，利用多种渠道为国家、粤港澳大湾区及香港工作反映社情民意、建言献策；积极展现委员责任担当，敢于发声，支持香港特区政府依法施政、宣传国家对港方针政策；参与香港重大

多年来，孟丽红身兼多项公职：中国宋庆龄基金会理事、北京市妇联常委、香港新家园协会副会长、港区妇联代表联谊会永远名誉会长及理事、香港广东青年总会名誉主席、香港广州社团总会常务副主席及常务会董、广州外商投资企业商会会长等；此外，她还获得多项社会荣誉：广州市荣誉市民、广东省政协优秀提案奖、大湾区杰出女企业家、资本中国杰出企业成就奖、香港杰出企业家社会责任奖、辉煌贡献社会奖、中国捐赠百杰榜人物、中国扶贫基金会教育扶贫慈善家、教育扶贫突出贡献奖、香港杰出商界女领袖奖等，备受社会各界肯定及赞扬！

而无论任何一种身份，任何一个领域，她都秉承服务国家、服务社会的精神，利用自己的资源、知识和社会影响力，推动祖国经济、教育、医疗、文化等方面的建设，用实际行动，证明自己的价值，以及对祖国、对人民赤诚的爱，为国家富强、民族振兴、人民幸福奉献全部力量！華

潘继泽

秉持清廉自律、在任何绝境下都不向贪腐妥协的处世理念，潘继泽带领一手创立的恒泽集团，从小小的7人团队，发展成为庞大的多元化产业王国，涉及金融、地产、医疗、酒店、物流、商贸服务等领域。

作为缅甸知名的商界领袖，潘继泽竭尽所能，推动缅甸加速现代化建设，实现民族复兴。

“恒”守清廉 福“泽”缅甸

——恒泽集团主席潘继泽

“中国对我，对恒泽，始终有着很强的吸引力。2005 年之后，集团的业务重心一度转移到了中国，我们都坚信，中国是一个拥有灿烂文明与无穷智慧的国家，伴随着日新月异的发展，必能在全球产业界铸造更强大的话语权。未来，希望中缅之间的投资和经贸往来越来越紧密，使两国人民多多受惠。”

——潘继泽

崭露头角的地产精英

潘继泽除了中文姓名，有一个缅甸语姓名 Theim Wai，和一个英文姓名 Serge Pun。这三个姓名，标识着 20 世纪后半叶以来，发生在亚洲版图的三段兴衰巨变。

1953 年，Theim Wai 生于缅甸仰光。当时，这座三面环水的美丽城市，正沁润于“亚洲之都”的辉煌积淀中，以拥有全球最多的柚木资源及出产全球 95% 的翡翠傲立于世界东方。Theim Wai 的父亲祖籍广东番禺，曾居住于香港，在香港交通银行任职，后被中国交通银行派往仰光开设分行；母亲是缅甸第三代华侨，温婉娴静，克俭持家。

衣食无忧的童年在 1962 年戛然而止。那一年，缅甸奈温将军（General Ne Win）发动政变，成立以军事统治管辖的全国政府，宣布缅甸将成为社会主义国家。奈温执政后，对内实行“缅甸式社会主义”，下令将所有工商企业收归国有，大批华裔商人被迫离开缅甸。Theim Wai 父亲所在的交通银行仰光分行，被中国政府赠予缅甸，提前退休后，他领着一家人于 1965 年返回中国。

在北京东单的一家四合院，缅甸孩子 Theim Wai 变成了归侨之子“潘继泽”。退休后的潘父，在东交民巷中国银行管理处领取退休金，工资单编号 0001。他深受中国政府礼遇，国庆时受邀与领导人共同登上天安门观礼台，也时常出席国宴。

在潘继泽的记忆中，那是一段他与家人的显赫时光。潘家装有整条巷子里绝少有的私人电话，潘继泽与哥哥就读于华侨补校，日子无忧无虑。

1966 年，13 岁的潘继泽无法再继续学业，于 1969 年和其他 1500 名青少年被送至云南西双版纳兵团劳动。

“四年里，我们仅凭人力建起了一座水坝。晚上，住在自己用竹子搭建的茅屋里，睡在自己搭建的竹筏床上。即使是最寒冷的冬天，也只能用溪水洗澡，没有生活用电。至于一日三餐，我们能领到的仅仅是最基本的主食和大米，其他的都要自力更生。如果你所在的生产队条件比较好，既种菜又养猪，那就有可能吃上肉。”潘继泽回忆说。

虽然，突如其来的巨大变化冲击了潘继泽的美好想象，但很多年后，潘继泽亦感念于这段岁月中命运之神的精心磨砺。

“如果没有这段经历，我也不知道是否有恒心和毅力去面对后来人生中的那些沧海沉浮。物资极端匮乏、肢体极端疲劳、精神极端紧张的那些日日夜夜，我学会了珍惜身边一切原来看似理所当然的东西，也锻炼出分析政治风潮以及预判社会变化的敏锐直觉。比如一位领导人，如果对其人生态度有所了解，我就可以洞悉他的行为动机，及后续政策的走向。”潘继泽说。

这份千金难买的政治嗅觉与精准判断力，不仅护佑潘继泽在后来跌宕起伏的人生中平安稳健，更成为他创建庞大商业王国的制胜关窍。

1973 年，潘继泽找到机会前往香港。时年 20 岁的他，揣着当时中国准许的最高出境外汇额——5 港元，跨过罗湖桥，只身闯荡新世界。

这场冒险的“开场白”并不友善。过罗湖桥时，有一位异常“热心”的服务人员，主动帮潘继泽提取行李，他亦没有多想，只是满怀感激接受了帮助。谁知在通关结束后，服务人员随即板起面孔，索要 4 港元的天价服务费。初来乍到的懵懂，加之已然“使用服务”的无奈，潘继泽支付了这笔费用。

他的兜里只剩下 1 港元，而前往香港九龙的车票是 1.7 港元。“那一刻真的很无助，无助到自己都不确定该求助于谁。但天无绝人之路，徘徊中我遇到了一位真正的好心人，拿着他借给我的 1 港元，我终于凑足车费，到达九龙。”潘继泽回忆说。

就这样，华侨子女潘继泽，摇身变为香港空气清洁剂推销员 Serge Pun。“初到香港，因为没有学历，又不懂广东话，所以工作的选择面很窄。那几乎是生平除了‘文革’之外的第一次，我觉得生存无比艰辛。”然而天道酬勤，意识到自身“短板”的潘继泽，开始拼命补习语言，了解当地文化。仅仅一个月之后，他就成了公司的销售明星。

这份令他在销售界崭露头角的工作，带来另一个新机会，潘继泽有缘结识了一位名叫埃尔马 · 布施（Elmar Busch）的德国企业家，被聘为该地产经纪公司推销员。

时值 20 世纪 70 年代，香港依靠成功的经济战略转型，跻身“亚洲四小龙”之一，地产经济强势崛起。潘继泽看准大势，整整十年潜心深耕于地产业，不仅深谙行业发展规律与盈利模式，更凭借骄人的销售业绩，积累下人生的第一桶金。

“我很幸运，遇到赏识我、关照我的老板，带我入行，又肯教我很多东西。20 世纪七八十年代的香港，拥有做事的‘黄金时期’，人人都有机会，人人平等，这是很珍贵的感觉。当时在中环街头，你开一辆劳斯莱斯，别人不会嫉妒，只会觉得你享受的一切，我有一天也会有，于是更加努力。这也是我当时的心态和想法。”潘继泽说。

怀抱对人生、事业不断晋级的坚定信念，1983 年，潘继泽于香港创立恒泽实业有限公司（Serge Pun & Associates Ltd.），继续植根于他熟悉并擅长的房地产行业，并迅速将业务扩展到亚洲其他国家和地区，以及欧洲、北美等地。

1988 年，恒泽首次在泰国曼谷设立了分公司，随后将版图延伸至吉隆坡、台北、深圳、成都、大连等城市，发展成为区域性的房地产跨国集团公司。

一个超级商业王国的序幕，正徐徐拉开。

赤子之心的缅甸巨贾

1988 年 7 月，缅甸全国爆发大规模游行示威，一代备受争议的“枭雄”奈温被迫下台，缅甸紧闭了 26 年的森严门户终于敞开。

次年 12 月，潘继泽携太太重访仰光，这是他自 12 岁阔别出生地后，首次归来。双脚再次踏上故土的那一刻，潘继泽百感交集。“从前的奈温时代，我们这些离开的华侨，是不准回来的。我的太太从来没来过缅甸，终于等到国门再次敞开，我带她来走走看看，也圆了自己对这片土地魂牵梦萦的心念。”

久别重返的喜悦过后，眼前的景象令潘继泽倍感心酸。“仰光曾经是一座辉煌的城市，但如今很多地方破败脏乱，比我当年离开的时候倒退了很多。”受制于奈温军政府奉行的独立自主、中立不结盟的外交政策，以及国内经济瘫痪的“内祸”后，“新兴设施极少。很多建筑和公路，是我离开前就存在的，多年来缺乏修缮，满目疮痍。路上的汽车没几辆，车型还是二战时期（20 世纪四十年代）的。”

反观曼谷、吉隆坡、新加坡等地，在仰光沐浴于“亚洲之都”的荣耀时，它们还只是名不见经传的城市，如今却以国际都市的傲人姿态，将仰光甩落至千里之外。强烈的反差，令潘继泽十分伤感，一个念头在他的心底悄然生根：只待时机成熟，他一定要为缅甸做点什么。

1991 年，潘继泽再度造访仰光，此行应一位缅甸部长的诚恳邀请，他决意回缅甸投资。“九十年代的缅甸，姿态渐趋开放，市场活力开始释放出来。然而几乎没有西方企业愿意进入缅甸，新执政的军政府欢迎华裔投资，新近通过了一部外国投资法案，因为他们很需要钱。这个时机非常有利。”

同年，潘继泽在仰光创立恒泽（缅甸）有限公司(Serge Pun & Associates (Myanmar) Ltd.)，次年创立“第一缅甸投资股份有限公司（First Myanmar Investment Co.，Ltd.，FMI）”。

起步阶段，公司瞄准缅甸最缺乏的两项商业领域，金融银行业和地产开发业投资。用潘继泽的话说，彼时刚刚打开门户的缅甸，没有太大竞争，只要“肯进场”，处处都是商机。

但他有一个雷打不动的原则——拒绝腐败，拒绝行贿。“这是我 1991 年来仰光创立公司的时候，就定下的绝不可破的方针。”潘继泽说，当时的内阁基本分为三种人：第一种是军政府里的爱国人士，他们深受奈温“缅甸式社会主义”改革失败的冲击，迫切渴望国家脱贫致富；第二种是一大批军长，他们是内阁里的“骑墙派”，见风使舵，这些人不会轻易将高利润的商业项目拱手于人，但关键的、绝不能失败的重大项目，则考虑交给最有资质的企业承担；第三种是一小撮只为自己“谋私利”的败类，没有钱，任何项目都不可能交给你。

“第一种人跟我们很亲近，第二种人会给我们一些项目，第三种人跟我们离得很远。”潘继泽对这种局面颇为欣慰，毕竟在腐败成风的缅甸，华裔能够有机会取得政府的信任与支持开展商业投资，是曾经不敢奢望的事情。而他自始至终秉持的廉洁作风，亦成为缅甸全新“开放时代”的超级硬通货。“我，就是不行贿！也可以做得非常好！”潘继泽说。

1993—2002 年，恒泽迎来高速发展的黄金期，并逐渐将集团的核心业务从农林业转移至金融服务业、房地产业。特别是 1993 年，潘继泽获得了政府审批的银行牌照，成立了祐玛银行（Yoma Bank），目前该行是缅甸第四大私立银行，是房贷开展得最多的银行。

恒泽集团在缅甸最庞大的财富，当属对仰光市内 600 英亩盈利前景诱人的土地的房地产开发权。自 20 世纪 90 年代初期，看好缅甸未来发展的潘继泽，连续购入仰光市内大片地皮，其中绝大多数都是位置绝佳的超级“潜力股”。他在这些地皮上建造并持有的地产物业，包括缅甸第一个带门禁的社区 FMI City、位于仰光的一座高尔夫球场高级住宅区 Pun Hlaing Golf Estate、为中产阶级打造的 StarCity 社区，位于仰光市中心的 Yoma Central 地标项目。现如今恒泽集团是缅甸最大的地产发展商，业内享有极高的商誉。

围绕这些地产项目，恒泽在缅甸的团队迅速壮大。公司从 7 个人的规模拓展至今员工接近 11000 人。随着在深耕地产业过程中，恒泽旗下顺势衍生出数十间分公司，由于自带“业务需求属性”，均能快速走上盈利正轨。

“举个例子，我建设了一个小区，雇了几十名保安。没过多久，隔壁小区的业主就表示说，你们保安做得挺好，也帮我们做做。于是我们成立了一间专业保安公司，团队从 40 人扩大至 800 多人，当中 80% 的保安服务于恒泽辖下以外的小区，包括一些大使馆。在此之前，缅甸没有这类保安公司，所以我们一开业，客户自动就找上门来。”潘继泽说。

再比如 FMI 旗下的一间绿化公司，由来也是异曲同工。起初，潘继泽在缅甸开发了一个知名度极高的社区，许多人欣赏社区中精致的绿化植被，于是纷纷要求 FMI 提供园林设计服务。由此孕育的绿化公司，很快成为行业龙头，独领风骚。

作为精明的商人，潘继泽对新兴市场持有异常敏锐的嗅觉。他瞄准医疗产业，投资 2100 万美元，创建了缅甸首家私营综合医院——班籁国际医院，于 2005 年 6 月投入运营，拥有 200 个床位及一系列现代化诊疗设备。该医院于 2009 年和 2012 年分别获得了国际标准化组织的 ISO–9008 和 ISO–14000 认证，又于 2017 年获得了国际医疗卫生机构认证联合委员会(Joint Commission International Accreditation–JCI)的认证。目前在班籁国际医院旗下拥有三间医院，四间地区诊所。现时正兴建一间较大规模的私家养老院。

值得一提的是，2022 年班籁国际医院为缅甸建立了首个组织病理学研究所（The Histopathology Laboratory），并开始实时冻结切片医疗服务(Real Time Frozen Section Service)，为提高缅甸医疗水平作出了杰出的贡献。

2016 年，潘继泽参加祐玛仰光马拉松

迂回奋进的恒泽掌门人

2004 年底，缅甸温和派总理钦纽上将被逼宫，大权旁落强硬派。此后，缅甸军政府治下任人唯亲的风气愈演愈烈，那些“拒绝同流合污”的企业，处境空前艰难，几乎难有立锥之地。

要么行贿，要么毁灭，成为许多坚守原则的企业掌门人，必须面对的残酷选择。

“那真是一段黑暗的岁月，处处都是‘黑手’，最典型莫过于政府招标，无论大小项目，中标者都早已内定。有一大批缅甸财团因此强势崛起，他们都具有政府及军方背景，只要肯收买官员，自然生意盈门。”坚决不妥协、不行贿的潘继泽，不断受到排挤，最后更直接升级成威胁与恐吓。“有些势力想要夺走我们的企业，还有一些人希望将我们逐出缅甸。”

这绝非杞人忧天。2005 年，政府收回了祐玛银行的牌照，祐玛不再有贷款、存款等业务资质。“这是致命一击。2003 年缅甸金融风暴时，大批私立银行出现挤提，祐玛可以凭借良好的信誉和口碑，赢得客户的信任，撑过难关。但当政府收回我们的牌照时，才真的险些令祐玛陷入瘫痪。”

无奈之下，潘继泽只能采取“迂回策略”，将祐玛转做汇款业务。“祐玛依然叫银行，它的汇款功能，类似于 Western Union（西部联盟电报公司）。在缅甸，南来北往的国内商贸越发繁密，但没有专职提供汇款的机构，这其实是一笔很庞大的现金流。我们利用当时旗下 40 多间分行的优势，业务量基本可以保证养活自己。”

不过仅靠祐玛银行单薄的盈利模式，在接不到任何新地产项目，又必须维持已有产业正常运营的前提下，恒泽的路越走越窄。摇摇欲坠之际，董事局内部出现了强烈的意见冲突。“一些高管严肃地对我说，我们不同流合污根本不行。所有不参与腐败官员游戏规则的企业，都遭到排斥，最严重的甚至毁灭。形势如此黑暗，由不得你不低头。”潘继泽在这种主张行贿的呼声中沉默了，他的心，翻搅得生疼。

“那一刻，我觉得自己可能走错了。为了全力发展缅甸的事业，我把其他地方的公司都变卖了，如今形势逆转，我没有一片茅草可以遮头。但原则就是原则，还是那句话：我，就是不行贿！”几乎熬不下去的时候，潘继泽开始变卖恒泽位于缅甸的非核心业务，只保留了银行及地产。之后，他将 40 几位企业经理召集到一起，对他们说：“这样吧，你们低头做人，生意不丢就算是好的，也不要想着赚钱，顶住就好。我要离开这里，打一条血路出来！”

2006 年，潘继泽返回中国内地，在大连成立了全新的百人团队，主攻地产项目。对于内地的政策环境及运作模式，他并不陌生。“我 1979 年就在上海做了中国第一个外资地产项目。当时中国的生意氛围非常好，廉政、公平，上海市的国土局局长都是骑自行车来开会。”

凭借深耕地产业多年的雄厚经验与实力，潘继泽在大连的生意蒸蒸日上，很快就步入正轨。但他的赤子之心，依然牵念于故土缅甸，此后5年，尽管恒泽的重心扎根大连，但潘继泽坚持每月回仰光一次，走走看看。他相信，这片有虔诚佛教信仰的国度，不会永远被黑暗笼罩。

2010年，缅甸推行的民主改革，触动了潘继泽最敏感的神经。他意识到，自己苦苦等待的机会就在眼前。这场改革，被认为是缅甸自从2010年国会大选以来，当局承诺的使缅甸逐步迈向民主国家和重新融入国际社会的结果与象征。

潘继泽对坚守缅甸的恒泽高管说：“咱们赌一赌。如果国会大选的最终结果很成功，我们就马上重整旗鼓。”此后的十余个月里，恒泽以高薪连续聘请了38位新高管，蓄势以待。“因为我们行动得早，所以很顺利。”潘继泽说。

2011年4月1日，缅甸联邦共和国的首位总统吴登盛就职上任，随即将银行牌照返还祐玛。早已全副准备的潘继泽，着手将大连物业分拆出售，恒泽重心再度迁回缅甸。

好消息陆续传来。2011年11月30日，时任美国国务卿的希拉里，对缅甸进行历史性访问，成为50多年来第一位到访缅甸的美国国务卿，此后两国关系大举改善。受此影响，大批西方公司前来缅甸投石问路，寻找合伙人。对于恒泽来说，这几乎是一场没有竞争者的比赛。

“缅甸的多数大企业，全在美国政府的黑名单上，美方申明，不与行贿企业合作。而坚守原则的恒泽，成为他们的优选。再加上新政府倡导廉政，迫切需要找一些清廉的公司做榜样，所以我们被推举出来，拿了不少好项目。”潘继泽深信，这是命运对忠诚者的奖赏，同时亦再度感念，自己在中国“文革”中历练出的高度敏锐的政治嗅觉与预判力，是受用一生的宝贵财富。

重回缅甸后，潘继泽迅速展开业务，并在每个领域都力争上游。特别在地产方面，他一跃成为缅甸最大的住宅开发商，当中最值得一提的，是恒泽专为缅甸中产阶级打造的公寓社区——星城（Star City）。

通往星城的，是一条坑洼不平的双车道公路。它蜿蜒穿过仰光破败的郊区地带，跨越两座锈迹斑斑的桥梁，大约1个小时的车程之后，可以抵达绿草茵茵的河堤，那里有一个光鲜亮丽的售楼展厅。在经历前番的颠簸之后，这个展厅看上去更像一片“桃花源”，甚至是一个神秘所在。

“这个项目占地400英亩，最终将通过渡船与市中心连通，并且有一条公路，通往更下游的一个日资港口。”据潘继泽估算，星城小区预计将有2.5万名居民入住，是一个功能齐全的通勤者居住区。“星城所在的城市，现有居民500万人。从单纯的经济角度推测，未来20年，当地的地价有望翻番。但恒泽在这个项目上押注的，是缅甸未来持续的和平与繁荣。”

此外，恒泽在90年代初购入仰光市中心，邻近昂山市场的原缅甸铁道公司总部写字楼繁华地段，建立了当时最时尚的写字楼——FMI Centre。恒泽在该写字楼设立缅甸总部20余年后，目前预算投资6.5亿美元把该地段重新发展，改建成大型地标项目，取名Yoma Central。

而位于该地段中心的原缅甸铁道公司总部，则将与香港上海大酒店（Hongkong and Shanghai Hotels）联手，改建成一间古香古色的五星级半岛酒店。毫无疑问，整个项目完成后，该地区将成为仰光的新地标。

2015年恒泽集团开始涉入快餐业务，先是经营KFC缅甸快餐连锁店，接着于2019年成为YKKO快餐店的控股股东。并在两年内，将这两家快餐店的店铺增加到近80间，从而恒泽集团成为缅甸最大的快餐连锁店经营者。

2018年恒泽集团开始投资旅游业务，成立了极具规模的热气球空中观赏业务。并于缅甸南部“Pila Island”建立了很受欢迎的度假潜水旅游胜地，为此，恒泽集团目前也已成为缅甸最大的旅游公司。

至此，恒泽集团已发展成为庞大的多元化产业王国，旗下40余家企业，涉及金融、地产、医疗、酒店、旅游、物流、商贸服务等领域。其中，以在新加坡主板上市的祐玛战略控股有限公司(Yoma Strategic Holdings Ltd.)和缅甸家喻户晓的第一缅甸投资有限公司(FMI)及祐玛银行(Yoma Bank)并誉为“集团的三驾马车”。

2016 年，首批股票于新成立的仰光证券交易所上市

2006 年，恒泽集团的一家公司在新加坡证券交易所的主板上市，商号为祐玛战略控股有限公司。据该公司对外发布的信息显示，其 2013 财年归属股东的营业利润增长 105%，达到 1230 万美元。2015 年，公司股价累计上涨 160%，市值达 8.7 亿美元，成为缅甸市值最高的公司。

而在缅甸国内，恒泽旗下的 FMI，亦于 2016 年 3 月 25 日在缅甸首家证券交易所——仰光证券交易所开始正式交易，作为第一家也是当时唯一一家上市企业，股票代码为 00001。

这是历史性的一刻，缅甸财政部副部长兼证监会主席貌貌登博士，与 FMI 董事长潘继泽敲响开市钟声。当天，FMI 以每股 26000 缅甸元开盘交易，随后股价立即上涨 20%，达到当日最高股价限额 31000 缅甸元。

“当天的开局，令人相当振奋。”潘继泽回忆说，自己从来没有想象过，会有那么多人排着队来买 FMI 的股票。“有些人从早上五点半就过来等候了，我很激动，也明白恒泽在未来负担的使命更重了。新生的证交所与新上市的 FMI，都有很长的路要走，我们定当全力以赴，不辜负股民的信任。”

胸怀公益的华裔富豪

随着恒泽集团傲视同行的跨越式发展与壮大，掌门人潘继泽的身家，亦一路水涨船高。2015 年，他以 30 亿元人民币身家位列胡润富豪榜缅甸华人首富，而在 2016 年，他也以八亿一千五百万美元的身家，位列新加坡福布斯富豪榜第 33 位。

被问及身为庞大商业王国的统帅，如何驱动集团成功并保持优越成长曲线，潘继泽脱口而出的第一个关键词，是“诚信”二字。“诚信说起来容易，但做起来很难，因为坚守诚信，有时候要付出一定的代价。打个比方，我们曾经口头承诺卖给别人一个楼盘，双方没有签合同，但几天后这个楼盘的市值涨了，以之前的价格出售，注定会损失收入。”在面临类似的问题时，潘继泽选择即使牺牲眼前利益，也要兑现承诺，哪怕是口头承诺，由此建立起恒泽在商界有口皆碑的信誉度。

除了诚信，潘继泽的另一个制胜法宝，是知人善任。恒泽集团最多时曾雇佣过 16 个国家的员工，其被一位外交官评价为，缅甸首家实现国际化并建立了较为完善的现代化企业制度的本土企业。而在缅甸民众看来，能在恒泽集团旗下的任何一家公司效力，都是非常自豪的事情。

2003 年，在缅甸金融风暴与国内腐败政局的双重夹击下，恒泽遭遇了前所未有的经济困境，一度无法在月底支付 6000 名员工的薪水。不得已，潘继泽将大家聚在一起，宣布了一个令他无比内疚的决定：高层不拿薪水，中层减半，低层照拿。没想到，现场几乎所有人，都愿意放弃薪水与老板共渡难关。“那一刻，我感动得强忍眼泪，公司足足 7 个月没有发薪水，都没有打散恒泽强悍的团队凝聚力，大家终于守候到绝处逢生的那一天。”

与此同时，潘继泽清廉自律，在任何绝境下都不向贪腐妥协的处世理念，亦使他在商界获得极高的社会评价，被誉为“最有专业精神的商界领袖”，并由此为恒泽赢得更多商机。

在各种公开场合，潘继泽经常被媒体追问的一个问题，是他如何能在远离腐败行贿的情况下，带领恒泽集团保持良性的业务发展。这通常会引发他

2008 年，缅甸在遭受特强气旋风暴 Nargis 灾害之后，潘继泽带领团队进行村庄重建计划

一番情绪激昂的回应。“我可以问心无愧地说：我本人从未接受过任何有悖于道德法律的私下交易。恒泽集团取得的项目，都是靠实力说话，并且用正确的方法、在正确的时间完成。我觉得，这是一个关乎选择的问题。做生意走捷径可能会走得快点，获利多一点，但‘走与不走’并不是必需的。我选择不走，就已经做好了拿不到项目的思想准备。如果愿意承受这个结果，也就无所谓了。在很多时候，利益并不是衡量成败的唯一标准，这世上一定还有什么东西，比利益更值得我们守护和捍卫。”

潘继泽坦言，多年来，恒泽集团凭借廉洁自律的业界口碑受益匪浅。“我们几乎所有业务，包括银行、高尔夫球场以及房地产——都主要依靠合作伙伴及消费者的支持，而非政府关系。信任与品牌忠诚度，在商界千金难买。”

名冠缅甸、远播海外的清誉，令潘继泽成为亚洲和西方大企业在缅甸征询合作伙伴时的热门人选，并同时被中国香港、新加坡授予永久居留权。他亦是联合国全球盟约组织(UN Global Compact)的成员之一，以及世界经济论坛旗下全球反贪污与反腐败委员会(Global Agenda Council for Transparency & Anti-Corruption)的成员之一，积极为推进反贪污、反腐败的教育工作贡献力量。

在修身、治企的同时，作为深负影响力的成功华裔商人，潘继泽从来没有忘记过回馈社会。他带领恒泽团队创立了恒泽基金会，鼎力援助教育及公益，又牵头创立了反艾滋病商业联盟，关注弱势群体。

2008 年 5 月 2 日，缅甸遭遇 500 年罕见的风灾。身在香港的潘继泽闻讯，即刻赶回缅甸，第一时间召集恒泽旗下的公司暂停手头业务，会同由公司员工组成的 1000 名志愿者，赶赴受灾严重的农村地区，苦干一个月，进行了大量接收援助物资、分发物资

2019 年，潘继泽在缅甸第一投资有限公司（FMI）股东大会发表演讲，台下投资者认真聆听，座无虚席

的工作。恒泽救灾团队受到缅甸政府和联合国的认可，被赞誉为充当了“联合国及其他援助缅甸的国际组织，与缅甸政府之间的桥梁”。

除商业身份及公益身份，潘继泽在海外同时担任多个重要职务，2004—2006 年间，担任新加坡国际企业发展局（前新加坡商务发展委员会）驻缅甸的商业代表等。2007 年至今，潘继泽被任命为大连市海外政协委员，他亦应邀多次出席国际研讨会，作为特邀发言人就中国、缅甸和东南亚国家联盟（Association of Southeast Asian Nations）发表主题演讲。

谈及中国改革开放 45 年来的变化和成就，潘继泽赞不绝口。“中国对我，对恒泽，始终有着很强的吸引力。2005 年之后，集团的业务重心一度转移到了中国，我们都坚信，中国是一个拥有灿烂文明与无穷智慧的国家，伴随着日新月异的发展，必能在全球产业界铸造更强大的话语权。未来，希望中缅之间的投资和经贸往来越来越紧密，使两国人民多多受惠。”

在潘继泽看来，缅甸蕴藏着难以估算的能量。论国土，比东南亚除印度尼西亚以外的国家都大；论人口，6000 万公民的缅甸，在东南亚都是个大国；论资源，别人有的我们有，别人没有的，我们也有。缅甸森林资源丰富，全国拥有林地 3412 万公顷，覆盖率为 50% 左右，同时是世界上柚木产量最大的国家，地下还贮藏着石油、天然气、钨、锡、铅、银、镍、锑、金、铁、铬、玉石等宝藏。

作为恒泽集团的掌舵人，潘继泽每年都会在一年一度的两千人股东大会上，用缅甸语、汉语、英语三国语言侃侃而谈，汇报公司业绩并接受质询，这也是媒体难得的可以近身采访他的机会。

平常的工作日中，除了 5 个多小时的睡眠时间，潘继泽的行程表总被各种“聊天”排得满满的。“我日常工作的最主要内容，就是和 40 余个子公司的 40 多位经理面对面‘聊天’。”这是他惯常使用的幽默比喻，事实上，每一位被“聊天”的经理，必须带着各自公司的新问题和解决问题的具体方案到场，如果超过两次做不到这两点，就有可能被符合标准的人取而代之。

在“聊天”的过程里，潘继泽除了会给出一些建议，更多时候他选择让经理们面对问题自己做决定，他再进行些补充。“恒泽在内部有个口号——给你一个舞台，尽情跳吧。希望每个人都有充分的机会展示才华、贡献智慧。”

潘继泽为自己对缅甸的贡献感到骄傲。

陈家宝

陈家宝（Viola Chan）相信，每件婚纱都承载着灵魂，并正在寻找完美合身的主人。

作为全球知名的婚纱与晚装礼服设计师，她身兼多职，包括 Oleg Cassini 创意设计总监、Viola Chan International 和 The House of VC 创办人兼执行创意总监、David Bridal 设计及产品开发总监和多个国际婚纱品牌的设计开发总监，她和公司团队打造出平均每年生产价值上亿美元的国际婚纱晚装王国，她管理着全球逾 8000 人的庞大团队，生意遍及欧美、亚洲及中东，并在不断迭代服务模式的探索中执着前行。因专业成就和对设计行业的重要贡献，陈家宝获得“2021 年度大湾区杰出女企业家奖”和第四届“金紫荆女企业家奖”殊荣。

匠心打造 华服之美

——Viola Chan International 创办人兼执行创意总监陈家宝

执业近 30 年的陈家宝（Viola Chan），致力于修炼成一个完美主义者。

“完美的婚纱是新娘穿上的一刻，脸上就会露出最幸福的笑容，设计师无须将自己的喜好复制粘贴到每位新娘身上，而是力求通过注重每一个细节，让不同的新娘都收获她们认为完美的礼服。为此，我必须尽我所能。”她说。

等待缘定的新娘

华服之美，最初映入陈家宝（Viola Chan）的世界，是因为祖父的缘故。

20 世纪六七十年代，她的祖父活跃于五光十色的香港演艺界，Viola Chan 自小就有很多机会陪同观看首映礼及不同的采访。镁光灯聚焦的红毯之上，衣香鬓影、回眸顾盼的精致氛围，在她的脑海中渐渐成为最生动的时尚启蒙课。

“小小的我，当时很欣赏他们穿得如此迷人。虽然那只是首映礼的红毯，不专属于任何一个人，但总有一些特别惊艳的礼服设计，令穿着它们的人，在一众俊男美女的场景中，更加闪闪发光。”多年后，Viola Chan 意识到，这正是顶尖华服呈现的生命力与感染力。

怀揣着对曼妙服饰的欣赏与热爱，Viola Chan 与生俱来的审美、设计天赋，很早便展露出来。

12 岁时，她离开香港前往英国求学，就读于寄宿学校期间，由于初期英文口语表达不太流利，她更青睐于一系列相对“不受语言限制”的选修课，比如美术与纺织品。

事实证明，这是近乎完美的选择。

“我参加了该学科的牛津考试委员会中学教育文凭（O-level）考试，取得了当届最高分，并获得了牛津市政厅市长的嘉奖。”她回忆说，人们往往对亚洲留学生有共同的刻板印象和误解。亚洲人被普遍认为只比西方学生拥有更好的数学技能，然而她这一次的经历赢得同学和老师们对她设计能力上的认可，在某程度上显示出中国学生不同的才能。

陆续有同学买来布料，邀请 Viola Chan 设计并制作舞会礼服。每次舞会，她大约能赚取 200 ~ 300 英镑。

“虽然只是设计简单的蓬松连衣裙，但我做得很用心，这不仅因为对方支付了报酬，更因为依循别人的气质来设计服饰，是美好而充满火花的。”她说。

中学毕业后，凭借天赋才华及敏锐的时尚触觉，Viola Chan 被著名的伦敦艺术大学伦敦时尚学院无条件录取，在取得了时装设计学位后，正式开启了设计师生涯。

“我是从做晚装开始的。我在设计学校主修的是 embroidery（刺绣），毕业后进入一间美国公司做设计，那间公司主要为选美比赛服务。当时我们做的晚装，大多供世界小姐、环球小姐所用。这间公司同时有提供新娘礼服的部门，很幸运的，我

身为完美主义者的陈家宝（Viola Chan）在每一次工作时，都心怀百分之百的诚意

两边都能接触到。”Viola Chan 回忆说。

初入职场的 Viola Chan，努力汲取一切新鲜的知识，并付诸实践。“你一定要记得，并一定要明白，设计行业与其他行业一样，都要从低做起，没有所谓一步登天的大师。你是国外名校的毕业生也好，抑或是求学期间就荣膺许多奖项也好，在你跨出校园步入职场的那一刻，过去的一切都已不再重要，你就是全公司资历最浅的人。就算是一个保洁阿姨，她知道的事都比你多，起码当她在地上拾到些线头、珠子或碎布时，懂得准确分类，而你未必懂得。所以新人一定要放下自豪感，要虚心，要保持学习。”她说。

当努力与机缘配合得恰到好处之时，Viola Chan 遇到了传奇的 Oleg Cassini（奥莱格·卡西尼），于 2003 年正式接触新娘装设计，并在 2007 年成立 Viola Chan International。

Oleg Cassini 拥有意大利血统，出生于俄罗斯家庭，成名于 20 世纪 60 年代，其担任约翰 · 肯尼迪总统夫人杰奎琳的专职设计师后，为她量身打造了干净线条、简约轮廓和华丽面料的杰奎琳风格。特别是 1961 年 1 月 20 日，杰奎琳在总统就职典礼上穿着的驼色皮草领呢子连衣裙，以及佩戴的方盒型小礼帽，引发全球女性争相模仿。

此后，Oleg Cassini 将他独有的设计带到世界舞台，创立了个人同名婚纱设计品牌 Oleg Cassini，以“平易近人的奢华极致”为品牌定位，享誉全球，深受明星大咖与时尚人士追捧，例如 Grace Kelly、Marilyn Monroe 和 Anita Ekberg。

“我与 Oleg Cassini 一起工作了很长时间，他对我的风格产生了很大影响，他是真正让我进入婚纱礼服设计领域的人。”Viola Chan 回忆说。

陈家宝（Viola Chan）时装秀

Oleg Cassini 在定制每一件婚纱的时候，内心都遥望着它的主人，正因如此，每一件婚纱自诞生的那一天起，都在等待着缘定新娘的出现，以构建一个完美的故事。

Viola Chan 以自己能够为这个品牌设计婚纱为荣，Oleg Cassini 作为全球第一个设计出抹胸款式的婚纱品牌，为婚纱设计业带来了连番变革，并引领了 20 世纪 60—90 年代的婚纱潮流时尚，相当于时装界的 LV。“Oleg Cassini 开创了婚纱不同的身材造型，比如 A 型、S 型、鱼尾型，一直流行至今。此外，简约大方兼具‘戏剧效果’，亦是品牌的独有魅力，例如极其夸张的婚纱下摆，以及对网格纱和水晶纱看似随心所欲的运用，都能制造出梦幻般的效果”。

Viola Chan 尤为敬重的，是 Oleg Cassini 的设计理念。

“婚纱意味着女孩蜕变为女人，意味着一个新家庭的诞生，因此婚纱礼服首先要让新娘感觉到被爱和自在。遵循这个理念，Oleg Cassini 的婚纱礼服才能在各个时代绽放光彩。”Viola Chan 说。

2006 年，品牌创始人 Oleg Cassini 去世后，Viola Chan 被任命为公司的创意设计总监。

基于与 Oleg Cassini 合作时的深度默契，Viola Chan 完美承继了品牌理念，并予以贯彻和光大。

“Oleg Cassini 的一大珍贵特质，是多年来对于传统精致工艺的坚持。好的礼服需要注重对每一道工序的雕琢，珍贵的婚纱更是对于精致工艺的考虑，从设计、选材、裁剪直至加工、缝合、成衣，每一道工序都需要经验丰富的工匠深度参与，才会让真心期盼的顾客收到梦想中的婚纱礼服，这是 Oleg Cassini 品牌 70 多年来秉持的初心，也深深影响着整个团队和品牌的工作人员。”Viola Chan 说。

在她看来，时尚永远是瞬息万变的，但 Oleg Cassini 对设计理念保有的初心，让品牌在时代洗练下迸发出更大活力。

秉持此种信念，工作上小有成绩的 Viola Chan，随后又攻读了工商管理硕士学位（MBA）。其间，她亦为多个全球知名的晚装品牌担任产品发展总监，包括 Zac Posen（True Collection）、Vera Wang（White Collection）、Jenny Packham（Wonder Collection）以及世界知名设计师品牌 Melissa Sweet、Galina 和 Galina Signature 等。

Viola Chan International 赞助中国香港 TVB 电视台的“2019 年万千星辉贺台庆”晚装

由 Viola Chan International 的设计团队出品的婚纱以精美的装饰和精致的细节而闻名。从新样式到新材料再到新配饰，每一件婚纱礼服都在保证优良传统工艺的前提下，大胆结合了每一季的时尚元素，譬如半袖、镂空、蝴蝶结等，令人耳目一新。

在承传经典的基础上，Viola Chan 更巧妙地融合了欧美和东方的各种代表元素，温婉同时性感、时尚同时优雅、迷人同时高贵、激情同时端庄，每一款作品都别具个性。

与此同时，Viola Chan 致力于其设计路线的国际化。

2018 年 4 月，时值春季中国深圳婚博会，Viola Chan 工作的公司旗下的品牌首次登陆中国内地市场，Viola Chan 作为品牌首席创意设计总监，携重磅佳作一同亮相，成为全场焦点。

Viola Chan 的设计及她公司旗下的品牌一向主要是在美国出售，早已享誉美国 20 多年。在 2008 年涉足海外，发展至今，Viola Chan 工作的公司已稳居全球最大婚纱生产商之宝座，亦是美国排名第一的新娘和社交场合服装品牌，其设计产品畅销亚洲、大洋洲、欧洲、南非、北美和南美，在全球设有 400 多家线下直营店，占据美国近四成婚纱市场，并拥有最庞大的设计团队，提供选择范围最广的新娘和社交场合礼服。

匠心与完美主义

在婚纱设计师之路上潜心修行的 Viola Chan，除担任 Oleg Cassini 创意设计总监之外，还兼任其他多个品牌的设计开发总监，例如 David Bridal、Galina Signature、Melissa Sweet 和 DB Studio；亦是自创国际婚纱晚装品牌——Viola Chan International 和 The House of VC 的执行创意总监。

VC，就是陈家宝英文名 Viola Chan 的首字母缩写。

The House of VC 包括 Viola Chan 婚纱系列、Viola Chan Premium 高定系列、Viola Chan 系列和 VC by Viola Chan 系列。Viola Chan 婚纱系列是经典流行款式偏多，而 Viola Chan Premium 高定系列则为更前卫的新娘提供更高端的量身定制服务。Viola Chan 系列更加摩登前卫，VC by Viola Chan 则将都市时尚与简

Viola Chan International 赞助“2021 香港小姐竞选”晚装，（左起）陈桢怡、谢嘉怡、陈家宝（Viola Chan）、郭柏妍

洁优雅融为一体。

“我的目标是能够适应每一位不同审美风格的新娘，这意味着 The House of VC 要提供各式各样的婚纱，无论哪位新娘走进我的展厅，都能找到心仪的婚纱。”Viola Chan 介绍说。

基于对精品珠宝的钟爱，2019 年，Viola Chan 为 The House of VC 推出精品珠宝高级定制服务，完美配搭品牌的婚纱和晚礼服系列。值得一提的是，她本人持有由美国宝石协会（GIA）颁发的钻石及宝石等级鉴定证书，这是两项业界极负盛名的学术资格认证，确保品牌出品的每一件珠宝配饰皆为最高质量，尽显设计师对高级珠宝设计的热忱与专业精神。

同样是 2019 年，Viola Chan 的另一个重大营运策略是锐意推动 The House of VC 植根香港，为日后于亚太区扩展品牌业务奠定基础。

当年 6 月，一个全新的 2000 平方英尺的 The House of VC 展厅于香港正式运营，提供品牌旗下全系列的婚纱服务以及妆容配饰服务。

准新娘们在进行预约后，可以无缝衔接享受奢华的新娘和晚装购物体验，包括周到的一对一试衣和咨询、配饰服务、新娘母亲礼服服务、花童礼服服务、婚礼摄影服务，以及美容妆发服务等。Viola Chan 相信，每位待嫁的幸福女人，都能在 The House of VC 找到如同为她们天造地设的礼服。

谈及自己回到香港开店的原因，Viola Chan 表示，The House of VC 在欧洲、美洲、中东和大洋洲都拥有婚纱和晚装生意布局，香港则是饱含故土情结的特别之地。“我自己本身在香港出生，虽然很小的时候就离开了，但香港始终是我的家乡，我觉得是时候回来了。”

凭借独特的设计风格与精湛的工艺细节，The House of VC 迅速赢得香港社会名流与本地时尚人士的偏爱。与此同时，品牌亦受不少国际时尚达人追捧，包括 Taylor Swift、Alina Boz、Eylül Öztürk、Victoria S Enel、Zeynep Zor、2018 年度环球小姐冠军吴嘉怡（Sophia Ng）等。

此外，Viola Chan 分别为中国香港 TVB 电视台的“2018 香港小姐竞选”“2019 国际中华小姐竞选”“2019 年万千星辉贺台庆”“2020 香港小姐竞选”“2021 香港小姐竞选”“2022 香港小姐竞选”和“2023 香港小姐竞选”担任婚纱及晚装设计师。凭借追求完美设计和精致细节的精神，Viola Chan

的奢华婚纱时装及礼服闪耀香港的婚纱和晚装设计行业。

对于 Viola Chan 来说，经营婚纱生意，并不能简单将欧美模式拷贝到亚洲。“外国人很少拍 pre wedding（婚前）照片，他们会拍订婚照，因为婚纱是新郎在结婚当天才会见到的。但是在香港，新郎会和新娘一起选婚纱、试婚纱，文化差异十分显著，因此要通过细致的本土化服务，使每位顾客收获惊喜与难忘回忆。”

无论地域文化差异有多大，有一个要求是共同的，那就是：婚纱或礼服要充满设计感与工艺质感，要独一无二，要经典之美与流行趋势相结合，要极具观赏性。

Viola Chan International 赞助“2023 香港小姐竞选”晚装，（左起）邢慧敏、许子萱、陈家宝（Viola Chan）、林钰洧、梁超怡

为达成这些要求，Viola Chan 创建了一支全球化、极具才华的设计团队，她本人则是团队的灵魂主导。“我们的设计流程从一个初步的概念开始，然后对当下的装饰、裙形和领形等进行趋势预测和研究。这通常在我们前往欧洲或世界其他地区时进行，具体取决于我们新装的发布地点。接下来，我们讨论当季想要的面料质地，并根据我们的色样甄选颜色，我们的标准非常严格——颜色浸染采用三种光源。一件礼服有不同的面料组合，所有这些面料都需要经过颜色浸染，以确保相配，例如缎子与透明硬纱搭配，网眼与衬里搭配。之后，我们设计图稿，并进行图稿审查，最后用确定的图稿进行打样。”

整个工作流程中最有趣亦最有挑战的部分，是关于变数。

“虽然我们的设计工作正式开展前，会做一个 12～18 个月的趋势预测，但预测仅作为决策参考，当越来越接近目标季节时，我们会根据实际情况进行调整。例如有些特别的电影上映，可能有些新娘会突然要求改裙，以期与电影中女主角的服饰风格相似；又或者一些突发的政治事件，也会影响人们的审美取向。可以说，变故随时会发生，但我和我的团队深爱设计工作，我们都确信这是我们一生中要执着努力的方向，因此我们乐于面对任何变故带来的挑战，并永怀匠心。”Viola Chan 说。

谈及如何定义自己的设计风格，Viola Chan 用了三个短句：现代结合经典、优雅融合轻奢、性感掺杂浪漫。“潮流来来去去，像一个循环。当我们经历人生的不同阶段时，我们的风格也会发生变化。这就是为什么我喜欢投资经典的单品，我希望此时此刻穿着的服饰，亦可以在 5 年甚至 10 年后穿着依然经典。诚然，每个人的品位都有独特之处，但如果身为设计师，可以体贴觉察到每位顾客的内心需求，同时又能敏锐捕捉时代感中蕴藏的经典元素，那么由此而生的设计作品，定能拥有持久的生命力。”

Viola Chan 回忆说，自己设计过一件 50 万港元的婚纱，也设计过一件 9000 港元的婚纱，对她而言，两者的过程是一样的，并不会厚此薄彼。“我觉得既然那些女孩愿意相信我，将人生如此重要的时刻交托到我手上，我就会尽力满足她们的需求。”

因此在工作时，Viola Chan 致力于修炼成一个完美主义者。

“完美主义者会注重每一个细节，这也意味着高标准。从亮片、水晶到珠子和纽扣，每一个细节都要尽善尽美。新娘们在人生最重要的日子里信任我，所以我必须尽我所能。”Viola Chan 表示，正是这些细节，才让每位新娘在婚礼当天拥有独特而难忘的回忆。

“婚纱是女人一生中最重要的礼服之一，它代表着爱、信任和信念。我会从自己的旅行经历中和我遇到的每一个人那里获得设计灵感，我相信衣服有它自己的气场。每一件婚纱的雕琢，都注入了设计师的灵魂，同样地，每一件婚纱自身亦有灵魂，它们终能邂逅自己命中注定的新娘。”

变故与挑战

执业多年来，尽管已经设计过千百件婚纱，但 Viola Chan 仍然在每一次工作时，都心怀百分之百的诚意。

“对我而言，婚纱的‘有效期’不止一天，婚纱是我的日常、我的生命，与我紧紧关联在一起。”在她看来，婚礼是一个真正特别的、一生一次的重要场合，涉及许多细碎但不可忽略的领域。

特别是关于挑选婚纱，由于婚纱通常以白色为主，可能是奶白色或象牙白色，但在许多准新娘眼中也许都是大同小异的白色，因此在一片“衣海”中挑选其中的一件，是个颇为困难的决定。

对此，Viola Chan 也会从设计师的角度给出一些贴心的建议。

对于每个新娘来说，大日子里最重要的事情之一无疑是婚纱。那一天里，她将成为宇宙中心，成为当天最耀眼的女人。然而找到完美的婚纱，就像找到合适的另一半一样困难，从礼服的颜色、面料、轮廓、领口和长度，直至裙摆与面纱，有一大堆细节需要考虑。

Viola Chan 觉得，最核心的法则是坚持做自己。“这一点至关重要，我见过有些女生结婚当天的化妆、婚纱，和原本的自己分别太大，我不是说化妆不好，能变漂亮当然好，但你应该穿上展现个性魅力的婚纱，而不是变成一个陌生人。第二点是一定要知道场地的特质，室外或室内环境对婚纱的选择有不同指向性。比如室外很难预计天气，我不建议穿一件体积很大的婚纱，最好是比较修身的，也不要太长拖尾，因为如果仪式要走过草地，草会很容易勾住婚纱拖尾。”

“我们都知道，步入婚姻意味着面临一系列挑战，但结婚当天的典礼又何尝不是呢？很多时候，我与准新娘们讨论的，不只是身着哪款婚纱，如何在满堂宾客的祝福中宣读誓言，婚礼计划的清单上，需要留心留意的事情可能多到超出你的预期，比如选择场地、邀请客人、设计菜单等，无穷无尽。”为协助每对新人全情享受婚礼，Viola Chan 会带领团队兼顾到更多小细节。“举个例子，当我们送出新娘母亲的礼服时，会用漂亮的丝带和盒子包装，因为我们希望新娘以外的人也能有完整的美好体验。”

值得一提的是，Viola Chan 团队的工作在婚礼结束后并没有停止。“有些新娘有特殊的需求，我们能够帮助她们修改婚纱。这似乎是上一项工作的延续，又似乎是一个全新工作的起始，毕竟，一件可以在其他场合穿着的礼服，在第一眼的视觉审美上，与婚纱是不尽相同的。我们乐于与新娘们讨论新的细节，让她们可以继续穿着合适的礼服，在其他场合闪闪发光。”她说。

问及成为婚纱设计师，最具挑战性的部分是什么，Viola Chan 的回答有两点：色彩与文化差异。

“首先是关于颜色方面。最初，我是一名礼服设计师，做过很多选美礼服，在这个领域，颜色地把控与利用至关重要。然而跳转至婚纱领域，仿佛多数时候都要围绕白色系打转，尽管在设计师眼中，白色也可以有万千分别，但如何令这种分别被消费者领悟并欣赏，最终幻化为打动她们的存在，是最大的挑战。此外，跨越国界的文化差异会先天性地使新娘们的选择存在特定需求，作为一名国际

2021 年 12 月，陈家宝（Viola Chan）获颁“2021 年度大湾区杰出女企业家奖”

设计师，要懂得走进每位顾客的内心世界。”Viola Chan 说。

如今，Viola Chan 作为她公司旗下品牌的创意设计总监及 The House of VC 创办人兼执行创意总监，她和公司团队打造出平均每年生产价值上亿美元的国际婚纱晚装王国，管理着全球逾 8000 人的庞大团队，生意遍及欧美、亚洲、南非及中东。

因专业成就和对设计行业的重要贡献，2021 年 12 月，Viola Chan 获颁“2021 年度大湾区杰出女企业家奖”；2022 年 11 月，Viola Chan 获得第四届“金紫荆女企业家奖”殊荣。

是设计师，也是领导，这种身份差异会造成割裂感吗？对于 Viola Chan 来说，完全没有这种担心。

“设计师的工作相对专注，只需要对每位顾客负责，但老板则要成为好榜样，必要的时候，带领整个团队渡过难关。”Viola Chan 表示。

她回忆说，2020 年初新冠疫情刚刚暴发时，全球经济一片僵化，婚纱行业更是由于安全社交距离限制婚礼举办的原因，在相当长的一段时间内遭受重创。“没有人经历过这一切，大家起初完全不了解疫情是怎么回事，只是眼睁睁看着生意大受影响，同时又必须积极配合多个国家及地区的抗疫政策。刚开始，我也有一些措手不及，包括我们如何保持生产，为有需要的地区及客户供货，以及对于那些销售深受影响的地区，如何转型，如何尽力保持运作及帮助员工维持生计。有些工厂甚至因为疫情被迫停产，我们还要快速安排将在香港的原材料运去另一个生产地生产，成本拉高也没办法。”

熬过那段最艰难的日子后，Viola Chan 像其他许多企业家一样，意识到疫情常态化的未来，必须带领团队做出根本性的变革，以适应全新的生活、生产方式。

“心情慢慢平复后，我开始思考未来业务及销售的转型方向。近两年不少企业都被迫

2022 年 11 月，陈家宝（Viola Chan）获第四届“金紫荆女企业家奖”殊荣。在颁奖典礼上，香港特别行政区政府商务及经济发展局副局长陈百里为陈家宝颁发“卓越企业管理奖”

实施在家工作制（Work From Home），老板、员工都要重新适应。更重要的是，如何巩固团队对公司及行业的信心，并保障员工的生计。毕竟各地经济不景气，不少婚礼、宴会都延期或取消，员工们自然很担心发展前景，每个员工都可能要支撑一个家庭。在这种特殊时刻，我作为团队的领导者，必须做出榜样，让他们看到公司闯过难关的实力。近两年，我们一直没有停下来，继续提前设计下一年的款式，大家的工作量不减反增，自然有信心。”Viola Chan 相信，待疫情消散，能留下来的品牌，将有更广阔的发展空间。

谈及经验，Viola Chan 强调，长远的计划对于平抑风险极有必要。“先前，我们已经在亚洲建立了 5 个生产点，欧美及中东的生意亦有授权当地团队管理，幸赖这些布局，2020 年才能快速转身。不过疫情除了打击，也带来收获。我们学到要思考更多、更包容，也看得更清楚，哪些同事在真心帮公司。我印象尤为深刻的，是团队里有位 60 多岁的管理层同事，疫情前已说准备退休，疫情暴发后，他决定推迟计划与公司共渡难关，待一切回归正轨后，才正式退休。不止于此，我们也看到身边许多同事变得比过去更成熟，更懂得协作，我们感恩于灾难面前人性的伟大力量。”

展望未来，Viola Chan 坦言，生意的运营模式肯定会发生改变，虽然品牌早已设有网店，但必须应对新形势再次调整销售策略与销售模式，前期的探索正在逐步付诸行动。“未来，我可能会减少出差，留更多时间陪伴家人，还有家中的小狗。但就像 Oleg Cassini 工作到 93 岁一样，我不会考虑退休。还是那句话，婚纱设计早已是我生命的一部分，我永怀匠心。”華

林福山

马来西亚林木生集团用 30 多年的时间从中型建筑公司经历千辛万苦、步步为营发展成为闻名遐迩的房地产开发商，并成功挂牌上市。堪称商业传奇。在董事经理林福山看来，这是“生命气魄”的呼唤，是“永不言休”的持续精进。

在林福山的思想世界里，生命的价值不仅在商业，还在广阔的社会舞台上。他先以“居者有其屋”为使命，后将“屋”的定义扩大到“品质化生活”，让马来西亚各阶层人民广为受益；他将父亲林木生“饮水思源”的思想传承并发扬光大，在马来西亚福建联合会和林氏宗亲总会的总会长任上殚精竭虑，还为祖籍地福建安溪等地建设乡公所、祠庙、办公楼等众多社会公益设施，成为一方慈善典范；他更以超前眼光和过人魄力投身“一带一路”建设，先行设立里程碑式项目，助力“海上丝路”建设。

永不止步

——马来西亚林木生集团董事经理林福山

2015 年，林福山开始转型升级林木生集团早年投资的珠海国际赛车场，使之成为集赛车、旅游、商贸等功能于一身的综合性平台。未来，珠海国际赛车场将进一步变身为融汇赛车运动、旅游、中马文化等主题的高端城市综合服务中心。从珠海作为中国“一带一路”倡议的支点城市定位来说，珠海国际赛车场转型升级后，将成为“一带一路”倡议推进实施的范本项目。

这是林福山继父亲林木生在 1977 年承建中国驻马来西亚大使馆之后，对祖籍国中国持久回馈的新里程碑。此外，林福山在中马两国政府友好往来、社会与经济互惠双赢等广泛的领域，也都有着积极且富有成效的贡献。

一颗丹心永传承
创建“一带一路”倡议时代范本

尽管属于马来西亚的第三代华人，但林福山对于中国历史却并不陌生，他说：“15 世纪，中国的航海家郑和七次下西洋，其中五次到了马六甲海峡。今天的‘一带一路’，我认为其中就有对当年‘海丝’的重温。”

作为全国政协十二届五次会议的海外特邀代表，林福山感受到由内而外的自豪感，也看到了中国日新月异的变化。他表示，马来西亚作为中国“一带一路”倡议的重要一环，该让马来西亚人民能够参与其中，并切实体会到“一带一路”倡议带给他们的实惠，以巩固这个倡议在马来西亚的民意基础。他认为，“一带一路”不只是做生意，更重要的是文化交流。

林福山补充说：“由于华裔是马来西亚的第二大族裔，人口总数达 730 多万，中华文化保存得很好，每逢各种中华传统佳节，都会热烈庆祝。大马也有 1300 多家中文学校，中文民众普及率非常高，中文名字也被普遍使用。”

马来西亚华人在传承中华文化的同时，也融入当地社会，所以，在“一带一路”倡议实施中，华裔理所当然能够发挥很大的作用，做好民间使者的角色。

从自己的家族来说，林家心系祖籍国中国的基因让林福山总会以大马和中国的实际联系和需求出发，实事求是。林福山说：“父亲林木生于 1977 年就承建了中国驻马来西亚大使馆。我们非常熟悉当地的法令，乃至人际关系的种种微小细节。华人一方面可以帮助当地民众了解‘一带一路’的实际意义，也可以在中国企业落地马来西亚时，参与引导工作，使项目计划进展顺畅。”他希望“一带一路”倡议能够尽快结出硕果，让海上丝路往昔光辉重返马六甲，让中马两国政府更深层次地友好往来、民间更大程度地互惠双赢。

林木生集团积极投资中国，促进企业合作；多年来在珠海市的投资项目成果较为显著，包括珠海国际赛车场。

早在 1993 年，林木生集团就已在广东投资珠海国际赛车场。2015 年，这个赛车场转型升级，除了原有的赛车功能，也增加了旅游、商贸等平台。在林福山的推动下，2016 年，时任广东省委副书记、省长朱小丹和马来西亚马六甲州元首敦莫哈末卡里与州政府领导亲临珠海国际赛车场，启动了升级改造项目。未来，将通过建设开放赛车文化体验区、马六甲文化与经贸中心等，把珠海国际赛车场建成一个融汇赛车运动、旅游、中马文化等主题的高端城市综合服务中心。

林福山认为，珠海国际赛车场转型升级后，将对推进"一带一路"倡议实施有着范本作用。

使命召唤 用 30 多年时间做大做强

身为家中长子的林福山，经常告诫自己和弟妹们不可养成一般"富二代"的浮夸作风。比较来说，在小康之家成长的孩子，自小就该自我鞭策，较为懂事与上进。这是有感而发，林福山知道且经历过生活的种种艰辛。

20 世纪 60 年代，林家家境贫苦，父亲林木生早出晚归努力工作，母亲则在家里含辛茹苦地照顾林福山兄弟姐妹 11 人。一直以来，林福山很感谢 4 位姐姐对他与弟妹们的悉心照顾。

对于童年往事，林福山心怀感恩；而对于父亲拿督斯里林木生，他最为感铭的莫过于他对子女们的督促、鞭策与教诲。父亲常语重心长地说："要待人以诚，一诺千金；更要谨记一分耕耘，一分收获。"

父亲的观念与教诲，尤其是身教重于言教的做法，激发了林福山和几个弟弟（林福源、林福成、林福翔）后期在企业管理上发挥的自觉精神，同时也是林木生集团沿用至今的基本理念。

林木生集团在 20 世纪 70 年代由父亲林木生创办，早期为中型建筑公司。不过，建筑承包商的生意赚的是辛苦钱，而且在向地产开发商收款时常常被拖欠。

因此，20 世纪 80 年代初，林福山获得英国威尔斯大学土木工程系一级荣誉学士学位，并且夺得英国钢材协会钢材设计竞赛银奖后，他决定回到大马帮父亲做大做强事业。实际上，他本可以在学业上更进一步。林福山说："其实当初有保研的机会，但考虑到父亲的辛苦，自己只好婉拒导师的邀请，回国随父创业。"

1982 年，林福山进入林木生公司就职，1992 年正式接棒，迄今一直担任林木生集团董事经理。

30 多年来，林木生集团不断迈上新台阶。2002 年公司在吉隆坡股票交易所主板挂牌上市，在林福山与兄弟各司其职共同管理后，林木生集团今天已成为马来西亚知名的房地产开发商。目前，林木生集团旗下拥有多家子公司，主要业务为开发中高档房地产，其他项目则包括产业发展承包、建筑施工、经营管理、建材贸易、保险代理及商业投资等。

林福山统领引航集团 30 多年来，曾多次面临挫折，集团却屹立如山，并且能突破困境，转亏为盈，重新绽放崭新的面貌风格，所有挑战都在考验着领航人的胆识与智慧，林福山从中不断检讨与改进，祈望自己领导的集团一直被大家认可。

社会也给予林福山这位新领军者以高度赞扬，2006 年他已获"大马杰出华裔企业家"奖。前几年林福山还获得了年度楷模人物等大奖。林福山认为：这不是说他个人有多大本领和多厉害，而是他强调将传统理念中的实业家精神和契合时代的卓越元素融为一体，显现出秉承自父辈却青出于蓝而胜于蓝的成就和朝气！这是年轻人超越前人和自我的良性竞争，也是向人生和时代发起挑战的大无畏精神和勇气。

为了让广大民众拥有自己的家园，林木生集团一步一个脚印地默默耕耘，并实实在在地履行着企业社会责任。

浴火凤凰 推动事业改革与再造

回溯由 2002 年成功在大马交易所主板上市至 2006 年，林木生集团主要专注中低档次房屋计划——"居者有其屋"，以符合政府为人民所制定的安居政策。

期间，集团已为企业发展打下稳固基础，业务稳步成长。不过到了 2007 年，公司却经历重大考验，由于当时油价上涨影响了建筑材料价格，中低档次房屋计划失利，同时次贷风暴开始影响全球经济。

尽管这些挑战一度让集团沉寂，较少开展新的产业计划，然而也正好让掌舵人沉淀思绪，认真考量企业的未来发展方向，以及进行内部整顿工作。正所谓"经一事长一智"，林福山自此深谙公司要

2015 年，林福山荣膺时任国家元首端姑阿都哈林陛下封赐 P.S.M. 丹斯里勋衔

做大，必须连建筑也一起“抓”，以确保房屋品质受控，让企业一路长红。

几经努力奋发，林木生集团在 2005 年被英文报章评选为马来西亚房地产企业 30 强；2011 年 5 月更荣获由 BCI 亚洲颁发的“2011 年度全国 10 大发展商”奖项，声誉更上一层楼，被表扬为“一个成长快速并且行事稳健的房地产商”，印证了林木生集团近年来向中高档房地产发展的业绩已取得突破性成就，经常获得各权威单位与媒体好评，也为公司全体员工注入“团结就是力量”的强心剂，一起实现行业最高目标！

林福山深深明白“以人为本”的企业管理之道，认同“人才是企业宝贵的财富”；在经营哲学方面，则恪守“以客为尊”的宗旨，经常聆听顾客的需求，并力求快速提供适切服务，让顾客对集团有充分信心。林木生集团除了注重产品品质，提高客户服务，也重视客户的投诉，每接到投诉，一定会尽力尽早解决问题。

林福山曾接获居协委员投诉，说住宅区花园草地的小草已枯萎了，他立刻指示公司人员到现场把草种带回研究，以彻底解决问题。他觉得草芥也是生命，需要人们加以珍惜与爱护，若照顾不妥善，小草便会枯萎。进一步来说，土地更是孕育万物的母亲，人们更要对它有感情，不能随便糟蹋，在建设中注重环保的意义！

林福山经营事业的用心，在于亲力亲为感受和体验整体的发展计划，并依据人类内心纯真的大爱，去关注每一细节，如同对待每一个生命般认真。

尤其是身为庞大实业公司的领导，林福山觉得纵使在莫大的事业压力下，也要时时刻刻保有一颗温柔细腻的心，他的性格幽默风趣，经常自然而然说出一两句笑话为大家减压，这正是身边的伙伴们对他感到亲切的原因。

林福山在大刀阔斧处理庞杂业务的同时，也希望能透过种种工作与生活习惯察人以微，他认为这样领导才能够善用人才，以协助自身展现自己。

因此，林福山爱展现自己谈笑风生的一面，言行心态收放自如，发展企业的眼光远大独到。在人力资源方面除了强调“人和”，他认为也须因材施策，要将适当的人才放在适当的职位，让大家各司其职，共同为林木生集团打拼出更美好的未来。

进行内部重组后，林福山开始重新思考集团的未来发展方向。林福山和领导层一致认为，集团过去大量发展中低价房屋，已成功履行了产业发展商的社会责任，现在公司根基稳固，是时候转战中高档市场了。但集团没有忘记要使“居者有其屋”的初衷，依然大力支持政府的惠民计划，推出许多中低价位的房屋。

历经近两年的养精蓄锐，林福山带领林木生集团由中低档产业公司蜕变为中高档产业公司；换言之，集团业务已由中低档次的房屋计划成功转型为中高档次的房屋开发。这个以董事经理为中枢思想指导的转变，将带动整个企业长期巨大的连锁反应。

其实，早在 2011 年，林木生集团就已进行具体的“洗牌式改革”。此项品牌刷新运动在林福山的指引下，由林福山胞妹、集团执行董事林梅香策划连串具体行动，以“实信 · 实现 · 实景”为宗旨和宣言，打造使基业长青的远大发展目标：扎根本土，放眼国际，使林木生集团成为业界高尚可靠的建筑开发商。

令林福山感到满意的是，集团转型至今已获得市场信心，高档房屋计划已具体落实，成绩有目共睹。公司转型是一件说易行难的大事，得配合天时、地利、人和，缺一不可。林福山领航林木生集团成功转型，恰好是“天时、地利、人和”配合得天衣无缝，相得益彰，在方方面面都取得了最好的效果。

林木生集团欢庆 2019 农历新年，林福山（左三）率领林福源（右三）、林福成（左二）、林福翔（右二）等集团管理层贺岁留影

对此，林福山信心满满，凭着林木生集团一路走来所建立的良好企业信誉、塑造的企业形象，大家以后想要购买房产，就会首先想到林木生集团！与此同时，集团也继续履行企业社会责任，建设大众化的房屋以配合“居者有其屋”政策，惠及广大人民。

确实，在各大繁华都会，现代化建筑和住宅区举目可见，而当中林木生集团的住宅及商业项目，许多都已成为抢手货。如今，在巴生谷一带和彭亨州金马仑高原、云顶半山、霹雳州以及柔佛州各地均可见到林木生集团的高档房屋、商店、连毗式豪宅以及独立式别墅等。

林福山素来行事谨慎，鉴于购买者对房屋品质的要求越来越高，他严谨监察房屋设计及建造过程，并为单位所有设备和施工质量厘订严谨标准，务求每个项目质量均保持高水平，完全符合买家的要求与期望。

此外，为了迎合每个地区客户的不同需求，林福山的团队更为客户量身定制最合适的优势房屋，所发展的豪宅及商业项目在位置、用料和设计方面，均成为各区域同类房屋的标杆。

林木生集团的产业计划会持续增加，也会继续在巴生谷收购土地，全力发展更高品质的房地产业。

为最广泛人群建造梦想家园

令林福山引以为豪的一项重点发展计划，便是林木生集团大力发展的翠湖新城，它耸立于蒲种一泓美丽的湖畔，自然环境优美。

林福山对此深感欣慰，常说，这是他的梦想，也是许多人梦寐以求的家园，他要信心满满、一步一个脚印地去完成——完成他自己的，以及许多人的梦。

是的，梦想成真，全凭每个人的意志与磨砺，其意义不仅仅在于苦心志、劳筋骨，更在于重塑一种人格力量。对于个人来说，磨砺是一种必经的心灵挑战；这是林福山“轻松做人，用心做事”的生活方式，他把个人以及众人的长久梦想落实于建筑大业，这种磨砺，体现着永不言休的气魄。

翠湖新城已成为马来西亚豪宅的新典范，也是低密度豪宅的创新指标，是一个市场新焦点，并成为雪兰莪州高速发展的“风情岛屿 · 魅力之都”。

在这处“梦想家园”兴建之时，林福山每月至少亲临翠湖新城发展区巡视两次，亲自督查整个工程的进展，高度关注这个豪宅项目。所谓站得越高看得越远，林福山认为，作为一名企业家，眼光不但要高而远，同时也要低而近，就是谦虚地低下头来看基层的问题，以及走近一些，亲力亲为了解关键的细节——这也是林福山经营企业的心得之一。

除翠湖新城，林福山特别提起的还有在雪兰莪州打造的太子城，是往 KLIA 国际机场途中的一个大众化、典型、自供自足的先进城镇。这个发展计划缘起于 1997 年，当时的金融风暴带给马来西亚的打击影响深远；2000 年以后马来西亚经济全面复苏，国内人口急速增长、吉隆坡邻近各城镇居住率几近饱和，独具慧眼的林福山于是当机立断移师雪

2019 年 3 月，马来西亚福建社团联合会组团到福建省访问

兰莪州南部，合作开发大片土地。

如果你问林福山为何当时会如此勇下决定，他会笑说：“这里头没有振奋人心的宏图大计，也没有浪漫缠绵的爱情故事，可是却有着满满的亲情片段！”

自从林福山掌管林木生集团业务，加上开拓海外市场等因素，经常搭乘班机往返海内外。有一次回国，他刚下机驱车回家，父亲即迫不及待打电话来慰问，老人家叹息着说：“下机这么久了还未到家哦！要是我们的家在机场附近就好了！”父亲的爱子心切，深深地触动了林福山，使林福山有了“在机场附近建设家园”的想法。

“让迫不及待想一家团圆的人早点回家，这该有多好啊！”这样美好的情怀，就这样促成了一个社区的发展。至今已建立十多年的太子城，周边设施完善；早已成为一个集教育、商贸、休闲于一身的现代化社区。

在大马和中国的公益舞台上有所作为
生命气魄 永不言休

林木生集团业绩逐年增长，至今已开发和完成了多项庞大的房地产计划。秉持着群体激进奋发的精神与远见卓识，林福山与同僚们把目光投向具有巨大市场和发展潜力的各大领域，为林木生集团的发展提供更广阔的舞台，进而把集团带向一个又一个事业高峰！

林福山希望自己和集团的成长历程能够起到抛砖引玉的作用，希望马来西亚华社今后能够出现一个又一个青出于蓝而胜于蓝的企业家，在努力攀向企业巅峰的同时，不忘族群社团的文化传承。若现代大财团、大企业的领导人懂得重视和活用文化，就有助于运筹帷幄、善用大才，让商业帝国永续经营，一路挺进，扩大版图，精神长青！

作为林木生集团的董事经理，林福山在 50 岁以前都专注于打拼事业，他带领林木生集团迅速发展成为马来西亚房地产建筑业界的佼佼者。当业务稳健成长，组织完善，拥有优秀团队作为企业强而有力的后盾，林福山就开始活跃于社团公益活动，包括担任学校董事长以及在国内外多个商会乡团担任重要职务。

2012—2015 年，林福山曾担任马来西亚福建社团联合会（福联会）副会长。2015 年，他出任马来西亚林氏宗亲总会总会长；2017 年，出任马来西亚安溪总会总会长；2018 年出任马来西亚福联会总会长。

林福山长期管理两个上市企业，同时担任马来西亚广东投资促进总商会会长、八打灵再也公教中学与敦陈修信华小董事长等，并被选为中国侨联第九届委员会海外委员以及中国福建省侨联海外常委等。

作为实干企业家的林福山身兼多职、任重道远，令他一度顾虑是否能全身心投入马来西亚福联会庞杂的工作。

经过深思熟虑后，他决定角逐马来西亚福联会总会长一职，认为他所领导的马来西亚林氏宗亲总会已有了足够的营运能力和资金，加上乡亲们的支持，会务趋向稳定，他应该还有余力兼顾其他。更重要的原因，还有“父亲他老人家没有反对”。最后，他不负众望，成功当选福联会第 27 届总会长。

历年来，林福山与兄弟姐妹们延续并传承着父亲回馈社会与乡团的精神；林木生集团也一直遵循着“取之社会，用之社会”的理念，以高度的社会责任感和满腔的爱心，用各种方式回馈社会，与民众分享企业的发展成果。

关心教育文化事业和社会公益的林木生集团，多年来持续不断地履行企业社会责任，先后资助了国内外多所学校、文化团体和公益基金，捐助金额高达数百万林吉特，并且多次进行专项捐资，包括兴建八打灵公教中学体育中心，为该校安装太阳能及风力混合绿色能源发电机，以提倡和支持环保行动。同时，集团还资助八打灵双溪威华小装备 30 间数码教室，让学生体验 e 时代多媒体数码教学模式。此外，林木生集团所带领的筹募团体，也为多个公益慈善基金筹集数千万林吉特，共同为教育、文化与社区建设作出贡献，包括捐助敦陈修信华小的建校发展基金以及举办全国公开摄影赛和校际绘画赛等。

在马来西亚的公益慈善舞台上如此，在中国同样如此。

林福山秉承父亲“饮水思源”的品德和意念，对中国充满浓厚的感情，因此积极发挥海外联系广泛的优势，穿针引线，为两国经济建设出力。他也经常支持两国多种文化及商业活动，建言献策，促进两国经济建设和文化交流。早在 2004 年，林木生集团就已开始发展中国地标计划，如当时总投资超过 7000 万美元的珠海国际赛车场、翠湖高尔夫球会与综合房地产开发等。这些发展计划无论从建筑、设计和用料上，均达最高品质，称得上是优质物业典范。

长久以来，在祖籍地福建安溪新春，林福山一如父亲般对乡亲父老作出诸多贡献。林福山曾多次随父回到福建安溪建设乡公所、祠庙、办公楼等，持续发扬“感恩”与“不忘本”的中华传统和优良文化精神。林福山希望林家也像许多积善之家一样，能在坊间传为佳话并成为典范。

除了安溪，数十年来，林福山和林木生集团还广泛资助广东梅州、福建官侨等地的教育事业和公益项目。

2019 年，林福山受邀在柔佛州南方大学学院举办的企业家大讲堂系列讲座上，以主题《生命气魄 · 永不言休》开讲，与公众分享心得，向企业家和学生们讲述他 30 多年前回国协助父亲创业、领导林木生集团拓展事业的过程，以及他对房地产行业的独到见解。

林福山认为：良朋益友与大环境，加上父亲拿督斯里林木生对子女们的熏陶，慢慢造就了今天的他以及林木生集团的成功。華

朱鼎健

创建全球第一大高尔夫球会是一件不可思议的事情，若以“全球第一”为基础攀登新高峰更是难上加难。朱鼎健做到了。

父亲朱树豪，在连一盏路灯都没有的深圳观澜镇，在荒山与贫瘠的土地上，一手建起了全球第一大高尔夫球会，而且多次承办有“高尔夫奥林匹克”之称的高尔夫世界杯。朱鼎健接管后，开辟新疆界。他以“Golf & more”为主旨，将观澜湖升级为世界闻名的休闲旅游度假胜地，升级为内地与港澳、中国与“一带一路”各国间的“超级联系人”。所有到访过观澜湖的海内外人士，无不欣然把观澜湖看作最亮的“中国名片”。

“Golf & more”的超级想象力

——观澜湖集团主席兼行政总裁朱鼎健

“这是国家改革开放给我们带来的机遇，我们都是改革开放的亲历者、见证者和受益者。当下，我们将紧抓粤港澳大湾区建设和海南自贸区建设两个历史性机遇，发挥自身优势，进一步拓展‘旅游 +’业务，发展全域旅游，同时继续发挥‘超级联系人’作用，与更多国际顶级品牌和项目合作，为中国打造世界休闲产业的领导品牌。”

——朱鼎健

父子两代的创业传承

1984 年“开荒牛”落成时，整个深圳的改革开放之路还在左冲右突。到 1992 年深圳迈出更大步子的时候，中国的改革开放向全世界打开了机遇的大门。

见证改革开放的重要人物之一、著名香港爱国实业家朱树豪，在 1978 年内地改革开放之初即从香港来到珠三角投资。他是全香港第一个到内地投资纸品工业的企业家，其投资工厂的产值在全国名列前茅。因此，深圳的点滴变化都落在朱树豪的眼中。

1984 年，改革开放总设计师邓小平为深圳特区题词：“深圳的发展和经验证明，我们建立经济特区的政策是正确的。”这句话给当时来珠三角投资的港商们吃了颗定心丸。而 1992 年时邓小平说，“从深圳的情况看，公有制是主体，外商投资只占 1/4，就是外资部分，我们还可以从税收、劳务等方面得到益处嘛！多搞点‘三资’企业，不要怕。”这句话让朱树豪看到了即将大规模涌入的外资，以及内地经济的大未来。

于是，朱树豪当即行动，筹划在深圳、东莞交界处的一片垃圾填埋场兴建高尔夫球会及综合休闲度假区。

有利好，当然也有挑战。比如彼时香港的 GDP 是深圳的近 25 倍；对高尔夫项目，如果你问十个人，十个人都会说“不可做，这个项目必须枪毙，因为看不到回报的周期”。另外，当年中国首次申奥，次年申奥失败。这从侧面表明当时中国的国际影响力还不够大。

可朱树豪还是要做，他的理由是：首先，珠三角是外商最密集的区域，需要营造一个一流的招商引资环境，必然需要增加一些与国际商务标准配套的设施。其次，高尔夫是外商喜爱的社交平台和生活模式，在全球政界、商界都是有影响力的运动，发展高尔夫和综合休闲产业是符合外资的“高要求的”。最后，深圳、东莞交界处两小时车程内有 1.5 亿人口，这也是未来的潜在市场。

众所周知，商业上早行一步可能变英烈，晚行一步可能全部落空，恰到好处的事情是极少数人才能做得到的。像朱树豪这样以区域经济未来发展需要为出发点的商业行为，不知道早行了多少步。这让朱鼎健感觉到，父亲不仅具有深远的商业战略眼光，同时也胸怀家国，积极投身国家发展建设大潮。

1974 年出生的朱鼎健，当时在加拿大多伦多读大学。在 1993 年的暑假期间，他陪同父亲到观澜镇高尔夫球场工地巡视。让他震惊的是，观澜镇的晚上居然没有路灯，唯一显眼的是“财记狗肉”广告牌，生满杂草的荒山几乎找不到绘制新蓝图的起点！

正是在这样的条件下，父亲用不到两年的时间，让荒山“退去”，高尔夫球场“进来”。当 1995 年朱鼎健大学毕业后进入观澜湖工作时，球会已经开始营业。在开业庆典上，父亲朱树豪宣布，当年要在第一座竣工的观澜湖球场上举办第 41 届高尔夫世界杯。这个世界顶级赛事被誉为“高尔夫奥林匹克”，之前从未在中国举办过，观澜湖要代表中国把高尔夫世界杯引进来。

2007 年，朱鼎健荣获母校西安大略大学荣誉法学博士学位

观澜湖初展画卷，但球场尚处于建设阶段，此时举办一项世界顶级赛事，所有参与者的心都提到了嗓子眼。

但发令枪已响，观澜湖不可能在举办这项国际赛事上后退一步，而且必须做到尽善尽美。或许是压力太大，父亲朱树豪的两个合伙人先后中途退出，只有朱树豪迎难而上，率领整个团队日夜加班赶工，直到比赛前夕，观澜湖球场建设才告完成。在广东省、深圳市各级政府的支持和见证下，1995 年 11 月，第 41 届高尔夫世界杯在中国起杆，吸引了世界上 30 多个国家和地区的运动员参加，海内外观众每天多达 4 万人，100 多个国家和地区进行了赛事实况转播。这是中国首次举办世界级大型高尔夫赛事，创造了新的历史。

在这次重大国际赛事之后，2001 年，朱树豪又做了一件大事——邀请泰格 · 伍兹首访中国，在观澜湖举行泰格 · 伍兹中国挑战赛。泰格 · 伍兹是中国加入 WTO 后第一位到访的世界级人物，国际巨星地到访极大地提高了观澜湖在世界上的知名度，以及中国高尔夫在世界上的地位。从 2007 年开始，高尔夫世界杯连续多届在观澜湖举行，高尔夫国际赛事成为中国对外交流的一种新方式，观澜湖也成为中国竞技体育与世界沟通的桥梁。

从一片荒山到风景如画，浸透着多少血汗；从不被看好到世界知名，映射了多少智慧！朱鼎健在观澜湖的最初几年，不断地认识到父亲“智慧、勇气、担当以及永不停步”的精神。

2007 年以后，因健康状况不佳，父亲朱树豪逐渐将观澜湖的方向舵交给朱鼎健。2011 年 8 月，父亲朱树豪因病离世，朱鼎健必须承担观澜湖的所有压力以及创造新荣耀的任务。

创二代的冥思与突破

外界能通过报章看到朱树豪先生病逝的消息，可谁又能体会朱鼎健短时间内痛失双亲的悲伤？父母在，都是孩子；父母不在，长子便是给全家遮风挡雨的伞。那时候，朱鼎健只能凭借一己之力扛下所有的重担，带领全家、带领观澜湖继续前行。

尽管之前十几年经历了和父亲一起筚路褴褛在荒山野岭中兴建世界级综合休闲度假区，可挑战依然空前。朱鼎健说：“父亲因病逝世后，需要我接班的时候，是我这些年来面对最大挑战的时候。对于观澜湖来说，我们早在十余年前就已经是世界第一大高尔夫球会，举办过多届高尔夫世界杯等顶级赛事，在高尔夫领域我们已成为世界级的品牌。但中国的发展越来越多元化、国际化，消费升级诉求越来越强烈，公司接下来的发展战略应该作何选择？”

最终，他决定改变自己、改变公司——再创业、攀高峰。在他看来，“守业”意味着依靠企业成规和惯性向前走，最终可能会停滞甚至衰退。但“创业”则代表着面向大潮迭起的商海，以敏锐的洞察力和过人的气魄来引领新潮流。于是，朱鼎健开始发力观澜湖的产业升级和新板块、新业务的拓展。

如果说朱树豪为观澜湖创建了高尔夫、地产、综合休闲三大支柱业务群，那么朱鼎健则在此基础

2013 年，泰格·伍兹 VS 麦克罗伊观澜湖世界第一挑战赛在海口观澜湖成功举行

上进一步拓展，确定了“中国休闲产业领航者”的品牌愿景。具体来说，他准确认识到中国将进入大众旅游时代，大众对生活品质和健康生活方式的追求日趋凸显，消费在升级，产业自然也要随之升级。朱鼎健将观澜湖原来的三大产业板块拓展为旅游休闲、文娱商业、高尔夫、旅游地产、教育产业、实景旅游、养生产业、品牌合作八大板块，然后进行跨界拓展，探索出“旅游 + 文化”“旅游 + 体育”“旅游 + 电影”的独特模式，形成以大旅游为核心的多元化战略，打造城市休闲新地标。

在观澜湖的传统核心产业高尔夫方面，朱鼎健秉持大众高尔夫理念，在会员制的基础上大力推行新举措，降低打球门槛。海口观澜湖的 10 座球场全年对公众开放，不收会员费，且拿出 3 个球场对 16 岁以下的青少年免费开放。种种举措不仅较好地普及了高尔夫运动，也为中国的高尔夫专业人才队伍提供了优质的储备。

对于商务人士来说，高尔夫是一种很好的交际平台，但这种商业休闲文化也催生了部分“高尔夫寡妇”群体，不少男性沉迷打球而忽略了家庭。朱鼎健认为不应该出现这种情况。从他自己来说，他每天长时间都在工作，每天还雷打不动锻炼一个小时，这些安排让他留给家庭的时间不多，但他还是尽可能利用晚上的时间陪伴家人。以上想法激发了朱鼎健在构思具体项目时的灵感，他在观澜湖开发建设了一系列的文娱商设施，以满足全年龄段的休闲度假需要。一家人可以在观澜湖打球、购物、做 SPA、做手工，也可以去玩各种机动游戏等。

这就要提到观澜湖八大产业板块中的一些亮点项目，例如深圳和海口观澜湖新城等。其中，深圳观澜湖新城建筑面积达 50 万平方米，涵盖了酒店、办公、公园、购物中心、文创产业、居住以及会展等业态。随着一系列国际知名娱乐品牌入驻，深圳观澜湖新城目前已成为珠三角乃至华南地区首屈一指的宜居、宜游、乐购、畅玩的时尚地标。其中艺工场更是观澜湖集团文化产业板块的代表，集手工体验、原创设计、博物展览、科技创客、文化娱乐五大概念于一身。海口观澜湖新城有石矿湖、东方汇、海免观澜湖购物中心、狂野水世界、NBA 及巴萨体验馆等娱乐购物设施。两地的国际大型城市综合体项目，标志着朱鼎健带领的观澜湖集团开始全面发展旅游、体验、购物、娱乐相结合的文娱商新模式和新业态。同时度假区引进了 200 多家诸如万丽、丽兹卡尔顿、澳洲威秀等世界级品牌，让度假区的国际化程度更高、更多元。

在新型城市商业综合体以外，朱鼎健还努力让项目做到独一无二。《一九四二》在内地上映的 2012 年，朱鼎健和华谊兄弟董事长王中军、著名导演冯小刚聚会，在听到冯小刚讲述每次拍片花大价钱做的布景最后都拆了——实在是浪费后，他提议大家合作把这些布景永久保存。于是，“电影公社”应运而生。以冯小刚导演的几部大片为基础，结合中国不同年代、不同地域的代表性建筑风格，建设运营中国最具特色的电影主题旅游商业项目，其中包括 1942 民国街景区、南洋风情街景区、《芳华》景区、影人星光大道、大型摄影棚区等，为观澜湖度假区增加了电影旅游板块，也为观澜湖品牌增添了丰富的文化内涵。

通过持续的迭代，观澜湖迈上了新的台阶。可以预期，随着商业新兴模式不断涌现，朱鼎健可以不断以“more”来延展商业链条。

与此同时，观澜湖积极跨界教育领域，与具有 540 年历史的英国老牌名校柏朗思联合开办深圳柏朗思观澜湖学校，并与海南省重点中学海南华侨中学携手办学。从国际教育到学历教育，观澜湖将自身的体育、文创等资源融入教学课程体系，为当地提供优质学位，打造国际化特色突出的优质学校，并且致力于成为促进国际交流合作的平台。

在朱鼎健看来，产业可以兴城，教育则可以让城市持久繁荣。

大局着眼
做中国与世界的“超级联系人”

2017 年，在足球巨星罗纳尔迪尼奥的见证下，观澜湖联手巴萨俱乐部建设海口观澜湖巴塞罗那足球学校及巴塞罗那足球博物馆

继续开疆拓土的朱鼎健，也一直积极投身各项社会公共事务。2016 年，时任香港特首梁振英提出，香港地区未来的定位是要担当中国的“超级联系人”。这给朱鼎健提了个醒，如果说香港可以担当此任，企业是不是也可以？经过一番思考，朱鼎健决心要把观澜湖打造成内地与香港、中国与“一带一路”沿线各国间的“超级联系人”。

从观澜湖来说，它也的确是“天生丽质”“得天独厚”。

从“海上丝绸之路”圈定的五个核心省市——上海、广东、福建、浙江和海南来看，观澜湖跨越深圳、东莞、海南，完美坐落于战略圈之内。作为全国政协委员的朱鼎健早在 2015 年就提过三个提案，都是关于推进“一带一路”的，他建议建立丝绸之路博物馆、设立“一带一路”国际文化论坛，以及尽快推进“一带一路”沿线国家和地区对华签证的便利。

观澜湖与万豪合作在海口观澜湖引入丽思卡尔顿酒店

观澜湖不仅处在“一带一路”倡议起始点的核心区，同时也身处粤港澳大湾区的核心区。

2017 年 7 月 1 日，在国家主席习近平见证下，时任香港特别行政区行政长官林郑月娥、时任澳门特别行政区行政长官崔世安、时任国家发展和改革委员会主任何立峰、时任广东省省长马兴瑞共同签署了《深化粤港澳合作 推进大湾区建设框架协议》，粤港澳大湾区建设正式升级为国家战略。按照《粤港澳大湾区发展规划纲要》，粤港澳大湾区不仅要建成充满活力的世界级城市群、国际科技创新中心、“一带一路”建设的重要支撑、内地与港澳深度合作示范区，还要打造成宜居宜业宜游的优质生活圈，成为高质量发展的典范。以香港、澳门、广州、深圳四大中心城市作为区域发展的核心引擎。

粤港澳大湾区的建设也是高速度的建设，广深港高铁 2018 年 9 月如期通车，广深港构成“半小时生活圈”，深圳和香港更是进入“一刻钟生活圈”，这意味着大湾区内的商品、资金、人才会就此高速流动起来。朱鼎健第一次从香港到深圳观澜湖耗时 4 小时，这样的记忆将成为遥远的历史。

朱鼎健说，粤港澳大湾区建设将给珠三角和港

观澜湖・深圳

观澜湖・海口

观澜湖・东莞

澳地区发展带来新一轮的历史机遇，而观澜湖一定要在大湾区建设中发挥“超级联系人”作用。

根据自己多年往返深港两地的体会，朱鼎健发现，香港人不再只把深圳当作休闲度假的“后花园”，而是当作就业、创业和长期生活的乐土，“他们充分感受到内地拥有非常好的投资土壤”。在洞察到这种变化后，他决定搭建港澳和内地的人才交流平台，这就是 2016 年 5 月开业的观澜湖艺工场。观澜湖艺工场集手工体验、原创设计、博物展览、科技创客、文化娱乐五大概念于一身，总规划面积逾 5 万平方米。

手工艺有着悠久的历史，更象征着千百年来人民的智慧。观澜湖艺工场设置了皮艺、陶艺、金工、布艺、木艺、纸艺、玻璃、环保制造、雅集等体验工坊的手艺工场区，来满足爱动手的游客的需求，也非常受香港客人的青睐。同时还设置了“两岸三地”年轻人的创新创业区域，如果创业企业业务可持续且创新度高，将享受租金减半优惠，且有其他诸如宣传和申请税收优惠等方面的支持。

香港中文大学、香港科技大学、香港理工大学等高校的大学生，都到这里进行过实践和交流。来自香港知专设计学院视觉传意高级文凭一年级学生 Chloe，曾在“观澜湖艺工场”实习。她认为，在内地市场工作的经验具参考价值，其经历有利她日后回到香港工作。

朱鼎健说：“我从做好‘大众创业、万众创新’开始，不但自己的企业创新创业，同时还发挥‘超级联系人’的作用，让更多香港年轻人能够融入国家发展的大局。观澜湖艺工场就是培养更多‘超级联系人’的平台，让优秀的青年人在这里实现他们的文创梦。”

中国道路必将越走越宽

两代人接力发展观澜湖这一品牌且做到享誉世界的程度，同时承担“超级联系人”这一角色，朱鼎健对祖国改革开放事业感触颇多。“经过 20 多年的发展，深圳与香港的 GDP 从 25 倍的差距到相差无几。这是改革开放带来发展机遇的最好证明。展望未来，深圳改革开放的脚步不会停，发展的道路会越来越宽。观澜湖发展的每一步都和改革开放的脉搏共振，我有幸以自己的投资经历见证了近 30 年的改革开放历程，这种勇于探索、积极创新的精神将长久地激励着我和观澜湖的同仁们。”

国家繁荣富强、深圳飞速发展，这些都是观澜湖跨越发展的“大后盾”。因此，观澜湖长期扎根内地，不断追加投资。如果把观澜湖的发展分成朱树豪时期和朱鼎健时期，那么在朱树豪时期，观澜湖从荒山变为世界第一大球会，成为同时拥有多家

朱鼎健连续担任第十二、第十三、第十四届全国政协委员

五星级度假酒店、国际级会所的休闲产业群，多次举办大型赛事，奠定了观澜湖的品牌基础；在朱鼎健时期，观澜湖进一步拓展综合休闲产业特别是文娱商业，运营发展了所在城市的新时尚地标，宜居、宜游、乐购、畅玩的新型城市商业综合体（HOPSCA）——深圳观澜湖新城和海口观澜湖新城，其中包括吸引了“两岸三地”众多创业青年的艺工场，在深圳、海口等项目所在地大力发展文化、体育、旅游、教育等提升城市软实力的产业，通过顶级赛事、文化交流活动持续搭建国际交流平台，观澜湖更进一步成为中国休闲产业的领航品牌。30 多年来，两代人将一张白纸变为壮丽画卷，观澜湖已经成为一张誉满世界的“中国名片”。

这一切还在发展中。朱鼎健关注观澜湖商业模式的持续发展与升级，关注观澜湖能否创造更多的社会效益，关注能否更好发挥“超级联系人”的作用，从而实现经济效益、社会效益和区域带动效益的“三赢”。

实际上，这和朱鼎健的另一个身份有密切关系——全国政协委员。这让他在观澜湖这个平台以外，更多展现自己对社会和国家的担当。比如，对于“一带一路”倡议和粤港澳大湾区建设等国家重大战略，朱鼎健都积极提出建设性意见。

朱鼎健已连续几年为大湾区建设发声。在 2018 年全国两会上，他提交的 6 份提案中就有 4 份与大湾区相关，这些提案围绕加强粤港澳大湾区高校互动合作、以多种方式加深粤港澳大湾区青少年交流、加强湾区人才建设、推进深港科技创新合作区建设等话题进行了深度调研。“很多建议被《粤港澳大湾区发展规划纲要》吸纳，这让我的履职更加充满自信。”朱鼎健说。

朱鼎健在 2019 年全国两会上就粤港澳大湾区的创新发展提出：人才至关重要，想要吸引人才、留住人才，就需要一个宜居宜业宜游的综合湾区。“一方面，要让香港青年在内地学习、就业、创业、生活更加便利。这也是我作为港区政协委员在 2018 全国两会上关注和呼吁的，希望从税收、住房、医疗、教育等方面采取有效措施，让港澳青年在大湾区内宜居宜业。另一方面，要通过更多的活动和平台让年轻一代，包括香港的大学生，了解和参与内地的发展。粤港澳大湾区建设的加速带来又一轮国家机遇，青年人的机会是源源不断的。我也会继续为内地与香港年轻人牵线搭桥，帮大家在更广阔的天地里发光发热。”

朱鼎健深知，一个企业、一座城市，必须以共同进步、共享繁荣为归依。他这样的认知，实际是来自父亲朱树豪。“我现在所做的一切都是想为父亲争光，全社会都认同他是一个很成功的企业家，我要做的就是证明他还是个好父亲。”

随着弟妹陆续加入观澜湖的事业中，朱鼎健要求他们必须从底层的工作做起。“父亲走了，观澜湖还在，我们还在。传家，不仅是传承财富，更是传承精神。”他说，父亲奉献于时代、贡献于社会的精神，是他们家族和观澜湖的最强基因。華

董尚真

董尚真拥有过人的胆识和气魄以及敢于冒险、开拓进取的精神。29 岁时，他从父亲手中接棒，挑起家族企业的大梁，经过大胆革新和悉心经营，将一家产销家电的小公司，发展成集电子通信设备、家用电器、工程设计施工、房地产开发与金融投资等多项经营于一身的大型跨国公司，在菲律宾具有举足轻重的地位。

这位商界风云人物对社会公共事务的投入和建树更为世人所称道。多年来，他兢兢业业，倾力而为，积极在政治与社团的舞台发光发热，为菲华社会的稳定以及中菲友好关系的发展作出了不可磨灭的贡献，是菲华社会最具影响力的华人领袖之一。

中菲关系新时代的开创者

——菲律宾亚美士戈集团董事长董尚真

无论在菲律宾还是中国，董尚真都备受敬仰，不仅因为他是一位成功的企业家，更因为他还是一位深得菲律宾及菲华社会公众喜爱和敬重并享誉世界的社会活动家。

他曾连续两届担任菲律宾规模最大、规格最高的华人社团——菲华商联总会的理事长，在主持期间，他顺应世界潮流，历史性地打破菲华商联总会与中国大陆长达 40 年的政治藩篱，开启中菲经贸往来的大门和中菲关系的新时代。董尚真作为这一历史事件中的重要功臣，被人们誉为“打破坚冰开路人”。

敢于冒险 铸就商业帝国

在菲律宾的经济发展史上，华商是一支不容忽视的重要力量，在这些华商中，又以闽南人最具代表性。闽南人素有“孤注一掷的决心”，他们善观时变、勇于冒险，以爱拼、开放的精神，书写了一个又一个商业传奇，也造就了菲律宾辉煌的商业历史。董尚真就是这些闽商中的佼佼者。

生于 1935 年 10 月的董尚真是菲律宾第二代华人，他的父亲董群康是福建石狮沙堤村人，由于家境贫寒，不到 10 岁就被迫漂洋过海赴菲律宾谋生。20 岁时他奉母亲之命，返回家乡与邻村的一个姑娘成了婚。两年后，他带着妻子再度来到菲律宾，从此在这里落地生根。

董群康不仅勤奋踏实，还好学上进，通过多年的打工，积累了一定的资金和商业经验后，他决定建立自己的事业。他瞄准了家电市场这块大蛋糕，创办了一家公司（亚美士戈集团的前身），做起了家用电器的小型贸易批发商。

董尚真从小便深受父亲的影响，很早便明白“骄者必败”“一山还比一山高”的道理。在他的印象中，父亲既是一位有商业智慧的生意人，也是一位重视教育、望子成龙的严父。作为家中长子，董尚真更是被父亲严格要求，只要他读书有一点差错，就会被父亲打 50 下手心，再错一次就会加倍。这种传统的教育方式让董尚真懂得了做任何事都要认真踏实，做人更要懂得拼搏进取。

16 岁时，他就遵从父亲的要求，边读书边到父亲公司打工。在公司里，父亲经常教导他和其他员工工作要认真负责，积极进取，珍惜宝贵的时间；而且在店里不能无所事事，要经常擦拭店中摆设的货品，勤打扫地面。这段经历让董尚真感悟到成功来之不易，也让他养成了勤业、乐业的工作态度。

后来，董尚真考入马波亚工程学院工程设计专业。读大学期间，他积累了广博的知识，也开阔了眼界，他还因出众的组织才能获得了“杰出校友”奖，这些都为其日后建立事业版图打下了坚实的基础。

大学毕业后，他以基层员工的身份正式进入父亲的公司工作。虽然是工程设计专业出身，但他却拥有杰出的商业管理才华，而且为人谦虚，因此颇受公司同事的爱戴。父亲有意培养他，逐渐尝试让他做一些比较重要的工作，他也不负重托，每次都能出色地完成任务。最终，他凭借丰富的工作经验、负责的工作态度以及出众的管理能力赢得了父亲的信任。在他 29 岁时，父亲决定将生意交由他来全权打理。

刚接手公司时，亚美士戈集团已经是当地的电器行业巨头，公司的产品主要靠进口，再批发给其他商行。1960 年，凭借对商业的敏锐嗅觉和对生意的独特见解，董尚真决定将批发和零售分开，并从母公司分出一个专门从事销售工作的子公司。

董尚真在亚美士戈集团成立 71 周年庆典上致辞

但他也清晰地认识到，做贸易只能分得市场价值链条中的一小部分利益，而且容易受制于人，唯有做实业才是长久之计。于是在 1964 年，他设立了自己的工厂，开始生产音响配套、变压器等产品。此后，他贸易和生产两手抓。贸易方面，开拓了公司与北美、欧洲、亚洲等多个国家的业务联系；生产方面，引进了国际先进的技术和设备，扩大生产规模和经营项目。两种经营战略相辅相成，推动公司迈入快速发展的轨道。

1969 年，在原有业务的基础上，亚美士戈集团开始扩张事业版图，大举进军尚属蓝海的房地产领域，积极投资物业，让公司发展再上一个新台阶。

在董尚真的执掌下，到了 20 世纪 70 年代中期，亚美士戈集团由原本仅生产经销家用电器的小公司，一跃成为集生产经销灯具、变压器、电子通信设备、家用电器兼工程设计、房地产开发于一体的大型跨国公司，在菲律宾具有雄厚的实力和非凡的影响力，董尚真也成为当时菲律宾华人社会成就卓著的商界翘楚。

他认为，“一家小企业要成长为一个大企业，取决于领导者的智慧与眼光。企业经营者要有理想、有规划地策划远景，看清潮流发展的趋向。亚美士戈所从事的制造业会随市场而演变，因此要常保求知求新的心，这样才能不断有创新”。因此，他不断为企业发展寻找新机遇，努力寻求新技术、高科技，使公司在制造行业始终保持领先地位。近年来，他还屡次到中国考察，与上海等多地的厂家达成合作。在董尚真的苦心经营之下，如今的亚美士戈集团已经登上了新的发展高峰。

谈及几十年的经商心得与成功经验，董尚真表示，要将企业做大做强，不仅需要一颗敢于冒险的心，更要善于抓住机会稳步前行。“我在从事新投资时通常会先评估，有五成以上胜算才会做下去。有困苦也会有好景，我们要时刻准备着，一有机会就大胆地做下去，但步伐放慢逐步进行，这样发现有差错还有时间调整。”在他眼中，产品质量永远是让企业获得成功的最重要的砝码。另外，还要有好信用，这样才能赢得信誉。不仅如此，他还不止一次地强调做生意需要具备坚忍不拔、勤业严谨的精神。

打破坚冰 开启中菲关系新时代

董尚真不仅是一位成功的企业家，还是一位富有社会责任感和远大理想抱负的社会活动家。在事业蒸蒸日上之时，他将更多的精力转移到菲华社会、菲律宾社会以及中菲两国关系的事务上。相比在商业上的冒险和成就，他在服务中菲社会，尤其在担任菲华商联总会理事长时，为打开中菲经贸往来的大门所做的冒险和贡献更成为历史佳话。

成立于 1954 年的菲华商联总会是菲律宾规模

1994 年，董尚真率领菲华商联总会工商考察团到中国大陆考察

最大、层次最高的华人社团。在其创立后的前 40 年里，迫于台湾当局经济、外交等多方面的压力，加上缺乏对中国大陆的深入了解，该组织只与台湾地区方面交往。但随着中国实行改革开放，中菲两国开始有了经贸交流，许多菲律宾华商选择到中国大陆投资。在此背景下，菲华商联总会内部有许多理事强烈要求与中国大陆进行贸易往来。

1993 年 3 月，董尚真被推选为菲华商联总会第 20 届理事长。他一上任便顺应这股强大的民意，主张菲华商联总会不要受台湾当局的控制，并审时度势，提出了“门户开放、在商言商”的政策，主张超越政治藩篱，正视市场前景广阔的中国大陆。董尚真坦言，之所以力主这个政策，是因为虽然当时国民党在菲律宾具有雄厚的实力，而且菲律宾的政治也非常复杂，但他相信政治上“没有永远的朋友，也没有永远的敌人”。

然而，这个主张不出意外地遭到了众多反对。当时的董尚真坚信国际潮流不可阻挡，并在这个信念的支撑下，顶着巨大压力，大胆而巧妙地把握了几次重要机会，取得了历史性突破。

1993 年 8 月 9 日，时任全国人民代表大会常务委员会委员长乔石应邀到菲律宾访问，董尚真认为这是个千载难逢的机会，于是排除阻碍，打破禁忌，以菲华商联总会的名义设宴欢迎乔石。宴会期间，两人就加强菲华社会与中国大陆的商贸交流和友好往来等问题进行了交流，并达成了许多共识。这是菲华商联总会成立以来首次接待中共高层领导人，也是推动中菲经贸往来迈出的关键一步。

第二年，董尚真再次冲破重重障碍，在菲华商联总会会所接待了访问菲律宾的时任泉州市市长林大穆一行。此举打破了该机构会所从未接待中国大陆政府官员的先例，也打破了中菲两国的政治隔阂，开启了双方友好合作的新时代。

董尚真顺应历史潮流主导的这两次历史性突破，赢得了心向大陆的菲律宾华人同胞的支持和赞誉，但他并未就此满足，而是思考怎样才能和大陆真正建立沟通渠道，进一步加强和巩固这种友好关系。经过一番深谋远虑，他策划了一个亲自率团到大陆考察的方案，得到菲华商联总会许多开明之士的全力支持，同时也遭到台湾当局的阻挠与威胁。

为了确保这次考察顺利成行，董尚真巧妙地将这个考察团命名为东南亚考察团，并宣称除了到中国大陆还要到中国台湾去考察，才获得理事会通过。但台湾当局得知这一消息后，仍派人亲自飞到菲律宾和董尚真谈判，阻止他们去中国大陆，如果非要去，最好也不要以菲华商联总会的名义。董尚真坚决不同意对方的要求，因为这个计划已经得到了理事会的通过。

1994 年 3 月 26 日，初春的北京乍暖还寒，在董尚真的率领下，由菲律宾商界大亨和各方精英 60 余人组成的菲华商联总会东南亚考察团抵达北京。由于这次访问非同寻常，时任国家主席江泽民破例亲切接见了这个商团。至此，40 年 的坚冰在北京的初春融化开来。

结束在北京的考察后，董尚真一行又一路南下，先后到福州、泉州、晋江考察，每到一处，考察团成员都能感受到改革开放带来的翻天覆地的变化，并发现无处不在的商机，更加坚定了他们要和大陆进行经贸往来的决心。

回到马尼拉后，董尚真在考察座谈会上表示：“今后菲华商联总会在处理海峡两岸民间的商贸交流事务时将一视同仁、不分彼此，我们将照常与中国台湾友好往来。不过由于中国大陆与菲律宾有邦交，菲华商联总会应遵循‘一个中国’的原则办事。”

这次“破冰之旅”成为菲华商联总会历史的一个重要转折点，标志着其开始摆脱他人控制，走上独立自主的道路，同时也打开了中菲经贸交往的大门，从此菲律宾华商可以自由往来于中国大陆，在中国大陆投资，并为中国大陆发展作贡献，真正做到惠恩于两国民众，富有深刻的历史意义。董尚真也因为在这一历史事件中起到了决定性作用，而被誉为“打破坚冰开路人”。在他不遗余力地推动下，菲律宾侨民增强了对祖国的认同与爱国情感，也让他们空前团结在一起。

但他付出的心血并未得到所有人认同，在他两年任期即将结束时，菲华商联总会中一些倾向于台湾国民党的理事想趁机把他换下来。幸好德高望重的他获得了大部分理事的拥护，加上时任菲律宾总统拉莫斯在背后也给予了他大力支持，才让他得以成功连任第21届菲华商联总会理事长。连任后，他进一步打通和巩固了菲华商联总会与大陆之间的经贸往来。

1997年1月20日，应中国人民政治协商会议全国委员会之邀，董尚真再度率团访问北京，并获得时任国家主席江泽民的第二次接见。同年11月27日，借江泽民到马尼拉出席世界经合组织会议并访问菲律宾的机会，董尚真又以菲华商联总会理事长的身份，组织全菲华人华侨社团代表，举行了盛大的欢迎大会和宴会，表达了菲律宾华侨对祖国母亲的深情热爱。

俗话说，“时势造英雄，英雄造时势”，对于自己在中菲交流合作的历史剧幕中担当的重要角色，董尚真只是谦逊地表示，是自己幸运地遇上这个历史契机。

后来，即使他卸任了菲华商联总会理事长，他也仍然活跃在政治与社团的舞台，在联结亚太、布局全球、实现中华民族伟大复兴，以及中菲共建“一带一路”中发挥着积极的作用。

尽己所能 为在菲华侨及全民谋福祉

作为一位有担当和作为的华商领袖，董尚真对菲华商联总会的成就和贡献远远不只推动中菲两国友好关系的发展。从1976年起，他先后担任菲华商联总会副理事长、理事长、名誉理事长等职务，在这几十年中，他服务侨社，造福当地民众，成为受人尊敬、德高望重的侨界领袖。

任职期间，他不断拓宽菲华商联总会的工作范畴，竭尽所能为菲律宾华人及居住国公众谋福祉。他成功说服了菲律宾政要共同为遏止绑匪的活动出谋划策，也策划并举办了众多商业考察与国际性商业会议，以此来推动国际经贸交流，促进菲律宾的经济繁荣。

卸任菲华商联总会理事长一职后，董尚真认为自己应该继续在商业方向有所作为，尤其是他看到彼时的菲律宾总商会没有一个华人华侨时，更坚定了他的这个想法。后来他成功出任菲律宾工商总会副理事长一职，并凭借这一特殊身份言别人不敢言，办别人不能办，为菲律宾华人华侨谋取了巨大的福利，最大限度地为菲律宾华人华侨争取到公平待遇。

他在社团方面的工作能力有目共睹，因而得到了许多人的高度评价：“朝气蓬勃，功绩显著，在各种社会场合十分活跃，秉性聪敏，才华横溢，性格豪爽，有胆有识，既有丰富的中华传统文化素养，又有扎实的现代建设所需的管理能力，既善于策划运筹，又善于指挥。”

正是因为拥有卓越的交际才能以及过人的胆识和智慧，才让他结交了菲律宾不少朝野高层人士，借机争取他们对华人华侨的理解和同情，进而调整了若干不利于华人华侨社会的法案，并争取到了多个举措保障华人的利益，使华人社会得以和谐安宁。

尤其值得一提的是，面对不利于华人华侨的社会融合法（即7919法案）和3000名“324”人士合法居留菲律宾等问题，长袖善舞的董尚真利用良好的人际关系，多次出入菲律宾国家最高当局和参众两院，为解决这些问题积极奔走。他认为：“华人社会是一个不断移民的社会，新侨到了菲律宾一段时日定居下来，就会对菲律宾经济有一定的贡献，因此应该让新侨居留合法化”。因为菲华商联总会长期支持政府的各种方案，积极参与国家经济建设，赢得了菲律宾政府的信任，因此当董尚真向政府解释让新移民居留合法化对国家的种种好处后，政府欣然接受了。1975年，菲律宾政府颁布法令，允许华人加入菲律宾国籍，并开始重视华人为当地所作的重要社会贡献。这是董尚真为稳定华侨社会作出的另一杰出贡献，也成为菲华社会得到认可的标志性事件。

海外华人应如何融入主流社会，得到当地政府肯定和接纳，一直是一个很大的问题，对此董尚真有自己的见解："菲华商联总会所做的工作就是要让主流社会知道华人是国家经济建设的重要力量，我们向华社传递政府的政策，邀请政府高官到菲华商联总会现身说法，让华人社会了解，同时我们也争取政府对商界的了解。这种双向的互动对增进双方的沟通发挥良好的作用。菲华商联总会倡建农村校舍，鼓励组织到农村义诊，策动组织消防队等，此'华社三宝'是国民外交的利器，让政府与主流社会感到华社是诚心诚意地爱护菲律宾这个国家的，进而获得了主流社会的接纳。新一代华裔接受了先进的西方文化教育后，如今已有一部分参政，打入主流社会的核心层，他们与主流社会打成一片，这从另一个侧面说明华人不是只顾赚钱，对菲律宾的公民社会也有一定的贡献，获得了菲律宾人对华人的尊敬。"

除了以上重要职务，董尚真还先后出任了金融银行董事、菲律宾电器总商会理事长（现任名誉理事长）、菲律宾雇主联合会督导、马尼拉扶轮会会员、菲律宾董杨宗亲总会理事长、菲律宾各宗亲会联合会常务理事等职务，并且以勤勤恳恳的工作态度和卓有成效的工作成果赢得好评，成为菲华社会最负盛名的社会活动家之一。

心怀慈善 济困帮贫福泽八方

董尚真还是一位热心的慈善家，多年来，他积极参与到菲律宾社会的诸多公益慈善项目中。

在担任菲华商联总会理事长时，他除了致力于打通中菲两国贸易往来，也十分支持和关注菲华商联总会在菲律宾当地的其他建设工作。自上任后，就全力支持菲律宾政府推行捐建农村校舍和普及农村教育的政策，截至 1995 年，在菲律宾各地共捐建校舍 1582 座，两届理事长卸任后他仍继续在捐，并调拨经费常年支持部分学校；他还组织医生深入菲律宾各地为贫苦民众进行义诊，并无偿赠药给他们；董尚真还捐献小货车，设置流动零售商店，将日常用品以低价出售给一般低收入民众；同时，捐献摩托警车，添置菲律宾治安所需的公务设备；此外，他也鼓励并支持全菲各地菲华商联总会分会组建防火会，成立义务消防队；他还经常举行讲习会，洽请政府有关官员向华商讲解法令、法则、劳工及税务法规，协助政府推行政策等，福泽菲华社群。

董尚真不但为菲华商联总会会员争取福利，更以增进全民福祉为己任，服务对象不分种族，服务性质不限工商，在菲律宾社会经济、人文以及华人社会的建设等方面，都倾注了诸多心血。2017 年 5 月 23 日，菲律宾南部城市马拉维爆发反恐战局。战争结束后，整个城市被摧毁，董尚真以个人的名义为"重建马拉维"募捐活动捐款 100 万菲律宾比索。他由此赢得了菲律宾民众的尊敬和爱戴，成为菲律宾人心目中的爱心企业家。

在他不遗余力地致力于菲律宾的公益慈善事业的同时，也不忘倾情回报祖籍国，以具体行动支援家乡建设。因为在他看来，作为一名根在中国大陆的华人，爱中国爱故乡是自己的本分。

实际上，从他的父辈开始，就已经把爱心的种子撒在了家乡。1972 年，董群康在家乡沙堤村捐资建造了一个火力发电厂——光华发电厂，此举解决了全村 300 多户的生活及工业用电问题。80 年代初，在父亲去世不久后，董尚真第一次携夫人林淑娥及子女回乡祭祖恳亲。当时国内发展还比较落后，乡里人的日子还不富裕，这让他非常感慨，并决定尽自己所能扶贫济困，泽被邻里。此后，他又多次携家人返乡，并捐资 200 多万元，为沙堤村兴建了幼儿园和小学，扩建了 5 条乡村公路，重新修葺了沙堤董氏宗祠，为村老人会设立基金等。

他的善举被家乡人民所称颂，当家乡的人因缺少建设资金而向他寻求帮助时，就算董尚真与对方并不相识，但基于对家乡的眷念与热爱，他也从不拒绝，而是竭尽所能帮助他们。即使不是家乡来的人，只要他们办事的出发点是好的，他就会想方设法提供援助。

不仅是家乡，祖籍国任何一个地区有困难，同胞有需求，董尚真都会尽心竭力地济困解危。在"5 · 12 汶川地震"发生后，他慷慨解囊，全力支持抗震救灾，充分体现了人道主义的大爱情怀。

董尚真这种大公无私、乐于奉献的精神也赢得了菲律宾举国上下及中国同胞的崇敬与爱戴。在他为母亲董老夫人举办祝寿庆典时，菲律宾前后两任总统及达官政要都亲自登门祝贺。当老夫人仙逝时，许多民众更是自发前来挥泪相送，送葬队伍绵延数十公里，可谓举国同悲。后来，董尚真将所有致敬者的奠仪全数捐献，投入公益事业。

董尚真是一名虔诚的佛教徒，他相信多做善事福报会更多。"人要成功才有财富，有了财富才会有安全感，有安全感日子才会感到幸福，这是普遍的定论。当然，幸福不一定要非常富有，过多的财富也不一定是好事，精神上的满足最重要。”他认为，钱财取之于社会应该用于社会，人不能独善其身，要与人分享成功的乐趣。这种宽广的胸怀以及先义后利的风范，也让他成为企业家学习的典范。

董尚真经常受中国政府邀请，出席庆典活动和高层会议，图为董尚真（右二）和菲律宾航空公司董事长陈永栽（右三）等与时任国务院侨办副主任许又声（左二）合影

拳拳赤子 心系祖籍国未来

作为一名华人，董尚真虽然生长于菲律宾，却始终心系祖籍国，时刻关注中国的发展。看到中国日益强盛，他发自内心地感到骄傲。“过去我常去中国台湾，当时就认为中国大陆有一天不但能像中国台湾那样进步，甚至还会超过，我很高兴中国大陆现在发展得这么快。过去中国让人看不起，现在中国强盛了，在国际上有地位了，特别在金融海啸发生后，中国更被发现是一个有责任心的大国，赢得了世界各国的尊重。”

当前，中国人民正在为实现中华民族伟大复兴的中国梦而奋斗，董尚真也对中国未来的发展给出了自己独到的看法：“作为一个负责任的强国，中国应扶持落后的国家发展，鼓励中国企业多到这些地方投资建设，促进这些国家的经济发展。中华民族屹立千年越发焕发出民族文化的光辉。‘孔子学院’的输出是中国国力、强盛软实力的具体表现，这非常好，可以让外国人了解中华民族是一个爱好和平的民族。海外华侨华人爱乡爱国，过去对中国的发展作出重大的贡献，今后仍可以发光发热。中国应好好配合海外华侨华人，促进海外华侨华人在居留地的发展，只有大家共同繁荣，所有的国家与人民都获得利益，才能创造‘和谐社会’，转而帮助这些居留国的经济发展，这是三赢的策略。”

董尚真对中菲两国的友好交流以及对中国的经济发展和慈善事业所做的突出贡献，获得了中国政府高层的高度认可和赞赏。2015 年 9 月，他受邀出席中国人民抗日战争暨世界反法西斯战争胜利 70 周年天安门阅兵观礼的纪念活动，见证了这一庄严时刻。

“如今，中国强大了，看到自己的祖国日渐强大，海外华人腰都能挺直起来，而且借助中国崛起的力量，海外华人在当地还有很大的发展空间。”董尚真说。

虽然已是 80 多岁高龄，但董尚真依然精神矍铄地活跃在菲律宾主流社会，以及中菲两国的诸多交流交往活动中，继续为两国的繁荣发展和人民的美好生活贡献自己的智慧和力量。未来，这位叱咤风云的侨界领袖仍将尽心尽力为他所热爱的国家和人民创造更多价值，而他的赤子之心和爱国之情，也将为我们留下一笔宝贵的精神财富。華

赵芝胜

自1993年创业伊始，赵芝胜就带领承创互连在“研发型制造”与“数字化管理”的双重赛道上全力奔跑，坚实成长。

作为世界一流的工业连接器、线束及电缆成型组件制造商，承创互连如今的业务版图遍布全球28个国家和地区，服务的客户类型横跨超过60个细分领域。“如果用一句话来总结我们的愿景：承创互连立足于香港，扎根祖国，面向世界，志在成为全球顶级的研发制造型企业。”这是赵芝胜全力奔赴的方向，亦是终将抵达的彼岸。

厚德“承”世 匠心“创”造

——承创互连科技有限公司创办人赵芝胜

在赵芝胜的办公室里，挂着一幅镜框装裱的书法字画，上曰“德不孤”。其出自《论语·里仁》：“德不孤，必有邻。”意指有道德的人是不会孤单的，一定能迎来志同道合的伙伴。

“虽说商人逐利，但德行务必要放在利益之前，唯有如此，事业才能在正向的生态环境中代代相承。”赵芝胜说。

迎难而上＝开拓“蓝海”

赵芝胜创业的 1993 年，PC 的黄金时代正大幕徐开。

这一年 3 月，刚刚成为全球最大半导体公司的英特尔，推出了革命性的 Pentium 奔腾处理器；另一边，微软极具里程碑意义的 Windows 95，也进入研发倒计时。

一场由“Wintel 联盟”双极驱动的全球 IT 产业浪潮，正蓄势席卷世界。身处世界东方、坐标香港的赵芝胜意识到：是时候“乘风破浪”了。

在此之前，他作为资深的电子零件代理商，已在行业内深耕多年，拥有扎实的基础资源与客户人脉。“但我不想止步于代理商，自建工厂比单纯卖货更踏实也更有满足感，在业务上亦能与客户一起成长，协助顾客解决尚未被满足的技术需求。”赵芝胜说。

他潜心寻觅的创业时机，终于在 1992 年初现端倪。

“长久以来，相当大比例的电子零件代工厂分设于日本、中国台湾及欧美等地。于我个人，一直与台湾地区保持着密切的业务往来，时值 1992 年，两岸贸易关系‘破冰’，台湾地区的制造商正式进驻中国大陆开设工厂，而整个 IT 产业的‘东风’也愈吹愈劲，所有的一切都表明：行业即将迎来‘遍地黄金’的红利期。”赵芝胜回忆说。

1993 年，赵芝胜在东莞创立承创互连科技有限公司（以下简称“承创互连”），正式从“代理商”跃升为“制造商”。

起步阶段，承创互连主要生产电信及 IT 科技所需的连接器、线束及电缆成型组件产品。“20 世纪 80 年代做代理生意的时候，单个零件的利润高于 90 年代的市价，但业务体量却无法与后来的市场同日而语。以前，接到五千、一万的就是大单子；如今，这个数字几乎只能算作前期的样品试跑。”赵芝胜说。

依赖稳定、丰盈的订单数量，赵芝胜带领承创互连很快在市场占领一席之地。

从创业的第一天开始，他便将产品品质与诚信精神奉为立业的核心要义。“做零件代理商时，或多或少都会遇到代工厂的产品质量问题，这很无奈。轮到自己成为制造商，我们将每一份合约都视为承创互连对客户许下的郑重承诺，誓要达成，并全力做到最好。”

此后十年，承创互连在订单规模与企业信誉的双重赛道上全力奔跑，坚实成长。

新的转折发生在 2003 年。

“2003 年以前的十年，我们一直深耕于 IT 行业，专注做电子消费品类的接插件和线束。得益于 IT 产业全面起飞的大环境加持，承创互连在‘跑量’的业务时代颇有斩获。然而，巨大的红利吸引同行甚至转行跨界的竞争者蜂拥而至，最终将行业化为一片红海，利润被压至阶段性历史低点。”赵芝胜决意转型。

2021 年 7 月 7 日，赵芝胜在第五届粤港澳大湾区高峰论坛上发言

转型后的承创互连，专业生产用于防水和散热技术工业的连接器、线束及电缆成型组件。

这场从“IT 制造”到“工业制造”的业务迁徙，并不是简单的客户阵地转移，而是牵扯到整个制造体系革新的浩瀚工程。

一个数字很能说明革新的“剧烈程度”：转型前，承创互连的 IT 类制造业务，单月能跑 400 多个料号，皆为标准型；转型后，工业类制造业务单月跑 7000 多个料号，皆为定制型。

“概括起来说，转型前，是少样而多量，转型后是多样而少量。”在赵芝胜看来，虽然定制化的产出模式下，型号纷繁，单个订单量小，表面看来似乎偏离了行业“大干快上”的竞争主流赛道，然而事实上，注重品质的小单子更具商业附加值。“其时，许多同行们涌聚的 IT 赛道只是表面繁华，大量的生产订单无法平抑被同质化竞争狠狠压低的报价，越竞争，越低价，行业生态极不健康。”

逃离这种消极循环的赵芝胜，在带领团队全力度过转型适应期后，很快就从小订单的高利润率中获得了曾经预见的回报，推动企业步入良性竞争轨道。更重要的是，这次转型深度激活了承创互连与客户的商业价值关联，这是诸多跟风 IT “跑量”的同行无法企及的。

“转型工业制造后，我们无法复制曾经的 IT 模式，因为大部分订单都是客户指定的特别型号、特别产品。对于一些特殊的接插件，承创互连不仅是制造商，更重要的是要协助客户研究设备中整个线缆的排布，以期呈现合理的布线安排并达到最好的预期功能，确保系统功能稳定。”赵芝胜表示。

基于此，在企业创立十年后，承创互连的核心竞争优势逐步升级为定制型工业元件制造，以及协助客户优化产品性能的技术研发。

“我们可以在配合客户研发的过程中，给出许多专业意见。”赵芝胜常跟团队里的同事说：“承创互连不是卖产品，而是卖服务。只有不断优化、创新、升级的服务，以及蕴含整个团队智慧的产品解决方案，才是不会轻易被同行取代的制胜法宝。”

除此之外，持之以恒的诚信经营理念也在承创互连团队内部被奉为不移不易的执业之道。

作为团队的领导者，赵芝胜最喜欢分享一句话：“在我的眼中，企业运营是没有困难的，更准确地说，不应当把问题叫作困难，每一个问题其实都是一个机会，我们有机会遇到这样的问题，然后将问题解决，便由此得到一个很好的商机，或是结下商海中的善缘。”

有个故事，令赵芝胜印象尤为深刻。

几年前，承创互连签约了一位行业排名数一数二的欧洲客户，约定为客户制造一批用于潜水手表充电线的防水技术电线组合，制造合同约定当中的一个电子接插件弹片的电镀厚度需达到 15 微寸，由于当时的电镀失误电镀厚度只做了 5 微寸。在这批订单海运途中，赵芝胜团队通过复检发现了这个

赵芝胜在第七届环球大湾区高峰论坛“拼经济、抢人才、赢未来”主题台上发言

赵芝胜（右二）参加 2023 聚能大湾区论坛

问题。虽然电镀没达标不影响手表功能，但团队仍第一时间主动联络客户，言明产品不合规。

“同时，我们亦道明会整单重新生产，然后改为空运给客户。事实上，只要我们不讲，微寸之间的差异，肉眼根本无法分辨，但做生意讲求诚信，处事态度要严谨。这件事获得客户高度赞赏，最后客户不需要我们重新生产，接受了我们这批货的瑕疵，并且与我们变成了好朋友，百分百信任地将更大的订单交付给我们，这便是商业往来中最圆满的模式。”赵芝胜回忆说。

2023 年，承创互连踏入创立的第 30 个年头，业务遍布全球 28 个国家和地区。“平均算下来，我们基本一年进驻一个国家，这个进度不算冒进，都在可以掌控的范围内。除了业务版图的延展外，承创互连如今服务的工业类型客户，涉及细分领域超过 60 个，所有这些都旨在保障公司平稳、持续、健康发展。”赵芝胜笃信，将生意尽可能分散于更广泛的国家、更多元的行业布局，将最大限度规避政治、经济等因素带来的风险冲击。

“道理显而易见，即使某一个国家政局不稳，或者某一个行业出现大萧条，也不会成为撼动承创互连稳定发展的致命一击。无论遇到何种境况，我们都可以及时做出业务调整，继续服务于其他国家、其他行业的客户。”赵芝胜表示，自己最大的责任就是带领团队尽可能规避经营风险，辅助客户健康持续发展，同时在管控风险的前提下实现利益最大化。

近年来，在持续精进主营业务的同时，承创互连在推动环境保护方面亦做出了一系列实质性的探索与努力。

“多年前，我们就致力于提升工厂的环保效能，积极利用太阳能，并在工厂内进行了大面积绿化。目前，我们正在与一家台湾机构洽谈合作，计划在太阳能发电之余，利用太阳能技术制作小分子矿物质水供员工饮用，除推动环境保护外，自家生产的饮用水亦可保证员工的健康。”赵芝胜说。

2018 年及 2019 年，承创互连荣获香港环境卓越大奖，以表彰企业在可再生能源利用领域的实质性贡献。

承创互连的“内外兼修”

创立至今，承创互连的团队规模已经超过 600 人。

用赵芝胜的话说，他不追求数字，而是要在精干的团队内部实现最高效率的岗位配制与作业绩效。

引入先进的软件管理系统是达成诉求的关键一步。

赵芝胜参加 2023 香港妇女联会“香港精神　香港故事”周年晚会

承创互连科技有限公司在上海参加 2023 年中国国际工业博览会

“我从创业开设工厂的第一天开始，就在使用小型 ERP 软件管理系统。初代是 DOS 作业系统，大约七八年后亦改为 Windows 作业系统，使用功能较强的‘用友’ERP 系统。随着公司的发展，到 2008 年我们将系统升级，投资改用功能更为强大的德国 SAP 企业资源计划系统。”赵芝胜表示，自己之所以如此注重引入软件管理系统，是因为早年间看到过行业内的许多前车之鉴。“有些大规模的工厂，在历经短暂的高光后，轰然倒下，不是因为没有订单或者难以盈利，而是在管理上出现了重大漏洞，导致供应链断裂。我们要做的，就是不重蹈覆辙。”

承创互连目前应用 SAP 系统，从工厂仓库到物流管理，从生产绩效到客户关系维护，从产品生命周期管理到供应链优化，从成本核算到财务监管，从采购计划到人力资源配置，全部实现数据化模块式管理。

作为身处最高决策层的管理者，赵芝胜对于公司运营，无论是细节还是大局，全都以 SAP 系统的数据进行科学化管理。

在承创互连，每年有两个非常重要的会议：其一是公司年初的销售会议，明确新一年度的销售目标并进行销售预测；其二是所有部门主管的 KPI 会议，由赵芝胜亲自确定 KPI 指标，分派给辖下的各个部门，其后的完成进展与成效评估 100% 由 SAP 系统监测完成，避免掺杂人为主观干扰因素，凸显客观、公正、公平。

“所有的指标都是被量化的数据。每一天，我都可以通过 SAP 系统清晰看到公司全盘的运营状况，特别是发生问题的流程，越早显现出端倪，越能及时得到改善。”赵芝胜尤为满意的，是 SAP 系统的拓展性。“事实上，作为一家业务版图遍及全球 28 个国家和地区、业务范畴横跨 60 多个行业的研发制造型企业，每天呈现在 SAP 系统中的各类大数据体量惊人，且永远不可能处于停滞状态，我们会不断根据实时需求配制更细分的个性化模块，改善系统功能。”

这恰恰是最大的挑战。

拓展新模块，意味着牵动公司整个运营体系的变革。“比如某些大家熟悉的工作流程、工作方式、工作考核标准，都将随之发生改变。对于多数公司而言，这样的变动会同时捆绑一个变数——员工情绪的对抗。”值得欣慰的是，赵芝胜几乎没有这样的烦恼。“在承创互连内部大家有一个共识：不断的升级和改变是为了公司长远的健康发展，最终每个人都会是受益者。因此团队的配合度与执行力都十分出众，任何一位员工都不会有抵触情绪。”

每次提升系统，赵芝胜都会指派职能团队提前半年深入各个核心部门进行调研，讨论每个部门流程优化路径，然后才正式拓展新系统，确保新系统上马三个月后，各项运营就能完全理顺，实现效能提升。

除不断优化 SAP 系统外，赵芝胜的另一个“带兵”要诀是矩阵化管理。

传统管理学中，企业的组织架构是基于“直线职能制”布设的，然而层层烦琐冗长的行政指挥链以及等级森严的职级弱化了团队间的协作与资源整合，不同核心业务板块的分兵作战则削弱了企业的整体反应速度。基于此，“矩阵化管理”应运而生。

赵芝胜奉行的矩阵化管理，其特点主要体现在 KPI 指标、奖惩机制的设定上。“在各部门主管参加的 KPI 会议上，我会给出 KPI 的总体指标，之后所有的相关部门都会在未来的一周内划分相互协作的任务与责任，并据此将 KPI 的总体指标拆解、细化，最终形成 ARCI，赏罚分明。”

所谓的 ARCI，即：主责者（A = Accountable）、负责者（R = Responsible）、事前咨询者（C = Consulted）、被告知者（I =Informed）。具体来说，A 是最大责任持份者，具有拍板权与否决权，每一个任务活动只能有一个 A；R 是实际完成工作任务者，任务可由多人分工，其程度由 A 决定；C 是最后决定或行动之前必须咨询的人，一般是最资深同事；I 是被告知者，是一个决策定案后或行动完成后必须被知会的人。

在 ARCI 权责清晰的矩阵格局中，赵芝胜部署的每一次重大决策都得以稳健落实、扎实推进。“矩阵化管理不再将团队成员割裂为个体，每个人都抱着创新的理念同心协力，我也时常鼓励各个部门相互协调。一个企业的成功，不是一个人的成功，而一定是一群人相互协作与支持，才能最终通达圆满的彼岸。”

在持续强化管理效能的同时，赵芝胜对于员工的生活品质亦关怀备至。承创互连位于东莞的工厂员工来自全国各个省市，他们当中有很多为人父母者，其子女常年留守于农村。“每一年暑期，我们都会举办夏令营，接员工的小孩到东莞宿舍居住两周，让他们与父母团聚，享受家庭的温暖。夏令营会举办益智活动、亲子乐游戏活动、博览馆等参观活动、公益慈善筹款传承行活动、保护环境捡垃圾活动、工厂参观活动等，让小朋友们了解父母的工作性质和辛劳、体验成长的乐趣以及社会的多样性。”赵芝胜说。

谈及目前冲击全球经济的新冠疫情，赵芝胜坦言，对于承创互连这样的工业研发制造商来说，最大的挑战并不是原材料提价或订单稀缺，而是不稳定的物流周期，以及由此引发的退订货风险。

“受当地检疫政策及疫情传播局势影响，多个国家和地区的船运、空运时效性变得很不稳定，物流延误成为常态。这对于严格约定交付日期的供货商来说，处境十分被动。既然无法操控物流通关效率，我们的策略是尽可能缩短物流距离，并提前交货。”赵芝胜透露，承创互连的应变方法是主动联络客户，满足他们“还未开口”的实际需求。

借助 SAP 系统大数据，承创互连可以较为精准地看到客户的订货规律。比如在荷兰，公司设有一个仓库和营运中心，团队会根据系统的评估提早完成生产，然后从东莞发货，运送并放置到荷兰仓。

“如此一来，当客户提出需求后，我们可以完全不受疫情海运延期的困扰，第一时间将货交付到客户手中。不仅如此，在整个疫情期间，我们不时会以公函形式主动告知客户疫情防范措施，互通各方面的资讯，务求以客户立场思考，防患未然，让客户放心。我们更是提供访问代码给客户，让他们能进入系统查看他们的订单和供应链状况，以及从材料到成品付运安排等信息。在每一个行业都被疫情深深困扰的状态下，有些客户没有顾上及时订货，但即便再小的一颗螺丝，对于整个产品来说都是刚需。我们对系统数据进行分析后，会及时与客户沟通未来订单的安排，这便是承创互连作为供应商最大的价值所在。”赵芝胜说。

2019 春茗晚宴

最近两年，承创互连在超过 20 个时间节点向客户群发过此类公函，导述承创互连的安排状况。在赵芝胜看来，与客户的紧密连接是第一要务。此外，后方工厂的稳定亦是不容忽视的大事。“2021 年 2 月 10 日，东莞工厂准时开工，每天全厂早晚两次无死角消毒，全员规范佩戴口罩，每人每天监测体温 2 次。我们要确保不能有任何一例因为疏忽而导致的感染病例，因此这不仅仅意味着一位员工倒下，更可能导致整个团队的沦陷。我们要平安地坚守在工作岗位上，这也是给客户最大的信心保障。”

疫情对赵芝胜的另一个影响是他的生活终于慢了下来。

“从入行至今，我几十年来几乎是第一次体验一年没有出差、没有离开香港的生活。我反而把这件事当作一个机会，用来练兵。我常跟同事们讲，公司经营的成功与否，最大的责任在我。我不能让公司出问题，因为我担负着几百个家庭的生计，没有理由懈怠。”常驻香港的赵芝胜，只要有空就与团队开会，充分反思以前有哪里做得不够好，复盘并群策群力，最后确定改善方案。

未来几年，赵芝胜希望在做好现有业务的基础上进一步优化 SAP 系统，加入人工智能分析，实现供应链的自动化升级。

现代供应链是一条以制造为核心，串联计划、采购、制造、物流、交付、销售乃至售后的整条产品价值链。20 世纪 80 年代起始的中国改革开放，吸引境外企业纷纷借助中国的廉价劳动力，建立低成本生产线。中国作为“世界工厂”，也适逢其时衍化出全球供应链生态。

“2020 年，在全球疫情刺激下，供应链系统突然加速向工业 4.0 方向挺进。”赵芝胜表示，以往工厂只要速度快、品控好、成本低就能安逸生存，但今天的企业要应付比以往更频繁、零碎、个性化的订单，且交付时间更短。“工业 4.0 时代，企业既要保持高效率、低成本的生产模式，又要应对碎片化和个性化订单的挑战，因此必须提高柔性，让供应链能适应小批量、多款式的订单，以及快速应对特殊情况，调整生产模式。”

具体到未来几年的现实计划，赵芝胜透露，目前，承创互连主要在做三件事：

其一，在大健康领域，公司投资研发了一款以色列的芯片，该芯片搭载的设备，利用光学原理，可在 10 秒钟以内检测出受试者是否感染新冠病毒。目前样品已经成型，分发到东南亚多地，正在等待检测机构的权威认证。

其二，在智能灯光领域，承创互连是出色的制造商，包括深圳平安大厦外层的智能彩色灯光幕墙，以及 2008 年北京奥运会的开幕式智能灯光线缆，都是赵芝胜团队的扛鼎力作。下一阶段，公司将继续深入探索智能灯光的综合解决方案。

其三，在智慧城市领域，承创互连已经组建了一支团队，专注于智慧安防系统的设计与呈现。赵芝胜相信，智慧城市里应用的设备离不开连接器、

赵芝胜在北京参加“同根同梦”2023 全球华人中秋联谊会

线束及电缆成型组件。这些在日常看似不起眼的重要元件，正广泛应用于汽车、医疗设备、餐厅煮食设备、物流设备、家庭电器等方面。

“放眼全球，今天的供应链已经升级迭代为由‘信息链’和‘价值链’结合而成的产业集群。客户需求的，不仅仅是零件或设备，而是基于其行业诉求量身定制、个性化的解决方案。承创互连已经着手准备，每一天都在向这个目标坚实迈进。”赵芝胜说。

人生的上半场与下半场

赵芝胜常常跟身边人说，人生“上半场”的主题是家庭和事业，而今迈入“下半场”，希望有更多时间服务社群，回馈社会。

“我和太太有三个小孩，目前都已学有所成，大儿子和大女儿效力于承创互连，小儿子博士毕业后，留在国内一家国家级实验室担任总监。人生上半场，无论是对家庭还是对公司，总算有了一点点交代。在规划人生下半场时，我希望通过公益事业对社会有所回馈，这才是圆满的、有意义的人生。”赵芝胜说。

因此近年来，除担任承创互连的管理职务外，赵芝胜亦在公共事务及公益事业领域投入很多时间精力，他同时担任香港传承基金总理团主席、香港睦群助更生协会董事，也是思施慈善基金创办人。

首先，在香港传承基金方面，赵芝胜领衔的总理团有 8 ~ 10 位总理。这是一个符合香港《税务条例》第 88 条（Section88）豁免交税的慈善机构，旨在通过文化、艺术、体育、教育及科研，与社会各界一同推动传承教育，帮助有需要的人士。

时间银行当属香港传承基金颇具影响力的公益项目之一。

时间银行的倡导者是美国人埃德加 · 卡恩。1980 年，卡恩 46 岁，经历了一次大面积心肌梗死，这让他对生活有了全新的理解，故提出“时间银行”概念。用通俗的话来解释，这是一种循环滚动的义工模式，即每位参与时间银行的志愿者都可将公益服务的时间累计并存进时间银行，年老后，当自己遭遇困难或需要帮助时，可以从中支取“被服务时间”。

目前，时间银行在全球多个国家和地区皆有推进。赵芝胜表示，香港传承基金专门针对时间银行开发了一款手机 APP，免费给非牟利机构及商户使用，亦鼓励参与计划的年轻义工将累积的服务时间兑换成日常生活物品，或在系统内捐赠给长者使用。

“人生在世，都会有需要别人帮助的时刻。比如，一位 80 岁高龄的长者，行动不便，希望有人帮助清洁房间。但长者在心理上不希望得到别人的怜悯，所以不愿求助。时间银行恰恰解决了这种矛盾，当你年轻的时候积累了帮助别人的时分，老了以后就可以拿来换取别人的帮助，这便是：施者有意义，受者有尊严。”赵芝胜说。

得益于香港传承基金的积极推动，时间银行在大湾区正蓬勃发展。“目前，大湾区已有六七千家店铺加入了 App 的时分换购活动，这个计划同时得到香港特区政府的高度认同，正在探讨 NGO 组织的协助，最终希望推广到更广泛的人群，使更多人受益。”

赵芝胜探访内地贫困学生

不只在大湾区，中国内地的北京、南京、南宁、重庆、成都等城市也已出现了时间银行服务，并逐渐进入政府工作计划。以北京为例，2022 年 1 月 19 日，北京市民政局等三部门联合发布《北京市养老服务时间银行实施方案（试行）》，并于 6 月 1 日起正式实施。

时间银行之外，身为香港睦群助更生协会董事的赵芝胜，对更生人群亦十分关顾。

更生人群是香港对刑满释放人员的称统。“我们同样推出了一个免费的手机 App——睦录通，并与多元产业保持密切联系，将有意愿接纳更生人士的企业发布在睦录通上，以此帮助更生人士寻找工作，免于被社会歧视与孤立。”在赵芝胜看来，人一时犯错，社会应当给予他们改正、开始新生活的机会。“曾经有人在监狱里继续攻读学业，全部费用由香港睦群助更生协会资助。我们与惩教署合作，非常鼓励大家在监狱里学习。”

公益事业的范畴里，赵芝胜的另一份心血投注于他与太太共同发起的“思施慈善基金”。“思施”之名，取自他与太太英文名的两个首字母，思，即思念；施，是布施。“这个基金会不属于香港《税务条例》第 88 条（Section88）的范畴，完全是我与太太的私人注资，用以帮助有需要的人士。目前，善款的用途主要致力于幼儿教育，未来并不局限于此。我们还与一家慈善机构合作，将饮料塑料瓶打碎成粉、抽粒注塑后制成圆珠笔，免费分发给学生使用。下一步，还会将环保材料拓展应用于制衣行业。”

关于未来，赵芝胜还有一个理想，就是将他的公益事业延展到医疗体系。“我打算建立一个照顾长者的电子平台，如果有可能，也会进入更多细分领域，帮助更多有需要的人士。其实公益的意义就在于做更多自己开心、对方也开心的事情。”

2021 年，赵芝胜荣膺“2021 卓越社会责任企业家大奖”。他唯愿，可以在人生下半场继续细水长流地履行社会责任。“每一家企业存在的意义，并非只是赚取金钱，还有情谊、责任和爱。正如生命是一场交互式的旅程，帮助别人与接纳别人的帮助本就相生相依。”

在兼顾事业与公益活动的同时，赵芝胜的闲暇时光里有两件“上瘾”的事，一是运动，二是阅读。

每天早上 6 点多，他都会起床出门，大步快走几公里。

“运动不一定要特别激烈，持续性很重要。在承创互连，我们有一个几十人的运动团队，大家同在一个群组，每天都会上传自己的运动数据。群组每个月都会有里程目标，未达标的人要请大家吃饭。神奇的是，两年下来，每个人都持续达标，这种自律的生活方式不仅强化了团队的凝聚力，同时在疫情的特殊时期也能令大家强身健体，增强免疫力。”赵芝胜说。

至于阅读，每晚回家后，赵芝胜会广泛涉猎各个领域的书籍。用他的话说，他看的书很杂，经济、政治、商业、时事、社科，他都很有兴趣。“做生意的人，通晓各类知识，可以做出更加理性、更加

赵芝胜荣膺“2021 卓越社会责任企业家大奖”

律及解决争议服务中心；支持香港服务业向高端高增值方向发展。

“十四五”规划纲要还赋予了香港新的定位，包括支持香港提升国际航空枢纽地位、支持香港建设国际创新科技中心和区域知识产权贸易中心，以及发展中外文化艺术交流中心。

特别是研发创新领域，香港虽然地方小、人员有限，但有得天独厚的优势，比如拥有多所基础实力雄厚的大学，拥有开放和国际化的视野等。近年来，一些高附加值的香港研发企业，成就备受业界瞩目。

正确的营运决策。还是那句话，我是公司的管理者，我担负的是整个团队的成败，我不能短视，更不能自以为是。”

时值香港回归祖国 26 周年，作为一名出生于香港、活跃于工业制造业前沿的创业者，赵芝胜对于香港不断发展跃进的经济环境，以及香港与内地之间越发密切的经贸交流，有很多真切的个人体会。

“香港，坦白说，在过去 10 年间的发展速度慢了下来，但这并不代表香港没有希望。目前，大湾区‘9+2’的城市联动大格局已然形成，香港正在重整社会结构，立足于大湾区，找到自己精准的定位，将自身优势最大化发挥。”在赵芝胜看来，香港未来的核心功能是发挥大湾区内推动经济内循环 + 外循环的“润滑剂”作用。

大湾区的架构下有四个中心城市：广州、深圳、澳门、香港。“十四五”规划纲要提出了保持香港长期繁荣稳定的一系列重大目标，为香港的未来发展指明了方向，并对深化内地与香港合作作出具体部署。经济发展方面，规划纲要一如既往支持香港提升国际金融、航运、贸易中心地位；强化香港作为全球离岸人民币业务枢纽、国际资产管理中心及风险管理中心的功能；支持香港建设亚太区国际法

更重要的是，香港特区政府也在极力推动科技创新发展。香港特区政府财政司司长陈茂波发表 2021/2022 年度财政预算案时，就指出总面积近 4 平方公里的河套深港科技创新合作区将是香港历来最大的创科平台，提供 120 万平方米总楼面面积，估计对经济的贡献每年可达 520 亿元，可创造约 5 万个工作岗位。

“背靠内地，融入大湾区发展，香港建设国际创新科技中心正迎来最好的时机。承创互连的客户，80% 以上都分布于智慧城市、工业 4.0 相关领域，我们的努力方向正好契合香港以及大湾区的发展路径，如果用一句话来总结：我们立足于香港，扎根祖国，面向世界，志在成为全球顶级的研发制造型企业。”赵芝胜说。

虽然创新与探索总需要面对未知的变化，但那些勇往直前、审时度势的变革转型，往往能赢得未来。

因为，世界永远是新的。

承创互连，永远在路上。華

佘桂福

酷爱运动的佘桂福骨子里透着敢于拼搏、永不服输的精神，无论是在职场中提升自我、单枪匹马创业，还是只身回到祖国开拓市场，不管遇到多大困难，他都凭借坚强的毅力持续向前，并不断超越自我，成就一番事业。

不断超越 成就EMC行业翘楚

——东昇电磁兼容技术（深圳）有限公司董事长佘桂福

2002年，遭遇职场危机的佘桂福无奈选择创业，却凭借一己之力逆袭为东南亚最大的EMC系统集成商。2008年，为了寻求更大发展空间，他决定来中国创办公司，从最初的籍籍无名到闻名业内，从在夹缝中生存到成功打开市场，他始终秉持“业精于勤，技臻于德”的理念，用精湛的技术和真诚的品格赢得客户的青睐，最终成就EMC成为行业翘楚。

出身贫寒 坚定读书改变命运的信念

佘桂福的祖辈是潮汕人，多年前漂洋过海下南洋谋生，从此扎根于马来西亚柔佛州麻坡县。到了他父母这一辈，仍以苦力为生。1970年8月，佘桂福出生在华人义山附近的简易房里。虽然家境贫困，但他的父母却认识到教育的重要性，即使再苦再难也坚决让孩子们接受教育，以此来改变家庭命运。

佘桂福自幼聪明懂事，从华文小学到马来中学，他的成绩始终名列前茅，而且还擅长体育运动。为了替父母分担经济压力，他从小学5年级开始就趁着假期四处打工，在工地搬过砖，也到餐厅做服务员。

中学时，他首次参加学校越野赛就荣获全校第四名，其运动天赋得以展露。体育老师有意培养他，他却因为要打工赚钱、无法分身而作罢。但此后他更加自律，趁打工间隙自我训练，最终竟成为全校的“越野跑之王”，甚至还代表县里参加各类跑步比赛，包揽多个奖项，成为远近闻名的运动健将。

高中时，他开始对酒店管理专业产生浓厚兴趣，并梦想有朝一日能考上马来西亚首屈一指的顶尖名校——拉曼学院（今拉曼大学）。这所综合性大学由华人创办，不仅学费不高，而且学满三年后，还能同时拿到美国坎贝尔大学（Campbell University）的学士文凭，可谓一举两得。然而这所学校的经管类热门专业竞争激烈，淘汰率极高。为了保证万无一失，佘桂福毅然放弃了自己理想的酒店管理专业，转而选择了淘汰率较低，但艰涩深奥的物理系微电子专业。

读大学期间，佘桂福在学业上游刃有余，课余时间他就将精力主要用在组织课外活动、拉赞助上，还用了两年多拿下跆拳道黑带，丰富多彩的生活也锻炼了他极强的管理能力和组织能力，为他日后创业奠定了坚实的基础。

远赴重洋 勤学苦练开启事业新征程

大学毕业后，佘桂福前往发展机会更多的新加坡，进入一家企业担任电子工程师。彼时的他并没有创业的念头，而是希望通过勤奋工作赚取更多薪水，以改善家里的经济状况。

起初他的工作进展得十分顺利，但眼见新加坡的人力成本逐年增高，他隐约感觉到制造业在这个弹丸之地不会有发展前景。如果企业前途未卜，自己所做的工作也就失去了价值，一种危机感弥漫在佘桂福的心头。

果然，公司在几年之后就开始走下坡路。因此当公司有项目要外派工程师前往日本培训时，佘桂福毅然签署了外派培训协议，希望能学到新技术，为自己的人生寻求更广阔的发展空间。

但他没有料到的是，在一个陌生的国度学习并不容易。1995 年，佘桂福前往日本，到一家日本电子企业常驻学习，因为不懂日语，别人讲的话他一句都听不懂，语言问题成了横在他面前的最大障碍。

日本电子企业的老一辈电子工程师均拥有精湛的技术，但他们却不愿意花费精力去教这些外国学徒，加上学生们根本不懂日语，双方无法沟通交流，遇到难题时，他们干脆就让学生们自己看书琢磨。佘桂福对此十分无奈，只能暗下决心在最短时间内学会日语，以便尽快掌握最先进的电子技术。

新加坡日成电器获得 SME 中小企业奖

起初，企业特意安排了日语夜校，从最基础的片假名、平假名开始学起，但佘桂福认为这样学习速度太慢，于是他针对白天工作中遇到的问题，晚上加倍努力思考学习，遇到不明白的地方就虚心请教。仅用了半年时间，他就突破了语言障碍，不仅能流利地用日语沟通，还能用日语写报告。他的这股韧劲赢得了日本师傅的好感，后来更是被公司里技术最精湛的 EMC 技术专家收为“门徒”，由此与最前沿的 EMC(电磁兼容性) 技术结下了不解之缘。

EMC 是指设备所产生的电磁能量既不对其他设备产生干扰，也不受其他设备的电磁能量干扰的能力。什么是电磁干扰？当我们看电视的时候，如果旁边有人使用电吹风之类的家用电器，屏幕上会出现雪花条纹，这就是常见的电磁干扰现象。更为严重的是，如果电磁干扰信号妨碍了正在监视病情的医疗电子设备或正在飞行的飞机时，则会造成不堪设想的后果。

彼时，佘桂福甚至连 EMC 这个词都没听过，而他的师傅却是个技艺精湛、要求严格的人，对于佘桂福这个有前途的徒弟，他更是毫不手软，逼他苦学。在这位严师的教导下，佘桂福不负众望，两年后就成为 EMC 行业的专家。

白手起家 成就 EMC 行业翘楚

学成回国后，佘桂福仍在原公司继续工作，但因看不到制造业的前景，一年后他选择了辞职。2000 年，他加入了一家新兴的电子贸易公司。

新公司是日本爱华（AIWA）的顶级供应商，为风靡全球的爱华随身听提供重要设备。佘桂福被委以重任，以技术主管经理的身份筹建了 EMC 部门。然而当他的事业如鱼得水之时，他又发现了公司的问题。

在公司承接的一个调试设备的大项目中，由于客户不小心，在设备购买清单上遗漏了一台电脑和一些小配件，导致整个项目无法推进。在佘桂福看来，自己的公司完全可以为客户提供一站式整体解决方案，设备遗漏了应该告知客户，让对方补齐，甚至为了按时完成项目，完全可以买一台电脑和这些小配件赠送给客户。如此一来，客户会觉得欠公司一个大人情，增加对公司的信任感，今后还会再次合作。但他的老板却认为，客户犯下的错就应该自己去承担，自己不愿意当冤大头。后来双方产生了矛盾，项目也因此停滞，最终双方都损失不小。

这件事让佘桂福意识到，格局不够大的老板，将来的生意也难以做大。他的判断很快就得到了验证，不久后，公司的中层全部离职，五大部门经理只剩下他一人。老板不但不惊慌，反而将公司的生意委托给佘桂福全权负责。在外人看来，职场晋升是件值得高兴的事情，但佘桂福却认为，搞技术一定要专注，什么都做不但不专业，更谈不上卓越，因此他拒绝了老板的委任。后来他又分析，老板格局狭隘、目光短浅，公司迟早会倒闭。基于这个判断，他毅然选择了“裸辞”。

再次站在人生的十字路口，佘桂福没有着急

2008 年，东昇电磁兼容技术（深圳）有限公司成立

他的担心不无道理，当大项目的客户得知公司只有他一个人，根本不敢和他签合同。就在他一筹莫展时，事情迎来了转机。一次，他谈下了日本某企业的一个大项目，虽然客户相信佘桂福的技术实力，但提出他要想拿到订单，必须要有日本东阳（TOYO）作担保，万一中间出了状况，东阳要承担责任，并接手项目。无奈，佘桂福只得抱着试试看的态度去找合作伙伴东阳寻求帮助，不料对方出于对他的信任，答应帮他担保拿下这笔大单。

找工作，而是梳理了自己的职业历程，并思索了 EMC 的市场前景。他心想，EMC 是个又小又封闭的技术圈子，所有供应商都和他直接对接，如果自己单干，会不会有客户信任自己呢？当时他的孩子尚小，太太也全职在家，养家的重担落在他一个人肩上，如果失败了，全家的生活该怎么办呢？

带着疑问，他拜访了几位合作密切的供应商朋友，想听听他们的建议。出乎他意料的是，几乎所有人都表示，当初和他所在的公司合作，完全是看重他良好的信用和过人的技术，如果他要创业，非常愿意合作。有供应商甚至还表示，如果他资金紧张，他们可以等客户付款之后再收款。

供应商的支持让佘桂福放下了此前的顾虑，加上太太的坚定支持，他决定背水一战。2002 年 8 月，他在自己家中成立了新加坡日成电器私人有限公司（JS Denki），专注于提供 EMC 测试解决方案的一站式服务，从此迈上了艰难的创业之路。

一个人既当老板，又当员工，所有的事都需要佘桂福亲力亲为。每天他一大早就出门联系客户，晚上回家后还要做解决方案，生活都被工作填满。这些对佘桂福来说都不算困难，他的最大压力是来自同行的竞争。世界 EMC 领域高手云集，尤其是美国、日本、德国、瑞士等国家均有资历深厚、技术强大的跨国公司。缺乏资金、单枪匹马的佘桂福凭什么和他们竞争呢？

在佘桂福看来，做 EMC 既是做技术，也是做人品。因此不管订单大小，他都会做到技术精、态度好、服务优。就这样，他逐渐在 EMC 行业建立了良好的口碑，经过业内人士的口口相传，生意便自动找上门来。

经过几个月的努力和全心投入，他的创业之路开始变得顺畅起来，一年后他不仅收回投资成本，还实现了盈利，公司从此步入正轨，他也正式租了办公室，并招兵买马，希望能干一番大事业。

当时，能提供高端技术服务和解决方案的公司十分稀缺，这就给日成提供了蓬勃发展的良机。就连新加坡和马来西亚著名学院、大学、外资企业的 EMC 实验室都成为日成的客户，足以说明它的影响力。

2022 年，日成电器私人有限公司（JS Denki）在新加坡隆重举办了公司成立 20 周年庆典，佘桂福与全球行业专家、经销商、供应商、公司员工及家属共襄盛举。

佘桂福和日成电器（JS DENKI）深耕细作，凭借精湛的技术、专业的服务和良好的口碑，事业版图逐渐扩大，从新加坡扩展到马来西亚各大城市，后来又陆续打入泰国、印度尼西亚等市场，占领了东南亚地区 70% 以上的 EMC 系统市场份额，从而成为闻名东南亚国家的 EMC 专业系统集成商。

2022 年，日成电器私人有限公司成立 20 周年庆典

绝地求生 从籍籍无名到华丽逆袭

经过几年的高速发展，东南亚 EMC 市场渐趋饱和，日成的发展增速开始放缓，此时的佘桂福将目光投向市场广阔的中国，这与日本东阳老总的想法不谋而合。但如何才能打入中国市场，两人都束手无策。

有一天，东阳的老总突然提议，由日成和东阳两家共同出资到中国成立一家新公司，一起开拓市场。在对方看来，佘桂福既懂技术又懂中文，而且双方合作已久，对他百分之百信任。而对于佘桂福来说，能与东阳这样的行业巨头携手开拓市场对自己也是一个绝好的学习和成长机会。于是双方一拍即合，于 2008 年 5 月合资成立了“东昇电磁兼容技术公司”（JS TOYO），正式进军中国市场。

但直到佘桂福真正扎根中国市场后才发现，中国在接洽业务、招投标等方面与他们之前的方式大相径庭。在东南亚，许多客户因预算不多，不一定非要使用国际大品牌，而是以稳妥、适用、方便为原则，在合作中，他们对服务商充满信任。但中国客户则偏向使用国际大品牌的设备，竞标中他们更看重人脉和价格，对供应商的信任度很低。

当时中国的 EMC 行业正蓬勃发展，需求量巨大，但竞争对手林立。虽然东昇电磁兼容在东南亚和日韩市场有着极高的知名度，也不乏许多成功的项目和案例，但在中国还犹如一个“小孩”，既没有名气，也没有客户渠道。在参加竞标时，即便比对手报价便宜 20% ~ 30%，客户依然不敢冒险选用。

这样的状况持续了一年，东昇电磁兼容在中国市场上毫无收获。即便在新加坡刚创业时，都没有遇到这样的情况，这给了佘桂福沉重的打击。然而在这个过程中他意识到，电磁兼容测试是一个相对专业的领域，培养客户的技术素养非常重要；另外，树立良好的品牌形象也有助于公司打开局面。于是他和团队开始投入大量精力与客户进行技术交流，并积极参加各种行业研讨会、展览会，在专业电子兼容类杂志上刊登广告，积极参与招投标会，即使知道不会中标也坚持参与，为的是在业界混个脸熟，来提高公司的品牌知名度。

在他不懈的努力下，机会终于降临。一次，他参加了一个高端的汽车零部件测试系统项目招标，项目对技术和服务的要求极高，竞标各方一致认为该项目一定会花落国内 EMC 的“第一品牌”，因此都有些懈怠。而“第一品牌”也胜券在握，顺势抬高了招标价格。

与以往一样，佘桂福依然为竞标做了充分的准备，当他去竞标时发现，招标人并非只知道压价，而是对技术非常有洞见。虽然此前他和对方并不认识，但双方一见如故，整整交流了 4 个多小时。通过交流，对方对于这个从未听说过的东昇电磁兼容品牌刮目相看，认为它并不逊于“第一品牌”。后来对方又和佘桂福做了一次深入交流，更加确认了自己的判断。

而为了拿下这个重大科研项目，佘桂福也花了不少心思，甚至开出了一个“破盘价”，最终一举中标，震惊业界。这次中标胜出证明了东昇电磁兼容的实力和能力，很多高端客户因此认识了他们，并愿意和他们合作。

而佘桂福并不是来者不拒，他对合作的客户也有所选择，对方必须以高端技术和服务为出发点，如果只是追求低廉的价格，哪怕订单金额再高，他也不为所动，不肯降低品质。正是由于秉持“品质为王”的原则，坚守品牌与口碑，让东昇电磁兼容赢得了行业的尊重与认可，在中国市场站稳了脚跟。

2010 年，日本东阳公司为了扩展 EMC 以外的业务，在上海成立了自己的办事处，日成买下了日本东阳在东昇电磁兼容的股份，此后，东昇电磁兼容正式成为日成新加坡的全资公司。

深耕中国 追随中国的发展步伐

如今，佘桂福已经深耕中国市场 10 余年，这段历程充满了无数艰辛，但令他欣慰的是，东昇电磁兼容打出了自己的品牌和知名度，并建立了本土技术团队。

毫无疑问，作为一家高新技术公司，人才是东昇电磁兼容最重要的资源。公司创建初期，缺乏经验丰富的工程师。为了吸引高端人才加盟，公司给员工提供了充分自由的成长空间，让他们尽情发挥个人的优势，并对他们加以重用，同时也会给他们提供同等的学习机会，让他们在这里能得到快速成长。在培养人才方面，佘桂福会适时督促他们学习，并监督学习的进展，在工作中会给予他们充分的信任，放权给他们，加速他们成长和独立。

佘桂福和全体员工始终坚持“业精于勤，技臻于德”的理念，在他们的不懈努力下，公司已经从刚开始的一个人到目前拥有 19 名员工，代理超过 14 个国际主流品牌设备，全世界共 7 个销售网络和 1 家校准、计量中心，其中中国的业务量占公司总业务量的 70%。

2015 年，佘桂福荣获“亚洲企业家奖（APEA）”

在佘桂福眼中，世界上没有比中国更大的市场了，他对中国的发展充满信心。他认为中国的经济还有很大的发展空间，目前没有看到顶点。他预测，中国经济至少 20 年或更长时间都会继续以强势的姿态发展，尤其是在高端技术的开发方面，已经逼近甚至超越欧美国家了。

在中国继续高速发展的大环境下，东昇电磁兼容将利用高端客户要求的高端技术和服务心态，加快发展的脚步，拓展公司的业务范围。

2022 年，东昇电磁兼容荣获“AAA 级信用企业”称号

东昇电磁兼容的业务受到中美经贸摩擦的影响，进口美国设备变得有些困难，和欧洲同行竞争起来就有点吃亏。不同的品牌需求也不一样，东昇电磁兼容的最大优势体现在对细节的极致追求，他们会根据不同客户的要求为客户量身定制。

最近这些年，东昇电磁兼容的业务范围也逐渐扩大，从最初的民用产品，到汽车产品、无线产品，再到现在的电动汽车产品等。如今，东昇电磁兼容在全力开发电动汽车产品和军工产品的测试解决方案，希望为更多客户提供服务。

多年来佘桂福辛勤的付出赢得了国家和社会的肯定。2015 年，日成公司荣获新加坡政府颁发的杰出企业奖，佘桂福也由此荣膺“亚洲太平洋企业家奖（APEA）”；2016 年，荣获“华商年度人物”的称号；2018 年，东昇电磁兼容荣获《亚洲周刊》所颁发的“亚洲卓越品牌大奖”（2017），佘桂福本人还荣获“世界杰出青年华商”奖；2021 年，佘桂福受聘担任中国管理科学研究院新兴经济产业研究所“客座教授”；2022 年，东昇电磁兼容荣获“AAA 级信用企业”称号、“AAA 级诚信经营示范单位证书”“AAA 级资信等级证书”等，佘桂福也荣获“诚信企业家”称号。

对于东昇电磁兼容的未来，佘桂福也有自己的规划，他希望本土年轻一代尽快成熟独立，届时就可以把工作交接给他们，让本土团队可以完全独立地继续前进和壮大。同时，他希望“东昇电磁兼容”能发展成为 EMC 行业中一个值得信赖的品牌，能对 EMC 技术发展作出卓越的贡献，并为行业培育出下一代人才。華

黄舜华

黄舜华是香港知名室内设计师，她以“低调奢华、永恒经典、贵气质感”的设计哲学，打造出众多高雅而出色的设计作品。

在过去 10 多年的室内设计事业中，她与中国香港及内地多家地产发展商合作，其中不乏大型发展商，如中信泰富、霍英东集团、信和置业、会德丰地产、澳门银河娱乐等。设计作品遍及香港、澳门、广州、深圳、上海、北京、成都、青岛、大连、海南，以及欧洲国家和地区。

低调的优雅

——ATTITUDE Asia Interiors 创办人黄舜华

黄舜华对于高雅品位的理解及演绎，使她的每一个室内设计作品都呈现着淡雅的贵气。

出身艺术世家

黄舜华出生于澳门，母亲是商业机构的高管并且醉心于中国文学，父亲黄锡钧是澳门著名摄影艺术家。她的伯父王师马（笔名）是香港著名的漫画家，她的二位叔父也均活跃在文刊插画及电子插画领域。黄舜华的成长过程充满创造性及艺术气息，她的原生家庭可谓是充满艺术氛围的艺术世家。

黄舜华在澳门长大，从小就受到当地得天独厚的中西文化融合熏陶。对澳门的建筑风格、人文环境及欧洲典雅艺术氛围的耳濡目染培养了黄舜华对欧洲美学的认知和品位，日积月累沉淀了她的艺术喜好，自然而然地影响了她对艺术设计的想法和思维，也为日后她的核心设计风格——“低调的优雅”奠定了基调。

出于浓厚的好奇心，黄舜华到美国求学时选择了组合科目。她在美国俄勒冈大学主修心理学专业，辅修音乐及艺术设计，并以一级荣誉生毕业。

心理学专业赋予了黄舜华对人与事的敏锐洞察力。毕业文章得到学校的高度认可，还因此而应邀请到美国斯坦福大学心理学学院做分享演讲。

她在求学时期就已经表现出对事物完美的追求。她现在所从事的室内设计工作就是为“家”设想的行业，所以她当初选修心理学专业的背景也为她日后创业提供了莫大帮助，使黄舜华能更好地从他人视角了解客户需求，敏锐洞察每个小细节，从而在设计上达到美学与实用的平衡，并且有的放矢提供解决方案。

辅修音乐及艺术设计，是黄舜华对美学艺术追求的选科。让她从多元化角度，不断提升自己的复合艺术品位，这些科目增加了她的艺术涵养，强化了她在不同领域对美学及优雅的定义。真正的美及优雅可以让人细品并经得起时间考验，所以黄舜华日后的设计作品，都洋溢着优雅的氛围。

大学毕业后，黄舜华并没有直接走进设计行业。莫大的好奇心令她投身奢侈品领域，她好奇奢侈品的品牌理念及营运哲学。她从私人助理职位开始做起，由于工作成绩非常出色，后来被升任至品牌经理，并开始负责管理卡地亚（Cartier）、爱斯卡达(Escada)、杰尼亚（Ermengildo Zegna）、切瑞蒂（Cerruti）等品牌。在担任品牌经理期间，店铺室内设计、灯光设计、货品展示、橱窗设计、花卉设计等都是她的工作职责范围。

其间，她与这些品牌在米兰及巴黎的专用室内设计师合作了多个店铺项目，在这段宝贵的工作经历中，她收获了很多方面的行业实操经验，受益匪浅。后来她将这些高端品牌低调奢华的艺术美感、永恒经典的设计理念运用到日后的室内设计事业中，而且这段经历也深远地影响了她对于设计风格精益求精的自我要求，使黄舜华对室内设计有了进一步的定义及追求，孕育了她日后优雅的设计标记。

黄舜华还发现，一个品牌的成功需要多方面的营造及执着的管理精神，差之毫厘，谬以千里。她也深刻理解到优雅与细致有着不可分割的联系，“低调奢华、永恒经典、贵气质感”也成了黄舜华日后的设计哲学。

踏入设计行业

黄舜华室内设计事业的开启，源于她与中国海外发展的一次友好合作。

2002 年，她受中国海外发展邀请，负责中国海外发展位于广州市的一个开发项目中三个示范单位的室内形象设计。在接受邀请之后，黄舜华从每个细节入手，在内装物料、家具选择、灯具设计、艺术品及装饰摆件等方面，充分运用自己对艺术美感的认知、灯光应用及室内展示技巧的优势，再加上她对市场心理需求的深刻了解，黄舜华非常出色

黄舜华设计作品

地完成了三个示范单位项目，并得到中国海外发展的高度认可。

此后，更多合作伙伴慕名而来，并开始有络绎不绝的知名地产商及合作方邀约与她合作。为了能更好地开展合作，黄舜华于 2005 年正式成立了自己的室内设计公司 ATTITUDE ASIA INTERIORS。

在过去 10 多年的室内设计事业中，黄舜华与中国香港及内地多家上市地产发展商合作，打造出很多高雅而出色的作品。目前，合作过的客户包括中信泰富、霍英东集团／德宝立、信和置业、会德丰地产、澳门银河娱乐等。设计作品遍及香港、澳门、广州、深圳、上海、北京、成都、青岛、大连、海南，以及欧洲国家和地区。

高端品牌理念

黄舜华的设计作品中有一个最突出的标志，就是用打造品牌的理念为设计项目定位。2015 年，黄舜华为香港信和置业设计完成的 Botanica 示范屋，便是一个出众的例子。

2013 年底，信和置业打算发展大屿山长沙地区成为高端别墅区。当时大屿山长沙地区的独立屋卖价为 4000 ～ 5000 港元一平方呎①，信和置业希望他们的高端项目卖价可达 4 万港元一平方呎。如何利用室内设计将项目卖价提高，这个课题便交在黄舜华手上。

左图：2015 年在英国伦敦，黄舜华（右二）、著名建筑师 Grover Dear（右一）与团队于“International Design & Architecture Awards”的颁奖晚宴上领取设计大奖；右图：2022 年“Asia Pacific Property Awards”正式获奖官方彩带

① 1 平方呎 =0.09 平方米。——编者注

黄舜华设计作品

黄舜华设计作品

大屿山长沙地区的地理位置优越，有山、有海滩，黄舜华便运用品牌概念为该示范屋设计了一个高端有品位的故事。故事的主人翁是一位具有国际视野、有生活和艺术品位的中青年人士，他可以远离尘嚣，尽情放松地与家人及朋友在这里度过一个有品位的周末假期。整个示范屋除了反映主人的国际品味，同时也很巧妙地彰显了低调的奢华。示范屋完成后，信和置业以一平方呎 4.5 万港元的价格成交。成交价创造了此区域地产成交价格的新纪录，香港多家报章进行了报道。“利用品牌理念作为设计的轴心思维，除了可应用于地产发展项目，对商业项目也非常适用。” 黄舜华说。

2021 年，黄舜华成功地打造出一个高品位的商业 / 办公室项目。该项目位于香港旺角的城市改造地段，整个设计以纽约及伦敦高雅建筑为灵感，黄舜华利用简约 Art Deco 元素，贯穿了整栋大楼的外面及室内空间。此项目不仅为黄舜华赢得了伦敦五星设计大奖，同时也帮助客户将办公楼租金由每平方呎 14 港元提升到 70 港元。黄舜华独有的品牌理念设计对商业投资回报率的作用可见一斑。

同样的例子在上海也有发生。黄舜华受上海华旭国际集团董事长委托，将他们位于上海人民广场附近的办公楼项目以品牌概念重新打造。设计以与集团名称同义的“旭日”为题，黄舜华利用 Art Deco 的设计元素，将华旭国际大厦打造成该地区品味高雅的标志性建筑。项目完成后，办公楼的出租率得到很大的提升，同时也让华旭国际集团和众多租户感受到了新设计的优雅。

利用生活滋养设计灵感

对于怎样平衡生活以便让设计灵感可连绵不绝，黄舜华有她的一套配方。首先是自我身体管理，黄舜华每天的生活作息十分规律，早上伸展运动，

黄舜华设计作品

睡前打坐冥想从不间断，保持每星期最少三天运动。饮食亦以健康为选择前提，她相信身体力量直接影响精神状态。

在滋养精神灵魂方面，黄舜华每天都会带她的爱犬散步于大自然，吸收天地灵气，同时每天在日记内写下十件当天值得开心或感恩的事情。她相信有着正能量及快乐的灵魂，思想便灵活，接受事物的敏感度亦会大大提高。

此外，黄舜华每年都会到世界各地深度游，一方面为摄取设计题材及灵感，另一方面是打开自我胸襟。每到一个地方，她喜欢居住在当地的住宅区，从买菜做饭、去咖啡店等生活细节方面，她都一一感受着。她认为深入体验不同生活及文化，是最好的设计题材。她走遍了大半个欧洲，并且对南非文化及大自然力量着迷。

她的下一个旅游目标是跟世界地理杂志专家一起到访南极洲。她相信只要保持好奇心，设计便可走在时代的前端。

黄舜华与爱犬

立足香港 拥抱内地

1997 年香港正式回归祖国以后，借着中国内地的政策支持，很多香港企业都获益良多。室内设计行业亦不例外。ATTITUDE ASIA Interiors 于 2005 年在香港成立后，便一直有不同的中国内地客户提供合作机遇。

同时，为扩大及提升设计团队能力，黄舜华将部分室内绘图团队安置在成都，而上海亦有联络办事处及项目管理团队。“由于内地人力资源丰富，薪金亦比香港低，将部分团队安置在内地是对香港企业一个非常有利的安排。”黄舜华坦言。

展望未来两年的工作安排，黄舜华希望可以在上海成立商业洽谈部门，从而更有效率地与内地客户洽谈联系互动。将主干设计部分放在香港，其他支持部门放在内地，这就是香港回归祖国后两地给予不同企业的有利条件。華

林文英

在父亲创建的金锋集团奋战37年，为公司成为东南亚最大的铝片厂和印度尼西亚最大的钢管厂立下汗马功劳之后，林文英转换赛道、另辟新路，带出一个声名日隆的鑫旺集团。集团在房地产、制造业、酒店、服务和贸易等方面都有了自己的版图，并在各个方向上持续精进。

林文英深知“创业”意味着直面纷繁复杂的挑战。因为父亲林学善是“东南亚铝业大王”、著名侨领，从零开始创业造就今天金锋这份庞大事业，其间历经的波折和苦难让林文英深感着迷并永远铭记，父亲成为他榜样，更促使他开启像父亲一样的人生：自创新的商业！如今回望这10年艰苦又卓有成效的创业历程，他对得起辞世的父亲，也给他的孩子们树立了标杆。

人生就是一场创业

——印度尼西亚鑫旺（Satoria）集团创办人及总裁林文英

如果父亲当年安守做苦力的本分，就不会有今天享誉世界的印度尼西亚金锋集团（Maspion）；如果父亲没有坚持的勇气和顺应时代的创新精神，就不会有持续做大做强的金锋集团。

父亲——缔造金锋的创始人、著名爱国侨贤、“东南亚铝业大王”林学善（Alim Husin），是真正的“剑士英雄”。他不屈不挠、自强不息的精神，真心做事富有自信的性格，做企业既有成熟的经验更有顺应时代的创意和创新，做公益既有对故乡和所在国的一往情深，还有一成不变的使命担当。父亲这种真正的“剑士英雄”哲学，是留给林文英（Alim Satria）的最宝贵财富，并为林文英所用，无论是在他的生活体验抑或在企业管理中，都表现得淋漓尽致。

“我具有不屈不挠、自强不息、拼搏奋斗、力争上游的精神。这是我父亲教导的，是父亲的功劳。”林文英说，他从父亲身上学会并继承了真正剑士英雄的品格，他努力工作充满热情，在自己行业里誓当领军人物；他富有创意创新，在困境中永不言败，从不投降。他创办和领导的鑫旺集团，在过去10年的时间里，在房地产、制造业、酒店、服务和贸易方面都有了自己的版图。林文英说：“我们每天必须努力工作，从今天做起，从现在做起。”

在事业中磨炼出的“剑士英雄”

林文英，祖籍中国福清，1954年6月24日出生于印度尼西亚泗水，林学善三公子，曾任印度尼西亚金锋集团执行董事、南方铝业（中国）有限公司董事总经理。他曾先后被评为“印度尼西亚十大青年企业家”“十大中华经济英才”“中国改革开放30年功勋人物”。

在金锋的37年，他见证了金锋由小到大、由弱到强的全过程，更在每个历史关口发挥了独特的领导作用。尤其在执掌南方铝业期间，他带领公司冲出亏损的泥潭，闯过2008年国际金融危机和中国外贸顿挫的危机，将公司产品销量推到历史新高。

但林文英将自己创造的奇迹全部归功于父亲，因为是父亲给予了他面对危机时沉着冷静的性格和精神，也是因为长年跟随父亲创建和发展公司而积累了宝贵的管理经验和创新哲学。

林文英的父亲林学善，20世纪40年代因为日本侵华而远赴印度尼西亚谋生。那时候的林学善，身无分文，做苦力、做小贩、摆地摊，几乎每一个行业都做过，每天工作十四五个小时，就是靠这样一点一滴积攒的血汗钱创立了金锋公司。“不能成功，就是死也无所谓了。”林文英至今都记得父亲说过的这句话。林文英在20世纪70年代中期拿到新加坡大学的毕业文凭，之后进入金锋公司，和父亲一起为金锋集团享誉东南亚筑基。1992年，林文英随父亲回福建福清老家投资兴业，希望回馈乡梓、振兴家乡经济，这让林学善在中国改革开放的历史上留下了美名。林学善在中国内地最经典的投资当属南方铝业。

南方铝业从建立开始就是一家拥有先进技术和管理经验的大型现代化铝加工企业。但从1997

林文英及夫人莫珍英，与印度尼西亚第六届总统苏西洛·班邦·尤多约诺及夫人阿尼·尤多约诺合影

年工厂落成到 2002 年，南方铝业在为家乡父老创造了大量就业的同时一直处于亏损状态，在这样的情况下，林文英被历史推上了前台。林文英担纲南方铝业后，立即开启公司的“改革篇章”。

林文英当时推出对内和对外两套改革策略，对内改变人事制度，破除以往家族企业任人唯亲的陋习，能者上、庸者下，一批有能力的所谓“外人”得到起用；对外扩大销售规模。这样雷厉风行的改革，带来了立竿见影的效果，公司营业成本得到高效分配，营收快速攀升，原来的亏损消失了，利润在逐年放大。在此基础上，父亲当年筹谋的公司二期、三期和四期扩建得以从蓝图变为现实，4.5 万吨热轧生产线、2.4 万吨铝箔生产线、1 万吨有色金属复合生产线和两条年产 2.5 万吨 1650mm 宽幅连铸连轧生产线（包括冷轧和辅助设备）陆续建成投产，公司产品广泛应用于汽车、电子、厨房炊具、建筑装饰、卷烟及食品和医药包装等行业，销售网络也遍布世界。

林文英主持时期，南方铝业每年的销售规模以 30% 以上的速度递增。这样的情形曾在 2008 年遭遇挑战，因为那年爆发了国际金融危机。

林文英回忆说：“当时铝片的价格从去年最高峰时的 3200 美元／吨下跌到了最低时的 1320 美元／吨，销量最低谷时跌到只剩下 30% 左右。这期间我们曾一度担心企业到底还能不能生存下去。”世界风雨飘摇，中国风景独特。中国推出 4 万亿刺激经济的政策，让前一夜还是寒冬的铝业立即迎来了春风，林文英敏锐地意识到，世界最好的机会就在中国。南方铝业将国内市场的份额由 25% 左右提高到了 60%，同时公司还在内部开展节能降耗活动，以及根据海外市场铝锭价格比国内市场每吨便宜约 1000 元的情况扩大海外市场的采购力度等。这样的应对堪称完美，南方铝业在经历两个季度的困难期后便一切恢复了正常。

林文英回忆说：“一名企业家能取得非凡的成就自然有他的强处和优点，可是不少企业家不但无法把事业推向另一个高峰，而且往往由高处往下滑，其中的致命伤有这么三点，那就是：迷信机会、极度自负和漠视风险。”

前后 37 年，他为金锋集团以及家族事业的发展立下了汗马功劳，从未辜负父亲之期望。2013 年，林文英带领着妻子和四个孩子，创办了鑫旺（Satoria）集团，并一心一意要把它做大做强。

在 2018 年 10 月 1 日公司成立五周年的庆典晚会上，他宣布成功扩展了自己的事业。

永葆创业家精神

父亲是他心里永远的英雄，父亲从做苦力开始一步步做出金锋的庞大事业，这种创业家精神总是在呼唤着他做到更好、创造更多。

除受父亲的重大影响外，母亲的教诲也深深地影响着他。林文英母亲翁瑞英（Angkasa Rachmawati）是典型的贤妻良母，一生默默相夫教子。他一直牢记母亲的教导，要珍惜别人对自己的信任，要诚信做人。这一切更使林文英下定决心，扩展自己的企业，对员工负责、对社会负责。

以上种种令世人见证了一家新企业——鑫旺集团的崛起。

林文英在 2013 年 5 月创建了鑫旺集团。集团建立之初面临很多困难，但林文英心中珍藏父亲的教导，深信困难是暂时的，每个困境都有出路，无一例外。“山重水复疑无路，柳暗花明又一村”，上帝在关上一扇门，同时，会为你打开一扇窗，他总

鑫旺大厦奠基仪式

会为努力的人指明方向，不在今天就在明天和后天。

这样的坚持和探索精神，让鑫旺在许多事业方向上打开局面，包括房地产、制造业、酒店业等行业。从集团总体的发展战略角度来看，林文英觉得要从世界发展大势的角度为集团确立长期发展的先锋行业。观世界大势，就要去影响世界大势的中心寻求，因此，他专门拿出两年的时间远赴中国的北京大学求学。北京这个国际大都会，汇聚了众多的世界级企业家，林文英在学习的同时结识了许多企业家朋友。他尤其对中国医药和保健行业的迅速崛起印象深刻，再结合印度尼西亚总统曾希望他为解决印度尼西亚人民缺医少药问题出一份力的情况，经过长期的研究和思考，他终于选择药品及保健品业务作为集团的前锋行业，“因为健康与生活是人民最基本的需求。其次，饮食是日常生活当中不可忽视的部分，在此领域我也选择了健康食品”。

鑫旺集团落实先锋业务的起点是在印度尼西亚东爪哇巴苏鲁安县 Wonorejo 镇 Sambisirah 村，集团买下 10 万平方米土地兴建生产基地，从事药品行业的工厂称为“Satoria Pharma”，从事健康食品行业的工厂称为“Satoria Agro”。2017 年 9 月 19 日，鑫旺集团旗下生产药品和食品的 Satoria Aneka 和 Satoria Agro 两家工厂举行了隆重的开业典礼。东爪哇副省长赛夫拉、东爪哇警察总长阿里奋、巴苏鲁安县长 Irsyad、药监局长 I Gusti Ngurah Bagus Kusuma、药监局医疗器械局长 Dra.Maura Linda、中国驻泗水总领事顾景奇、东爪哇福清公会代表以及商界人士近 500 人出席开幕式，来宾们对林文英新的成功范例表达祝贺，并祝愿工厂造福人民、为当地经济增长作出贡献。林文英小儿子、工厂总经理林武铭发表致辞时说，鑫旺集团兴建工厂除了满足国内需求外，也是在配合印度尼西亚推广的改善民生医疗健康的计划，集团将努力做到更好，为国家经济发展、社会发展贡献一份力量。

目前，Satoria Aneka 先后取得 GMP 证书、清真证书和其他各种证书，印度尼西亚药监局为其发放了生产销售许可证。自 2017 年试产大输液产品后至今，年产量（一期和二期合计）达到 1.2 亿瓶（按 500mL/ 瓶计算），是印度尼西亚第一大大输液制造厂。对比中国人均大输液消费量，印度尼西亚人均大输液消费有 5 倍的提升空间，市场前景巨大。同样，Satoria Agro 已成功地生产膳食纤维（亦称“抗性糊精”Digestion-Resistant Maltodextrin），并获得中国和美欧的产品质量检验证书、ISO22000 证书、清真证书、CODEX HCCP 证书以及 GMP 证书，成为雀巢等几家全球著名营养食品和奶粉公司认可的原料供应商。Satoria Agro 目前是东南亚抗性糊精的唯一制造商。鑫旺集团还拥有自己的药品及医疗器械分销网络，其分销业务在 PT. Satoria Distribusi Lestari 公司旗下。

林文英及夫人莫珍英，与印度尼西亚第十三届副总统马鲁夫·阿明（左二）合影

在医药和保健品这个先锋行业持续精进的过程中，林文英领导鑫旺集团在其他事业方面也收获满满。在日惹市，集团兴建一家四星级酒店 Satoria Hotel；在泗水西区，集团建设五星级办公楼 Satoria Tower（鑫旺大厦）；在巴厘岛最热闹的 LEGIAN 区，集团兴建了一座三层楼的顶级娱乐中心 LXXY。集团还计划在巴厘岛 Pecatu 区与万豪集团合作经营度假村……林文英说，鑫旺集团这几年分别在地产业、酒店业、工业投入，全部取得实效和有目共睹的成绩。

林文英创立鑫旺集团时的战略设想和安排在有条不紊地落实中，但这仅仅是鑫旺事业的起笔而已。他说过，他喜欢生活中涌现的灵感和创意，然后将这些灵感和创意付诸实施，尽管这个过程会遭遇种种新的挑战，可“一旦成功了就会感到踌躇满志”。“我们要小心谨慎，但不要过度惧怕。如果一直反复考虑，又没有决定，也没有行动，到什么时候才能成功呢？我们要有胆子面对风险，主要的是如何恰当地调整和管控风险。对我来说，任何生意关键在于‘4M’：Money（资金）、Market（市场）、Manpower（人力）和 Management（管理）。这四个理念都很重要，但最重要的是 Market（市场）。”

4M 管理理念是林文英从事 40 多年金属加工业的制胜法宝，在企业发展的不同阶段，这 4M 的优先级会有变化，合理使用必然成效卓著。在林文英看来，公司刚刚起步发展要以市场和人才优先为好，走向成熟后要管理和资金优先为好，“好的管理自然会让人才得到善用，公司业绩不断成长”。南方铝业的实践证明，一流的人才 + 一流的品质管控 + 灵敏的市场方向调整，便会创造扭亏为盈甚至利润大涨的奇迹。

鑫旺集团还有更美的篇章等待着林文英和他的孩子们去描绘，而且只要一口气尚存便会奋斗不止。因为林文英说过：“父亲为事业、为家乡耗尽终生精力，直到去世前 10 天还在开会，这是一种将军赴死疆场的气概。我也将以此为楷模，马革裹尸还。”華

陈洁盈

20世纪80年代，当中国改革开放的号角在神州大地吹响时，金铿集团北上进入广东投资建厂，积极参与到中国内地改革开放事业中。

陈洁盈接棒后，通过自己的努力，展现出一部真实的“创二代勇闯柬埔寨的现代创业史”。在商业领域之外，陈洁盈积极关注社会事务和公益事业。她深信企业家应承担社会责任，为社会的发展作出贡献。

以实干笃定前行的“创二代”

——香港金铿集团董事陈洁盈

陈洁盈（Catherine Chan），毕业于世界顶级学府英国伦敦政治经济学院，香港注册会计师，第三届金紫荆女企业家奖获得者。现任香港金铿集团董事、首都·国金创始人兼执行董事、环宇农业发展（柬埔寨）有限公司董事、银懋有限公司（西班牙）董事、CLC 金融及贷款有限公司主席、香港环境师学会荣誉主席、第一金慈善基金副主席、海南省农业对外交流合作促进会名誉会长。

金铿集团由陈洁盈的父母始创于 20 世纪 70 年代末，之后随着公司业务不断发展壮大，于 1992 年正式创建成立香港金铿集团，总部设于香港。

20 世纪 80 年代，当中国改革开放的号角在神州大地吹响时，金铿集团北上进入广东投资建厂，积极参与到中国内地改革开放事业中。

1996 年，金铿集团在柬埔寨开展大规模的实业投资，涉及制衣、家装、印刷、林业等多个行业。彼时的金铿集团在还没有自动编织机的时代，拥有超过 10 万名柬埔寨本土员工。除经营 9 家针织毛衣工厂（占地面积超 100 万平方米）外，还拥有 4 亿平方米的农业种植土地。

因为父母常年忙于工作，童年时的陈洁盈身上就有一种不符合年龄的独立。也正是这份独立，奠定了陈洁盈在以男性为家族企业主要传承对象的当今社会，以巾帼不让须眉之志，通过自己的努力，展现出一部真实的“创二代勇闯柬埔寨的现代创业史”。

时间回到 2004 年，陈洁盈从英国伦敦政治经济学院学成归来，倔强独立的她并没有选择加入家族企业，而是进入全球四大会计师事务所之一的“普华永道”磨砺自己，她认为在“普华永道”可以接触到全球一流的企业，可以快速提升自己的能力。陈洁盈从助理做起，一点一滴积累属于自己的知识财富，并在计划的时间内完成数十家上市公司 IPO，期间还考取了“会计师执照”。陈洁盈坚信努力工作终会有回报。

2007 年，陈洁盈在获得父亲的认可后，被安排入职金铿集团采购部，成为一名初级采购员。这也是陈洁盈第一次接触家族产业，因为没有经验，她成为每天在公司工作

2020 年 11 月，陈洁盈获颁第三届“金紫荆女企业家奖”

时间最久的人。功夫不负有心人，凭借卓越的才干和努力，陈洁盈很快就晋升为集团的商务总监，一步步朝着她的目标前进。经过不懈学习，她很快熟知了家族产业的每个环节，并逐渐显露出非凡的领导才能。此后，陈洁盈被父母委以重任。彼时，她深知带领金镫集团开创新天地是她身上的责任，也是她终生奋斗的目标。

近年来，柬埔寨的政治经济体制越发稳定，国民经济生活水平不断提高，房价上涨迅速。陈洁盈也会经常听到员工说“想要一个温暖的家，能够买得起的家”。朴实无奈的一句话，触动了她，这些员工很多都在金镫集团工作几十年，甚至整个家庭成员都在金镫工作。自此，陈洁盈立志要给员工建造一个温暖的家。

陈洁盈与丈夫李骏机相辅相成、同心协力为金镫集团开创新的辉煌

历经三年筹划，2020 年 4 月，建筑面积超 76 万平方米的建筑群，在金边洪森大道的黄金地段拔地而起，这个将“国际创意园”和“现代化精品住宅”完美融合的建筑群，就是“首都 · 国金（URBAN VILLAGE）”项目。

陈洁盈认为，只有好的房子，才能承载着一家人一生的幸福。所以“首都 · 国金”不仅仅是一个建筑，更是一个承载体，承载着她对员工辛勤付出的认可，以及对柬埔寨未来发展的憧憬。

截至 2023 年 10 月，国际创意园 Factory Phnom Penh 已入驻超过 500 多家来自全球的初创企业和 30 余家各品类的生活配套商家。“在园区内，看着络绎不绝、步履匆匆的年轻人，他们就像是 2007 年初到柬埔寨创业的自己，拥有梦想，珍惜时间，计划并努力着在这片沃土开创属于自己的事业。”陈洁盈说。

目前，国际创意园 Factory Phnom Penh 已经是“东南亚地区最大的国际创意园”“柬埔寨知名的网红打卡基地”，并逐渐发展成为具备“休闲娱乐、儿童教育、创业孵化、活动展览”等功能的现代化园区。

至于“首都 · 国金”的住宅，一期住宅 800 多套已在 2020 年 4 月如约交付给业主，入住率超过七成；二期住宅由中国建筑三局一公司承建，已售超过九成，计划于 2024 年交房。

金镫集团的员工也成为“首都 · 国金”住宅项目最大的受益者，可以用低于市价的价格，购买到高品质的房子。陈洁盈表示，此举令众多跟随金镫集团几十年的员工入住到符合现代生活品质的房子里，这种喜悦和满足感是无法用金钱衡量的。

2020 年 11 月，陈洁盈的创业精神得到了香港金紫荆女企业家协会的肯定，并获得第三届“金紫荆女企业家奖”。在颁奖典礼仪式上，主办方香港金紫荆女企业家协会主席林淑怡女士称赞她：是中国“一带一路”倡议的首批响应者、践行者，也是众多柬埔寨创业青年的导师。

在陈洁盈看来，她的成就离不开李骏机先生的支持。在以男性为主导的商界，李骏机不仅是她的丈夫，也是她的最佳拍档，就像左手和右手的关系，相辅相成、同心协力开辟出属于他们的地产王国，也为金铿集团开创了新的辉煌。

金铿集团在陈洁盈和李骏机的带领下，产业版图不断壮大，目前已发展成为一家涉及针织毛衣加工、地产开发、农业、金融、家具和印刷等产业的多元化发展集团，并跃居成为“柬埔寨最大港资投资集团”。

2023 年，在纪念中国内地改革开放 45 周年之际，陈洁盈接受了“华商领袖”专访，以下为部分访问实录：

问：您的原生家庭为您奠定了怎样的根基与价值观？

答：我的父母是金铿针织的创始人。金铿集团是一家参与并见证了中国改革开放事业的港资企业。同时，他们也是 20 世纪 90 年代香港第一批出海“柬埔寨”发展的企业家之一。从他们身上，我深刻地领悟到中国实行改革开放后第一批企业家所展现的不屈不挠、敢于冒险、勇于拼搏的精神。这种精神让我明白，只有通过不断前行和努力，让自己变得更加优秀，才能实现自我价值并为社会和家族事业作出积极的贡献。

问：您有怎样的求学与受教育经历？这期间，哪些特别的事件或特殊的机遇，为您后来的事业埋下了伏笔？

答：我在香港读书期间，正值我父母事业上升期，所以他们选择将我送入国际学校。这段时光让我第一次深刻体会到独立的重要性，父母忙碌没有太多时间辅导我的学业，我从小就告诉自己要拥有像他们一样的自驱力，成为他们的骄傲。因此，我在校期间一直保持严谨的自律态度，努力学习，成绩始终名列前茅。

后来，我顺利考入英国伦敦经济政治学院进修学习，在英国留学期间，我经常利用业余时间去尝试各种兼职工作，这不仅让我积累到很多社会实践经验，更令我骄傲的是，在英国留学期间所有的开支都是我通过兼职赚来的。我觉得那是一段愉快而充实的求学时光。

问：在完成学业后，您起初从事过怎样的工作？从这些工作中，您学习或积累到哪些对您后来个人事业有益的要素？

答：2004 年，我从英国学成归来后，并没有选择加入家族企业，而是进入全球四大会计师事务所之一的“普华永道”磨砺自己。我从助理做起，一点一滴积累属于自己的知识财富，并在计划的时间内完成数十家上市公司 IPO，期间还考取了“会计师执照”。我一直坚信努力工作终会有回报。

问：您是哪一年加入金铿集团？

答：2007 年，我在获得父亲的认可后，被安排入职到金铿集团采购部，成为一名初级采购员。这也是我第一次真正意义上接触家族产业。在公司我没有任何优待，因为没有经验，我成为每天在公司工作时间最久的人。很长一段时间里，公司同事没有人知道我是老板的女儿，直至我通过努力晋升成为集团的商务总监。

问：金铿集团是一家多元化企业，您为什么重点选择在地产行业发展？

答：在公司我经常听到员工说“想要一个温暖的家，能够买得起的家”。朴实无奈的一句话，触动了我，这些员工很多都在金铿集团工作几十年，甚至整个家庭成员都在金铿工作。所以我觉得我应该给员工建造一个温暖的家。

2020 年，建筑面积超 76 万平方米的“首都 · 国金”，在金边城市中轴线洪森大道的黄金地段拔地而起，这是一个将国际创意园和现代化精品住宅完美融合的建筑群。这个项目融入了很多人的期盼，对于金铿集团的员工和柬埔寨新中产家庭来说，低于区域市价又拥有超高品质的住宅是他们迈入新时代美好人居的起点。对于柬埔寨创业青年来说，这里是他们梦想的起点，他们在这里可以用最少的资金开启自己的创业梦想，大大提高了创业成功的可能性，毕竟“首都 · 国金”项目内配置的众创中心板块里各项配套支持都很成熟，无论企业是需要资源扶持、法律服务还是办公支持等，众创中心都能一一满足。“首都 · 国金”不仅是一个建筑，也是一个承载体，承载着我对员工辛勤付出的认可，以及对柬埔寨未来发展的憧憬。

问：请您简单介绍一下“首都·国金”项目？

答：“首都·国金”是由国际创意园和现代化住宅共同组成，坐落在柬埔寨首都金边城市中轴线洪森大道黄金地段，是柬埔寨首个同时相连两条城市主干道的地标项目。项目内的创意园曾经是Levi's牛仔裤工厂，见证了柬埔寨许多70后和80后的青葱岁月，经过我和团队的匠心改建，华丽转身为“东南亚地区最大的国际创意园”“柬埔寨知名的网红打卡基地”，这是一个具备“休闲娱乐、儿童教育、创业孵化、活动展览”等多重功能的现代化创意园区。

陈洁盈与丈夫李骏机一起接受媒体采访

至于“首都·国金”的住宅，一期住宅800多套已在2020年4月如约交付给业主，入住率超过七成；二期住宅由中国建筑三局一公司承建，已售超过九成，计划于2024年交房。

问：截至目前，您公司已拥有怎样的事业版图与团队规模？

答：目前金铿集团旗下的地产开发业务和金融信托业务由我和丈夫李骏机共同打理。从接手到现在，我们的团队全职员工有约10000人，他们来自世界各个国家、各个民族，是一个有爱的大家庭。经过团队的齐心奋斗，金铿集团现在是“柬埔寨最大港资地产开发商”，商业土地拥有量超过150万平方米。

问：相较于同行业者，您认为公司的差异化核心价值何在？

答：在柬埔寨，我们虽然是外资企业，但是与初到柬埔寨发展的投资商相比，我们已经达到了与这片土地的共融，比如目前仅柬埔寨本土员工就有3万多人，许多家庭都是两代人在我们集团工作，所以我们了解这个国家的经济和市场需要。

问：自您加入金铿集团以来，有没有一些时刻，是您感觉特别艰难的？当时您是如何应对的？

答：创业容易，守业难。在前行的过程中，不可避免会遇到艰难时刻。其中一个最具挑战性的时刻是2020年新冠疫情的暴发。疫情给全球的经济和企业运营带来了巨大的冲击，我们也受到了一定的损失。面对这一挑战，我们采取了积极的措施。首先，我们立即调集了公司的应急资金，以保障员工和企业的基本运转。同时，我们成立了疫情防控小组，负责协调各分公司的防控工作，并落实疫情检查和防控措施。

通过严格的防疫措施和紧密的协作，我们成功地避免了员工大规模感染的情况，尤其令我感到自豪的是，在疫情期间我们从没有发生过拖欠员工的薪资、拖欠合作方的欠款的情况。在这个艰难的时期，我们坚持坦诚相待、诚信经营的原则，稳定了合作方对我们的信心，保持了正常的经营秩序，最终成为自疫情发生至今柬埔寨国内为数不多没有亏损的企业之一。

问：关于团队管理，您推崇怎样的管理方式？特别是在如何打造团队执行力、凝聚力、创新力等方面，您有哪些心得体会？

答：我的座右铭是“天道酬勤”，这句话我也经常跟我的员工讲。为了让他们拥有像我一样的自

陈洁盈与丈夫李骏机一起亲力亲为，参与社区慈善工作

陈洁盈参与公益活动

驱力，我会经常安排员工内训，鼓励他们和不同的人交流，提升自己。我希望我的团队里每个人都是优秀的，这种优秀不仅在金铿，还可以帮助他们将来更好地发展。

问：作为公司领导者，必然承担着繁重的工作，您是如何平衡家庭和工作？

答：在我个人的工作与家庭生活中，我一直秉持着平衡的原则。我珍视家庭的重要性，同时也对工作充满激情和责任感。在这个过程中，我很幸运地得到了丈夫李骏机的全力支持。他对我的工作充满尊重，与我共同努力实现共同目标。我们相互合作，在商界中形成了一种互补关系，就像左手和右手一样，共同开创了属于我们的地产王国，并为金铿集团带来了新的辉煌。

问：商业之外，您是否还投身于一些社会事务或公益事业？您如何看待企业家肩负的社会责任？在平衡商业价值与社会价值二者间，您有哪些考虑？

答：作为企业家，我不仅在商业领域有所投入，也关注社会事务和公益事业。目前我在香港和柬埔寨都有参与公益事业，例如在柬埔寨修桥铺路、建造学校等。我深信企业家应承担社会责任，为社会的发展作出贡献。

当平衡商业价值和社会价值时，我会考虑以下几个方面：一、社会影响力：我会评估企业是否能够对社会产生积极影响，通过解决社会问题或满足社会需求来回馈社会；二、可持续发展：我会确保在经营过程中注重环境保护和社会责任，制定可持续发展的策略；三、利益相关者：我会关注各利益相关者的权益，充分考虑各方的利益和意见，努力实现平衡；四、公平公正：我会确保企业在雇佣、薪酬、供应链管理等方面遵循公平公正原则，不歧视或剥削任何一方；五、社会投资和捐赠：我会通过捐赠和社会投资来支持公益事业，与相关组织合作解决社会问题。華

钟声坚

从“两手空空”到华商巨子，钟声坚一手创立并执掌的仁恒集团，先后历经贸易、工业、地产三大主要发展阶段，并在实现自身跨越式成长的同时，紧密契合时代需求，完美见证并深度参与了中国改革开放的宏伟传奇。

如今，仁恒置地已成为新加坡重要的上市房企。集团立足中国，致力于聚焦高增长、战略性重点城市，开发高端精装住宅、商业及综合物业项目，并以“打造百年老店”为终极目标。

“仁”信治业 持之以“恒”

——新加坡仁恒置地集团有限公司主席兼总裁钟声坚

被誉为“善待土地的企业家”的钟声坚，说自己是幸运的。“最关键的，是我生而逢时，正当要做企业的时候，赶上中国的改革开放，从一名两手空空的创业者，成长为可以对社会贡献价值的企业家，这是我个人之幸，亦是仁恒之幸。”

同频时代

20 世纪 70 年代末 80 年代初，刚刚改革开放的中国物资匮乏、商品短缺，时代在召唤市场化。其时，钟声坚带领新创立的仁恒以贸易立业，成为几家国际大型纸张企业的中国区代理商，从事纸张进口生意。此举不仅成功为仁恒积累下第一桶金，更为缓解国内造纸领域高端商品的短缺作出了一定贡献。

到了 20 世纪 80 年代中后期，随着中国改革开放的持续深入与经济的全面复苏，国内工业产品的短缺日益加剧，不少境外制造商纷纷在中国内地跑马圈地，设立工厂。钟声坚果断把握时机，主导仁恒将核心业务从贸易转向工业，创办高级造纸工厂、印刷厂等，有效弥补了当时国内市场高级纸张和金卡等特殊纸张的短缺问题，也因此推动仁恒的企业规模更上一层楼。

进入 20 世纪 90 年代中期，中国的工业化已取得阶段性丰硕成果，成为世界制造业集聚基地，部分行业亦呈现产能过剩端倪。但彼时国内的城市化进程十分缓慢，住房和楼宇短缺成为制约经济进一步发展的重大瓶颈。1993 年，经过审慎考量，钟声坚成立仁恒房地产公司，大举进军地产行业。

“这是一个陌生的领域，但仁恒介入的时机正佳，大势将启，潜能涌动。当时中国的住房体制尚未充分市场化，我们在上海做调查时，上海人均住房面积仅为 2.7 平方米，缺口很大。除上海以外，中国其他许多城市的住宅大都也是‘小而乱’，配套设施极其缺乏，生活十分不方便。而最关键的是，当时的中国人对住房的要求很低，也没有见过更好的居住模式。”相当看好上海浦东开发前景的钟声坚，决意将仁恒地产业布局的“第一役”落子浦东，第二年，集团继续向西挺进，成立了南京地产开发公司。

无论是在浦东新区从事新城建设，还是在南京从事旧城改造，对于仁恒来说，都是全新的挑战。“我们不仅要面对资源供应短缺、住房信贷不足的困难，更重要的，是去转变整个社会对住宅及住宅开发的观念。”钟声坚说，他十分欣赏新加坡在房地产开发领域的成熟模式，同时认定中国消费者对于个人住房的需求将在未来几年内呈爆发式增长，因此仁恒在立业之初，就确立了建设“规划有序，环境优美，配套齐全”住宅小区的发展方向，并引入精装修模式，一举革新中国地产业的传统思维，树立了全新的行业标杆。

“在上海我们以精装修在市场独树一帜，在南京我们以住宅小区开风气之先，并自行成立物业管理部门，引入现代物业管理理念，以规范的服务方式赢得用户青睐。”令钟声坚欣喜的是，1998 年，中国内地的房地产市场终于全面开放，地产界迎来了灿烂奔放的春天。得益于高标准、高起点的先行布局，仁恒置地集团一马当先，成为高端地产市场的知名领跑者。

多线布局

上海和南京项目的成功，造就了仁恒置地集团在高端市场的品牌价值，也为仁恒积累起了丰富的开发经验，培养出强大的管理团队，为未来的跨越式发展做好了准备。

进入 21 世纪，钟声坚带领团队果断抓住 2000—2006 年中国房地产发展的黄金时期，重磅布局。2001 年，公司把握中国西部大开发的机遇，试水贵阳后布局成都，抓住契机步入商业地产开发，启动多元化开发策略。从 2004 年起，仁恒向北跨越黄河，落足天津；向南到达南海之滨，进入珠海、深圳；长三角版图再添苏州，借此完成了在中国四大经济区域、八大中心城市的战略布局。其间，除重点开发高端住宅外，仁恒也在产品组合中不断增加投资物业，进而从单一区域、单一产品的开发企业成长为跨区域的多元化企业集团。

2006 年 6 月 22 日，仁恒登陆新加坡证交所主板市场，实现与国际资本市场对接。一年半后的 2008 年 1 月，仁恒入选新加坡海峡时报指数成份股，跻身新加坡最有价值的上市公司行列。从蹒跚起步到屹立国际资本市场，仁恒以顽强的企业精神和坚定的社会责任感不断实现跨越。

目前仁恒置地集团已在中国六大主要经济区内的 15 个重点高增长城市扎根，分别为：长三角的上海、南京、苏州、南通；珠三角的珠海、深圳、中山；中国西部的成都、贵阳；华北区域的天津、唐山、济南；海南省的三亚、海口，华中区域的武汉。

秉持审慎行事、稳健扩张、立足长远、追求可持续发展的立业理念，钟声坚率领仁恒积极在城市中心区域寻觅具有开发价值的优质地块，为未来发展奠定扎实基础。

与此同时，仁恒置地集团亦积极扩展商业地产发展项目，集团已建成约 43 万平方米的租赁物业，其中的南京仁恒辉盛阁酒店式服务公寓、成都仁恒置地广场已经成为所在城市的地标建筑。

“租赁物业是仁恒渐渐崛起的重要板块，租赁类项目包含购物中心、写字楼、酒店及服务式公寓等，它们可为集团带来稳定的租金收入，提升集团资产价值。”钟声坚表示，中国房地产已进入“租售并举”的 3.0 时代。“所谓 1.0 时代，即福利分房时代；2.0 时代，即商品房时代。善于迎合时代需求的仁恒置地集团，势必瞄准 3.0 时代的市场趋势，持续发挥从业者价值，助力城市发展建设。”

用心造好房

一路走来，钟声坚深深懂得“需求”二字对于企业兴衰存亡的重要意义。“仁恒成长的基本道理有两点。其一，企业的成长必须适应时代和国家发展的需要，也就是要契合宏观背景；其二，企业如果要真正成事，适应时代和走对产业发展方向仅仅只是出发的第一步，从微观的角度来说，还一定要

上海滨江园

三亚海棠湾

满足消费者的需要，这才是目的地。仁恒之所以能够在 30 多年的发展历程中越做越大和越做越好，正是由于我们提供的产品始终以消费者的利益至上，对消费者负责，满足消费者的需要。”

“善待土地，用心造好房”是仁恒立业之初就确定的开发理念，亦是仁恒在不同时代背景下持续赢得成功的重要保障。“最初进军房地产市场时我们发现，西方发达国家在物业产品的设计、建筑和管理等系列环节，做得都比当时的中国好很多，是可以直接拿来借用的。但中国人也有东方情结和居住习惯，完全照搬国外经验是不行的，因此仁恒注重在借鉴国外先进模式的同时，针对中国人的住房习惯，进行了一系列因地制宜的本土化改造，并着意落实在可以令消费者切身感知的住宅细节上。”钟声坚说。

在他看来，房地产行业的从业者，打造的是留在一方水土几十年甚至上百年的传世之作，因此对城市肩负着一种与生俱来的责任感与使命感。“不少发达国家和发展中国家，在城市建设的过程中都遭遇过建筑垃圾的危害。作为发展商，仁恒誓言善待城市的每一寸土地，用心为城市建造宜居、宜业好房。”

谈及仁恒目前的发展状况，钟声坚坦言：“从过去的成绩来看，仁恒算是取得了阶段性的成功。有效的制度与文化、优秀的人才队伍、高效的管理是仁恒取得如上成绩的基础。我更相信，它们也将同样是我们未来成功的基石。”

钟声坚将这种卓越的成长，归功于中国改革开放的伟大时代。“时代是每个人都无法脱离的宏大命题，我觉得很幸运，自己和仁恒生而逢时。”回想自己带领团队伴随中国改革开放谱写的“贸易、工业、地产”三部曲，钟声坚感慨良多。“当时有人担心，一个刚刚经历过‘文化大革命’的国家，有多少底气和能量去承载现代化经济建设？但我说，我们生意人看的就是两点：一是这个国家还会乱吗？二是这个国家的经济会断吗？在政府的有力领导下，中国都不会。所以我非但不担心，还很乐观。时间验证了我的判断，也回馈了我的判断。”

展望未来，钟声坚的目标，是将仁恒打造成一家百年老店。“我们的价值取向，从不在乎一时的得失，而在于塑造一个几百年后依然鲜活、依然可以源源不断贡献价值的企业。中国的经济仍然具有广阔的发展空间，随着中央政府推进农村土地改革，城市化的潜力相当巨大，每年将有超过 2000 万农村人口进入城市。如此庞大的迁徙，仁恒将与全体地产同仁一道，全力以赴，共襄盛举。”華

招彦焘

招彦焘相信每一个人都应该掌握自身健康的实时信息，以便作出更明智的预防和治疗选择。他研发的革命性样本制备技术，为检测领域带来颠覆性新突破，启发全新健康理念，提升全民健康素养。

他说："我相信我的创新技术可为医疗检测领域带来重大新发展，通过技术的突破性应用，在癌症液态活检和传染病快速检测范畴作出巨大贡献。"

因为相信 所以看见

——相达生物科技董事长兼首席执行官招彦焘

招彦焘是生物科技领军创新人物、世界十大杰出青年之一、香港十大杰出青年之一、香港特区行政长官社会服务奖状获得者。他于 2015 年在美国创立相达生物科技，于 2017 年在香港设立公司总部，并于 2020 年在深圳成立子公司。他专注开发样本制备技术，令检测变得速度更快、质量更好、结果更准、成本更省。这项革命性专利技术的卓越潜力得到科学技术部、香港创新及科技局、香港科学园和比尔及梅琳达 · 盖茨基金会等政府和著名机构的青睐。招彦焘还是香港中文大学生物医学学院客座副教授，致力培育新一代生物科技人才。

招彦焘的创新样本制备技术在液态活检和现场快速检测领域取得了重大的突破和发展，至今已拥有超过 50 个专利授权。创新的技术必须被应用和商品化，才能带来改变，让全世界受益。秉承这个信念，招彦焘致力技术的优势来开发和制造颠覆性的创新产品，从而在造福人类、影响世界，并推动医疗保健管理的重心由治疗转向预防。目前的应用主要集中在两大方向：癌症液态活检和传染性疾病的现场快速检测。

幼承庭训 爱国爱港

招彦焘出生于 1983 年，他的父母是教育家，教授中文、中国文学和中国历史，致力承传及发扬中国传统文化，家中自然也弥漫着浓厚的文化氛围。招彦焘具有浓厚的爱国情怀，自少就在家中接受中国历史和文学的教育，3 岁的时候已经可以背诵大量的诗词和骈文，包括整篇长达 639 字的《哀江南赋序》。招彦焘的父母亦着意培育孩子善良和回馈社会的心志，所以他自小已懂得为他人着想，知道要努力装备自己，当有助人或贡献自己的机会便会当仁不让，至今初心未改。

招彦焘文、理、艺术俱擅。他自少便开始学习乐器，中乐和西乐他都喜欢，在初中二年级的时候已经获得钢琴八级水平，他同时也学习笙和二胡，经常参加校际音乐节，曾获笙乐深造组冠军，也参加过中乐团，有非常好的音乐修养。他多才多艺，屡获校际朗诵和演讲冠军的殊荣，但他最喜欢的还是科学，儿时每次去图书馆，都会捧几本科学图书回家细读，最爱看的是《十万个为什么》。在父母的启迪之下，他也渐渐理解到科技发展将主宰世界的未来，国家的富强必有赖科技的发展，人类的福祉也全靠科技来引领，于是立志成为一个科学家。

负笈美国 投身科研

招彦焘的父母一直支持儿子选择自己的道路，虽然家境并不富裕，但节衣缩食也送他到美国读书，让他可以在当时更好的环境下追寻科研梦想。中学毕业之后，他远赴美国加州大学圣地亚哥分校攻读该校著名的生物工程。生物工程是一门具有巨大发展潜力的“跨领域朝阳学科”，运用工程学和应用科学的知识和技术去解决生物学和医学领域的科学问题，使病患者得到更好的照料，还能提高人们的生活健康素质。

大学毕业之后，招彦焘加入了一家生物科技公司做项目经理，带领团队开发了世界上第一个用唾液验毒的快速检测产品，并取得美国食品药品监督管理局的认可，这也是目前为止该管理局唯一认可的唾液毒品快速检测产品。这次的经验，令招彦焘对快速检测领域产生了浓厚兴趣，虽然相关技术对医疗界有非常重要的作用，但存在一个重大缺点——准确度不足，阻碍了其发展空间。

招彦焘决定重返校园从事相关研究，立志突破检测上的痛点。在现今的检测领域，样本中的目标检测物普遍存在含量低的问题。无论目标检测对象是 DNA、细菌、病毒还是蛋白质，若处于早期感染阶段，往往很难提取到足够的目标检测物以确保检测的灵敏度。招彦焘在美国加州大学洛杉矶分校攻读生物工程博士学位的六年时间，研发出 PHASiFY™ 样本制备技术，解决了在检测过程中目标检测物提取量不足的问题，并率先在美国取得了专利。

招彦焘感谢父母的教诲和栽培，并感谢父母支持他成为科学家

招彦焘在美国创立相达生物科技，发展核心技术

“一杯水放五粒盐，用舌头去舔，不会感到水有咸味，因为这杯水中的盐分浓度太低。若将这杯水浓缩成一滴，再用舌头去试，就感觉到咸味了。我的技术可以将样本快速浓缩，并可以应用到任何检测工具上，包括简单的现场检测和实验室的复杂检测仪器。”招彦焘说。

桃李之教 人生伯乐

招彦焘在攻读博士期间，师从 Daniel T. KAMEI 教授——生物医学工程界一位顶尖的科学家，他收生非常严格，每年只收取一名博士生。大概是招彦焘的抱负打动了他，使他乐于倾囊相授。招彦焘从他的身上学会了做学问的态度，做研究要学会掌握问题的症结，并保持不屈不挠的态度，因为失败的次数永远比成功的多。招彦焘说：“我从六年的博士生涯中培养的正向思维，不单对我日后的创业大有帮助，也影响了我日后的人生。”

招彦焘认为科学家不应该关在实验室内，他决定自立门户，将他的检测技术推向市场，于是 2015 年他在美国创立了“相达生物科技”。创业路上，他遇上了人生另一位伯乐——Daniel MARSHAK 博士，他在美国是生物科学、生物工程和检测领域的领军人物，曾出任多家跨国顶尖检测企业的首席科学官及大中华区总裁。他对招彦焘的 PHASiFY™ 样本制备技术非常有信心，认为可以改善世界，为人类带来福祉。他从科研到技术落地给予招彦焘精确的指导，更成为公司的首席科技官。

心怀家国 回归香港

美国虽然有很好的配套科研环境，也是一个很适合发展高新科技事业的地方，但招彦焘始终没有忘记自己是一个中国人，家乡有他熟悉和记挂的人和事，祖国的 14 亿人口也是一个很重要的市场，父母的叮咛教诲又常绕心间。2017 年，他决定返回中国香港，成立“相达生物科技国际有限公司”的总部，并为公司重新定位，制定全新发展蓝图。

招彦焘创立“相达生物科技”的目标是希望通过革新的技术、先进的检测工具帮助人们掌握自己的健康信息，推动健康管理模式的转变，为自身的健康做出适时和理智的健康决策。他说：“我深信在未来五至十年的时间，健康管理将出现革命性的改变，希望自己是其中一个掌舵者，也希望相达积极参与其中，为推动全民健康出一份力，为世界带来正向改变。”

对于这个返回香港的决定，招彦焘非常感激妻子的支持。招彦焘最引以自傲的是有一个美满幸福的家庭，使他能够在事业和家庭中，找到一个平衡点。当时妻子在美国已考获注册药剂师牌照，前途无量，但却义无反顾放弃美国工作，带女儿回香港支持他创业。招彦焘说，妻子是他的最强后盾。每次想起她为自己放弃事业，他就督促自己要更加努力。没有她的爱与支持，他不可能有今天的成功。

砥志研思 走在“癌”前

2017 年，招彦焘有机会认识了分子生物学专家、香港中文大学医学院副院长（研究）卢煜明教授，并向卢教授介绍自己的PHASiFY™ 样本制备技术。卢教授对招彦焘的技术非常感兴趣，并建议他把应用层面扩大至癌症液态活检。其后，招彦焘又与“香港生物科技之父”卢毓琳教授和基因科学专家谭荣安教授等生物科技界前辈取得联系，得到他们的大力支持和鼓励，遂决定将公司的技术发展朝向癌症液体活检进发。

事实上，医疗学界一直努力寻求以液态活检进行早期癌症筛查，癌症患者在血液中的肿瘤基因片段浓度极低是液态活检面临的主要挑战之一。在癌症发展的早期阶段，肿瘤细胞释放的肿瘤标志物或肿瘤相关基因片段通常只存在于血液中的极少量，难以进行准确的检测。招彦焘开发的样本制备技术能够对目标样本进行浓缩及纯化，以低成本高效率的方式，提升对低频基因突变的检测，有望实现液态活检在早期癌症筛查方面的突破性应用。

2020 年，癌症检测界出现大好消息，招彦焘的 PHASiFY™ 样本制备技术在癌症诊断方面取得突破性新进展，他的团队与美国最大的癌症研究机构得州大学安德森癌症中心的联合临床样本研究中，展示相达创新的液相核酸提取技术能够较过去 30 年的黄金标准提取多几倍的癌症生物标志物，大幅提升游离核酸（cfDNA）的回收率和基因突变检测率，突破当今限制癌症筛查的游离核酸提取量的问题，这个报告表明了早期癌症液体活检筛查已经由不可能变成可能。

水深火热 利时及物

正当招彦焘全情投入开发突破性的癌症检测方案的时候，2020 年初新冠疫情突然来袭，各国都措手不及。当时国内多家检测公司研发生产的检测剂准确程度并不理想，北京大学一位教授希望可以应用他开发的技术提升检测的准确度。临危受命，自然义不容辞，他毅然放下癌症检测的研究计划，带领中国香港和美国全体研究人员 24 小时接力工作，在短短三个星期便开发了第一个新冠试剂产品，这个产品可以较传统方法提取多十倍核糖核酸，使核酸检测变得更加精准。

这个核糖核酸提取技术在武汉金银潭医院经过临床验证，证实较国家黄金标准更准确，科学技术部更将这项技术列为样本制备范畴的“重点技术”，可以和不同的下游检测工具配合应用，以开发更多精准和有效的新冠检测产品。当然，让招彦焘感到欣慰的是，相达开发的技术能够为国家、为世界出一份力。

招彦焘知道技术必须落地才可以帮助人，当时国家发布新冠病毒的基因组序列后，香港大学公共卫生学院潘烈文教授团队在短短数天便开发了用以识别当中独有排序的“引子”和“探针”，这种检测方法灵敏度高，即使样本只含极微量的病毒核糖核酸，也可以在 2 小时内被检测出来。招彦焘了解到香港大学没有计划将此技术商品化，他主动与潘烈文教授合作，开发了 PHASIFY DeCOVID 核酸试剂盒，这个产品在检测新冠病毒方面表现卓越。其后开始大规模生产，用于帮助香港抗疫控疫。

检测先锋 抗疫斗士

作为一个科研人员，一定要“先天下之忧而忧”，为看不见的挑战做最好的准备。新冠疫情迅速扩散，世界多国宣布封城，当疫苗尚未面世，检测是帮助控制疫情的有效方法。招彦焘作为检测专家，早已预见根本不可能单靠核酸检测来应对大规模的筛查，一定要开发一种简单、易用、准确、价格适宜的自我检测工具，让政府更快地掌握实际受感染的人数，从而在医疗政策和配置方面作出配合。他成功研发了 INDICAID™ 妥析 ™ 新冠病毒快速抗原检测，通过浅层鼻腔拭子采样检测病毒中的抗原蛋白。

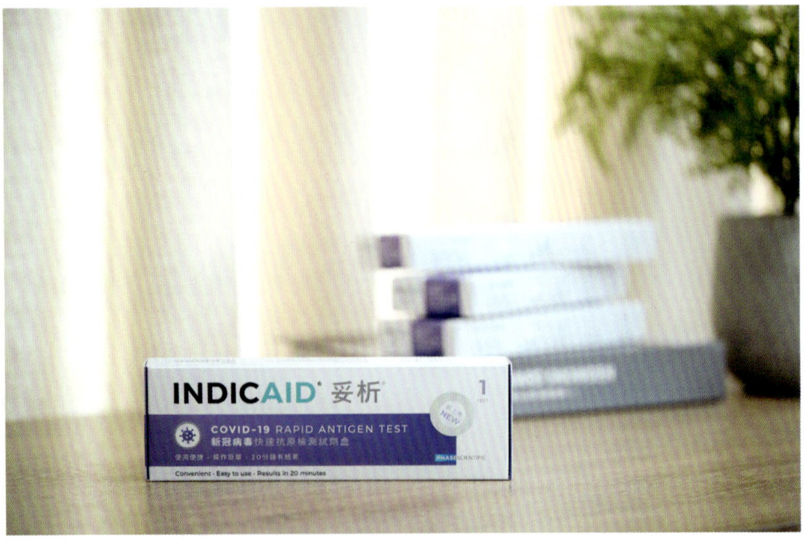

INDICAID™ 妥析 ™ 新冠病毒快速抗原检测试剂盒是大中华地区首个取得美国食品药品监督管理局认证的快测产品，并获得多个国家的权威监管机构认证

INDICAID™ 妥析 ™ 新冠病毒快速抗原检测是大中华地区首个获得美国食品药品监督管理局紧急用户许可证的同类产品，也得到欧盟 CE 证书等顶级监管机构和其他地区的医疗监管组织的认证，能够非常快速准确和有效地用于大规模的人群筛查。该产品经过了 3 个月的临床试验，参与检测的人数多达 2.2 万人次，是全世界最大的临床验证产品。该产品其后在世界多个国家和地区被广泛采用，帮助各地阻截新冠病毒传播。

招彦焘和团队在疫情期间所做的工作，不但帮助了全港市民，也减少了病毒在世界多国扩散的风险，大大提升了香港品牌在国际上的声望。INDICAID™ 妥析 ™ 的成功，证明了香港品牌也可以在解决全球危机方面发挥重要作用。到目前为止，全球只有大约 20 个快速抗原检测品牌被列入美国食品药品监督管理局的认可名单，而名单上的研发商大部分都是国际大企业，只有相达是一家来自中国香港的初创公司。

疫情防控 社区护盾

招彦焘的公司被香港传媒报道为“新冠救火队”，这绝没过誉。香港暴发第四波疫情的时候，他与一家本地化验所合作，它是一家香港特区政府认可的新冠病毒检测机构，主要从事社区检测中心和流动采样站的营运工作以及围封强检行动，为香港市民提供专业、准确的核酸检测服务。凭着在社区指导检测行动的前线实战经验，陪伴广大市民度过通宵达旦的围封检测历程，招彦焘为政府提供了更佳的检测行动建议，帮助制定精准封区行动框架，成为随后相关行动的运作基础。

面对第四波疫情渐趋严峻，招彦焘认为在防疫战线上以最短时间找出阳性患者是非常重要的，因此在 2021 年初，他率先向政府建议采用“双轨检测”，即在大规模社区检测行动中同时进行核酸检测和快速抗原检测。核酸检测需要把样本送往化验所进行化验，需要至少一天的时间，但快速抗原检测在现场采样后 20 分钟就有结果，能够大幅缩短找出新冠阳性患者的时间，政府可在确诊人数较多的地区尽快实施隔离措施，防止病毒大规模蔓延，成为香港独特的检测模式。

招彦焘一直深信快速抗原检测可以辅助核酸检测，帮助恢复社会和经济常态。他不断向香港特区政府和公共卫生专家提出相关建议，并且推动公众教育。2022 年 1 月，香港第五波疫情海啸式暴发，确诊数字急剧上升，公共医疗系统完全崩溃，很多患者需要在临时帐篷中面对风吹雨打，情况令人心酸。香港特区政府在招彦焘的一再建议下，最终采纳快速抗原检测作为遏制病毒传播中一个策略，以达到“早发现、早隔离、早治疗”的目标，社会渐渐复常。

第五波疫情持续升温，香港特区政府在社区紧急推行多个派发快速检测的计划，并与招彦焘接洽希望协助提供大量检测试剂盒。与此同时，随着社区出现大量隐形传播链，市民对快速抗原检测的需求也急速上升。作为香港人、香港唯一快速抗原检测制造商，招彦焘把香港市民的利益放在首位，立即放弃原定运送海外市场的订单，在极短时间内调动千万检测试剂盒供应香港特区政府和社会服务单位，让香港市民优先使用，大大帮助缓解当时社区的抗疫压力。

2022 年，香港特区行政长官李家超为招彦焘颁发“香港青年工业家奖”

功成名就 初心不改

招彦焘凭着他在生物科技界的卓越成就，以及帮助香港抗疫方面的杰出贡献，当选世界十大杰出青年、香港十大杰出青年，并获得香港特别行政区行政长官社会服务奖、香港创新领军人物、香港青年工业家奖、香港创新企业家、香港杰出领袖—青年企业家、大湾区杰出青年企业家等荣誉。功绩取得了，名声也有了，他仍然初心未忘，一直尽最大努力通过他的创新技术、开发更多突破性的检测产品，贡献世界、回馈社会。

疫情过后，招彦焘带领公司重新投入癌症液态活检的技术开发，在他的领导下，PHASiFY™ 专利技术率先应用于尿液基因检测领域。尿液是最容易获取的人体样本：采样过程无创、可在家中进行，可频密采样。越来越多临床证据显示，尿液中可发现有意义的目标检测物。可是，尿液样本中找到的目标检测物远低于其他体液样本，更难被发现。招彦焘的 PHASiFY™ 专利技术正好可以突破这个限制，能够处理及浓缩大量尿液样本，提取目标检测物的能力超越行业黄金标准 10 倍以上，解决了待测样本中只能找到极微量的目标检测物问题，从而高效提升了尿液检测的灵敏度。

这项 PHASiFY™ 尿液技术大大突破了尿液检测的临床应用范围。在疾病筛查方面，它能够帮助找出基因突变或病毒感染，对于膀胱癌、前列腺癌、子宫颈癌等泌尿系统癌症的筛查尤其显著，通过发现尿液中的标志物，可以为早期治疗提供重要线索。该技术还可用于癌症患者监察治疗后康复情况及复发风险评估，以及用于帮助产前检测，找出胎儿患有唐氏综合征或类似遗传疾病的风险，及早采取必要的措施。

首开先河 引领全球

招彦焘领导团队首先应用尿液 DNA 浓缩技术于人类乳头瘤病毒（HPV）检测上。HPV 是一种广泛存在于全球人群中的病毒。高危型 HPV 感染与多种癌症的发生密切相关，特别是宫颈癌。根据世界卫生组织（WHO）的数据，宫颈癌是全球妇女第四常患癌症，估计 2020 年共有 60.4 万例新发病例，34.2 万例死亡。绝大多数（95% 以上）宫颈癌是由人乳头瘤病毒引起的。因此 WHO 在 2021 发布指引，建议使用 HPV 检测作为子宫颈癌的首要筛查方法，目标是在 2030 年消除子宫颈癌的威胁。

招彦焘认为 HPV 与新冠病毒感染的情况很类似，都是全球需要共同消灭的传染病。而他的尿液技术正是一项非常适合的方法，解决传统宫颈癌筛检令不少女士却步的问题——不适和尴尬。团队研发全球首个尿液 DNA 浓缩专利技术子宫颈癌筛查检测 –INDICAID™ 妥析™ HPV 尿液检测，通过 PHASiFY™ 尿液专利浓缩技术加持，提供一种便捷、非入侵性和无痛的自行采集尿液样本的检测方法，能够检测 27 种高危和低危型 HPV 致癌病毒类型。这项全新的方法突破了传统柏氏抹片检测操作上的局限性，能够有效及早发现 HPV 感染。

宫颈癌越早发现越早治疗，康复机会才会越大。

宫颈癌初期症状不明显，患者难以察觉；但若能恒常进行筛查，并在发现感染 HPV 病毒后配合柏氏抹片检测细胞有没有产生癌前变异，则能够有效及早发现和预防宫颈癌。招彦焘表示，相达的目标，是希望与大众在健康管理方面的每一步同行，务求从早期筛查、诊断、治疗到持续监测，都让患者获得支持。现时，招彦焘正进一步在中国内地、中国香港、美国三地拓展专业的实验室检测服务，借此公司积极开发各类传染病及癌症检测技术和产品的发展需要，以及后续的医疗支持。

招彦焘带领团队研发全球首个尿液 DNA 浓缩专利技术，率先用于检测 HPV 以预防宫颈癌

心怀祖国 革故鼎新

21 世纪是生物科技的年代，生物科技已成为世界创新科技发展的新趋势，并且迅速融入全球经济发展当中。新冠疫情促进了全球人类在工作和生活的样态上的改变，同时使人们对快速检测产品、疾病检测有了新的认知。新冠疫情已经过去，新的病毒、新的传染病却会随时随地出现，人类在公共健康方面的威胁会有增无减，由此可见生物科技发展的潜力，对提升国家的竞争能力以及国民的生活水平都至关重要。

国家《“十四五”生物经济发展规划》明确了生物经济四大重点发展领域，其中就包括顺应“以治病为中心”转向“以健康为中心”的新趋势，这正是相达的愿景，也是招彦焘的初心。他投身生物科技发展多年，又有丰富的国内外经验，既能掌握科技走向，也具备宏观视野，正是国家所渴求的人才。他心怀家国，也热切盼望在往后的日子，可以开发更多革命性的检测技术，为国家推动生物科技发展尽一己之力。招彦焘从不会停下来，也不会闲下来，一系列的宏图大计正逐步展开。“我相信每个人都应该通过更好的检测工具来掌握自身健康的信息，从而作出更明智的健康决策。”

招彦焘把公司总部设在香港，在深圳和美国南加州设有分部，目的是充分运用三地的资源和人才的专业知识，协助公司发展专利技术和开拓市场，致力在世界各地建立强大的供应链和销售渠道。相达在香港、深圳和美国设有研发实验室，并在香港和深圳拥有生产设备。大规模生产新冠快速抗原检测的经验，让招彦焘了解到优势互补、相辅相成的重要性。相达生产快速检测的原材料来自世界各地，而大部分零部件在内地生产，然后在香港厂房进行组装及管控质量，只有通过彼此合作才能及时将创新成果转化为产品，以提升产能，满足世界需求。

“香港一定要善用毗邻内地的优势，特别是大湾区。这也是未来的发展趋势。”招彦焘说。展望未来，他将继续巩固相达的研发力量，开发更多可用于专业医疗和家用的检测产品，并在癌症和各类传染病的检测领域贡献力量。此外，他也会在材料处理，以及子组件组装方面创新制造流程，以提升香港医疗检测产品在国际上的影响力和可靠性，重新厘定医疗检测工具的黄金标准，进一步助力大湾区生物科技产业的创新发展。

招彦焘是一个乐观积极的人，永远从正面看问题，“因为相信，所以看见”，这也许是创科精英必须要有的态度。因为相信自己的能力，相信自己的判断，所以看见解决方案，看见美好明天。華

练肇础

练肇础热爱运动，少年时多次参加过国际自行车赛事，并曾立志成为一名优秀的职业自行车运动员。但因在一次训练中意外受伤，他不得不黯然离场，远赴英国求学。

在英国期间，他深受姨丈——国际著名华裔设计师拿督周仰杰的影响和启发，将创意设计行业，作为新的人生奋斗目标和方向，并为此积极学习，不断思考、不断创新，最终赢得了属于自己的创意设计事业。

以坚毅不屈的体育精神 成就创意设计事业

——练氏翱翔集团有限公司总裁练肇础

“近年来，内地的创新科技突飞猛进，已经处于世界上的领先地位，我曾经走访过多个不同的创科企业，都令我大开眼界。我相信内地在未来的创新科技方面，将会带领着世界走向另一个高峰。”

——练肇础

受家族熏陶 树立人生目标

练肇础出生在一个大家庭，家庭成员当中不少都是专业人士和企业高管，他们所拥有的专业知识、工作态度，以及他们面对事物的执着和处理方式等，让练肇础从小耳濡目染，深受影响。在这样一个独特的家庭环境下长大，为练肇础日后的人生道路打下了扎实的基础。

练肇础尤其记得长辈的谆谆教诲：对任何人都要有一个虚心学习的态度，无论对方的身份地位如何，他们所拥有的知识和优点等都不尽相同，唯有虚心学习，才可迈向成功。人类是万物之灵，拥有细心观察、明辨是非的重要能力。励志名言“海纳百川，有容乃大”，容纳是第一步，在容纳之后就要认真思考，将错误的信息加以排除、将学习的知识加以装备、将前人的智慧加以融会贯通及改变，不断寻求更高的理想，才是自己以及人类不断进步的根本。

练肇础非常热爱运动，纵使年少时在学业上并不出色，但他在运动方面的天赋与资质在当时表露无遗。在 11 岁时，练肇础参与了一次香港全港自行车 11 岁组别比赛，获得了组别比赛总冠军。之后他加入了香港青年自行车队，积极参与不同的国际赛事。

自行车运动所带来的无穷乐趣和成就，令练肇础立志成为一名职业自行车运动员。在课余时间，他都埋首于自行车的世界当中，不断锻炼自己，一步一步朝着人生目标进发，在同年龄的青年中，他早已经明白人生方向和目标的重要性，以及如何用正确的态度去对待每天的训练计划。

可惜天不遂人愿，练肇础加入青年自行车队后，在 2000 年一次训练中意外受伤，需要数个月时间进行康复治疗，这令练肇础不得不放下心爱的自行车，回到学业的路途上。在这段时间，家人希望他借此机会专注于学业，后来又安排他到英国读书。尽管有家人的细心安排，但突如其来的转变，以及英国的陌生环境，都令他感到沮丧，无所适从，迷失了人生方向。

初到英国，对练肇础影响最深的，是他的姨丈——国际著名华裔设计师拿督周仰杰和表姐 Sandra Choi（时任 Jimmy Choo 品牌创意总监）。姨丈周仰杰凭自己所设计的鞋子，一步一步走进人们的视野，并登上国际舞台成为英国王室鞋履设计师，还曾经为英国已故王妃黛安娜设计鞋履，后创立品牌 Jimmy Choo。

在英国求学期间，练肇础经常到姨丈的家里和工作室观摩学习，姨丈和表姐也常常给予他悉心教导，并分享在设计鞋子所遇到的趣事及过程，让他受益良多，很快就了解及掌握了关于设计原则和创意思维的知识。从那时起，练肇础找到了人生第二个赛场，想着有一天能够跟随姨丈的步伐及成就，创立自己的品牌，期许自己的设计作品也能广受大众欢迎和推崇。

在重新找到人生目标后，练肇础积极装备自己，在大学期间他选修了与新媒体设计相关的专业，一点一滴地学习和累积在设计方面的知识与技巧，并致力于设计领域闯出一片天地。

在设计的世界中，每一位成功的设计师都会拥有属于自己的设计风格。练肇础在不断努力钻研设计风格的过程中，从中国艺术文化中了解到中国文化。2008 年，在北京奥运会开幕前夕，练肇础特意从英国来到北京感受当时的气氛，那是他人生第一次来到北京，也让他大开眼界。他独自一人在故宫逛了一天，了解中国历史和古代的艺术文化。

那次旅程让他深深感受到作为一个中国人的自豪，也是从那时起他把中国历史文化的元素融合到他的设计当中。同时，他积极参加各个设计领域的竞赛及展览，不断提升自己的设计水平，并逐渐崭露头角。

2009 年，练肇础迎来了设计生涯的第一个高光时刻。他在大学毕业时参加了一个英国的设计比赛，在比赛中以中西文化间的融合作为主题进行创作，作品深受评审好评，并被英国著名设计杂志 *Digital Arts* 评选为年度十大新晋设计师。获得专业人士的肯定，让练肇础更坚定了自己的设计梦想。

大学毕业后，练肇础被邀请加入一家英国著名的网购公司担任设计师，为他的事业揭开了序幕。即使已经过去了十余年，练肇础每次回想到在这家公司工作的经历时，总是津津乐道。当时他的工作主要

青年时期的练肇础（右）与国际著名华裔设计师拿督周仰杰（左）一同接受媒体访问

2010 年，练肇础在英国主办以自行车为主题的艺术展，图为练肇础（中）与国际著名华裔设计师拿督周仰杰（右）合影

2013 年，练肇础（前排右）参加公路自行车比赛

是负责设计和品牌推广，其间也参与过不少大型项目，从中学到了很多关于商业设计和市场营销的知识。

工作期间，他不断努力学习，当勤精进，尝试探索不同的设计风格，并将风格融入设计项目之中。独特的设计触觉以及对客户要求的倍加重视，让他的设计作品获得了不同客户的肯定。这段宝贵的工作经历，让练肇础更加熟悉设计行业的运作方式和市场需求，也成为他后来事业腾飞的一个强大后盾。

回流香港 开启多元化发展

2011 年，练肇础踏出了实现梦想的第一步，在英国创业，建立了属于自己的设计工作室，开始创造属于自己的设计品牌。在此期间，他逐步建立了与世界各地不同品牌的联系，设计的作品亦渐见于世界各个角落。

一年后，他接到了来自香港友人的邀请，协助其成立时装手工品牌，并参与品牌的设计及营运工作。友人的家族背景及成长故事，恰好与自己年少的经历相互契合，同时，练肇础也意识到品牌背后潜藏的巨大力量，他期望以自身的经验以及在设计方面的触觉，能在为友人达成心愿之余，成为自己设计生涯的一个代表作。两人一拍即合，练肇础决定从英国回到中国香港，与友人一起建立时装手工品牌。这个决定，改变了他的一生，成为他人生的一个重大转折点。

这个时装手工品牌，就是“ibility”——练肇础与妻子共同创立，主打手工、传承及爱的品牌。

在回到香港初期，练肇础在负责项目前期工作的同时，再次联系上以往一起参加自行车训练和比赛的战友，以半职业的形式参与训练和比赛。在训练期间，他每天早上 6 点风雨不改地出门训练，目标是能在短时间内恢复参赛的水平。紧凑的训练日程和工作时间有序同步进行，两个梦想同时上演，成为练肇础人生中一个重要的时刻。

经过一番努力，练肇础在 2013 年香港锦标赛 105 公里比赛中获得排名 19 的优异成绩。同年，在参加完成“环鄱阳湖国际自行车大赛”后，他正式离开赛场，带着运动员所具备的坚毅不屈的精神，开始专注“ibility”品牌项目。

“ibility”在创立之初，目标客群锁定为香港中产阶级，期望将美好及细腻的传统钩织手艺推广给大众，再经过口口相传和网络宣传等营销方式，逐步确立及壮大品牌，建立口碑。初期以全人工钩织，一件又一件精雕细琢、美妙绝伦的手工女装、婴儿时装，均出自练肇础妻子、“ibility”共同创办人李露斯的母亲之手，其巧夺天工，却又实而不

2018 年，练肇础与太太李露斯（左二）共同为“ibility”品牌首家旗舰店开幕剪彩

华的风格迅即受到追求生活品质、同时注重文艺气息的人的关注。品牌起始发展很好，并在短时间内开设品牌专门店，吸引了中国香港及世界各地顾客一同感受美轮美奂的手工钩织世界。

创业路途并非一帆风顺，随着品牌的日渐壮大，问题亦逐渐浮出水面。品牌以手工钩织作为卖点，却也成为持续发展的一道壁垒。手工钩织时装从制作直至完成往往需要最少一星期，产量低，加上人工成本非常高昂，使本来朝气勃勃的初创品牌变得举步维艰。

这时，练肇础凭借自己过往的经验，以及在不同地方学习到的商业营销技巧及知识，锐意开拓潜在客源及降低成本，将“ibility”由单纯的手工时装品牌，转型到包括时装、首饰、耳环、饰物以及体验工作坊的多元化生活品牌。这次成功转型使“ibility”走出困境并登上高峰，由最初的 5 人小团队，扩展到超过 70 人的大型团队，更是在中国开设大型生产线。旗下产品获得包括中国、日本、澳大利亚等国家企业的青睐与合作，产品分销至世界各地，并成功在充满机遇及挑战的市场占有一席位。

然而好景不长，由于 2018 年“ibility”品牌一系列的投资及战略失误，使公司面临着极大的考验，当时如日中天的品牌不得不再度谋求转型及改革。

“穷则变，变则通”。练肇础在发展“ibility”品牌之时，通过培养和发展一个全新的独立品牌，以及经历过的高低起跌，让他与公司团队获得和累积了大量的经验。他意识到，当今商业市场，尤其是主打中高端消费的品牌，应着重于品牌导向、创意导向，以多元化的品牌推广活动，让顾客从多方面感受到品牌以人为本理念和高质量服务，进一步提升顾客对品牌的归属感及忠诚度，从而创造出更大的市场份额和效益。

另外，由练肇础所带领的品牌设计团队已经日渐成熟。团队拥有自己的独特风格，设计作品也经得起考验，备受客户肯定。练肇础相信，以团队所累积的经验及对创意的执着、对品牌重要性的发掘，并以一个更大的蓝图改革深化发展，可使公司再度腾飞翱翔，进入一个全新的天地。

练肇础决定大刀阔斧地对公司架构进行重整及改造，他于 2018 年成立练氏翱翔集团有限公司，负责管理公司旗下的所有品牌和项目，并将“ibility”品牌旗下的设计团队分拆出去，成为集团公司旗下的子公司——“Count to Ten 拾创意设计集团”，

2022年6月，练肇础在“Manulife/HKMA DMC数码营销峰会”上发表主题演讲

并投放大量的资源集中营运及发展。练肇础期望以“Count to Ten 拾创意设计集团”年轻团队具备地对数字时代的敏锐触觉以及无穷无尽的创意，发展成为品牌及事业的另一个火车头。

虽然面对的是十分熟悉的设计领域，练肇础却未敢怠慢。在“Count to Ten 拾创意设计集团”成立初期尚未闯出成绩与名声的时候，练肇础与团队并肩而战，亲自走访各地，向曾经合作的朋友以及品牌方介绍设计团队的服务、特征和优势。工作室成立初期以设计一些书刊、标识为主，同时，也涉猎活动策划及设计、数字市场推广等。

经过练肇础与团队的不懈努力，“Count to Ten 拾创意设计集团”充满艺术感及兼顾商业性质的设计风格，逐渐受到大型企业及品牌的认可。目前，工作室已经为多个国际知名奢侈品品牌、跨国集团、地产发展商、初创企业等提供一系列的高级礼品包装设计、品牌定位策划及品牌战略咨询服务。部分设计作品，更是获得多个国际设计奖项，深受业界推崇。

在新冠疫情肆虐期间，公司成功抓紧了市场对客户关系管理方面的庞大潜力及需求，业绩继续保持亮眼成绩，并在逆市中实现突破性的增长。

在谈到“Count to Ten 拾创意设计集团”的优势及核心价值时，练肇础认为，在创立及经营“ibility”品牌时团队所积累的宝贵经验，奠定了公司的地位和发展规模。“ibility”品牌的独特市场定位，让品牌发展时往往需要从零开始探索，从品牌创建、确立目标客群、产品研发、建立合适的生产线，到最终的批发零售、市场推广和公关宣传等，都由团队一手包办处理。这些经验，让公司比起其他同行业者更加了解业界的运作以及整体的生态圈。

也正是这份坚持和精益求精的精神，让客户可以放心地将专案交给“Count to Ten 拾创意设计集团”，从而造就了“Count to Ten 拾创意设计集团”的迅速发展，在这一过程中，公司也培养了多名出色的年轻设计师，在市场中可以独当一面，练肇础感到十分自豪。

从一到十，十兼备四方与中心，全方位满足各方面的需要，真正代表了练肇础在设计事业上的一个领悟及体会，也是他一直追求的目标。

不断创新 积极探索新领域

在新冠疫情期间，元宇宙概念的兴起，让练肇础迎来人生的另一次转折点。设计师出身的背景，让他比其他人注意到更多。在Web3.0时代，人人都可以成为独当一面的创作者，从作品中展现自我。而对创作者来说，他们最重要的资产就是一个又一个的设计作品。练肇础所看到的，是这些新兴技术如何能让创作者以及他们无穷的创意继续发光发热。

集团旗下公司“BlueArk”自开始运营以来，已经有一系列针对不同创作者的服务，包括让创作者发布作品、通过AI技术支持创作者发挥创意，以及日程及工作排程管理等。同时，也有如教育工作坊等服务，让大众更容易接触新兴技术，为未来做好准备。

随着技术的不断发展与整合，练肇础盼望终有一天元宇宙成为人类的大同世界。对他而言，元宇宙的出现，正在带动整个世界的创意工业走向新时代，改变人类的生活方式。

一路上，让练肇础感受最深的，莫过于团队的力量。无论是自行车运动，抑或事业的高低起跌，与不同的团队合作，共同往一个目标前进，是最为重要的。在这个过程中不要计较，要以心待人，在一些重要的情况下掌握大局坚持到底。

另外，让练肇础深受感动的是，当时“ibility”品牌遭遇到前所未有的危机，稍有差池就会以结业收场，甚至练肇础自己也已经做好最坏打算，他让员工们可以自由离职，寻找更好工作，但是品牌最核心的设计及管理团队并没有因为这次危机而离开公司，团队上下始终怀着一颗满腔热忱的心，不单希望品牌继续存续下去，也希望自己的心血结晶不会被历史的洪流所淹没。正是这样的团队力量，让品牌可以继续维持下去，才会衍生出“Count to Ten 拾创意设计集团”，以及更多不同的品牌分支，多年的努力也得到了相应的回报。

2022 年 12 月，练肇础于发布会上谈 BlueArk 未来的发展蓝图及方向

练肇础受邀出席“边界警区——大湾区少讯先锋计划启动礼”，并与香港警务处处长萧泽颐（右）合影

谈到公司及自身当下最重要的工作，练肇础坦言就是继续积极学习，探索发掘未曾踏足的领域。花无百日红，唯有广纳不同想法、不断思考、不断创新，方可认清前进方向，洞悉先机。短期而言，公司已积极投放资源拓展不同的市场，包括与艺术及艺术品相关的市场，并希望以此成为另一个业绩上升的巨大动力。

环顾世界情势，练肇础相信以数字化为主导的方向将会继续加速进行，大量数字化的应用将会随着社会科技发展，以及 Web 3.0 的普及，逐渐走入人们的视野。公司已经对此情势进行部署，积极运用人工智能所带来的优势，优化公司内部的工作流程，以及进行人工智能相关的产品及服务的研发，为整个创意及设计产业提供前所未有的优势及便利。

在不断地发展业务过程中，练肇础深知机会的重要性，所以他在公司里非常愿意给予年轻人机会，希望在工作过程中让他们学习及事业发展的机会。在经营商业以外，练肇础积极参与支持社会事务，他是香港民政事务局北区青年建设委员、北区体育会副会长、边境区少年警讯会长以及文化及艺术委员，通过这些社会工作分享及带领年轻的新一代，让他们在充满正能量的环境下成长，并有着坚毅不屈、永不放弃的精神，面对人生每一个挑战。

练肇础自 2012 年回到香港以后，经常会到内地的不同地方走访和考察，见证祖国在经济、民生、医疗、科技等诸多方面的发展与繁荣。自 2008 年第一次来到北京后，练肇础就已经被这个市场深深吸引，他相信中国将会成为全球最大的经济体。

“近年来，内地的创新科技突飞猛进，已经处于世界领先地位，我曾经走访过多个不同的创科企业，都令我大开眼界。我相信内地在未来的创新科技方面，将会带领世界走向另一个高峰。元宇宙和 Web 3.0 的出现后，相信内地将会是最大的舞台。内地所拥有的高端技术，再融合无限的创意思维，将会使市场产生无限的可能性！”练肇础说。華

许长兴

总部位于菲律宾的Fredley集团公司，是一个由250家餐饮门店组成的“商业王国”，拥有2500多名员工和9个独立品牌，包括澳门皇茶(Macao Imperial Tea)、大满屋日式烧肉(Mitasu Yakiniku)、Nabe火锅居酒屋、纽约薯条与蘸酱(New York Fries and Dips)、粮手抓(Liang Crispy Rolls)、Café Kitsuné等。

作为公司的创始人兼首席执行官，许长兴在创业9年后成功实现了自己的目标：带领Fredley从“强大的行业参与者”晋升为“游戏规则改变者”，并持续在革新菲律宾餐饮体验的赛道上全力奔跑。

菲律宾餐饮行业“游戏规则改变者”

——Fredley 集团公司创始人、董事长兼首席执行官许长兴

清晨一杯咖啡，检查电子邮件、梳理工作组消息、制定当天的任务清单，这是许长兴每个工作日开始时，不容省略的“仪式感”。

执掌着越发庞大的 Fredley“商业王国”，他不断“苦练内功”，致力于让自己成为更加优秀的企业领导者。“Fredley 每天都在成长，作为创始人以及最高决策者，我会经受许多精神、肉体的痛苦考验，有不眠之夜，也有情绪的过山车。成功没有真正的模式，更没有捷径，对我来说，自律至关重要。”

有准备的创业者

创立并带领 Fredley 集团，成长为菲律宾餐饮行业的“游戏规则改变者”，许长兴只用了 9 年时间。

外界在定义这位成功企业家时，总会强调他的年轻。毕竟，创业伊始的许长兴，只有 22 岁。

然而如果更严谨一些，他的营商“履历”可以追溯到 7 岁那年。

当时，出生于菲律宾普通蓝领家庭的许长兴，作为家中独子，尽管在 4 个孩子中排行老幺，但必须承担起帮补家用的重担。

“我 7 岁时开始了第一份工作。”他回忆说，自己曾靠打包和组装衣架补贴家庭开销，后来在自家位于菜市场的摊档上售卖水果奶昔。青涩的少年起初并不擅长做生意，甚至因为害怕遇到相熟的同学，总是想方设法躲起来。“然而冥冥之中，正是这些扎实的历练，将我塑造成今天的商人，我很高兴，因为那是我扎根的地方。”多年后谈及这段经历，许长兴如是说。

在此后的岁月中，他几乎从未间断地帮助家庭打工，同时亦竭尽全力读书求学。凭借优异的成绩，许长兴顺利进入马尼拉德拉萨大学，主修商业应用，并于 2010 年摘获荣誉奖毕业。

“一直以来，家人辛苦供我读书，我认为，是时候回馈他们了。像很多菲律宾的传统华人家庭一样，我必须确保子孙后代得到妥善的照顾。”对于许长兴而言，成立一家属于自己的公司，是志在必得的心愿，然而初出茅庐的应届毕业生，还没有做好足够的准备开展生意，因此在接下来的 3 年中，他选择进入德意志银行集团菲律宾分行担任分析师。

得益于对商业世界的敏锐洞察力，许长兴很快晋升为“全球流动性管理和全球信贷交易”业务区域总监，此后被派驻至集团的印度班加罗尔分行，参与全球复原力项目。

“这是一段受益匪浅的工作经历。在那里，我学到了很多关于领导力、员工发展、系统布局、流程控制的知识，我可以跳出原属于自己的条条框框，看到成功企业如何成长，如何标准化，以及如何将组织结构化。”当许长兴结束印度项目，再度返回马尼拉时，他脑海中的创业计划趋于成熟，是时候去闯荡一番了。

餐饮生意，对他充满吸引力，但真正促成他下

定决心的，是 2014 年的一次家庭聚餐。“当时大家在一个日本餐厅用餐，长久以来，我很想为家人做点什么，也一直在寻找一个可以光大我职业生涯所学的商业创意。于是在晚餐时，我说，为什么我们不开设自己的餐厅，由我来经营呢？我真的很喜欢吃，开设餐厅既满足菲律宾人的味蕾，同时还能赚钱，这是个绝佳的想法。”许长兴回忆说。

实质性的第一步，迅速完成。2014 年 10 月，许长兴从德意志银行集团辞职，创建了 Fredley 集团公司，公司的名称是以他的父母 Alfred 和 Shirley 命名。“我希望这家公司可以成为一个支柱，代代相传。我也想借此向我的父母表达敬意，尤其是我的母亲，自从父亲在我年幼时去世后，她一直独自承担生活重担，为我们付出了一切。”许长兴说。

他带领 Fredley 集团公司实施的第一个计划，是在奎松市的费希尔购物中心 (Fisher Mall) 开设了第一家特许经营店——三田烧肉屋 (Sandaya Yakiniku)。

成为真正的餐厅老板后，许长兴倍感压力。“这对我来说是个全新的挑战，因为我不会烹饪，也没有任何经营正规餐厅的经验，甚至于，我还没来得及聘请专业顾问。”为了弥补短板，他尽己所能研究相关知识。“我在网上做了很多调查，并努力与同行及行业周边有经验的人士交流，在这个过程中，慢慢站稳脚跟，与此同时，也意识到自己必须与新公司的业务共同成长。”

学习是通达彼岸的“捷径”，许长兴展开了为期 3 年的进修。创业第二年，他进入匈牙利布达佩斯的 ESSCA 管理学院，攻读工商管理硕士，并于 2016 年毕业，之后又于 2017 年获得了马尼拉 Ateneo 大学商学院工商管理硕士学位。“研究生期间，我接触到各个领域的同学，从他们身上学到很多。除了功课收益外，我还学会了如何恰当地进行时间管理。我通常是晚上上课，如果下课之后我迅速从马卡蒂返回奎松市，餐厅就可以保持正常营业。”

收获了双 MBA 学位后，许长兴专注回归自己的餐饮事业，完全开启了“撸起袖子加油干”模式。很快，Fredley 集团公司便取得了日本名古屋国际品牌——一级棒涮涮锅 (Shabu-shabu Ichiban) 的总特许经营权，并迅速在 2017 年将门店数量扩张到 4 家。

2018 年，对于许长兴来说，是具有里程碑意义的一年。

他带领 Fredley 集团公司重磅推出了两个餐饮品牌——澳门皇茶 (Macao Imperial Tea) 和大满屋日式烧肉 (Mitasu Yakiniku)。值得一提的是，澳门皇茶在菲律宾迅速开设了 26 家分店，许长兴是第一位取得该品牌特许经营权的经营者，此外大满屋日式烧肉也开设了两家分店。

从最初的一间三田烧肉屋 (Sandaya Yakiniku) 起步，在许长兴创业 4 年后，他已经开拓出 4 大品牌数十家的餐饮门店版图，诸多媒体纷纷将镁光灯对准这位 20 多岁的年轻创业家。

忙碌的工作间隙，许长兴接受了多家本地和国际杂志、新闻频道、报纸的专访，包括：CEO 杂志、《亚洲飞龙》杂志、GMA、ABS-CBN、ANC、每日问询者报、菲律宾星报、商业时报、马尼拉时报、商业镜报、马尼拉公报、Chinoy 电视台等。Fredley 集团公司开始频频斩获赞誉与认可，他意识到，企业已经成长为菲律宾餐饮行业中强大的参与者。

这是他的心愿，但并非他要抵达的终点。

同样在 2018 年，许长兴被《亚洲飞龙》杂志评为“亚洲杰出青年企业家”，以及荣膺“谢志成杰出青年企业家”。特别对于后者，他感慨良多：“和我一样，谢志成也是一位白手起家的创业者，他最终成为餐饮服务商业帝国的大亨，能得到他的认可，绝对是我职业生涯中最引以为傲的亮点之一。”

“更重要的是，如果我们把头衔放在一边，会发现我们经营的事业，除了提供工作机会外，也扶持有理想的企业家，创业加盟。因此所有的荣誉都属于 Fredley 集团公司的每一个人，以及那些从一开始就支持我的人，我很感激能有机会创造‘下一个许长兴’。”许长兴说。

凭借稳健的经营策略与敏锐的商业触觉，Fredley 集团公司在经过 2018 年的“高光时刻”后，继续捷报频传。

2019 年对于许长兴来说，同样充满惊喜。Fredley 集团公司收购了经营 15 年的纽约薯条与蘸酱 (New York Fries and Dips) 公司，并在整顿

后重新开业。纵观 2018—2019 年期间，通过积极扩张的特许经营和并购业务，Fredley 集团公司的年收入实现了 1617% 的指数级增长。

此后，许长兴带领团队继续扩大公司旗下的产品组合，增加了法国品牌 Café Kitsuné，并收购了粮手抓 100% 的股份。

创业仅仅五年，总部位于菲律宾的 Fredley 集团公司，已经拥有 9 个独立品牌，包括澳门皇茶、大满屋日式烧肉 、Nabe 火锅居酒屋、纽约薯条与蘸酱 、粮手抓、Café Kitsuné 等。

作为整个“商业王国”的主脑，许长兴表示，经营多品牌企业有点像“多胎父母”——你不能对其中任何一个孩子表现出偏爱。因此在他的九大品牌餐饮连锁店中，他甚至不允许自己吃到“最喜欢的一道菜”，以确保经营及宣传策略能够平等实施，不分彼此。

2020 年的“全新赛道”

领率 Fredley 集团公司一路奔跑的许长兴，从不敢有一刻倦怠。他常说，没人能预测未来会发生什么，因此保持警醒与创新性思维，至关重要。

他的生存哲学，很快被现实印证。

2020 年初，新冠疫情全球暴发，基于防疫需求及安全社交距离等限制，餐饮业一度陷入绝境。

“疫情期间，根据政府要求，我们所有的餐饮门店都被迫关闭。重新开业，是在社区隔离结束后的几个月。当然，也有很多同行，因为资金压力没有撑下来。”面对突如其来的行业重创，许长兴迅速推出了一系列新举措，拉动门店“回暖”。

比如，澳门皇茶推出了“一升幸福”(One Litre of Happiness) 促销活动，将饮料从 700 毫升增加至 1 升，以期用甜蜜的味道温暖人心。“事实证明，这是个好点子。‘一升幸福’促销期间，销量跃升了 300% 以上。我们想要传达一个信息：疫情常态化模式下，希望每个人都能渐渐找回正常生活的感觉，而不必因为害怕出门，被迫割舍掉美食之念。因此除了门店的餐饮服务升级之外，Fredley 投入更大精力，拓展外带及外卖服务。”

“首先，我们确保 Fredley 旗下门店的餐饮促销活动，外带或外卖都可以同等享受，此外还特别推出了‘Nabe On—The—Go’和‘Mitasu Grill—To—Go’用餐模式，提供便携式火锅及烤架，让顾客在家中亦能享用美味的火锅和烧肉。”许长兴介绍说，Fredley 集团公司还推出了一个全新的电子商店，将集团辖下 9 个品牌合并在一起，提供网上点餐服务，并承诺于当天送货上门。

疫情时期的居家用餐体验，反馈极佳。“我们很幸运，因为我们还活着。当所有同行门店都在封锁期间关闭时，Fredley100% 的销售额是由电子商店产生的。当居家禁令解除后，在疫情常态化的当下，销售依然保持强劲，销售额大致维持在疫情发生前的 80%。虽然尚未达到我们预期的最佳水平，但成绩依然令人欣慰。”许长兴说。

在他看来，最糟糕的时期已经过去。“餐饮界正在重焕生机，我们致力于推广一种安全、干净的外送用餐体验，这样我们的顾客就能确信，我们珍视并尽力呵护他们及我们员工的健康。一方面，Fredley 会持续创新外送点餐的品类，偶尔推出新品；另一方面，与当地有影响力的人进行宣传合作，他们是公司数字营销战略的基石。”

“你必须确保你的品牌令人兴奋，这样人们才会持续光顾你的产品。”许长兴强调说，新冠疫情几乎彻底改变了菲律宾的餐饮服务方式，在这条全新的赛道上，他正全神贯注，带领 Fredley 从曾经的“强大的行业参与者”，晋升为“游戏规则改变者”。

除此之外，许长兴亦不忘在疫情期间，回馈社会。

他回忆说：“封锁是在 2020 年 3 月 16 日宣布的，3 月 17 日，我们就向菲律宾武装部队和菲律宾国立医院、圣卢克斯医疗中心、马卡蒂医疗中心和圣胡安德迪奥斯医院的医护人员分发了 3000 多杯澳门皇茶奶茶，以及 2000 多份 Mitasu Yakiniku 包装餐。我们尽可能预备充足，以确保惠及更多人。此外，Fredley 顶住压力没有裁员，并向员工提供了经济援助，准许员工居家办公。”

与此同时，许长兴还决定为集团员工、员工的家庭成员免费接种疫苗。“不要丢下任何人。我们的员工，以及他们的家人，在工作场所内外的安全一直是 Fredley 最优先考虑的。我们同样希望此举，可以鼓励其他同行考虑效法。”他说。

如果凡事都有两面性，那么新冠疫情对于 Fredley 集团公司的成长而言，当属“重击”之后的广阔生机，一个更加强悍的、具有行业领导力的综合餐饮企业，正一步步走向舞台中央。

成为商业领袖的秘诀

2021 年，Fredley 集团公司进入创立的第 7 年，公司辖下 9 个独立品牌的门店总数已扩张至 250 家。

执掌着越发庞大的“商业王国”，许长兴不断“苦练内功”，致力于让自己成为更加优秀的企业领导者。

他认为，优秀领导者的 3C 要素包括：魅力、能力和同情心。“虽然一开始，创立企业的行为像一个人的行动，但罗马不是一夜之间建成的，一个人不可能建立一个帝国。我非常感谢从第一天起就信任我并追随我直到现在的每位伙伴，他们在我心中永远占有特殊的位置。也正因为有他们，我一直鼓励自己成为更好的老板，光大 Fredley，让每个人都收获理想的回报。”

基于此，许长兴的管理策略从不墨守成规，相反的，他是个“脱离传统定义”的老板。

比如，他将“凡事亲力亲为”的理念，落实得令人叹服。“我赞同这样的理念：每个人在公司的成功中都扮演着非常特殊的角色。因此我总是告诉我的员工们，在我能够自豪地拥有首席执行官的头衔之前，我必须努力工作，这包括集团运转过程中的任何工作。”许长兴说，起初，他在门店做了洗碗工，后来是收银员，因为他要了解这些重要的基层岗位每天会遇到哪些问题，厘清这些问题后，他才有资格以老板的身份打理生意。

再如，他要让 Fredley 集团公司的每位成员，都分享到集团的红利收益。“我们有一个总公司利润中心，每年岁末，员工们都将分到红利。利润分享和其他奖金、分红是分开的，红利是基于公司的年度总收益，这会让每个人真实体会到，这是大家共同的生意，不只是我一个人的。反过来，亦会鼓励大家在工作时 100% 甚至 101% 地投入。”许长兴说。

不仅如此，Fredley 集团公司还十分注重员工的晋升制度。换句话说，“原地打转”式的工作状态，是不被认可的。

“令我记忆尤为深刻的是，创业早年，我通常会亲自主持面试，我喜欢问面试者一个问题：你认为自己在入职后的 5 年或 10 年后，是什么样子？许多人的回答十分沮丧，他们说，也许已经换去其他的餐馆打工。这不是我想要的状态，Fredley 的员工不应该停在原地。事实上，公司许多初创的元老，现在已经做到总公司的经理级别。例如有间门店的前主厨，目前是总公司行政主厨，之前的若干位服务员，如今也都是不同分店的经理。”许长兴说。

虽然深谙张弛有道的经营法则，但身为 Fredley 集团公司创始人兼首席执行官的许长兴，也曾因为自己的年轻，遭遇过轻视及不信任。“在起初的一段时间，年轻似乎对我很不利，有些潜在的合作伙伴会质疑我没有足够的经验，然而现在，年轻已变成我的优势，证明我可以做到别人做不到的事，人们更愿意相信，Fredley 具备更好的潜力和全新的视角。这对我亦是一种激励，毕竟越发庞大的企业中，有很多人依靠我维持生计，我必须更加努力。”

“在菲律宾，企业家精神被高度认为是刺激经济增长的重要因素，也是创新的关键。企业家们实现自己的创新主张，同时提供了就业机会，这对改善国家经济状况至关重要。许多年轻的成功企业家的出现，不仅对国家有利，而且对年轻人的未来都是一个优质示范，他们的成就会改变许多人的生活。”许长兴说。

为更好担当菲律宾餐饮行业“游戏规则改变者”的使命，许长兴带领 Fredley 集团公司与包括美国农业部、美国肉类出口联合会、日本联邦肉类学会等相关机构展开交流合作，以期探索最尖端的行业新知。

“想出有创意的点子是一个持续的挑战，尤其是对于澳门皇茶来说，它是 Fredley 表现最好、门店数量最多的品牌，亦被认为是业内最大的奶茶公司，所以挑战早已牢牢和创新绑定在一起。”许长兴表示，他一直带领团队通过改变游戏规则，来改变人们对奶茶的传统看法，以确保新品充满创意。“我愿意倾听各种反馈，无论是正面的还是负面的。我每周都会访问各分支品牌，并作为客户试用不同的产品和服务。我会和每个人交谈，包括经理、服务员、洗碗工和顾客，了解他们的见解或新的诉求。归根结底，这些信息是品牌持续改进与创新的源泉。”

产品创新之外，新冠疫情对于整个菲律宾的另一个重要启示，是显示了“电子支付”的重要性。“支付渠道的创新，同样对餐饮企业提出挑战。每个人都必须学会如何做到这一点，如何转向无现金支付，并真正适应。事实证明，菲律宾在这方面缺乏准备，Fredley 已经率先开通了电子点餐平台，未来也将持续助力行业推动菲律宾经济走向无现金化。”许长兴说。

在问及许长兴，创业后最伟大的成就是什么时，他的回答是：Fredley 集团公司在没有他的情况下亦能有效运转。“这对我来说，真的充满成就感。一家企业的可持续性非常重要，得益于明确的分工体系与良好的员工凝聚力，不管我在或不在，Fredley 都可以自己运转。我希望最终把这个舞台交给公司目前的职业经理们，有一天，让他们掌控大局。”

表达敬意 回馈社会

总提醒自己“莫忘起点、莫忘初衷”的许长兴，在专注 Fredley 集团公司运营事务的同时，亦十分关顾慈善公益事业。

“人，永远不要忘记你最初为什么开始这段旅程。回顾一下是什么激励了你，促使你踏上这段旅程，并在你取得奋斗回报时，去无私帮助那些有需要的人，这是为人之本。我的童年要么在学校度过，要么在市场打工，我知道一无所有是什么感觉，也知道人在贫穷的境遇下是何其渴望通过学习改变命运。”许长兴表示，他永远感谢那些曾为他的教育慷慨投资的人。“我想把这种关爱传递下去，我相信，这是表达敬意的最好方式。”

秉持深切的同情心与同理心，许长兴在繁忙的工作之外，积极承担慈善公益责任。作为“Childhope 街头教育与保护计划”的倡导者，他定期与菲律宾儿童希望亚洲组织和菲律宾社区基金合作，亲自为菲律宾街头儿童提供食物、学习援助及生活指导。“回馈社会永远是 Fredley 的首要任务。贫困在菲律宾是一个严重的挑战，它让我感到沮丧。我想尽我所能，成为一个帮助别人改变生活的人。”他说。

“Childhope 街头教育与保护计划”之外，许长兴还为 Fredley 基金会提供教育奖学金，这笔善款将用于为生活不济的人士提供深造机会及职业道路发展规划。“坦白说，Fredley 基金会对我的人生影响深远，它的理念促使我大胆辞去工作，选择创立 Fredley，这样我就可以拥有自己的公司，挣更多的钱，帮助更多的人”。

“I am different, I am able”（我虽不同，但我是有能力的），是许长兴治下的 Fredley 集团另一项引以为傲的企业社会责任倡议。公司为残障人士提供兼职工作机会，以改善他们的生活，同时推动品牌持续支持社会问题变革。

“我们为包括残疾人在内的 1000 多名菲律宾人提供了就业机会，并通过员工奖励计划补贴他们

团队庆典

子女的学习及生活开销。我很自豪 Fredley 可以为创造就业与改善生活贡献价值，在集团内我们有一个共识：成为一个帮助别人、改变别人生活的人，是愉快而充满成就感的。”

“自律是我们成功的终极动力。自律创造梦想，实现目标。当你最终到达顶峰的时候，留在那里绝非易事，但是当你成为自己最大的批评者的时候，你就会变得更谨慎。自律给你带来额外的动力，让你不断前进，它会迫使你做一些你不喜欢但必须完成的事情。这就是 Fredley 每天都在成长的原因。”许长兴笃信，成功没有真正的模式，更没有捷径。“对我来说，我真正需要的只有一样东西，那就是自律。”

自创业伊始，许长兴就一直致力于带领 Fredley 集团公司实现从运营到扩张，再到引入新品牌的指数级增长。

2021 年，Fredley 集团公司创建了两个新品牌——来自法国巴黎的 Café Kitsuné 和来自中国上海的粮手抓，并收购纽约薯条与蘸酱的所有股份。

Fredley 的首要任务，是将更多的国际品牌引入我们的产品组合，为菲律宾市场提供更多有趣的餐饮体验。我们也正在筹备开设辖下的第一家国际豪华自助餐，持续创新势在必行，我们需要重新设计公司的内部流程，以支持预期的增长。”许长兴表示，Fredley 集团公司的另一个大计划，是在未来 5 ~ 10 年内上市。

“创业不是一件容易的事。生活中没有绝对完美或正确的时刻，尤其对于创业者来说，完美或正确的时刻，实际上是由曾经的每一个当下开始创造的，我们要尽早开始行动！”许长兴最后说。華

麦耀华

麦耀华曾经的理想是成为一名救死扶伤的医生，但事与愿违，他最终跨界进入律师行业。执业30多年来，他始终不忘母亲的叮嘱："要对社会作出贡献，做一个有用的人。"

他竭尽全力帮助社会大众特别是弱势社群解决难题，积极帮助伤亡诉讼案中的伤者和家属，为他们争取最公平最大的权益。同时，他也希望为业界培育人才，将法律工作中的经验传授给年轻的律师，愿他们日后能独当一面，不断地帮助有需要的人，以实现扶弱济困、贡献社会的宗旨。

扶弱济困 贡献社会

——麦耀华律师行主管律师麦耀华

"说起法律人们总是想起惹官非、打官司这些负面的情况，但其实法律与大家的生活息息相关，从出生、长大到工作，直到进入老年，其实法律一直围绕着大家的一生，不过不是每人都能够察觉。"麦耀华说。

以下为麦耀华接受华商领袖编委会专访部分访问实录：

问：您出生在怎样的家庭？您的原生家庭为您奠定了怎样的根基与价值观？

答：我出生在香港一个普通家庭，在我童年时香港的经济尚未起飞，民生一般都是穷困的。父亲在我 7 岁时因病离世，幸靠着母亲的拼搏才令一家人生活上总算无忧。

母亲带着我和两位兄弟一家四口在油麻地生活，这里是全香港人口密度较高的地方之一，我们在日常生活中会经常看到周边的人发生一些不幸的事，例如邻居得病但因经济问题接受不到最好的治疗令病情恶化，好朋友及其家人被业主逼迁，突然失去栖身之地，等等。

在童年及少年时看到的这些因社会不公平，导致社会弱势群体无助的情况，让我至今仍历历在目。那时，母亲常跟我说："知识就是力量，好好读书学习，多辛苦也要把书读好，将来无论在哪一个岗位都要对社会作出贡献，做一个有用的人！"。

问：您有怎样的求学与受教育经历？这期间，哪些特别的事件或特殊的机遇，为您后来的事业埋下了伏笔？

答：我在中国香港完成高中学业后，只身远赴英国继续升学读书，人在异乡不免常常挂念着在香港的家人，但想起母亲的叮嘱，就会提起劲来拼命学习。同时我会在每周的星期五至星期日去当地的中国菜外卖店做兼职，为的是能减轻母亲的经济负担。

在留学期间，我为自己定下了一个目标——选读医科，希望学成回到香港后服务市民。可惜事与愿违，最终因未能进入医科而理想落空。但贡献社会的想法还是可以用另一种方式延续，所以我决定修读法律，将来学成之后也可以帮助社会大众特别是弱势社群解决难题。

说起法律，人们总是想起惹官非、打官司这些负面的情况，但其实法律与大家的生活息息相关，从出生、长大到工作，直到进入老年，其实法律一直围绕着大家的一生，不过不是每人都能够察觉。

问：从学校毕业后，您起初从事过怎样的工作？从这些工作中，您学习或积累到哪些对您后来个人事业有益的要素？

答：我在 1986 年完成学业后，顺利进入一家律师事务所，成为一名律师。我执业最初 15 年左右都是在打工，凭着法律工作经验的累积，撑过了一个接一个的难关，1994 年我晋升为律师行合伙人。

2018 年，麦耀华到北京大学进修

做我们这行的，只要能吃得苦、肯拼搏，报酬是不会少的。可是在物质充裕情况下，心灵上是否能够得到满足？最初当律师的 10 多年里，很多时候我们都是代表一些保险公司与普通市民对簿公堂，偶尔会对上一些没有律师代表的原告，虽然技术上我是赢了官司，但这令我想起小时候遇到的社会上弱势人群无助的情况。

另外，在执业期间，因夜以继日地工作，我亦会忽略对家人的关爱。在 1994 年前后，我经过深思熟虑后，决定退出合伙的律师行，带着家人离开香港，目的是能花多点时间陪伴在家人身边及让自己的身心沉淀一下，思考如何展开人生的下一个阶段。

问：具体是哪一年，您创立现在的律师行？您是出于哪些原因选择创立律师行，以及提供哪些品类的服务？

答：在澳大利亚生活了两年及完成法律硕士课程之后，我决定于 1996 年回到中国香港，这次我目标很明确，就是利用自己的专业帮助社会上的基层市民。

我在 2002 年重新独资开办了自己的律师行，但这次服务的对象却不同了。打开门做生意有很多法律范畴我都会处理，例如楼宇买卖、知识产权、婚姻诉讼，但我主要的是在伤亡诉讼案上，代表伤者和家属追讨索偿。这一类的案件中大部分伤者都是基层市民，受害的不只是他们自己，连带他们的家人亦会受到伤害。例如很多伤者都是家中经济支柱，受伤之后工作能力大不如前，收入自然大大减少，对家中成员也造成连带的影响。

幸运的是香港在应付这种伤亡诉讼上已有一套完善的普通法制度，所以我希望能够凭我的专业和经验为伤者争取最公平最大的权益，以实现我扶弱济困、贡献社会的宗旨。

问：自 2002 年您创办律师行至今已经整 20 年，这 20 年来您有哪些感悟与我们分享？

答：由重新出发开始一路走来至今已有 20 年了，在经历 2003 年非典疫情，2008—2009 年亚洲金融危机等，律师行总算上了轨道，而且规模比刚起步的时候亦翻了好几倍。

麦耀华参加第一期粤港澳大湾区法律人才研修班

麦耀华到北京互联网法院观摩学习

在法律界打拼了 30 多年，除了帮助客户之外，我也希望为业界培育人才。现在我们律师行的员工大部分都是年轻人，律师行内充满生气。我相信只要年轻人对工作充满热诚，无论是否曾修读法律，都应该给他们一个机会，让他们边做边学，我深信这些年轻人将来必然是公司最宝贵的资产。

而且我觉得我个人有责任将法律工作的经验传承给年轻的律师，希望他们日后能独当一面，继续引领团队前进，不断地帮助有需要的市民。

问：新冠疫情冲击全球经济，您如何看待整个市场的动荡变革，对于律师行业有哪些影响？

答：在新冠疫情下香港经济面对前所未有的冲击，无论哪一个行业都遭受到负面影响，无一幸免。

很多律师行的生意都大受影响，经营得十分辛苦。有别于其他行业，法律这一行很难以创新及开发产品来发展业务，但也并不是没有什么可以做的。在面对经营困难时，律师行也要懂得灵活变通节省开支，最重要的是与所有员工同舟共济守住他们的饭碗并鼓励他们好好装备自己，在撑过疫情后重新大展拳脚。

问：您现在从早到晚是怎样的工作状态，如何分配您的时间，以及有哪些心得体会？

答：过往我确实是一个工作狂，每天工作 10 小时以上，而且一星期工作七天没有间断，但随着年事渐长，开始注重身体健康，所以近几年我将步伐放慢，会花多点时间陪伴家人。

新冠疫情暴发前，我很喜欢与家人出国旅游，让自己休息充电，但这旅游之乐也因疫情无法实现。我在疫情期间开始玩航拍，发现从高处看香港是非常美丽的，视线不再只是停留在身旁四周，而是在无人航拍飞机的镜头带领下欣赏香港整片土地，令我留意到过往原来忽略了很多美好的景色。

麦耀华与同事共同分享喜悦

这航拍的兴趣也启发了我对香港与内地融合的看法。以前人们可能只有看见在香港本地的发展机会，但随着时代的前进和科技的进步，香港与内地的关系越趋密切，我们应该站高看远一点，将发展目光放到邻近的粤港澳大湾区，然后再放远到祖国整片大地，这当中都存在着无穷无尽的发展机会等待我们去发掘。

问：时值香港回归祖国 26 周年，您对于香港不断发展跃进的经济环境，以及香港与内地之间越发密切的经贸交流，有哪些真切的个人感受？

答：香港回归祖国已经 26 年，我除了帮助基层市民外，寄望香港法律界的同业也能对祖国作出贡献。香港律师学习及使用的是英国普通法法律制度，但随着中国在世界舞台上占有重要的地位，香港的律师应该扩展内地的法律知识，尤其是年轻的律师及律师行从业员都应该利用香港是中西文化大熔炉这个优势，在中西法律差异上扮演一个协调及桥梁的角色，令行业能持续发展。

几年前我曾随着香港中联办筹办的律师团队到北京法律学院及法院观摩及进修，亲身体会国家在法律这方面的发展已十分完善。我更发现内地的法院在使用科技上的步伐比香港还快还先进，这一点是值得香港借鉴和学习的。

最后，我总结一句：月亮不是只在外国是圆的，在我们祖国也是又圆又大，而且更加丰满多情！華

温惠仁

《美国国家地理》杂志曾将他称为世界“珍珠之皇”，美国《时代》杂志也将他誉为“大溪地珍珠之王”。他旗下出产的黑珍珠不仅是世界最高品质珍珠的代表，更被法国政府定为“法国唯一的国产宝石”。他的人生就如珍珠的孕育，始于磨难，在历经了长年的不懈奋斗后，凭借坚韧的意志，才取得今天如此辉煌的成就！

他就是大溪地罗伯特·温(Robert Wan)集团创始人、珍珠产商职业工会(SPPP)主席、大溪地珍珠国际宣传协会前任主席、大溪地东莞同乡会名誉主席温惠仁。

“珍珠大王”演绎不朽传奇

——大溪地罗伯特 · 温集团创始人温惠仁

法属波利尼西亚，亦称“大溪地”，其因知名风景被人们誉为“距离天堂最近的地方”“终极版的海岛”。它远离人类文明的烦嚣，离最近的澳大利亚亦有 5000 公里，没有污染，是黑蝶贝生长的摇篮。而由许多浅湾和火山所形成的潟湖，是首选的天然养珠场。此外，29 摄氏度的热带海水和丰富的浮游生物，也为黑蝶贝提供了天然美食。据说，每 100 个黑蝶贝，至少需要 5 年的精心培育，才有一半能成功收获珍珠，当中能达到 A 级标准的不超过 5 个，堪称完美无瑕的最多 1 个。这一切使得大溪地黑珍珠成为顶级珍珠的代名词。因此一说到优质的、珍贵的珍珠，很多人的第一反应就是大溪地黑珍珠。这种来自南太平洋法属波利尼西亚境内潟湖的特产珍贵异常，享有皇后之珠和珠中皇后的美誉。

世界上唯一的一座黑珍珠博物馆——大溪地珍珠博物馆就位于大溪地，而它的主人就是温惠仁。走进淡雅静谧的馆内，珍珠在世界上的源流历史、发展壮大的历程一一展现在我们面前。不同时期的珍珠因时代的审美纷纷展现出不同的美感，而欧洲、亚洲、大洋洲……世界各地的不同观念也让这美丽的珍珠饰品展现出迥异的文化内涵。最让我们中国游客感慨的应当要数馆内的那座慈禧太后雕像，她身上满满的珍珠项链和其他饰品散发着清朝皇室浓郁的味道，整个场面一定会让众人惊叹不已。世界上最大的一颗圆形黑珍珠，直径达 22.6 毫米，也静静地躺在橱窗里，无数游人竞相前来，只为一睹芳容。穿行在馆中的各个角落，幽雅的灯光随着位置的改变赋予了每一颗珍珠不同的优雅和神秘。而每一颗珍珠仿佛都在诉说着温惠仁的传奇人生。

栉风沐雨

温惠仁于 1934 年出生于大溪地，原籍中国东莞市清溪镇，是侨居大溪地的第二代客家人。他能流利地说客家话。他说：“客家话是我家的官方语言。”客家人吃苦耐劳的毅力、审时度势和包容多元文化的适应力、敢为天下先的开拓精神、慎终追远的儒家文化精神，在温惠仁的身上打下了深深的烙印，这也是他日后能够在事业上取得辉煌成就的重要因素。

大溪地岛近十分之一的人口来自东莞凤岗、清溪和深圳龙岗、宝安一带的客家华侨，至今还保留客家习俗和纯正的客家方言。

温惠仁的父亲是在 1900 年迁徙到大溪地的。家境贫寒的温惠仁只念了中文小学，法文也只读到中学。1953 年温惠仁的父亲去世，他只好辍学，并开始涉足各种行业。不到 20 岁的他进入一家贸易行谋生。凭着勤奋，5 年后，温惠仁成为一家旅行社的经理。1963 年，温惠仁和兄弟合伙成立农业食品集团 La COMAT，建立首家属于自己的企业。后来，他发现了大溪地汽车进口的市场机会，经过努力，很快成为大溪地最早的进口汽车代理商。但一场意外的大火，使他背上巨额债务。温惠仁一诺千金，用了整整 10 年时间将债务还清。40 岁时，温惠仁与人合作在日本建设酒店，由于石油危机，酒店不得不停建，前期投入血本无归。

那是 1974 年，温惠仁在项目落空后远赴日本。他被当时的合作伙伴推荐给佐藤教授——一位享誉珍珠业界的专家。两人相见如故，佐藤教授不仅提供了很多宝贵建议，还将他引荐给著名的现代珍珠养殖业创始人御木本幸吉的孙子。这是一个决定性的时刻。与御木本之孙的会面非常顺利。御木本之孙当时私下向温惠仁表示，如果温惠仁能以波利尼西亚黑蝶蚌成功养殖出优质的黑珍珠，他将会是最忠实的买家。

吃下这个定心丸之后，温惠仁满怀希望地返回大溪地，全身心地投入珍珠养殖事业。那时，刚刚进入珍珠业的他，既不知道需要投入多少资金，也不知道需要投入多长时间，甚至不知道是否有一天能有所回报。但凭着一份对美好前景的憧憬，他马不停蹄地在甘比尔群岛买下一个又一个特许开发权，而且将经营食品公司的收益一笔笔投进养殖农场。

1997 年，为表彰温惠仁（右二）在大溪地珍珠方面作出的杰出贡献，美国宝石学院将位于加州卡尔斯巴德镇的宝石分院命名为“罗伯特・温”

三年之后，温惠仁收获了自己养殖的第一批珍珠，一共 1718 颗。他至今还能清楚地记得这个数字。但当他信心十足地将这批珍珠呈现给御木本时，一个万万没有想到的结果发生了：御木本拒绝接受这批珍珠。因为虽然珍珠质量不错，但仍没有达到御木本所期望的标准。

回到酒店房间的温惠仁双手抱头陷入前所未有的痛苦中，巨大的失望冲击着他，强烈的不服输精神也像泄闸的洪水奔涌在他的全身。所有这些年的汗水和努力，难道全都付之东流了吗？痛定思痛后，温惠仁给出的答案是，绝对不会。

他重新抬起头：我一定要赢得质量，赢得达到御木本要求的质量。

一切又从零开始。在家人的支持和帮助下，他不断试验、探索如何提高珍珠的质量，在实践中不断改善插核技术。

凤凰涅槃

作为一名华人，温惠仁继承了全局性的眼光。他知道，养殖珍珠的过程中，环境、技术、人力等所有因素紧密相连。珍珠养殖离不开对天地万物自然法则的领悟。凭借持之以恒的耐心和过人的观察力，他终于发现了提高质量的秘密。这些秘密中，有的申请了科学专利，有的则将世代相传，留给他的后代。

不久，御木本果然买下了由温惠仁成功培植的珍珠。这次，温惠仁赢得的，不仅是一桩生意和一个客户，更是一份苦尽甘来的成就感和愈加坚不可摧的信心。双方的业务关系亦由此建立，并持续至今。

进入珍珠业不久，温惠仁就意识到，要培植大颗的优质珍珠，必须要排除人为因素的干扰。为此，他做了很多扎实的准备。

1974 年，温惠仁购入了首家珍珠养殖场 Tahiti Perles——一家由澳大利亚生物学家 William Reed 创立的公司，位于甘比尔群岛的 Mangareva 岛。但在养殖珍珠的过程中，温惠仁发现了一个大问题：幼贝需要丰富的有机养料和充足的氧气，潟湖中的任何杂质和污染都可能危及它的生命；而这个养殖场与其他养殖场毗邻，水域污染问题难以避免，因此这并不是他理想的乐园。温惠仁心里明白，只有在属于自己的私人环礁岛上养殖，才能得到最高品质的珍珠。从此，他下定了要拥有私人环礁岛的决心，并开始等待合适的时机。

1983 年，波利尼西亚接连遭遇了六次毁灭性的飓风袭击。甘比尔群岛原本很少受到飓风影响，但这次却未能逃脱厄运，整个群岛被夷为平地。其中被称为威廉姆斯的飓风席卷了 Marutea Sud 环

2011 年，第一家罗伯特·温品牌专营中国旗舰店在上海外滩 18 号开业，右三为温惠仁

礁岛，将它彻底摧毁。Marutea Sud 岛当时属于温惠仁的一个朋友——Jean-Claude Brouillet（大溪地珍珠业的最初尝试者之一）。此前，温惠仁曾多次向他求购 Marutea Sud，但均被拒绝。威廉姆斯飓风过后，Marutea Sud 岛一片荒芜，而要重建这个距大溪地主岛 1600 多公里、完全孤立在茫茫大洋之中的环礁岛，则需要大量的财力、精力和无比的勇气。Brouillet 对此感到很无望，最终选择了彻底放弃。他打电话给温惠仁，表示愿意出售灾后的 Marutea Sud。接到电话的温惠仁丝毫没有犹豫，甚至没等验证 Marutea Sud 的灾后状况，当天便签下了购买合同。

两周后，对温惠仁的举动颇感诧异的 Brouillet 建议他还是到岛上看看。温惠仁这才亲自来到了受灾现场。不出所料，环礁岛表面的植被和所有设施全部被摧毁，但是温惠仁却胸有成竹。Brouillet 看到的是满目萧条，但温惠仁看到的还有另外一面：飓风的摧毁性力量也可以彻底净化和再生环礁湖，威廉姆斯飓风恰恰给 Marutea Sud 环礁湖注入了崭新的生机和活力。湖内的贝母不仅毫发无损，而且还将大大受益于这意外天赐的复生力量！在当时，能像他这样想的寥寥无几，甚至可以说是绝无仅有。

温惠仁从地面开始重建 Marutea Sud。他以稳健的步伐先后建立起三个养殖场，并招募到超过 200 名工人上岛工作。在他们的精心呵护下，Marutea Sud 这个得天独厚、未经污染的天然岛屿，很快成为独特的黑蝶贝的最佳生长地。

正是在这里，温惠仁培育出了世界上最大最有价值的大溪地珍珠，它们的直径甚至可达到 21 毫米以上。它在纯净的自然生态环境中和谐生长，代表着经年的孕育及对完美的向往，承载着每次插核试验的梦想。最终幸运诞生的珍珠又将与佩戴者相融相惜。这些独特的因素让大溪地珍珠成为令世人惊叹的奇迹。而 Marutea Sud 则是创造这个奇迹的地方，是属于温惠仁的世界。

目前，温惠仁在土阿莫土群岛及甘比尔群岛共拥有九家大型珍珠养殖场。这些养殖场距离大溪地超过 1000 公里，养殖场之间亦相隔数百公里。养殖过程中，温惠仁始终坚持和最出色的研究人员、生物学家和插核技术人员合作，共同研究珍珠养殖场的妥善运作、改良品质及环境保护问题。他名下的另一座私人环礁岛 Nengo Nengo 更是名副其实的人间天堂。

为了养殖场的发展，温惠仁先后买下几架飞机，建造了各种基础设施、机场跑道和住房等，将如此大规模的人力和资金投入在距离大溪地主岛上千公里、几乎与世隔绝的荒岛上，这种在旁人看来近于疯狂的冒险，却让温惠仁得以展示他的天分和睿智。

作为研究珍珠与珍珠母贝的专家，温惠仁始终坚持对古老传统、自然环境及多元文化的尊重。他深知，珍珠是唯一从活体中获得的“宝石”，毫无污染的生态环境是珍珠养殖业生存发展的命脉。因此，温惠仁坚守着他的承诺：维护环礁岛及其周边海域的生态质量。他和他的科研团队多年来一直一丝不苟地为之奋斗。40 年的生产经验、与环礁湖的不断磨合以及对完美的不懈追求，使他得以开创这片彰显个性并融汇多元文化的独特天地。

这一切，使得温惠仁无愧其“大溪地珍珠之王”(The Emperor of Tahitian Pearl) 的美誉。

辉煌永铸

时至今日，大溪地已经成为世界最大、最好的黑珍珠产地。约 700 个大大小小的珍珠养殖场分布在 30 多个不同的岛屿和环礁岛上，总覆盖面积超过 1 万公顷。

温惠仁则成为全球最大的大溪地珍珠生产商和出口商，控制着全世界黑珍珠出口量的近 85%。他旗下的珍珠养殖场出产的大溪地珍珠已成为至高品质的象征，在世界各地都深受追捧。国际奢侈品牌 Cartier、Dior、Mikimoto 以及香港著名品牌周生生、周大福等所采用的黑珍珠都来自温惠仁的养殖场。一些中东藏家购买了温惠仁的珍珠首饰，向人展示时，会派人荷枪实弹地在旁边保护。

为了向全球主要珍珠批发商和知名珠宝品牌采购商提供便捷的购买平台，自 1998 年起，温惠仁在中国香港及日本神户独立举办大溪地珍珠拍卖会，成为这些寻找最完美珍珠的买家每年定期赴约的盛会。但温惠仁并不满足于被人称为“大溪地珍珠之王”。为了使精致的 Poe Rava（大溪地语的黑珍珠）在国际上提升信誉，他坚持保证产量稳定，品质一致。

1995 年，他所培育的大溪地珍珠获得“国际高品质艺术美态大奖”。在他多年的努力和争取下，大溪地养殖珍珠还获得了国际权威机构美国宝石学会 (The Gemological Institute of America) 颁授的宝石品种资格，成为唯一的法国产宝石。这项认证资格让温惠仁的大溪地养殖珍珠得以跻身世界级品珠宝行列。

温惠仁对大溪地珍珠品质的保持和不懈追求，也为他本人赢得了诸多荣誉。他成为第一位获得美国宝石学会极具声望的宝石联盟成员殊荣的大溪地养殖珍珠生产商。1999 年 6 月，为肯定他的杰出成就，美国宝石学会决定与他合作，并以他的名字命名其“宝石学教育分院”。

为表彰他多年来对大溪地珍珠业发展的突出贡献，法国政府亦先后授予了他多项荣誉。1996 年，他荣获法国“国家功勋骑士勋章”之后，2000 年，他再次被授予法国国民最高荣誉“十字骑士勋章”。同年他还入选了著名的法国国际出口商 N°1 俱乐部。

2012 年，温惠仁被世界莞商大会评为“杰出莞商”。

2017 年 9 月，温惠仁在被誉为“珠宝奥斯卡”的第六届香港举办的 JNA 大奖颁奖盛典上获得最高荣誉“终身成就大奖”。JNA 是亚洲地区珠宝业具有高影响力的年度盛事，也是目前珠宝业界仅有的全球性奖项。

温惠仁的卓越成就，不仅为他个人戴上光环，也让大溪地珍珠焕发光彩，并在现代珠宝业历史上写下了光辉的一页。

然而，接踵而来的荣誉没有让温惠仁感到满足。在经历了 2001 年珍珠养殖业危机之后，他迅速做出反应，着手推动业务的多样化改革。他加大投资，不断地观察、尝试、验证，并将研究成果应用于实践中。他深知环礁岛潜力巨大，几十年来的经验更使他坚信大溪地珍珠及衍生行业的发展前景，并且义无反顾地投入其中。

作为无可争议的行业领衔人物，今天的温惠仁不仅提供标志性的高品质大溪地珍珠，而且还在全球范围内推出以他本人名字命名的珠宝品牌 Robert WAN，以其无与伦比的极品大溪地珠链享誉国际珠宝业界。这些珠链由十分罕见的直径超过 15 毫米的顶级大溪地珍珠精心选配而成，展现了这一宝石的完美无瑕和精致之美。每颗大溪地珍珠都独一无二，珠链的选配工作因此成为一项技术要求极高的艰巨任务。一串完美珠链的问世通常需要好几年，甚至上十年的收获、分拣、甄选与搭配，其豪华与珍稀由此可见一斑。

从原始自然走向今日文明，Robert WAN 品牌与大溪地珍珠及珠宝设计经历了多样的时代，穿梭在多彩多姿的丰富变化之中，尽显独一无二的世间天然之美，并浸润着对文化的追溯与尊崇。Robert WAN Tahiti 的现代设计，富有别致的民族风情和大胆独创的风格，并具备多功能装饰性。其设计理念巧妙贯穿于珍珠的光泽、色彩与形状中，完美融合了对本质的执着与对潮流的把握。无论是紧跟各个时代潮流的时尚饰品，还是经典的顶级鉴赏家珠链系列，Robert WAN 品牌的珠宝凭借其多样化及多功能性备受不同肤色的高品位女性青睐。

目前，Robert WAN 品牌已遍及欧美、中东和亚洲的许多国家和地区。无论是皇家贵族、名媛艺人，还是普通游客、当地居民，都以拥有一件 Robert WAN 品牌珠宝为荣。众所周知的莎朗·斯通、凯瑟琳·德诺芙、纳奥米·坎贝尔，以及靳羽西、刘涛等，都佩戴过他最具代表性的作品。

1998 年，他还创建了世界上独一无二的大溪地珍珠博物馆 (The Robert WAN Pearl Museum)。

2017 年 9 月，温惠仁获得第六届 JNA 大奖最高荣誉“终身成就大奖”

这是一部立体的世界珍珠百科全书，不仅追溯人类迷恋珍珠的历史和文化，揭示大溪地珍珠的形成奥秘，还展示他多年的私人珍藏，其中包括世界上最大的一颗正圆形大溪地珍珠。

这位非凡人士具有十分鲜明的个性，时常令人惊叹。他建造了一个帝国，却仍然保持着十分简单和谦逊的为人。他的亲切、周到、幽默、慷慨，使每一个遇见他的人都为之着迷。许多名人朋友也常到 Marutea Sud 岛上去拜访他，比如著名的 007 扮演者皮尔斯・布鲁斯南，就是他的莫逆之交。他精力充沛，经常在世界各地旅行。

今天他可能在香港举办珍珠拍卖会，一周后则会在法属波利尼西亚私人环礁岛上亲自监督珍珠的收获，或者在位于帕皮提、纽约或巴黎的办公室推出最新的珠宝系列。

如今，在网络多媒体与电子商贸愈加发达的时代，这位耄耋之年依然身体力行的企业家始终保持活力，并渴望将最新的推广方式融入企业的品牌运作。温惠仁强调：“我总是喜欢开拓市场，并且对中国期予厚望，希望有更多的中国人能够了解这个由华人开拓的顶级珠宝世界。”

其实早在 2011 年，温惠仁就带着他的珍珠来到中国，将美丽的珍珠奉献给中国的时尚人士。2011 年 11 月 29 日，第一家 Robert WAN 旗舰店在上海外滩 18 号二楼正式开业。

在追逐梦想的过程中，他领悟到世间万物皆有因果。要想弄清自己来自何方，去往何处，必须经历生活的酸甜苦辣。而当本能告诉他需要勇往直前时，哪怕风险再大，他也会义无反顾地全力投入。

珍珠，就是他一生的钟爱。每颗珍珠的诞生，都代表着一个凝聚着辛勤工作、耐心和爱的梦想的实现。经历多少挫折才能收获这颗果实？寄予多少希望才能最终赢得品质？温惠仁倾注在这梦想中的，是他的整个生命。

这就是一生都在不懈追求的温惠仁，一个出生在大溪地小岛，却注定要征服奢侈品世界的华商领袖！他用坚韧、果敢、智慧和诚信，书写了一个大写的传奇！華

冯焯衡

“爱出者爱返，福往者福来”，这是香港商界新星冯焯衡的生活信条和工作指南。在生活中，他把大部分时间留给了独居老人、脑痫症患者，因为爱心从不休假；在工作中，他创立了ESSERE集团，代理意大利进口橱柜及多个欧洲著名家居品牌，业务覆盖中国内地、香港和澳门。ESSERE集团义工队远近闻名，在中国香港、内地和东南亚地区开展了一系列慈善活动。

冯焯衡担任众多公职，包括清远市清新区政协委员、香港清远友好协进会副主席、香港清远市清新区同乡会名誉副会长、中西区文化艺术协会副主席、香港警务处禁毒领袖学院常务会董、中区街坊福利会名誉会长、香港伤健协会儿童基金会委员会会员、香港经贸商会会董、全国工商联房地产商会会员、香港长沙商会会董、新界总商会董事等。另外，冯焯衡亦获得2019年度“亚洲华人领袖奖”、2018年度“杰出人物奖”等殊荣。

关爱社会 向善而为 助力高质量发展

——ESSERE 集团创办人冯焯衡

“身为中华儿女，眼看香港回归祖国后，愈加繁荣及安定，感到十分自豪。今后亦会一直致力于两地的慈善、文化、商业及教育交流，尽一点绵薄之力。”

——冯焯衡

与新冠疫情赛跑 与独居老人“同心”

2020 年到 2022 年的新冠疫情三年，涌现出无数中国温情故事。作为香港公益慈善界的知名人物，冯焯衡本着光大香港社会“守望相助、和衷共济”的精神，恪守自己“关爱社会”的宏愿，发起了与疫情赛跑，为包括独居老人在内的有需要人士提供切实有效的帮助，共度危机，以安人心。

在香港新冠疫情暴发伊始，特区政府鼓励居家，而冯焯衡和他的团队却是少数“逆行者”。他在朋友圈写道：“（2 月 23 日）虽然疫情还在持续，但是每星期天的义工派发便当活动都是风雨不改的。”“（3 月 8 日）从 9 点开始到中午出席了两波义工服务活动——深水埗丽安邨独居老人第 36 次爱心派饭活动及免费派发防疫物资；香港单亲协会免费派发防疫物资。”

冯焯衡始终认为，新冠疫情可以拉开人们的距离，但绝不可能消灭人间温度，他要把自己的那份温度、那份爱心在第一时间送达有需要人士那里。

疫情当中，香港最紧缺的是口罩、消毒水、洗手液等防疫物资，特别是口罩，价格暴涨，一罩难求。冯焯衡设身处地地想：“肯定会有很多长者购买不到口罩，即使有渠道能买到，也负担不起这昂贵的费用，如此日常生活便大受影响。”于是，他带领团队把筹集口罩当作第一要务。“搜购阶段是最困难的，费了很多心思。”冯焯衡说。

受益强大的朋友圈，冯焯衡联络到一家符合规格的印度尼西亚口罩生产商及消毒用品生产商，百般周折才购得一批防疫物资。等到这些物资到港，他和同事们马上将口罩等物资派给了丽安邨的一众长者、单亲家庭以及脑痫症患者，同时还将部分清洁、抗病毒物资捐给了内地同胞。

冯焯衡说：“公益活动不同于工作，不能因为疫情而暂缓。特别是独居长者，疫情非但不会令他们生活上的无助减少，反而会增加，因此在这特殊时期，更应加倍关注、关怀他们。”

在为独居长者雪中送炭的同时，冯焯衡也为 ESSERE 集团的同仁们创造安全与健康的工作环境。如除了提供足够的口罩等防护物资给员工外，还提供蒸烤炉，鼓励同事自备午膳，减少传播风险；展厅利用直播平台，让大家足不出户便可了解行业最新信息，以响应国家呼吁，减少聚集等。

十数年践行初心宏愿 “关爱社会”写新篇

在新冠疫情中逆行，是冯焯衡十数年公益慈善行动的一个片段。早在 2000 年，冯焯衡就与慈善团体香港海景扶轮社结缘。

2012 年，冯焯衡创办了 ESSERE 集团，代理意大利进口橱柜、瑞士高端厨房电器及多个欧洲著名家居品牌，经营绩效显著，业务覆盖内地、香港和澳门。在事业蒸蒸日上之际，他个人积极践行公益慈善的举动也得到了公司团队的热烈响应，ESSERE 义工团队应运而生，其宗旨是“关爱社会”。

冯焯衡介绍说，“ESSERE 义工团队的出发点非常简单，即‘关爱社会’。人们常说，企业的成长离不开社会的哺育，成立这个义工队，一是希望反哺社会，为社会贡献一份 ESSERE 力量；二是传递爱心，帮助员工通过公益更好地认识社会、融入社会，为香港创建和谐社会出一份力。”

冯焯衡荣获 2019 年度“亚洲华人领袖奖”

2014 年，冯焯衡与扶轮社再一次相遇：“那一年，我加入了由林志杰博士于 1993 年一手创办的香港海景扶轮社，策划和组织过不少活动。”

拥有冯焯衡这样不忘初心宏愿的带头人，还拥有襄助公益慈善的义工队平台，冯焯衡和他的团队开展了持续多年、丰富多彩的慈善活动。

过去这些年，他参与并安排了多项颇具意义的服务，延续团队传统的工作，如支持社区慈善公益活动，到协青会、香港伤健协会、基督教励行会辖下的少年中心、老人院及康复院等多个机构及团体，关怀长者且向他们派送水果及日常用品。同时，他们还走出国门，探访菲律宾贫困儿童，向当地捐建学校。此外，还参加关于环保的“扶轮社第四地域植树日”、举办关于家庭融合的沿马鞍山海滨长廊 300 人慈善步行筹款、组织一年一度的中秋送暖活动、与青年协会合作同 12 位边缘青年一同参加“两日一夜历奇成长训练营”、出席“摘星计划”周年晚宴和到北京进行探访和交流等，惠及不同的群体，普及面广，形式多样。

另外，服务脑痫症患者的香港启迪会，是香港唯一一个关注脑痫症的、非医疗的慈善机构。冯焯衡也针对病患咨询医生，协办患者创作坊、电影慈善观影礼等不同的活动，提高社会对脑痫症的关注，从而支持更多受到脑痫症影响的人士，帮助改善他们的生活质量。这些公益活动既关怀了社会有需要人士，还让企业的凝聚力变得越来越强。

“多年来，我担任过许多不同的公职，也得到诸如 2018 年度‘杰出人物奖’、2019 年度‘亚洲华人领袖奖’等荣誉，但我最大的梦想是希望能感染和带动更多身边的人一齐加入公益事业，为香港增光添彩。”冯焯衡说。

目前，冯焯衡担任中西区文化艺术协会副主席、中区街坊福利会名誉会长、香港伤健协会儿童基金会委员会会员、香港启迪会会长（2020—2021 年度）、香港经贸商会会董、全国工商联房地产商会会员、香港交通安全队西区指挥官（2018—2020 年度）……

“现在我除了工作，其他时间都放在了服务社会方面。” 冯焯衡说。

做好高端橱柜品牌 助力高质量发展

1970 年出生的冯焯衡，对于公益慈善无比热心，反过来，这些公益慈善行动也助力他的事业百尺竿头更进一步。

冯焯衡说，他经历了香港回归、香港社会从乱到治等历史时期，也倍加珍惜香港的繁荣、稳定与和谐，并愿为此付出最大努力。

冯焯衡于 1994 年从加拿大多伦多大学毕业后回港发展，先从事建筑材料行业，后转行做进口橱柜。“建筑材料和家具、地板等，入行的要求不高，所以即使做得成功，也容易被别人模仿，缺乏强大的竞争力。要是做进口橱柜，因为本身就存在一定的难度，挑战性大，能与自己竞争的同行亦不多，所以最后我选择了做进口橱柜。”

这个选择曾受到 2003 年香港非典事件的冲击，并使冯焯衡蛰伏等待七年之久，最终于 2012 年卷土重来、大获成功。

冯焯衡带领 ESSERE 集团敏锐把握橱柜流行趋势，将意大利等欧洲高端橱柜品牌及时引入香港、澳门和内地。这对冯焯衡来说，考验的是眼光、品位以及管理能力；对于广大市民来说，这是美好生活的一部分。

经济、社会进入高质量发展新时代后，ESSERE 集团的事业版图和发展升级都迎来新机遇。冯焯衡说，未来 ESSERE 集团在巩固中国香港、中国澳门、华南地区的市场的同时，也会积极发展和开拓更多、更大的国内市场，以应对市场的多元特性。

在公益慈善和公司事业两条道路上稳健前行的冯焯衡，不仅在探索和创造人生新篇章，也是在为高质量发展寻找新道路、新办法。

2023 年，在纪念中国内地改革开放 45 周年之际，冯焯衡接受了“华商领袖”专访，以下为部分访问实录：

问：您的家庭为您奠定了怎样的根基与价值观？

答：在我年少时，香港正处在一个奋力爬坡期，为奔向“亚洲四小龙”之首而蓄力、努力着。由于我们家庭背景的关系，让我早在 20 世纪 80 年代便与内地有所接触和联系。正是这些特别的经历，令我对祖国有了一种强烈的归属感，迫切地希望香港能够尽快回到祖国母亲的怀抱。

问：在完成学业后，您起初从事过怎样的工作？从这些工作中，您学习或积累到哪些对您后来个人事业有益的要素？

答：在毕业后，我便投入了高端进口橱柜行业，至今已到达了第 27 个年头。感恩于香港为我们提供了广阔的事业发展天地，香港是一座承载着光荣与梦想的城市，是一块创新创业、成就事业的福地，更是一座能放飞和守护梦想的城市。

问：具体是哪一年，您创立现在的公司？您之所以会选择创立公司，是基于哪些原因？

答：我于 2012 年创办 ESSERE 生活色彩集团，作为华人，我想为中国贸易经济出一份力。同时在 2010 年，中国 GDP 总量达 6 万亿美元，超过日本成为世界第二大经济体。可见中国的经济增长速度急升，拥有巨大的人口和经济体量，较好的基础设施，稳定的社会环境，成为经济最强的发展中国家，可见中国市场的未来十分乐观。

问：开始阶段，您的公司销售哪些产品？收效如何？为赢得市场认可、建立知名度，您以哪些策略带领团队打开局面？

答：ESSERE 生活色彩集团于开始阶段，是意大利 Arclinea（艾可莉雅）橱柜香港及澳门总代理商，品牌以创新理念为空间解决方案，提升生活品质。由著名设计大师安东尼 · 奇特里奥 (Antonio Citterio) 亲自设计，秉持“一个哲学　一个理念”。当时为建立品牌知名度，更于香港中环都爹利街高档地理位置开设 Arclinea（艾可莉雅）橱柜展厅，打开市场知名度。

问：截至目前，您公司已拥有怎样的事业版图与团队规模？有哪些您想要分享的数据、最新动态？

答：稳定香港销售团队后，在 2017 年，我们正式进驻内地市场，成立“生活色彩厨房设备（深圳）

有限公司”，在广州星寰国际商业中心开设展厅，并在上海和广州设立办事处，未来公司会进一步深入、开拓内地市场，引进意大利顶端橱柜和欧洲软装装饰品牌。

问：相较于同行业者，您认为公司的差异化核心价值何在？哪些经典的项目或案例，奠定了公司的发展地位？

答：我们公司的核心价值在于关爱社会，除了商业性发展外，更注重社会发展。ESSERE 义工团队的出发点非常简单，即“关爱社会”。人们常说，企业的成长离不开社会的哺育，成立这个义工队，一是希望反哺社会，为社会贡献一份 ESSERE 力量；二是传递爱心，帮助员工通过公益更好地认识社会、融入社会，为香港创建和谐社会出一份力。秉承“关爱社会”的初心投身慈善公益，以 ESSERE 为平台，带领员工投身公益，以一个人带动一群人，从一个领域影响另一个领域。

问：一路走来，有没有一些时刻，是您感觉特别艰难的，或是面临空前挑战的？您如何应对，如何带领团队找到突破口？

答：香港回归祖国 26 年了，经历了风风雨雨，也经历了由乱到治的阶段。携手香港市民抗疫时，也因为病毒传播性强，导致一些义务工作受阻，然而，越是困难越向前，我们在疫情之下从未退缩过，反而时时走在前，积极抗疫。

问：对于您和公司而言，当下最重要的工作是什么？您为公司设定的短期目标与长期目标分别是什么？

答：对于内地市场销售部分，短期目标是希望稳定华南地区的市场，为客户提供高质量、个性化的整体厨房产品，利用创新的设计方案来打造优质生活，将创意和技术、美观和实用完美结合。对于长期的目标，我希望开拓更多的中国内地市场，同时希望中国经济进一步增长，奠定稳定的社会环境。

问：近几年，新冠疫情冲击全球经济，您如何看待整个市场的动荡变革，如何评估公司所在的行业前景？在您看来，有哪些利好因素，又有哪些危机与风险是需要提前防范的？

答：新冠疫情无疑对当前中国经济造成了深刻的影响。从零售餐饮、住宿旅游、交通运输等行业营收大幅下滑，到制造业、房地产、施工建筑等因人流、物流受限而复工复产缓慢，疫情给中国各个行业都带来了不同的挑战与机遇，而这些变化可能会深刻影响行业未来发展趋势和竞争格局。

而我们作为主要销售意大利进口橱柜贸易业务，同样在劳动力资源、原材料供应、物流运输等方面受到影响，当然这些都只是短期的影响，随着疫情逐步得到控制，这些因素很快就恢复常态。

在国家政策调控作用下和经过疫情防控，民

冯焯衡参加香港启迪会“某日某月”慈善观映礼

香港室内设计协会会长潘鸿彬向冯焯衡颁发感谢状

冯焯衡受邀担任香港警务处禁毒领袖学院常务会董

众会更加理解家居装修环保的重要性，从而产生新的消费需求升级。想要在同行业突围而出，便要在环保物料上着手，我们意大利厂商今年经过长期研究，推出了最新物料涂层——G COVER，这是一种创新的厨房木板饰面，通过引入这种新涂层，我们能够为珍贵矿物的回收作出贡献，否则这些矿物会被遗弃在垃圾场而一点点地流失。这些环保物料是新的未来趋势，为了让全球未来蓬勃发展，我们必须为原材料找到创新和可再生的应用，保护它们的存在并延长它们的生命周期。

问：商业之外，您是否还投身于一些社会事务或公益事业？您如何看待企业家肩负的社会责任？在平衡商业价值与社会价值二者间，您有哪些考虑？

答：我会带领公司团队积极参与公益事业，每逢节庆便组织社会活动，例如：定期探访少年中心、老人院、康复院及独居长者，为有需要的社群带来温暖，以践行“关爱社会”理念。在公司发展之余，亦努力反馈社会，ESSERE 生活色彩集团更于 2019 年有幸连续五年荣获“商界展关怀”嘉许状。

与此同时，我于 2014 年加入了慈善团体——香港海景扶轮社，积极参与地区公益活动，定期探访协康会、香港伤健协会、基督教励行会辖下的少年中心、老人院及康复院，将关怀及欢乐带给各位老人家及小朋友，期间更参与“摘星计划”，支持内地家境贫困学生升读大学。

为肩负社会责任，2015 年，我出任香港交通安全队副总队监一职；同年 5 月，更获香港警务处前处长邓炳强颁发的委任状。亲自到各区，向市民传递反毒驾、药驾和酒驾的信息，向儿童灌输正确交通安全知识。其后，我亦出任香港海景扶轮社社长和香港启迪会主席，支持小区慈善公益活动，探访菲律宾贫困儿童并捐建学校，及参与近期的慈善步行筹款和各项公益活动等。

身为中华民族的儿女，眼看香港回归祖国后，愈加繁荣及安定，感到十分自豪；今后亦会一直致力于两地的慈善、文化、商业及教育交流，尽一点绵薄之力。

问：请您描述一下，普通工作日的一天，您从早到晚是怎样的工作状态？如何分配您的时间？

答：时间分配十分重要，所谓“一日之计在于晨”，早上的确应该是我们精力最充沛的时刻，因为经过一个晚上的休息调整，状态应该达到最佳，所谓“好的开始是成功的一半”，对接下去一天要做的事情满怀希望和信心，过去的一天已经过去了，已经告一段落。就算有什么不顺心的事情也不要让它影响到我们的心情，今天又是崭新的一天，会有不一样的收获。在每个早晨醒来的时候都要给自己一个积极的心理暗示，对我们的工作和生活都有很大帮助的。

另外，每天早上我会看一看当天的行程，合理安排每项行程、利用好时间是非常重要的，一天的时间如果不好好规划一下，就会白白浪费掉，时间上的这种差别非常微妙，有时要过几十年才能看得出来。可是有时这种差别又很明显，被誉为“电话之父”的电话发明人亚历山大·贝尔就是个很好的例子，他在研制电话机时，其实有另一个叫格雷的人也在进行同样的试验（当然，这两人是互相不知道对方的）。两个人几乎同时获得了突破，只是贝尔到达专利局的时间比格雷早了两小时。因此，如果想成功，必须重视时间的价值。

冯焯衡出席慈善义卖会

再者，要善于利用零散时间，时间不可能集中，往往会出现很多零散时间。要珍惜并充分利用这些大大小小的零散时间，用来从事零碎的工作，从而最大限度地提高工作效率。

最后，除了工作之外，给家人留一点陪伴时间也很重要，维系和家人的关系这件事情，的确需要付出时间，并且这种付出是值得的。

问：时值中国改革开放 45 周年，自您投身商界伊始，您对于中国不断发展跃进的经济环境，有哪些真切的个人感受？您如何看待及评价中国在改革开放 45 年来所发生的变化？

答：改革开放后，中国全方位发展对外贸易，与世界上绝大多数国家和地区建立了贸易关系。贸易伙伴已经由 1978 年的几十个国家和地区发展到目前的 231 个国家和地区。欧盟、美国、东盟、日本、金砖国家等成为中国主要贸易伙伴。对外贸易与国内投资、消费一起，成为中国经济增长的三大引擎。

随着国家对房地产业精装房政策的推动，房屋全装修时代已经到来，精装房将成为以后房屋交易的主要趋势，这对家装行业会造成很大的影响。这是一个非常重要的机会和转折点，也为橱柜的销售铺就一条重要的渠道。目前，大多数家居企业在生产销售橱柜的同时，开始将重心逐渐向定制精装和个性软装迁移，这主要是为了迎合消费者个性化和定制化的需求。家居企业通过全屋定制，能够提高橱柜的营收，在满足客户需求的同时也能扩大自身知名度，从而间接提高企业的整体营收和净利润。

另外在“一带一路”倡议的推动下，引进来与走出去成为常态，国家产能合作突破文化藩篱，为我国橱柜行业发展带来了难得的机遇。一方面，“一带一路”增加了我国橱柜产品出口销量；另一方面，国家大力推进“一带一路”，为橱柜家居企业提供了优越的发展环境，同时促进了橱柜家具类行业的转型升级。

问：在中华民族伟大复兴的时代背景下，您对于中国未来的经济走势、产业机会、投资机会等，有怎样的个人分析？

答：未来中国经济走势将呈现良好态势，自 2001 年加入世界贸易组织以来，中国对全球价值链的贡献度逐步提升。过去几十年间，中国在全球价值链中发挥着非常关键的作用。

中国是全世界唯一拥有联合国产业分类中全部工业门类的国家，220 多种工业产品产量居世界首位。2022 年，全部工业增加值突破 40 万亿元大关，占 GDP 比重达 33.2%。我相信未来中国经济韧性强、潜力足、回旋余地大，长期向好的基本面不会改变。華

张新彬

张新彬一手创立的“名策”，致力于成为协助企业迈向成功的策略专家。

作为全领域财税服务的先行者，名策以香港为基点，历时33年，从运营工商注册、代理记账等单一业务的小公司起步，逐步成长为面向中国和亚太区跨境企业提供一站式定制化企业管理、财务专业咨询服务的综合性、全品类财税服务公司，并在此过程中为中国财税服务标准化升级贡献了坚实力量。

“名”智而行 决“策”制胜

——香港名策集团董事长张新彬

人称“企业医生”的张新彬，很强调“上场时间”。

他常说，企业医生的主要职能，并非在企业生病后才出手介入，而是通过分析财务数据与经营情况，预测企业存在的深层风险，开方诊疗，并且对于潜伏或正在暴发的病症，保持高度觉察、细心求证与正确研判。

植根与布局

对于张新彬而言，成为一名“企业医生”的最初动因，是成就感。

20世纪80年代，自英国大学理工科毕业后，张新彬的第一份工作，是效力于香港理工学院，半年后，他又转去一家外资银行，但始终感觉不太适合自己。1987年，机缘巧合下他进入一家会计师事务所实习，帮助香港地区及海外客户处理涉港事务，自此开启了财税行业生涯。

“那是一段令人充满成就感的时光。在财税行业奋斗了一段时间后，我发现除了可以赚钱之外，这份工作还可以帮助客户创业，并辅助他们做好后续的经营操作及税务合规等事宜。人生第一次，我觉得自己找到了真正的事业方向。”张新彬回忆说。

1990年，致力于深耕财税行业的张新彬，在香港创立了“名策管理顾问行”，以财税代理作为切入点，拓展创业服务生态链。“起步阶段，我们服务的客户，除了少量的香港本地企业外，主要面对境外有涉港业务需求的客户。彼时，香港凭借电子工业、金融业和商业的成功转型，跻身亚洲四小龙之一，加之沿海城市天然的地域优势，使香港自带‘背靠祖国、面向世界’的投资光环。基于此，名策在拓展业务的初始阶段，就依托于香港的‘肥沃土壤’，将主攻目标对准了境外市场。”张新彬说。

与传统意义上的企业创始人不同，掌舵名策的张新彬，并没有在接下来的时间里，全情投入于个人公司的运营。相反，有感于财税行业知识渊博的他，在此后近20年间，仅将名策作为“兼职”，而将更多精力投注于作为“雇佣方”的外部企业。

“第一个十年，我进入一家房地产公司，主管财务部门。这家房地产公司旗下，拥有商场、酒店、仓库和服务式公寓，我借此熟练掌握了房地产业务流程以及物业管理知识。其后，我受雇于一家私募基金公司，担任财务总监，管理投资在澳门的超过40亿港元的房地产项目。此外，我还在一家餐饮上市公司担任过高级会计经理，管理超过40家开设于香港和上海的餐厅。”张新彬表示，所有这些，都是珍贵而扎实的历练，获益匪浅。

2012年，完成知识储备“原始积累”的张新彬，决意重整事业重心，成立名策专业商务有限公司(Lion Consulting, Limited)，将名策的业务由一般公司注册、专业会计、税务服务、营运管理等扩展至商业估值及上市前期策划等，同时以股份制形式吸纳新的投资人，将负债风险降至最低。

名策推崇的“企业医生”理念，亦由此而生。

"当时的名策，服务内容已经细致地涵盖了一家公司近乎所有的营运、财务需求，致力于为多元领域的企业提供全方位的专业意见，相当于一位助力企业健康良性成长的'企业医生'。然而一个迫切需要解决的问题在于，除去以往的客户之外，新客户的积累似乎陷入瓶颈。"张新彬的目光，随即瞄向广阔的中国内地市场。

2014 年下半年，名策正式启动布局内地。

张新彬在公司办公室

同年 9 月，时任国务院总理李克强在天津夏季达沃斯论坛上，提出"大众创业，万众创新"，"双创"一词瞬时大热，由此激发中国新一轮创业热潮不断发酵。数据显示，当时中国每分钟诞生 8 家新公司，创业企业数量及增速稳居全球第一，各路孵化器、创投基金亦闻风全势而动。"记账报税是企业的刚需，对于初创型的中小微企业来说，代理记账作为一种基础性的会计解决方案，尤为便捷。这恰恰是名策的专长，我们便以此作为叩开内地市场大门的切入点。"张新彬说。

事情并没有预想中顺利。

一连几个月，张新彬马不停蹄拜访了深圳、广州、上海的几家财税代理公司和会计师事务所，均未得到任何业务合作的机会。"当时真的有些焦虑，市场明明大有天地，却没人看到我们。直到 2015 年初，有一家代理找到名策合作，帮他们的客户处理香港公司税务和审计业务。机缘巧合下，我被添加进企业服务相关业务的 QQ 群，以个人所学所知，免费为大家解答涉港税务及贸易政策。"凭借极高的专业度，张新彬在群内人气飙升，由此得到一批内地企业主的信赖与赏识，正式带领名策挺进内地市场。

时值粤港澳大湾区在"十三五"规划政策红利的加持下，生机勃发。张新彬带领名策，以植根香港、面向全球的执业背景为优势，积极协助中国内地，特别是大湾区企业进入国际市场，同时协助境外企业进入中国投资。"我本人十分看好粤港澳大湾区的发展。大湾区是中国建设世界级城市群和参与全球竞争的重要空间载体，尤以香港、澳门、广州、深圳四大中心城市作为区域发展的核心引擎。根据统计，大湾区年度 GDP 已超过 10 万亿元人民币，区内包含大量高端制造、金融服务等领域的优质企业，整个市场商机无限。"

特别是，许多创业公司和跨国公司的实际需求，已经从简单的代理记账升级为精细化财税服务。基于此，名策逐渐转型成为面向国内和亚太区跨境企业提供一站式定制化企业管理、财务专业咨询服务的综合性、全品类财税服务公司，并在此过程中，培养和提升了众多企业的财务认知水平、纳税意识，为中国财税服务标准化升级贡献了坚实力量，亦成为国内最早探索全领域财税服务的"先头兵"。

随着业务体量的不断扩充，2016 年，张新彬在新加坡成立了名策分公司，并于 2017 年正式落脚内地，成立了名策专业商务（深圳）有限公司，同年又分别在广州、上海设立了办事处。

"业务量增加得比想象中更快！"张新彬表示，2015 年，名策曾经在深圳彭年广场的一家国际商务中心租用了一间 12 平方米的办公室，2016 年搬去嘉里中心的一间 80 平方米的办公室，2017 年，则搬去地王大厦 61 楼的一间 250 平方米的办公室。2019 年底，名策专业商务（深圳）有限公司成功入选为"品牌强国示范工程财税行业优选成员单位"，在国家级平台向公众展示良好的品牌形象。

在张新彬看来，名策香港总部，是兼具全球化视野的"核心阵地"；新加坡分公司是对接整个亚太市场的"根据地"；深圳分公司及广州、上海的办事处，则是响应粤港澳大湾区发展政策、"一带一路"倡议的"发力点"。

张新彬（左）荣获 CORPHUB 颁发的“香港最优秀企业大奖”

作为全领域财税服务的先行者，名策的业务范畴包括：为国内和跨境客户提供定制化业务咨询；中国内地、香港地区和国际财务报告服务；审计和鉴证服务；跨境税务服务；企业管理咨询；流程管理；国际上市咨询；人力资源和薪资服务；信托和授信服务；等等。客户类别涉及航空、进出口贸易、教育、非政府组织、餐饮业、专业服务业、金融业、零售业、物流服务业、信息技术业、珠宝业、物业代理及投资控股集团等。

截至 2019 年，名策已拥有香港会计师事务所、香港信托或公司服务提供商牌照、新加坡注册申报代理（企业服务提供商）牌照，以及新加坡特许会计师事务所。2021 年 5 月，张新彬取得港澳涉税专业人士在深圳前海执业资格，并于同年 7 月设立了全国第三家深港合资联营的名策高顿税务师事务所，持续优化专业的跨境财税服务。2022 年 5 月更取得英国税务及海关总署的注册税务代理资格。

秉承客观诚信的服务精神，以及最高专业和商业道德的责任感，名策自创立至今载誉不断，荣膺多项专业资质认证及行业嘉奖，包括：香港税务学会认可的培训“特许税务师 Chartered Tax Advisers 雇主”、国际会计师公会（Association of International Accountants—Approved Training Office）认可雇主、澳大利亚注册会计师（CPA Australia—Global Recognized Employer Partner）全球认可雇主，以及香港劳工署“好雇主约章”签署机构之一、香港中小企业总商会举办的“友商有良”嘉许、香港强制性公积金计划管理局举办的“积金好雇主”嘉许、香港最优秀企业大奖、大湾区专业商务服务大奖、英国律师月刊年度香港地区公司注册服务大奖、最佳企业管理服务奖、中小企奋斗精神奖及香港著名品牌等奖项。

价值与作为

深耕财税行业 36 年的张新彬，人称“企业医生”。

用他的话说，企业医生的主要职能，并非在企业生病后才出手介入，而是通过分析财务数据与经营情况，预测企业存在的深层风险，开方诊疗。

这是一份充满挑战性的工作，因为没有固定模板与常规流程，企业潜伏或正在暴发的病症又千变万化，需要执业者时刻保持对细节的高度觉察、细心求证与正确研判。

曾经有一回，张新彬发现一家餐厅某个月的水费暴增，他本能地感觉数字非常可疑，于是进行了仔细核查，最终发现是水表损坏，会不断自动跳表。他立即向企业汇报了情况，及时挽回了损失。“饮食行业的成本控制至关重要，实时监控财务数据，见微知著，及时找出未被察觉的意外情况，是我们的价值所在。”

再如，“企业医生”服务制造业工厂时，一定要监控生产链上所有的物料数量，万不可待发现不足时才启动订货。因为万一下游供应商也出现缺货，将直接导致工厂无法按时出货，不仅面临合同违约还面临相应赔偿。

“特别是企业在跨境经营时，很难精准跟进。以涉港业务为例，名策会帮助境外企业进行监察、内部审核，如仓库存量、店铺支出及收入等，还可处理公司招聘、申请劳工保险、强积金户口及税务问题，并实时监测每一环的步骤有否依据总部企业的政策而行。”张新彬说。

他特别强调的一点是，“经验主义”在跨境财税的问题解决上几乎是行不通的。

“不同行业的工序流程不一样，即便是相似的

2019 年 4 月，张新彬荣获“2019 大中华杰出青年企业家大奖”

2019 年 4 月，在“2019 大中华杰出青年企业家大奖”颁奖晚宴上，张新彬（右）与香港特区政府商务及经济发展局副局长陈百里亲切交流并合影

行业，亦不能用同样的对策和解决办法。所谓工欲善其事，必先利其器，财税知识匹配本土化规则，是帮助客户制定全面可行方案的重要基础。尤其涉及跨境业务，会更具复杂性和挑战性。”张新彬说。

一个有关香港离岸收入豁免的申请个案，令他记忆犹新。

“有不少人认为，自己公司的业务如果不在香港本地操作，即可视为离岸收入，这样可以免缴香港利得税。因为香港采用地域来源原则征税，即只有源自香港的利润才须在香港课税，而源自其他地方的利润则无须在香港缴纳利得税。这项原则本身非常清晰明确，但在实际应用上，要用很多文件来举证，税务局才会接受为离岸收入。”张新彬回忆说，曾有一位内地客户申明自己在香港公司的收入是源自其他地方，税务局向其发出了一份有 30 多条问题的问卷，要求提供相关信息和文件。客户认为只是例行流程，就简单回复下，哪知很快便陷入困局。

税务局当即要求这位客户，购买一份 28 万元的储税券。储税券类似定期存款证，目的是确保纳税人在不能获得离岸收入豁免时，可以缴纳税款。客户见状非常心急，于是委任名策协助处理。

张新彬花了两周时间，全盘了解了客户的业务操作和文件流程，然后重新向税务局进行回复，纠正偏差，补齐错漏。大概半年后，税务局发信同意让客户取回当时购买的 28 万港元储税券和利息，客户非常开心。又过了半年，税务局回复同意批准客户离岸收入豁免的申请，整件事终得圆满。

为进一步强化名策的本土化作业能力，张新彬目前的团队成员，都是由中国香港、中国内地、英国、澳大利亚及新加坡的注册会计师、注册税务师、执业律师、企业秘书、企业评估师和持有证监会执照的专业人员组成。他们不仅能用流利的英语、法语、普通话、粤语、闽南语和马来语与客户沟通，还能高效协助客户拓展地域化的跨国业务和投资项目。

回顾创业后最难的日子，张新彬坦言，当属 2020 年初新冠疫情暴发之时。

“起初半年，名策几乎没有任何业务收入，但地王大厦的办公室租金、员工工资等还是要支付，就算跟业主协商，也只允许延迟 2 周交租，且不能减少金额。疫情前最旺的时候，我们深圳的办公室面积有 470 平方米，不得已，另找了一间位于彭年广场250平方米的办公室，租金压力减轻了一半。香港公司也被迫放弃了2019年新租的整层楼，提前解约损失了40多万港元押金。然而万分幸运的是，我们有一班很好的员工，当中许多人都是创业之初就加入公司的元老，我们共同努力，终于找到突破口，将业绩做了回来，渡过了难关！”提及当时种种，张新彬感慨良多。

自救的利器，是他全力布局的“云端互联网+财税升级系统”。

事实上，自2016年起，名策已开始使用云端储存系统连接国内和境外公司，实现实时文档储存管理。2019年，张新彬带领团队通过申请香港特区政府的科技券资助，研发了一套企业客服系统和APP，令名策客户可以随时随地在手机或平板上查看公司信息和邮件，同时可以下载公司注册文件。“我们还准备把这套系统推向市场，目标客户包括秘书公司、会计师事务所、律师事务所，以及诸多子公司的上市公司等。”

除此之外，名策于2020年启动研发了一套云端审计系统，除可以提升审计的质量和完整性外，当审计员在外地出差时，可以随时登录系统完成审计工作，公司的合伙人亦可以实现查看审计员的工作底稿。“这套系统也申请了香港特区政府的科技券，2022年5月，香港创新科技署也批准了我们的申请，后续进展值得期待。”

危机亦是转机，张新彬印证了这句话。

责任感与公益心

除身兼数职外，在名策内部，张新彬还是一名财税培训导师。

多年来，名策培养了一大批专业财会人员，包括：香港特许税务师、香港执业会计师、国际会计师、英国特许会计师、英国特许管理会计师、新加坡特许会计师、澳大利亚注册会计师、内部审计师、特许仲裁师、商业估值师、知识产权专家、移民顾问专家和香港证券及期货事务监察委员会发出的牌照持有人士等。

“具体到我本人，我主要教授税务、审计、会计、内控内审、公司秘书和相关法规。我推崇互动交流方式，每个星期安排学员到不同公司及岗位实习，帮助他们通过实战案例学习相关知识。与此同时，我还鼓励青年学员发挥立足香港的地域优势，结合国际环境，积极融入国家的‘十三五’规划及‘一带一路’倡议。”张新彬表示，除强调技能培训与视野拓展之外，名策亦十分看重学员的操守品德，坚守创业初心。

必须正视的一点是，良莠不齐的从业人员素质，令外界长久以来一直对财税行业褒贬不一。对于张新彬来说，名策的跨境业务又增加了一个砝码，更需要树立口碑，需要从业人员恪守法律法规。特别是如今的市场鱼龙混杂，一些专业度不够的代账公司或个人代账，打着各种低价、免费的噱头，甚至在没有代理记账资质许可的前提下，胡乱操作。他们不仅无法为委托单位提供财务咨询、会计核算、税收筹划等全方位的服务，更糟糕的是助推企业主滋生不缴税或少缴税的侥幸心理，极易让缺乏财税意识的创业者被低价套路带入歧途。

“随着国家对企业的监管越来越严格，以及企业规范意识的不断提高，财税相关企业的管理与服务走向规范化、标准化已成为必然趋势。名策深感责任重大，特别对于公司涵盖的跨境财税、信托上市、公司注册和清盘等业务范畴，我们确保服务人员必须是综合评定中择优选拔的，具备过硬的业务素质、优秀的语言能力，以及高尚的职业操守。”张新彬说。

在管理好名策日常业务的同时，他亦十分热心社区的慈善公益事业。

新冠疫情期间，名策通过《香港商报》及专业团体，积极向中国内地及香港地区的社群捐赠口罩等防疫物资，同时与商会合作，为中学及大专院校的学生提供工作实践机会。不仅如此，在企业内部，名策一直采用以雇员为本的良好人事管理理念，并制定家庭友善的雇佣政策，令雇员可以同时兼顾工作与家庭，从而对公司更有归属感。此外，张新彬还鼓励公司聘用少数民族人士及退休人士，希望尽己所能，创造更多的就业机会，提升员工就业幸福感。

追溯起来，张新彬的慈善理念，萌芽于中学时代。“当时，我参与了红十字会的制服团队，亦常留意有需要帮助的机构。我常写计划书向红十字会申请经费，又与其他制服团队合作，组织探访老人院等。最难忘的是帮助当时位于启德的封闭式越南难民营，亲眼看见了难民的生存状态后，我开始思考如何帮他们改善生活，于是撰写了一份计划书，为营内的小朋友申请游戏设施、摊位娱乐等。”

张新彬坦言，正是过往这些公益慈善活动的经历，使他有机会看到不同阶层人的生活方式，锻炼了自己待人处事的能力，亦萌发出更多正念去帮助别人。更重要的是，在策划每一次公益慈善活动时，相关的资金运用、人手安排、活动内容考量等，都需要反复计算斟酌，由此修炼出的缜密性、全局观，成就了如今事业上“企业医生”的担当。

“名策的目标，是成为亚太地区跨境客户最值得信赖的专业财税服务提供商。”为实现这个目标，张新彬每天早上 8 点多就赶到公司，一般要连续工作 12 小时才下班。“工作状态是有点紧张，因为要看的不但是客户文件，还要照顾员工的各项事宜，帮他们解决问题，还有约见客户上门开会等，所以我每天都会把事情按照轻重缓急排序，然后一件件做好才走。偶尔的闲暇时光，我喜欢去做健身运动，也喜欢去餐厅享受美食，到处逛逛，把紧张工作的心情放松下来，然后再以充沛的状态投入新的工作。”

张新彬荣获“卓越创新企业大奖 2020”

张新彬荣获“大湾区最具潜力大奖”，并发表获奖感言

谈及对于后辈年轻人的职业建议，张新彬最常说的一句话是：要肯于付出。“你想得到某种东西，一定要先付出。我当年刚步入社会工作的时候，什么打杂的活都干，我一直相信做得越多，学到的就越多，最终的报偿也会越多。”

怀着这种理念，执业 36 年来，张新彬除了是一位工商管理博士和企业治理博士后研究员，他也持有厚厚的一摞专业协会、学会的资质认证，当中包括：香港会计师公会、香港会计师公会重组与破产专项学会、香港会计师公会税务专项学会、香港华人会计师公会、香港税务学会、香港华人内部审计师公会、香港证券及投资学会、香港环境师学会、中国总会计师协会、英国国际会计师公会、英国注册财务会计师公会、英国注册会计师公会、英国特许证券及投资学会、澳大利亚公共会计师公会、美国内部审计师协会、美国特许诈骗审查师协会、美国公认反洗钱师协会、国际破产从业协会、国际合规协会等专业会员资格。

“奋斗的过程一定很辛苦，不过，只有辛苦得来的东西，才能帮助你建立竞争优势。一定要让客户看到你与众不同的地方，不要企图走捷径，要顺着心中的大路执着付出。”在张新彬心里，这条路的前方有光，且光芒万丈。華

徐珊雯

宁波、上海、香港……一如众多在香港发迹并获享美誉的宁波商人的人生足迹，祖父与父亲的奋斗历程，使徐珊雯在耳濡目染中获得了“巾帼不让须眉”的商业勇气与智慧，开山劈石经历三番创新事业，悦纳创新异见，凝聚精英团队共识，终于铸就时尚与钟表业界不凡商业领袖。曾为香港钟表业总会的首位女性会董、副主席和多个慈善团体的中坚分子，她积极参与社会及公益事项，尽心贡献于业界及社会，在参与实践中帮助业界及他人共同前进。

时尚先锋 品牌驭手

——格林控股有限公司创办人徐珊雯

20 世纪 60 年代，徐珊雯（Tsui San Man，Elise）出生在一个美满的小康家庭，父母是来自上海的宁波人，并在早期定居香港。因为家中有三个哥哥，作为第一个女儿的她，备受家人的疼爱，亦被视为掌上明珠。

徐珊雯的祖父是宁波著名的“红帮裁缝”，洋服制衣界的大师，名下曾拥有 20 多家洋服店。徐珊雯遗传了爷爷的优良基因，拥有对时尚与美感的天赋，这一点为她后来的事业发展奠定了坚实的基础。徐珊雯的父亲亦受到祖父的影响，在香港开办了自己的洋服店，并有个小工厂，生意稳定，家庭生活幸福。当时的香港是一个发展中城市，大家的生活条件都差不多，没有过度的富裕也不至于贫穷，社会和谐简单。

徐珊雯年轻时候在教会长大，住家附近有一个浸信会教堂，这里是她儿时最常去的地方。做人要有使命感，行公义，好怜悯，宽容他人，待人真心有爱心，尽自己本分把事情做到最好，只求付出不计回报……这些在教会中学到的道理影响了徐珊雯的一生。而父亲从小教导的家训“人贵自重”，更是徐珊雯做人的座右铭。

独闯江湖凭天赋

20 世纪 70 年代，人们的想法很简单：从小在英文学校读书，努力读书、考上好的大学，到社会闯一番事业。徐珊雯也不例外，考上当年的香港浸会学院（现香港浸会大学）。起初她的愿望是当警察，为社会服务，但她是家中的掌上明珠，父母担心工作危险，大不赞成。后来她也想过当律师，但却年少气盛，在大学期间因个人原因放弃学业，选择到东南亚游历。

对于徐珊雯来说，这是她生活中的第一次挑战。好在这样的挑战似乎对她并没有构成太大的压力。在游历的过程中，徐珊雯在中国台湾、新加坡、马来西亚、菲律宾做着时装广告行业的相关工作。20 世纪 80 年代的菲律宾正处于时尚行业蓬勃之际，不管在推广上还是造型上都做得相当出色，菲律宾时装和模特儿在欧洲也很有名气。徐珊雯在此番工作游历中受益良多。

1988 年，徐珊雯返回香港，凭借自己在游历中所取得的经验，选择从事时装市场推广行业。驾轻就熟的工作自然做得有声有色，当年公司取得香港华润公司的合约，主办了在香港举行的“中国第一届时装展”，后更被邀请到广州举行的“中国第一届模特大赛”，作为大会统筹总经理成为徐珊雯难忘并自豪的一段职场经历。

时尚无国界，时尚更不止于时装。在时装界奋斗了 5 年后的 1990 年，徐珊雯转行加入了 Advance Watch Co Ltd（后改名为 Geneva Watch Group）。在此工作的前十年，她从品牌主管晋升到亚洲采购副总裁，之后公司通过收购合并，成为美国五大钟表进口商之一，她更被任命为亚洲市场的董事总经理。凭着对公司的贡献和诚信，她成为首位进入美国钟表界管理层的中国香港女性高级行政人员（Management on Board），也第一个将时尚手表大众化并带进沃尔玛、凯玛特及塔吉特等大型超市百货公司，且连续多年协助美国公司拿

香港特区政府财政司司长陈茂波颁授感谢状予徐珊雯，表彰徐珊雯为业界作出的贡献

到优秀供应商奖。

这些成绩的取得并非一蹴而就。最初，公司的产品只有单一的电子跳字表，作为第一位被聘请进时装表部门的行政人员，徐珊雯帮公司做开路先锋，将时尚元素融入手表中，并不断地帮公司开拓产品市场。在开拓内地市场时，她获得了知名品牌金利来的手表授权，成功开拓内地市场，亦协助美国总公司的产品市场化，全球每年的营业额达到数十亿美元。

随着业绩不断增长，公司对她这十多年来缔造的佳绩、廉洁公正和做事公开透明的处事作风予以高度赞赏。因工作出色，公司多次对徐珊雯委以重任，增加她的管理范畴和责任。不过一向喜欢挑战自我、求新求变的徐珊雯，在工作的第十四个年头，做出人生另一个决定，毅然提交辞呈。在徐珊雯心里，新的创业蓝图已经了然在胸。

再三创业成翘楚

徐珊雯是事业家庭两得意。丈夫是钟表制造的实业家，热爱水上运动，20 世纪 90 年代初就拥有游艇，生活富裕，对徐珊雯更爱护有加，他不想埋没她的才干，非常支持徐珊雯创业。

2004 年，徐珊雯创办了格林控股有限公司开始第二次创业。该公司取得了闻名全球的篮球联盟 NBA 的钟表授权。

在此期间，徐珊雯带领自己的设计团队开发了一系列的 NBA 手表，这些手表不仅符合 NBA 的运动风格，设计的款式还满足了 NBA 粉丝们对时尚生活化的向往，达到了他们对手表舒适度和耐用性等方面的追求。同样，当 2006 年初公司决定将 NBA 手表推进内地市场时，也是在她的带领下，短短一年时间里就成功打开了北京、上海、西安、福州及东北地区的市场，这个结果令人满意并且振奋人心。此后，她还成功地将 NBA 品牌产品延展到俄罗斯、中东以及南美地区。

2008 年，徐珊雯夫妇为了到澳大利亚陪伴在那边读书的小女儿，出售部分生意。因为年轻时忙于事业，夫妻不想再错过陪伴孩子成长的机会。那段时间，她远程控制公司的运作，每年都会抽空回香港数次解决公司事务并探望父母家人，每一次回来，她都能感觉到香港的市场慢慢发生变化。

2013 年，徐珊雯投资入股法国生活时尚品牌 Wize&Ope，该品牌于 2008 年创立于法国巴黎，专注于为青少年和拥有年轻心态的成年人设计以手表为主打的旗舰产品，该品牌之后逐步推出新的产品：墨镜、耳机、服装、帽子、包包、鞋子及玩具等。Wize&Ope 的业务主力在美国、欧洲、南美等国家和地区。

成功由品牌代理转型为拥有人，其实是经验积累的业务升级。徐珊雯说，在经营多年的代理业务后，他们对授权业了解不少，例如授权业第一大国的美国，原来所有大品牌都习惯把授权产品细分，所以授权合约中的条款，会列存不少细节，需要特别留心。“这些经验，让我们知道如何跟被授权商磋商细节，从而达成互惠互利的合作方案。”

至于合作机缘，徐珊雯介绍，“每年香港贸发局举行香港钟表展，我们均设有展位，经友人介绍认识了同场参展的 Wize&Ope 创办人，因而促成了双方的业务合作。由于该品牌的业务发展理想，所以锐意寻找亚洲伙伴，涉足其他产品领域；格林则累积了多年授权经验，想试当品牌拥有人，从另一个方向发展授权业务”，所以双方一拍即合，格林控股 Wize&Ope，开发亚洲供应链，并发展多元化业务。

2014 年，徐珊雯正式回到香港。她洞悉先机，艺术品牌可以融入生活。2015 年，她取得了荷兰后印象派艺术家梵高（Van Gogh）时钟的官方授权，小试牛刀。这个品牌是以西方艺术史上最著名和最具影响力的后印象派大师梵高命名的品牌。受到梵高作品的启发，徐珊雯的脑海中萌发了一个前所未有的想法：将两种艺术合二为一，选定梵高的著作

徐珊雯获香港贸发局邀请为“成都品牌授权研讨会”演讲

与欧洲高级机械时钟进行衔接，通过优质的 3D 印刷技术将作品在钟面及玻璃上呈现出来，创作出“梵高 · 高级精品时钟 · 隽永时光”全球限量收藏系列产品。

得到了梵高艺术博物馆的支持，这个系列产品于 2016 年 5 月在香港海港城惊艳亮相，观展者好评如潮。接下来，徐珊雯计划将这个时钟品牌带进内地，她相信内地市场对高级艺术时钟有很大的需求。在这个领域，她能探索更多，走得更远。除了梵高的作品，2017 年徐珊雯还拿到了莫奈和毕加索复刻画作的授权，丰富了艺术手表和时钟的产品，让欣赏印象派画作的消费者有更多的选择，让艺术走进生活。

2016 年，凭借对时尚和钟表业的热爱，她投资入股了法国品牌 Guy Laroche 手表公司 Cheerful Global Marketing Ltd.。实际上，了解钟表行业进程的人都知道，这个阶段的钟表业前景并不理想，但拥有多年做手表行业的经验让她充满自信，愿意接受挑战。这是徐珊雯的第三次创业。徐珊雯成为 Cheerful Global Marketing Ltd. 的主要股东并被委任为公司总裁。该公司拥有著名法国品牌 Guy Laroche 钟表产品的全球授权，销售点遍布世界各地。在这一位置上，徐珊雯的目标是通过自己的专业、经验和审美去设计和制造出更优质的手表，将 Guy Laroche 钟表带到全球各地。如今 Guy Laroche 手表已拥有超过 500 个销售点，分布世界各地，并不断增长。她更签下 Guy Laroche 珠宝首饰大中华区的许可协议。

面对公司投资业务和产品多元化增长，无论授权品牌钟表及其副产品、钻石、珠宝手表，时尚专业运动钟表，还是其他的国外商业化投资，徐珊雯都展现了独当一面的才干。可以说，她在麾下公司的业务多元化拓展方面起着举足轻重的作用。从单向的 OEM/ODM 业务扩展至品牌营销和分销、业务战略构建和授权经营，现在更探索延伸到电子营销和 O2O 领域，这些都促进了公司为全球客户提供更加全方位的一站式服务。

品牌运作有秘笈

心有多大，舞台就有多大。徐珊雯的人生里程碑已然展现了她不凡的成就。

作为知名授权品牌及市场管理的佼佼者，徐珊雯的专业经历包括：在手表行业累积了长达 20 多年的实战经验，专长于品牌和授权产品的经营及策略管理、市场开发及趋势分析、产品规划及采购、OEM/ODM 的市场和营销等，这些经验促进了她在手表领域的发展并获得了成功；作为行业的先锋，她在品牌和授权产品领域的思维及丰富履历，令品牌及产品的优势在市场上发挥得淋漓尽致，提升了品牌价值、认可度和品牌知名度，并为市场探索出一个又一个新的领域。

多年的专业积累也让徐珊雯收获了满满的信任以及与此匹配的行业地位。2013 年，香港贸易发展局钟表业总会邀请她担任联名主席，后来亦被邀请为钟表业顾问委员会委员和市场推广及授权顾问委员会委员；同时被邀请加入香港特区政府商务及经济发展局旗下的专业时尚咨询委员会做委员，在她提供咨询期间，委员会成功获得香港特区政府高达 5 亿港元拨款对设计创新业界进行资助。

徐珊雯亦多次受国内外机构邀请做演讲，2016 年她分别在中国成都及马来西亚首都吉隆坡的品牌授权研讨会担任嘉宾，演讲过程中，她将自己多年的品牌授权及管理经验进行分享，希望自己的经验可以给大家带来帮助。对于自己做品牌的心得，徐珊雯强调，由于现在香港和内地产能过剩，多数生产商不知道如何将自己的产品销往国外市场，她认为“怎样去包装品牌和销售是一门学问，每个产品都有自己的特性和销售渠道，要有目标地选择合适的渠道让产品畅销”。

毋庸置疑，徐珊雯目前已经拥有了相当优秀的品牌运作能力，而这来源于她娴熟的管理水平。在她心目中，核心的管理哲学就是建立团队，互相信任，不断沟通。她认为拥有一个好的团队是公司成功的重要因素，她受到美国公司开放管理的作风熏陶，采用扁平环勾化管理，让企业的决策和操作层之间的环节尽量减少，这样一个富有弹性的新型管理模式，可以摒弃传统的金字塔状企业管理模式中诸多难以解决的问题和矛盾。“现今科学技术发达，信息传达快捷，很多事情也可以通过电子邮件和电话等途径解决。这一点可以让产品拥有的优势和出现的问题直接向决策层报告，以得到快速的解决。”

徐珊雯为人真诚率直，不拘小节，做事公开透明，所以在建立团队方面，除了要求团队成员相互信任，亦鼓励团队成员大胆假设，中肯评论，在实际运作中还会进行客观分析，并在后期做出正确持平的决定。一如她的管理金句：“客观的分析，主观的判断”。她不怕公司或者团队的任何一个项目出现问题，最重要的是能及时地处理和尽快地解决，她相信最好的管理方法是可以减少或避免问题发生。

“在商界滚打多年，我非常感激很多前辈给予机会。我深信，必须保持思想开明，勇于尝试，才能好好把握宝贵的机会，从而获得成功。无论有多少困难，都要相信自己可以克服挑战。当然，诚信和勤奋亦相当重要。”在回答媒体有关成功之道时，徐珊雯曾作如是表述。

亲力帮带慈善路

香港是徐珊雯的家，是她成长的沃土。在忙于工作的同时，徐珊雯不曾忘记积极参与公益活动回馈社会，也关注社会上的青少年就业和老人的养老问题。

2004 年，徐珊雯被推荐成为香港钟表业总会的董事，亦是钟表界首位女性会董，得到钟表业前辈们的提携，她积极参与了各项推动钟表业的活动，出钱出力，且于 2013—2016 年连任该会的副主席。徐珊雯凭着一腔热诚回馈业界的热情，在致力于推动香港钟表业发展的同时，大力捐资当年新成立的香港钟表业慈善基金，用来培养及资助需要帮助的学生。

2016 年，徐珊雯担任香港品牌总商会秘书长并在筹划香港品牌奖期间担任筹委副主席。如今，她是香港圣约翰救伤队高级部长，亦是香港医疗辅助队顾问。致力推动青少年服务社会，作为青少

徐珊雯探望中国内地留守儿童

年的辅导导师，徐珊雯常与年轻人沟通，了解他们对社会的要求，并希望他们充满正能量，对社会作贡献。

众所周知，香港昂贵的楼价让年轻一代有很大的压力，他们可能会在理想的道路上感到迷茫，不知道应该往哪个方向去奋斗。为鼓励青少年创新创业，徐珊雯成立了徐珊雯青年创意设计奖学金，捐助香港知专设计学院的青年学生，希望能鼓励更多追求梦想的青少年实现理想。

随着香港老龄化的问题日益严重，香港特区政府在医疗上承受着很大的压力。顺应这样的情势，徐珊雯担任了由香港九龙东区各界联会、社会服务基金主办的“千人义诊”活动的主席。在活动当天，看到很多因经济问题没能及时就诊的老人得到帮助，她非常感动，并呼吁社会各界要多关注老年人，让辛劳半世的他们感受到社会的温暖以及基金服务社区的热诚。

树高千尺不忘根，徐珊雯表示，她将亲力亲为，不断投入各项慈善活动中。正如她在获得“香港杰出商界女性大奖”分享获奖感受时的发言：“我以往曾在时装推广行业工作多年，1990 年开始转投手表制造业。当时流行传统腕表，由于我拥有时装界背景，于是将时装元素融入腕表设计中，打造出消费者能够负担的时装手表，可以说成为业界的突破。这次获颁‘杰出商界女性大奖’，我感到受之有愧，因为很多同业都对业界作出了不少贡献。我希望将来能为业界培养更多年轻人才，并为钟表业界开发更多跨平台、跨行业的合作销售空间。”華

罗宗正

罗宗正白手起家，以学识颠覆行业，独占泰国锑矿市场，被各界称为“泰国金属大王”。他稳中求进，依势而变，不断升级、多元化集团业务，先后涉足铅、煤、焦炭等各类矿品，不仅创立了矿业寡头集团，更以与时俱进的锐意精神和授人以渔的团队理念，继续开疆拓土，一手创办了中国企业在泰国投资的乐土——金池工业园，为泰矿源集团奠定了活力焕发的长青之业。

事业有成的同时，他不忘回馈社会，鼎力支持泰国华文教育，并为中泰友谊作出了卓越贡献。

金属矿业巨子 华文教育元老

——泰国泰矿源集团董事长罗宗正

“泰中友谊是自古长存的，而学好中文是中泰友谊必不可少的组成部分，对双方的合作往来有着至关重要的作用。在未来，中泰的关系将更为光明，牢不可破。就像李克强总理说的：中泰是一家亲，亲上加亲。这一点我们华侨深有体会，作为华裔，我们自然希望贡献力量，为中泰互进竭尽所能。”

——罗宗正

留中学子

罗宗正祖籍广东丰顺，1935 年出生于泰国曼谷的一个平民家庭。

他于 1946 年进入泰国南洋中学小学部学习，学习成绩非常出众，然而，在 1948 年出于战后的政治原因，泰国南洋中学被迫关闭，罗宗正也因此失学。

为了生计，年仅 14 岁的罗宗正进入一家机械厂当学徒工，看似灰暗的人生并未蒙蔽罗宗正志存高远的本心，艰苦之中，他给自己的人生规划了一条清晰的路径——去祖籍国中国，继续自己的学业。

“当时，我每个月的工资是 50 泰铢，其中 45 泰铢要交给家里补贴家用，剩下的 5 泰铢，我便存起来当作去中国的船票钱。”罗宗正笑着回忆说。做工积攒路费的同时，罗宗正也从未放下自己的学业，他自学代数、中文等学科知识，力求不落后于同龄者。

1955 年，罗宗正攒够了单程的船票钱，起程奔赴中国。经由泰国学生时期班主任的安排，在广州市，罗宗正参加了全国范围内的入学考试，在广州 1000 多个报名参考的学生中，他脱颖而出，顺利获得就读北京的资格。而当时，被录取的总人数仅是个位数。从异国的学徒工到北京名校的学子，罗宗正将其形容为“偶然所成，梦想成真”。

1955 年 9 月，罗宗正进入北京市历史悠久、远近闻名的男三中（现北京市第三中学），因为表现卓越，入学不到一个学期，他便被吸收加入中国共青团。1957 年，罗宗正在学业上更进一步，顺利考入中国人民大学附属中学高中部。1959 年，他还作为北京市唯一的中学生优秀代表，到上海参加了全国侨联扩大会议，并且得到了时任国务院副总理、外交部长陈毅元帅的接见。

在高中毕业之际，顺风顺水的罗宗正却面临抉择。他是人大附中历史学科的头名，老师希望他能发挥这一特长，留在人民大学就读历史系。但罗宗正的志向却并不在文科：打小，他便希望研读理工科系，成为一名机械方面的工程师。他决定忠于工科理想，并报考了北京钢铁学院（现北京科技大学）。

就读钢铁学院有色金属冶炼系的 4 年，是罗宗正升华、丰收的时期。一方面，这些专业知识，为其日后“金属大王”的美誉奠定了稳固的根基。另一方面，学习期间，罗宗正顺利加入了中国共产党，成为光荣的年轻代表。

20 世纪 60 年代初，党员的口号是“吃苦在先，享乐在后”，凡事都要起到模范带头作用，到边疆、基层等大多数人不愿意去的地方与岗位。罗宗正恪守这一口号，在大学分配工作的时候，他并没有详细填写自己的志愿书，只在其上留下这样一句话：到边疆，到党和祖国最需要的地方。

于是毕业后，罗宗正被分配到了内蒙古自治区，并且还是各部门中最为艰苦的地质部门，参与地方的建设。这段岁月不仅烙刻入罗宗正的记忆，也在他的身体上留下了印记——自治区累月的风沙，堵塞了他的泪囊，时至今日，他还饱受泪道堵塞的困扰。

“不过这并不是什么大问题。”罗宗正说。因为忠于“为社会主义添砖加瓦”的信念，他苦中作乐，只关注工作中的贡献，未曾对艰苦的环境有半分抱怨。

时间进入 20 世纪 60 年代末期，工作表现出众加之高才生的身份，罗宗正被呼和浩特市委任为政治辅导员，深入学习马克思列宁主义，并下入各企业、单位的基层讲课。

“这个安排改变了我的人生。”时至今日，在回忆起这段经历时，罗宗正仍心潮澎湃。他口中的改变，是因为马克思的巨作——《资本论》。“马克思对于资本主义的规律进行了鞭辟入里的分析，资本主义的经济规律就是平衡与不平衡的循环、交替发展。这个规律，在 100 多年后的今天，仍然是铁律。而受其指导，也帮助我在经商之中立于不败之地。”罗宗正说。

金属大王

1971 年，罗宗正与夫人回到泰国。为了养家糊口，罗宗正在一家米行里觅得了会计的工作，生活暂时稳定了下来。在当时，泰国公司的经营大多为粗放型，缺少人才，完全依赖于市场的变化，罗宗正所在的米行亦不例外。因为整体环境低迷，米行的生意不见起色。罗宗正有心出力，便向老板建议做矿的生意。

罗宗正的建议，一是基于市场：泰国的自然资源中，有色金属占据了很大的比重，蕴藏量丰富，开采工作正逐年发展；二是基于他对金属产业的深厚学识。因为米业一时看不到出路，老板答应让罗宗正这个新手去试一试。

抓住这个小小的机会，罗宗正全力以赴。他深入研究了全泰国的矿业状况。“泰国的锡、钨、锰、锑等金属的储存量都很大，当时的开采状况良好。其中锡、钨的市场价钱比较高，进入成本高，而初期，我们的规模很小，资历不够。太便宜的矿又很难获得利润，经过思考，我就选择了锑矿。”罗宗正说。

作为专业人才，罗宗正深知锑的重要性：这是一种非常重要的稀有金属，广泛应用于以阻燃剂为主的耐火材料、特殊合金等工业领域。当时，锑矿的应用已经相对广泛，在中国未开放对资本主义社会贸易的背景下，泰国在世界锑矿市场中占有非常重要的一席之地。

准备判断是一回事，到市场上真正竞争是另外一回事。实际上，罗宗正将目光锁定在锑矿市场时，泰国的该市场已经相对饱和，国内有 50 多家较为出名的锑矿经营商。其中不仅包含了莲叶等本地大公司，更有荷兰飞利浦、德国阿索马汀等国际巨头。

相较这些寡头，罗宗正这股新生势力一无资历，二无资本，优势仅是他本人的专业知识。资本与市场究竟是如何运作的，这些概念也只存于书本之上，罗宗正只算个门外汉，一切都得从头学起。

但是，罗宗正并没有因为巨大的落差而畏首畏尾，紧握对于锑矿的研判，他全力以赴，咨询朋友了解信息、四处收集相关资料，从泰北跑到泰东，拜访每一个锑矿场，面面俱到之下，在很短的时间内，罗宗正迅速入门。

了解市场的同时，罗宗正又把握住了自己的另一个优势：在人大附中、钢铁学院就读时，他学习了数年的欧洲语言，对此非常精通。当时，欧洲对于锑矿有很大的需求，但是企业间的通联并不像如今这样方便。深入研究后，罗宗正先是主导公司购入 20 吨锑矿，后又亲自写信给欧洲的各大厂家，寻找买方。结果没多久，他便收到荷兰一家公司的回信，表示愿意购入这 20 吨锑矿。

顺利出口后，结算仓储、货运等一系列成本，罗宗正的公司获得一笔丰厚的利润。于是，在那个相对封闭的时代，罗宗正通过自己的努力撬开了成功的大门，以精准的眼光在近乎饱和的“一买一卖”市场里掘得商机。而这一切，仅仅是这位金属奇才叱咤的开端。

虽然有了开门红，但是相较飞利浦、阿索马

罗宗正在“互联网 + 泰国文化节”开幕仪式上致辞

汀等公司，罗宗正的生意还“登不上台面”。但是不久后，他一项突破性的创举，便彻底颠覆了资本和资历在这一市场中的既有作用。

当时，泰国所有的有色金属买卖都脱离不了传统的模式：身处内陆的矿主将矿运到港口后，必须由远东公正公司检验其矿含量，取样、化验、检验的过程需要等待 7 ~ 10 天的时间。等待期后，矿主才能拿到货款，如有不符预期的报价，他们也承受不起再运输的费用，只能亏本销售。

“我就是抓住了这个烦琐的过程。”罗宗正说，“我找到锑矿的矿主，告诉他们，在我这里买卖不需要等待，你的矿来了，称完重量我们现场交钱。”

罗宗正这一颠覆突破性的创举，是基于他在中国留学期间积累的相关知识：他能够跳过所有检验环节，仅依靠肉眼便分辨出锑矿中的金属含量。“每一种矿的晶体、比重都不同，通过颜色、重量、光泽可以判断出来，我就根据这个来估算。”罗宗正说。实践证明，他的“估算”实在是过于精准：在出口前必经的检验过程中，其结果和他的预估，误差基本在 1% ~ 2%，既保证了矿主的利益，又让公司不会因为创新而受挫。

在泰国有句谚语：100 铢的债权不如 50 铢的现款。做生意时，卖方大多看到钱才会放心。因此，罗宗正的规则一经宣布，在行业里如落惊雷，矿主们互通有无，陆续知晓在曼谷有一家现款结算、交易零风险的公司，都将生意转到了这里。在此过程中，不少竞争对手曾模仿罗宗正，推出同样的方式，但无奈没有“金刚钻”，看不准成分，多次亏损后，只得放弃。

就这样，依靠自己的一双眼睛及其背后蕴藏的丰厚学识，罗宗正打败了所有锑矿经营商，独占了泰国的锑矿产业，帮助公司从 20 吨的购入量，迅速发展至逾 3000 吨的年交易量——这几乎是泰国的全年产量。

而罗宗正也因此获得了一个简单、形象的称谓：锑王。

牵手中国企业

根植泰国之后，罗宗正并未故步自封，他深知，单纯的“一买一卖”无法建立长久的优势，只有转型升级、投建加工厂，才能在世界级的竞争中掌握主动权。

1984 年，罗宗正投资兴建了泰国泰矿源有限公司（简称泰矿源），专注于锑矿的加工生产。这一过程中，他的夫人、毕业于华侨大学化学系的周丽云也以专业学识，平添助力，夫妻俩琴瑟和鸣，逐渐完善了泰矿源的整个产业链条。

在初期，泰矿源的主要业务是将锑矿加工生产为锑锭。“在锑矿中按比例加入铁矿、石灰石、焦炭以及其他配料，冶炼成锑氧化合物，再加入木炭、无烟煤，去掉氧，做成金属锑，经由人工切割后，出产方形的锑锭。”罗宗正介绍说。

罗宗正的业务转型，踏在了市场最关键的节点之上。泰矿源投产不久后，因为政策关系，欧洲和美国相继关闭了大型的锑矿冶炼厂，原生锑矿的销路一时受阻。而随着工业化进程加速，汽车、电线、军工等市场对于锑矿的需求却不断上扬。在此背景之下，加工成品中最为实用的锑锭成了世界性的抢手货。

因为及早转型，罗宗正在变革时期抢得先机，迅速建立了遍布全球的销售网络，其产品远销美洲、欧洲、亚洲、大洋洲等。

立足不断飘红的营收，在收购泰国本土矿产的同时，罗宗正还开源矿藏，构建了从缅甸进口锑矿的通路。双管齐下的泰矿源在投产不久后，年产锑锭就达到了4000吨的规模。当时的统计数据显示，在全球出产锑以及相关产品的市场中，泰国排名第4位，而泰国仅有1家公司从事相关业务，就是垄断产业的泰矿源。

在罗宗正坐稳锑矿产业之际，他一直心系的祖籍国中国也正力推改革开放，逐渐拉开对外的帷幕。

罗宗正很了解中国相关产业的情况：技术、知识并不落后，只是缺少对外贸易与生产的经验。一方面，他希望集团发展多元化业务，另一方面，罗宗正自觉有能力和义务推动国内刚刚起步的矿业贸易。于是，他再返中国。

在北京，罗宗正和中国有色金属对外工程公司（现中国有色矿业集团有限公司）下属的有色金属设计院一拍即合，对方以较为优惠的价格为泰矿源进行产业、工程设计。1990年11月20日，由中泰合资成立的泰中有色金属国际有限公司在曼谷正式成立。

双方合作中，还有一个小插曲：中方在设计完成后，提出了入股5%的请求，罗宗正未曾犹豫，一口答应了下来——但这一协议的根基并不牢固。中国当时的外汇储备非常紧张，中方在达成入股意向后，资金迟迟无法到位。罗宗正却力排众议，坚持预留这部分股权。直到公司投产、销售，取得利润时，中方才持5万美元前来参股，钱到的时候，随即便获得了分红。

罗宗正这份诚信与坚守，成了泰矿源与中国有色矿业集团合作的缩影。随后的时间里，双方相倚为强，在初期生产单一铅锑合金产品的基础上，不断扩大规模，发展成为业务范围包括煤、焦炭、各类矿石、各类金属矿产品、共生矿产品（金属矿产品、非金属矿产品以及从金属矿和非金属矿产品中共生的原生矿物）等的巨型矿业集团。其中，泰中有色金属在高技术含量的精铅（99.99%）、铅钙合金等产品方面，年产量高达2万吨，占据了泰国相关产业的半壁江山。

在他的领导下，泰矿源的年销售额逐步发展至80亿泰铢之巨，利润水平也长年维持高水准，是泰国矿产企业中当仁不让的扛鼎者。

此外，为了推动“一带一路”倡议在泰国落地，满足中国企业走向海外的需求，泰矿源集团在原有业务的基础上新开拓金池工业园项目，力求借此为中国企业在泰国打造一个全新的家园。

金池工业园位于曼谷以东150千米，交通便利、区位独特、环境优美、生活便利，是新型产业园区。并且，园区与泰国投资促进委员会和泰国工业园区管理局分别签署合作协议，为入驻的中资企业争取到了最优惠的政策。比如：减免企业所得税最高达13年、100%土地永久所有权、园区内一站式服务、外汇自由汇入汇出、外籍专家及家属入园工作及在泰居留许可、减免机器进口税、减免进口原料进口税、免征科研用途物品进口税等。

2019年11月5日，泰国金池工业园开幕暨亚文联总部大厦奠基仪式在金池工业园现场盛大举行。金池工业园董事长罗宗正、金池工业园董事总经理罗铁英、亚文联主席项洋、泰国原卫生部副部长孙涛·维拉湾、泰国工业园区管理局局长送金·披乐、巴真武里府代府尹哇拉剖·南奥星拉亩、泰国国际贸易商会主席陈铁君、亚文联副主席张泉玲、北京奥鹏远程教育中心总经理助理赵明光、泰国开泰银行高级副总裁蔡伟才、中国建筑工程（泰国）有限公司副总经理厉建华、中城建第十三工程局（泰国）有限公司负责人宗乐荣、泰国国家石油总公司副总经理纳里·特他披本、甲民市市长万拉楼·巴瓦翁、金池县政府管理委员会主席马诺·披尼潮、金池县县长巴帕·拉西等嘉宾及200多位中泰企业家代表共同出席。

深耕华文教育

在事业稳定之后，罗宗正分配了很大一部分精力投入社会工作。“我曾饱受失学的痛苦，所以稍有出息后，我便觉得应该在教育事业中多作贡献。”罗宗正说。

自投身华文教育以来，罗宗正几乎走遍了泰国所有涉及华文的学校，对每所学校的状况了如指掌。学校条件如何，缺少哪些东西，资金应该用在哪些方面，所有这些因素，他都一一考察，并且基于此捐款捐物，不仅投资建设教学楼，还长年捐赠教育用品、教科书籍，甚至帮忙聘请教师。

在施善的过程中，罗宗正骨子里追求极致的本性逐渐体现了出来：他开始思考泰国华文教学的症结所在，并逐渐将精力集中到泰国华文教师的培育上来。10 余年前，他便开始捐资给泰国华文教师公会，致力于在泰国本土培养优秀的华文教师。之后，他众望所归地当选为泰国华文教师公会主席。

上任后，罗宗正带领公会各理事改革公会公务、制定规章制度，使得公会的影响力和贡献度迅速提升。在他的引领下，华文教师工作内容持续增加，并形成了一套复杂且卓有成效的服务体系。

华文教师公会的固定项目之一，是每年暑假免费举办泰国华文教师补习班，请中国的教师前来教课。“内地的教师来，我们补贴资金，负责交通、住宿事宜。泰国的教师，只要愿意来学习，则是一律免费。”罗宗正介绍说。这项工作，华文教师公会已经坚持了十几年，为泰国培养了数千名优秀的华文教师，受益的学生数量更是难以计数。本土开课的同时，公会还组织泰国教师到中国进行培训。

提升教师职业能力的同时，罗宗正还针对教师数量需求，制定了另一个项目——保送泰国高中毕业生到中国修读。该项目通过与华侨大学、暨南大学等高校合作，将泰国学生送到北京、广州、厦门等地学习中文。学满 4 年后，这批学生须回泰国从事至少 5 年的教师职业。从头至尾，学生们不用出任何费用。通过这一项目，罗宗正不断从根源扩大泰国华文教师团队的规模。

为了提升泰国华文教学的质量，罗宗正可谓殚精竭虑。他像经营企业一样亲力亲为、频繁创新，并同样硕果累累。他的一些创新方法，甚至走出了泰国国门，被借鉴、推广到全球的华文教育之中。

2012 年，在西安市召开的世界华文教育大会上，时任国务院侨办副主任赵阳总结陈述了 10 年来华文教育在全球推广中 3 个成功的范例，宣布收归国务院侨办所有，将推广到世界范围。其中的“中华文化大乐园”和“政府官员班”，均来自泰国华文教师公会。

中华文化大乐园，是邀请华侨大学的教师来泰国教导小学生和中学生，开设为期 2 ~ 3 周的课程。在大乐园里，教师们传授汉语音乐、舞蹈、美术、武术等各种传统文化艺术，培养泰国学生对于中国文化的兴趣，以更好地帮助他们学习中文。这一项目在泰国受到了广泛的欢迎，因为学生太多，高峰期甚至同时开设了 7 个团队。

政府官员班，则是安排政府工作人员到中国高校培训中文，学成回来之后从事翻译工作。数年来，从政府官员班里走出了包括泰国国防部、外交部、上议院、下议院等 10 余个部门的学子，他们为增进中泰之间的贸易、经济、文化交流作出了非常大的贡献。谈到其成果，罗宗正自豪地说：“泰国各个部门里都有我们的毕业生在做翻译。”

对于泰国华文教育的重要性，罗宗正说：“泰中友谊是自古长存的，而学好中文是中泰友谊必不可少的组成部分，对双方的合作往来有着至关重要的作用。在未来，中泰的关系将更为光明，牢不可破。”

在被问及为双方互进所做的贡献之时，罗宗正却并未回答，只是说：“之前，我一无所有，连初中都上不了。我永远忘不了中国人民对于我的培养，所以拿出资金与精力来回报给泰中友谊，是理所应当之事。”

为了他眼中这份“理所应当”之事，在临近耄耋之年，罗宗正仍孜孜不倦、出钱出力、不求回报。

除任华文教师公会主席外，罗宗正目前还担任东盟加六国贸易促进委员会主席、泰国国际贸易商会执行主席、泰华通讯记者协会主席、泰国中华总商会常务会董、泰国留学中国大学校友总会永远名誉主席、泰国罗氏宗亲总会名誉会长、中国华侨大学名誉校董、北京华文学院校董等一系列重要公职。

罗宗正在这些公职上也是倾其能、尽其责。这些社会工作，占据了罗宗正很大的时间比例，但他本人对此不以为意，觉得能提供帮助，是自己的光荣。華

何芷韵

活跃在商界，微笑面对一切，何芷韵是一个冉冉升起的商界新星。她品格高洁，性格和善，商业才能卓越。她不仅在家庭上收获了满满的幸福，更是在事业上取得了傲人的成绩。

多年来，在何芷韵及其团队的共同努力下，理文如今发展成为一家规模达数十亿美元和年产超过 700 万吨的纸板、卫生纸、纸浆制造企业，旗下工厂遍布中国内地（广东、江苏、重庆、江西）、越南、马来西亚，并在中国香港、中国澳门、美国、加拿大及欧洲设有办事处，在同行业内居全国第二位、全球第五位。

澧兰沅芷 高情远韵

——理文造纸有限公司董事经理何芷韵

老子说："上善若水，水善利万物而不争。处众人之所恶，故几于道。"做人如水，润泽万物，但从不与万物争高下，这是对何芷韵的真实写照。

初见何芷韵一定会让你感受到她为人质朴、和顺又高洁雅致。淡淡的微笑，始终让人心情愉快；不急不争，始终让人感觉阳光正气；兰花般的气质，始终让人感觉如沐春风。

何芷韵2003年毕业于美国南加州大学，2019年就读于香港理工大学工商管理学博士研究生，渊博的学识，上善若水的境界，蕙质兰心般的品质，更加衬托出她满满的书香气息。

艰辛付出与公司一同成长 迎来事业累累硕果

何芷韵在2007年加入理文造纸，与理文造纸共同成长至今，经历过工作上带来的压力，也流过辛苦付出的汗水，最终结出了事业上的丰硕成果。她衷心感激理文造纸李运强博士、李文俊先生、李文斌先生、卫少琦女士等各位领导的教导，在他们的鼓励和支持下，她一步步走向成功。

理文造纸有限公司是一家上市公司，主要从事箱板原纸、卫生纸、纸浆制造，2003年在香港上市时在同行业中已跻身前列。

何芷韵回想起初次加入理文造纸，当时她从装修部门开始做起，由于对公司厂务、建筑方面一窍不通，工作压力可想而知。有压力才有动力，有动力才能创造奇迹。何芷韵任部门经理期间，工作脚踏实地、一丝不苟，慢慢地从业务生涩到掌握管理，这一切离不开理文优秀的企业文化影响，理文的教导功不可没。

理文建厂之初，便确立了"人才是公司发展的基石，市场是公司发展的动力，公司在提倡人性化管理中营造轻松、活泼、快速、高效的工作氛围与环境，将一个环保和谐的理文推向全国，走向世界"的企业文化。理文凭借重人才、拓市场、人性化管理、坚持环保绿色创企的文化理念吸引了一大批像何芷韵一样的国内外优秀人才来企业一同发展和成长，他们最终都成为企业优秀的高级管理人员。

何芷韵坦言：理文企业创始人李运强博士的工作信念让她记忆最为深刻，甚至可以说是她事业上的指路明灯。李运强博士工作勤恳努力，虽然已至退休年龄但仍每天坚持到办公室工作，公司上上下下都十分敬重他。他勤恳的工作态度影响了整个公司的工作氛围，像导火索般地点燃了员工的工作热情；他时刻关注形势，把握时机，运筹帷幄。

企业的发展离不开核心灵魂人物的凝聚力和指挥。李运强博士就是理文的核心灵魂，在瞬息万变市场中，他能准确地看到造纸行业广阔的发展前景，运筹帷幄，一举将理文从当初小厂成功推上香港上市，被商界誉为"造纸大王"；他不怕辛苦，不怕亏本，认为付出总会有回报。理文刚开始在内地创业时，各方面的创业环境亟待完善，理文一度处于亏损状态，但李运强博士始终坚信内地的市场潜力巨大，暂时的亏本不可怕，要不怕辛苦，完善客户服务，努力开拓国内市场，最终在行业中创造了理文这块金字招牌，不但扭亏为盈，销售业绩还连翻几番。他非常重视员工品德教育和鼓励创新。对员工十分关心，事事以人为本，每个都像自己孩子般地教导，特别对企业中出现的好人好事，他都亲笔签署表扬通告甚至给予一定的经济奖励，为员工的品德教育树立良好的榜样。而好的工作氛围更能激发员工的创新热情。

在李运强博士的引导下，企业在各部门各岗位涌现出一大批工作创新、技术创新的人才。李运强博士专门设置了员工创造发明奖，每个创造发明给予 10 万～ 20 万元的经济奖励，极大地提升了企业管理水平。

何芷韵（左三）参加广东理文造纸有限公司植树活动

随着公司不断发展，理文企业版图已从纸业扩展到化工、箱包、酒店、房地产等行业。2012 年，何芷韵出任理文创建控股有限公司董事总经理，以及理文旗下常熟京国大酒店有限公司董事总经理。鲲鹏展翅正当时，扶摇直上九万里。与理文企业共同成长，何芷韵的事业成绩初现成果。在何芷韵出任酒店总经理期间，成功率领酒店团队打造出了高品质五星级酒店标杆，受到顾客一致好评。

2016 年，何芷韵再次出任理文造纸有限公司董事副总经理。2020 年至今，何芷韵任理文造纸有限公司董事经理及多家公司总经理。

有人说，人生是一场历练，何芷韵的历练使其一次次成长，并收获了累累硕果。在何芷韵及其团队的共同努力下，理文企业如今发展成为一家规模数十亿美元和年产超过 700 万吨的纸板、卫生纸、纸浆制造企业，旗下工厂遍布中国内地（广东、江苏、重庆、江西）、越南、马来西亚，并在中国香港、中国澳门、美国、加拿大及欧洲设有办事处，在同行业内居全国第二位、全球第五位。

高瞻远瞩的视角应对市场动荡变革

2020 年突如其来的新冠疫情暴发后，党中央、国务院正确领导，及时采取有效措施，疫情得到控制，生产生活逐步有序恢复。

何芷韵带领理文企业始终积极配合政府工作，疫情防控和复工复产两不误。何芷韵要求，理文企业要严格执行政府疫情防控的各项措施，不懈怠、不排斥，并鉴于目前全球疫情的特殊情况，做好长期防范的准备，防疫物资准备充足，发现疑似病例立即向政府汇报。

何芷韵认为，由于西方各国对疫情的防控宽松，导致进出口业务停滞，直接影响国内经济复苏，国内造纸行业将面临严峻的考验，一些企业无法正常生产经营，这是国家不愿意看到的。面对疫情下的市场经济，理文企业要确保正常生产，同时做好国内市场营销，提高服务质量，深挖国内市场前景，在风险和机遇并存的情况下，抓住服务市场的有利时机。同时做好理文企业内部检查，资源合理利用，避免浪费，合理控制生产成本（不以牺牲国家利益和员工利益为代价）。

同时，何芷韵强调，理文企业要规范有序地参与市场竞争，防止内卷影响市场经济发展，切实为国家经济恢复发挥作用。

积极履行社会责任 用爱心回报社会

取之于民，回报社会，这是每个企业、企业家的高尚情怀，也是对中华传统美德的传承。何芷韵提出：“中华传统美德需要每一个企业不断地传承下去，而理文企业是一家有情怀的企业，我们会时刻铭记企业的社会责任感，并用实际行动来践行它”。

理文企业不断发展，至今已向社会提供了超 11000 个就业岗位，极大地促进了当地社会的就业环境。为了鼓励莘莘学子的求学之路，理文企业与华南理工大学建立了专项委托培养大学生的计划，由理文企业全额资助学生到华南理工大学读书，毕业后再安排回企业工作。理文企业已连续十多年资助培养了近千名大学生，资助金额达 2800 万元。

同时，理文企业还成立了企业员工救助基金，20 多年来持续为企业困难员工、患病员工及家属提供资金救助。至今，受到理文企业救助的员工超过 400 人，救助资金达 3000 万元。

2019 年以来，何芷韵伉俪了解到国内许多贫困地区的青少年、儿童由于经济、地理环境等原因缺少图书学习，通过到云南、韶关、河源、梅州等贫困地区实地走访学校及贫困学生，向他们累计捐赠金额达 613 万元的图书及现金。

在新冠疫情暴发期间，何芷韵伉俪心系群众，时刻都在关注香港和内地疫情情况。先后在两地组织十余场近 200 万港元抗疫物资（医用防护服、医用口罩、消毒水、抗疫药品、核酸检测盒）派发活动；通过香港社团捐款近 300 万港元用于香港抗疫；通过东莞洪梅同乡会捐赠 500 套核酸快测包，向东莞社团总会捐赠 5 万港元支援东莞抗疫；同时，何芷韵伉俪通过理文企业向海南社团总会捐赠 1000 万港元支持海南抗疫工作；为支持新冠病毒相关研究，何芷韵伉俪通过理文企业向香港大学捐款 2000 万港元，向香港理工大学捐款 1500 万港元。

爱是永恒的星辰，不断地闪烁。正是因为有爱，世界才变得美好。何芷韵伉俪及他们所带领的理文企业正是以爱心向社会履行承诺。据不完全统计，理文企业向社会各界捐款已达约 1 亿元，并仍正在默默奉献的路上。

热心社会活动 甘愿做绿叶

“老吾老，以及人之老；幼吾幼，以及人之幼。”何芷韵在担任香港保良局总理、副主席十多年的时间里，坚持为老、幼及需要帮助的人士提供健康、医疗、家庭、幼儿、养老等社会服务、教育服务，每年服务人数超过 30 万人。何芷韵为关心老年人生活，专门举办寻找隐闭长者计划，为长者更换电视等日常生活用品，带领年轻人与老年人沟通交流，使老年人感受到关怀和温暖。

何芷韵还在助学教育方面倾注了大量的心血。目前，保良局是香港最大的办学团体之一，共有 120 多家学校，包括幼儿园、小学、中学、特殊学校、独立优质私校等，它们以“爱、敬、勤、诚”为校训，以培养学生“德、智、体、群、美”五育均衡发展为宗旨，为学生提供充实知识、训练技能及锻炼体格的机会，着重培养学生优良的品格、高雅的情操及正确的人生观。

妇女能顶半边天。何芷韵非常关注香港女性生活等方面的问题，在她担任香港女童军黄大仙分会主席期间，经常开展女性专题活动，如野外烹饪、露营、篝火晚会。通过相互沟通、合作，加强女同胞间互信和默契，增强女同胞学习技能，引导女同胞了解环保知识，提高女同胞环保意识。

何芷韵还特别关心和培养香港青年。她在担任香港新活力青年智库副会长期间，每年持续推行香港青年到内地暑期实习交流计划。在她倡导沟通下，理文造纸与国务院侨务办公室、香港民政事务处联合共同实施这一计划。每年理文造纸在东莞工厂都会安排 30 人以上的香港青年的实习岗位，并采取一对一指导形式帮助实习生了解工作流程、锻炼工作能力。她还利用周末休息时间带领实习生参观知名企业、游览名胜古迹及学习国内手工艺等，帮助实习生成长。

同时，何芷韵还与香港浸会大学合作筹划了“师友计划”，亲自带领指导香港大学生，作为他们的导师，指导他们如何参与就业、规划人生职业及到内地创业等。

另外，何芷韵在全国政协的关心下，每年组织香港年轻人来内地进行交流活动，主要包括北京、江西、四川、湖南等地，帮助他们了解祖国历史，感受祖国大好河山、当地风土人情。特别是她带领交流团走进井冈山，让年轻人体验和感受红军长征的伟大历史意义，引导香港年轻人多一点了解内地，多了解一些党的历程，意义非常深刻。

“以往香港年轻人可能在自己的世界里构想内地情况，没有实际接触，一旦亲身经历了，他们就会感受到祖国的发展、祖国的文化，甚至激发了他们日后加入国家队伍为国效力的热情。” 何芷韵说。

世界最终是属于青年人的，他们就像早晨八九点钟的太阳，朝气蓬勃。香港的未来是属于香港新一代青年人的，他们就是何芷韵心中的那朵永不凋谢鲜花，何芷韵甘愿做他们的一片绿叶。華

程练传

40多年前，程练传只身闯荡香港，在繁华都市中凭泥水工的手艺以及坚韧个性安身立命。在敢闯敢干、求新求变、不怕失败的香江精神鼓舞之下，他径直敲开了李嘉诚的家门并受到李嘉诚的热情招待，这令他定下创业的决心。因为准确预判新界丁屋建设将大范围兴起，他的创业之路一出发就登高直上，让他成就香港“丁屋大王”的美誉，事业进而遍布香港以及内地。

因为在做泥水工时意外受伤而得到当地医院的免费治疗和无微不至的照顾，他决意要把善行当作自己的终生事业一直传播开去。几十年来，他扶贫济弱、奉献社会，救助医疗和教育困难人群，铺路搭桥，兴修校舍，善行洒遍中国香港、内地以及柬埔寨等地。截至目前，他为公益慈善事业捐款已超过1亿港元。

永念慈善的“丁屋大王”

——仁爱（香港）有限公司董事长程练传

“只要是自己靠能力赚来的钱，用在慈善上就物超所值。”

“在社会上鼓励有心朋友从事公益事务，帮助弱势社群。我作为一个普通商人，虽然个人能力有限，愿以最大努力去关爱社会再感化身边的人，互相支持鼓励，使社会更多热心人士热心公益，以我的一小点光，点亮点点星光去照亮整个社会。做个榜样留给后人，人生活得才有意义。”

——程练传

香港“丁屋大王”

20 世纪 50 年代初，程练传出生在广东省汕尾市梅陇镇厦港程村一个普通的农民家庭。那是一个百废待兴的大时代，人们都在盼望着新生活、新开始，尽管几乎每个家庭都因为战争而清贫如洗。程练传的父母对生在和平年代的儿子寄予厚望，希望他能创造家族的辉煌，改变家庭的境况。

程练传没有让节衣缩食供他上学的父母失望，他成绩优异，一路读到高中，那是村里最高的学历了。后因历史原因，他回到村里，也立即被村里当作稀缺的“秀才”备受重视，再加上对公共事业的热情和付出，他很快被乡亲们推举为生产场长。大家对他寄予厚望，希望他能带领大家走上富裕路。程练传上任后，果然不负众望，他凭借自己的知识、智慧、热情和踏实肯干的作风，带领大家苦干加巧干，很快就使一个贫穷的生产队发生了意想不到的巨大变化。

程练传在生产场长任上一干就是 6 年，他觉得自己的使命是要带领乡亲们过上富裕的新生活，不过，现实面前他的理想显得格格不入。找不到一展宏图的出口，又不安于现状的程练传，在煎熬中苦苦寻求人生突破。当听闻近在咫尺的香港经济发达、机会多多后，他有了到那里闯一闯的想法。

1979 年的一天，一心要改变家乡落后面貌实现自我价值的程练传，毅然只身来到了香港。香港有想象中的繁华，却没有想象中的完美。他在这里人生地不熟，语言不通，加上他没有一门专业技术，找份工作难上加难。四处奔波求职、多次碰壁以后，程练传果断调整思路，决定从门槛最低的建筑泥水工干起。得到一份泥水工的工作后，他倍加珍惜，凭着一身的力气和创业的激情开始了全新的生活。

凭本事干活是让人尊敬的，但在香港，泥水工的生活对谁都是一个严峻的考验。白天日晒雨淋，一身泥灰和臭汗，走在大街上被人侧目而视，挤在巴士上人们避之唯恐不及；夜晚工友们挤在阴暗、潮湿、腥臭的工棚里打发着寂寞的时光。面对这些，程练传没有沮丧，因为他特别明白“天将降大任于斯人也，必先苦其心志，劳其筋骨，饿其体肤，空乏其身”的道理。

从香港社会最底层修炼，程练传不用担心更坏的情况发生，反而更坚定地认为知识可以改变命运。他把“终身学习，以知识才能创造财富”作为自己的座右铭，干着泥水匠工作的同时，定下了自己的努力方向和奋斗目标，要走知识创富之路。

他白天在工地苦干，边干边观察和学习建筑方面的学问，工休时琢磨其中的建筑原理；晚上回到工棚他也没有像其他工友那样除了睡觉无所事事，他借来建筑书籍，在昏暗的灯光下强撑着疲惫的身躯学习钻研。他给自己定的近期目标是成为一个建筑工程师。建筑之外他还钻研天文、地理、历史等科学文化知识，从知识中汲取营养，增长才干。

为了给自己创造一个安静的学习和独立思考的环境，他在工地附近的小山坡上建起了一间茅草屋，在那里度过了一段静谧而美好的学习时光。可惜好景不长，他的茅草屋很快被当地管理部门拆除了，他只好回到了原来的工棚里。

程练传还专门研究了名人传记，从名人成功的故事中汲取经验和力量。他仔细研究了香港长江实业集团主席李嘉诚的传记以及其他成功人士的成功故事。最具有传奇色彩的是，他不揣冒昧地上门拜访李嘉诚，还受到了李嘉诚的热情接待。李嘉诚和他进行了朋友式的交流，并深有体会地对他说："凡事必有充分的准备，然后才可去做；成就事业最关键的是要有人能够帮助你，乐意跟你工作，这也是我的人生哲学。"李嘉诚在投资创业方面给予他热情的指导，并鼓励他树立创业的信心。

经过一段难得的奇缘之后，在积极学习的同时，程练传时刻关注市场，寻觅商机。

1992 年，在长期的观察和调研后，程练传了解到自己工作的新界大埔附近有许多丁屋（香港新界原居民中的男性后人获准兴建的房屋，法律上可被称为小型屋宇）建设需求。他敏锐地意识到这是一个难得的商机，或许自己大展宏图的时候到了。他毅然拿出了自己的全部积蓄 15 万港元，注册成立了志达行地产有限公司，开始尝试丁屋建设。

在 1997 年 7 月 1 日之前，大量新界原居民向香港地政总署提出兴建丁屋申请。这些申请中，很多批复下来的都成了程练传的订单。面对大好的市场形势，程练传意识到要将造房子提升到品牌的高度，他向员工们强调客户利益至上的经营理念，明确提出要创立自己品牌。

在这种指导思想的引领下，他和员工们对每一项工程都认真对待、精心设计、严格施工，尤其是严把质量关，把小型民房建造得既美观大方又坚固耐用，使客户花最少的钱享受到优质的服务。同时，在管理上程练传坚持以人为本的指导思想，把自己的员工视作朋友和亲人，给他们创造尽可能好的工作条件，在生活上给他们以无微不至的关怀。员工们的积极性普遍高涨，争相把自己的聪明才智和力量全部贡献出来，支持程练传的事业。

短短十年，程练传的事业便获得了巨大的成功，公司声名鹊起，市场越做越大，业务很快由大埔扩展到西贡、粉岭、上水等地，其后更将业务扩展到内地的深圳、蛇口及汕尾等地，程练传成了闻名遐迩的"丁屋大王"。

有着灵敏的商业嗅觉的程练传，也有对危机的极佳敏感。他在自己登上第一个事业高峰的时候，就判断出香港地产可能在酝酿泡沫。果然，1997 年，亚洲金融危机席卷香港，到 2003 年，香港进入"SARS"时期，经济遭遇重创，地产最为深重。在许多商家都捂紧钱袋、紧缩银根、等待危机见底的时候，程练传却坚信物极必反、市场走到低谷后必定回升。于是他采取"人弃我取"的市场策略，大手笔一举买下 18 间上等商铺和多户优质农地，还购进了大量具备升值潜力的股票。

程练传逆市而动、弯道超车的睿智举措，被当时很多同行嗤之以鼻，他们都等着看他的笑话。只是，见底回升的市场褒奖了程练传非凡的胆识，他购进的商铺、农地和股票一路牛市，投资者纷纷入场的时候，他又以"人要我发"的战术脱身离场，资产呈裂变之势迅速增加，公司迅速成长壮大起来。他以此为基础，不断积累实力，后来相继成立了仁爱（香港）有限公司、程氏兴业有限公司以及富宝国际公司等知名企业。

收获一份善念 回报香港社会

程练传在公益慈善上的行动，实际早在他有所成就之前就已经开始。

在他还是泥水工的时候发生一件让他念念不忘的事。当时他刚到香港，一次在工地受了伤，被工友们送进了当地的一家医院治疗。医院对他这位来自内地的泥水工给予了无微不至的关怀和照顾，并且没有收取分文的医药费。这件事，让他相信香港有爱，并深深爱上了脚下这片热土，并寻找一切机会回报。

当时，他当泥水工每月有 7000 港元的工资，有时会拿出一半来捐给东华三院或捐作公益金。他还助养宣明会的一批孤儿，十多年如一日。

程练传是个有心人，曾帮助过他的人他时刻不忘。香港大紫荆勋贤、新社联荣誉会长张学明，是他相交多年的良朋益友。张学明曾给予程练传很多鼓励，告诫他为人要讲诚信，办事要认真，给了程练传前进的信心和力量。“感谢他在很多事情上的指导，他教导我办每一件事都要恰到好处，不可以有瑕疵。”多年后，程练传仍感激他、敬重他。

作为程练传事业的兴起之地，大埔是他的福地，他也出力要让这里成为所有人的福地。大埔人口虽占香港总人口不足半成，但由于发展迅速，对教育的需求越来越大，居民对学校的办学质量要求也越来越高。事实上，程练传早已意识到要不断完善学校的设施，让学生有机会接触和学习更多课本以外的知识。

2002 年，大埔旧墟公立学校新校区筹建，程练传把它看作一个难得的回馈当地的机会。于是，他不但自己带头捐款，还发动亲朋好友捐赠。很快，一笔数量可观的善款筹齐，新校区提前建成投入使用，创造了香港优质教育的一个奇迹。

大埔旧墟公立学校副校长陈喜泉这样评价程练传：“程练传是一个非常难得的人，他的工作非常繁忙，但对学校的关心从不落后。不仅捐钱兴建学校，为学校的建设身体力行、不遗余力，还发动身边的朋友慷慨捐赠。他对学校的贡献很大。”

他热心的行动使他被推举为该校的校董，学校的大礼堂也以他的名字命名，深受师生的爱戴。出任校董后，程练传更是把学校的事业当作自己责无旁贷的分内工作，纵然自己公司的工作再忙，他也总要抽出时间到学校去看看，时刻关注着学校的发展。

程练传认为，学生在校接受教育不仅为学知识而来，首要条件是必须有强健的体魄。为此他建议学校筹款集资，为学校兴建一个恒温泳池，让学生有一个优质的运动训练场地。他的这一建议得到了董事们的一致赞同。程练传担任了筹款委员会主席，他不但自己带头捐赠，而且利用自己的社会影响力，在百忙的工作中广泛动员社会各界人士捐赠，筹集善款多项。很快总数达 1100 万港元的善款筹齐，靠这笔款项建成的恒温泳池，成为大埔区第一例，日后为大埔区学校以及市民提供了一年四季的游水乐趣。

程练传深爱着大埔这片土地，从泥水工到成为富豪，他也一直没有离开过大埔。他说，他离不开那些当年在穷困时给过自己帮助的街坊邻居。他把大埔看作自己的第二故乡，他要为大埔贡献自己的一份力量。

不只是大埔，程练传还是香港大小慈善团体、公益活动的常客，他将很多做生意或与家人团聚的时光，用在了支持教育、扶助社会弱势社群的慈善事情上。而这也得到了他的家人和朋友的理解和支持，这也是他坚持以慈善为第一要务的重要动力。

慈善无界 贵在力行

1993 年，在程练传的事业刚刚起步、资本并不充足的时候，他就开始了自己回馈故乡的慈善公益行动。这一年里他回乡探亲，亲身感受到进村的道路难走：路面坑坑洼洼，晴天尘土飞扬，雨天遍地泥泞。他当即决定投资为乡亲们修好这条通往村里的主要道路，方便乡亲们生活的同时，也给他们致富路上加油助力。他和父亲简单地商量了一下，立即找到村干部通报了自己的想法和计划。双方商定由程练传承担全部资金，村里负责组织劳动力施工。

很快，一条笔直平整的水泥路修进了村里。竣工那天，乡亲们点燃鞭炮庆祝。

从此，程练传在家乡的慈善之举一发而不可收。先后修通水泥村道、农田水泥机耕路 69 条，水泥渠道 12 条，还为邻近的另外两个村修建水泥路 10 多公里。后来，他又捐资修通了总长 2000 米的环村水渠，水渠两边建起了花圃，既能排污防洪，又美化了环境，还灌溉了 1500 多亩农田，使 400 多亩因缺水而撂荒的稻田得以复耕。他还为家乡及周边的 7 个村修建了自来水设施并接通了自来水。

最近几年，他还捐资并亲力建设了村口大牌楼以及超过 4 公里的乡村公路等，每个工程都超过 300 万港元。

程练传不仅在基础设施上的捐资数以百万计，他还认为，相比改变家乡面貌，更重要的是提升家乡教育素质。因为只有创造优越的学习条件，提高下一代的整体素质，才能最终挖掉家乡的穷根。从 1995 年开始，他在梅联小学设立奖教奖学基金，每年捐款 1 万元奖励教学成绩优秀的教师和品学兼优的学生。

2004 年，他出资 5000 元为家乡的梅联小学维修课桌和门窗。次年，他还向家乡的梅陇中学捐出 30 万元，用于改善基础设施和奖励教师和学生。

2013 年初，广东省海丰县梅陇中学图书馆综合大楼竣工完成，这是程练传个人掏钱耗资超过 300 万港元建设完成的，也算是他为家乡梅陇中学建校 70 周年送上的一份厚礼。

程练传捐赠的梅陇中学图书馆综合大楼

程练传为家乡捐资建设村口大牌楼

时隔几个月，程练传于国庆日当天宣布，在家乡设立奖学金——“程氏仁爱基金”，首笔捐赠 500 万港元。该奖学金用于资助学习成绩优秀的学生，以激励家乡学童勤勉向学安心学习。程练传希望，该基金能帮助到那些学业优秀的家庭贫困者，实现他们的上学愿望。更进一步，家乡的向学之风越是浓厚，家乡的未来才越光明。

2014 年以来，他先后捐出 300 多万港元收集迁移无主墓、修建海丰莲花山百姓公墓，这一善举得到当地政府和群众的称赞。程练传目前在汕尾海丰老家建设百姓公妈墓园以安置入土为安的先人，现已安置 9 万先人骨灰坛。同时，在 2018 年施工建设一座念佛堂及善栖 2 座，供当地有需要人士静养、吃斋及禅修。另外，还准备筹建 6 座骨灰楼免费供汕尾市民安放先人骨灰。这些项目全部由程练传先生主导的仁爱公益事务委员会出资筹建，预计总投资超过 4000 万港元。

最近，程练传又在家乡的银房山下建了三座颐养院，免费提供给无依老人居住。2020 年已建成第一期，首批已有 50 位老人入住，他们的衣食住行全部由程练传负责。一期仅建筑费用就超过 1000 万港元，二期工程也在筹划当中。

除了大手笔改善家乡的基础设施、教育环境外，程练传还捐资用于帮扶弱势群体、提升家乡人民的文化生活。从 2004 年开始，每年春节和农历七月二十四两个传统节日，他都要给村里 60 岁以上的老人每人送上 300 元的红包。迄今为止，这项资金已支出几十万元。

为提升乡亲们的精神文化生活，1998 年，程练传捐献 15 万元为厦港程村修建了一个可容纳 2000 多人的剧场，为村民们搭起了一个文化娱乐活动的平台。

程练传把慈善公益当作一种义务和责任，更当作一种终极的人生目标来对待和追求。祖国各地都是他的故乡，神州处处有他的亲人。他的目光首先锁定在广西的贫困山区。他先后投入大量资金在广西百色兴宁区等山区建设希望小学，还为贫困山区建水窖、修道路，力图使这些地区早日脱贫致富奔小康。

2011 年，柬埔寨国王诺罗敦·西哈莫尼亲自为程练传颁赐“皇室纪念襟章”

最为特别的是，1997 年，程练传联合其他慈善人士创立“健康快车”，专为内地白内障患者提供免费医疗服务。后来“健康快车”发展为 4 辆火车医院，定期开往内地贫困农村，每年救助 1 万多人，给白内障患者带来了光明和生活的希望。程练传经常在百忙中挤出时间随火车医院深入贫困山区，看望白内障患者，与患者分享重见光明的喜悦和幸福。

韶关雪灾、汶川大地震……祖国同胞每一次遭灾，程练传都在第一时间尽其所能，为灾区捐款捐物，奉献爱心。

程练传对祖国有一片拳拳之心，他说：“当我在电视上看到内地水灾、雪灾、地震等大自然灾难，夺我同胞生命财产时，我及时送上关怀与温暖，我的心犹如春风吹过。看到成千上万住在深山上的老百姓患白内障导致失明，或近乎失明，可以得到免费治疗而恢复光明时，他们含着泪水的眼睛向我们微笑，我的眼前随之阳光灿烂，顿觉百花盛开，空气中飘逸着芳香的气息。”

2002 年，广西民族学院举行 50 周年校庆，程练传以 20 万元的捐款额高居个人捐赠榜首。程练传几十年如一日地倾情公益慈善事业，赢得了香港及中国内地社会的充分肯定和高度评价。他光荣当选香港新界工商业总会会长、广东省汕尾市第五届政协委员和广西壮族自治区第九届、第十届政协委员。

2007 年 8 月 2 日“世界杰出华人奖”颁奖会上，程练传作为 18 名受奖人员之一上台领奖。该奖项旨在表彰在行业具有突出成就并积极参与世界华人公益事业的华人精英。在这次会议上，他还被美国西阿拉巴马州大学授予荣誉商学博士学位。

2008 年，在香港《大公报》组织的“盛世华人大奖”评选中，他获得大奖。

2009 年 9 月 6 日，“中华公益事业奖”颁奖典礼在北京钓鱼台国宾馆芳菲苑隆重举行。程练传作为 11 名“中华公益事业功勋人物奖”得主之一参加了颁奖仪式。正如组委会那充满人性化和哲思的评语评价的：他无论身为卑微的泥水工，还是赫赫有名的地产大亨，数十年如一日，心怀感恩之情，为故乡、社会、祖国的发展呕心沥血、无私奉献，以不求回报、默默耕耘的“老黄牛”精神抒写了“大仁”与“大爱”。

因为独特的创业历程和热衷社会慈善公益事业的感人事迹，2014 年程练传被载入《中华人民共和国年鉴》以及《南粤楷模》。

在中国以外，程练传还给予柬埔寨儿童及农民大力支持，受到柬埔寨政府和皇室的认同和尊重。

2011 年初，在柬埔寨皇宫宫殿，柬埔寨王国政府为程练传等人颁授“柬埔寨国家建设勋章”，国王诺罗敦·西哈莫尼（Norodom Sihamoni）亲自为他颁赐“皇室纪念襟章”，这让他毕生难忘。之后，他还获得柬埔寨副首相 Nhek Bun Chhay 将军亲自颁授的由洪森首相签发的“柬埔寨国家公益证书”。

程练传一直坚持着“以知识创造财富，以财富贡献社会”的精神，为社会为慈善付出心血。到目前为止，他已经在公益慈善事业上捐款超过 1 亿港元。

“这是我做人的价值观。做生意的目的是养好家，帮扶弱势群体。几十年都如此，没有目的，也不需回报，为了初心理所当然。” 程练传说。

曹其敏

作为首位在亚洲地区销售公务机的女性，盛龙通航集团（Dragon General Aviation Group）创始人、主席曹其敏（Diana Chou）自 1999 年进入通用航空领域至今已有 24 年。

在这个以男性角色、欧美企业为主宰的专业领域中，曹其敏致力于打造以大中华为核心区域的通用航空全产业服务平台。24 年的付出与耕耘，在为她开创了一片属于自己的事业版图之外，也谱写出一段自强、自立、勇于拼搏的人生故事。

航空花木兰 畅想蓝天梦

——盛龙通航集团创始人、主席曹其敏

“做服务行业，除了保证产品的品质以外，最重要的就是服务。尤其是我们卖这么贵的产品，如果只是一味地向客人推销，人家不会信任你。只有真心实意地与客人交心，他们才会觉得你的产品更有竞争力，更为他们着想，他们通常都会照顾我。先做朋友，后谈生意。”

——曹其敏

航空 家族里的血液

曹其敏出生于香港名门，她的父亲是被誉为“世界毛纺大王”、香港永新集团创始人曹光彪先生。曹光彪更被华人所熟知的是他创立的香港港龙航空有限公司，一举打破了香港航空业由英资财团垄断的历史。

20 世纪六七十年代，被誉为“亚洲四小龙”之一的香港，经济高速发展，成为亚太地区经济与文化交流的中心。与此同时，香港作为亚洲航运中心的地位日渐凸显，成为连接中国内地与世界的窗口，香港机场晋升为世界上最繁忙的空港之一，每两分钟左右就有一架飞机起降。曹光彪敏锐地意识到香港的航空业极具发展潜力。但当时香港唯一的航空公司是英资的国泰航空，由于受到港府或明或暗的保护，华人很难介入。

1984 年《中英联合声明》签署后，曹光彪大受鼓舞。他仔细研究了联合声明的主要内容，对其中有关航空的规定特别感兴趣。他意识到，香港在“九七”后将保持原有制度五十年不变，香港原有的地位不变，随着它与内地关系更加密切，香港将继续加强其作为中国对外开放的桥梁和窗口的作用。这样，香港与世界各国的联系也将愈加密切，对航空运输的需求必然会剧增。曹氏家族骨子里的创新、开拓精神促使他做出进军航空业的决定。

1985 年 4 月，香港港龙航空有限公司正式成立。成立之初，港龙航空的发展并不顺利。由于香港特区政府不合理的政策，致使港龙航空无法申请到热门航线的运营牌照。为了扭转这一局面，曹光彪与合作伙伴一方面积极努力，揭露、抨击港府不合理的偏袒政策；另一方面又广泛打通与各国的关系，争取航线。就在此时，中央政府向他们伸出友好之手，明确表态支持“港龙”的业务发展，开放香港与内地的 22 条航线供港龙航空经营。

经过不断努力，港龙不仅拥有了飞往内地的空运牌照，还取得了飞往泰国、日本、马来西亚等国际航线的牌照，业务取得进展，摆脱了亏损局面。可以说，从那时开始，无论是曹氏家族还是曹其敏本人都与航空业结下了深深的情缘。

曹其敏大学毕业后，也曾面试过港龙航空的市场经理一职，思考是否进入家族企业开始自身的事业发展。但她最终放弃了这种安逸生活，选择通过自主创业追求人生的价值。而命运似乎总是青睐曹家与航空的不解之缘。

1999 年，曹其敏成为家族内唯一继续从事航空业的后人，开始了在通用航空领域的拼搏。

创新 永不停歇的动力

1997 年，香港回归祖国。当时，由于对前途及发展的不确定性，香港地区出现了大规模的资金与人才外流。而曹家深知中央政府会把香港的发展

作为回归后的重中之重，反而逆流而上，在欧美市场取得巨大收获的同时，将家族传统经营的时装业转向大中华地区、推广市场发展。

曹其敏的七哥曹其锋是最早使用公务机进行路演的亚洲商人，他的一位合作伙伴是庞巴迪公务机在中东地区的代理。在他们的推荐下，曹氏家族成为庞巴迪公务机在大中华区的销售代理。

1998 年 7 月 4 日，香港启德国际机场关闭，赤鱲角新国际机场正式启用，这开启了香港民用航空的新纪元。由于曹其锋业务繁忙，他希望把这项业务交给善于交际、敢于创新的曹其敏。当时在香港乃至整个亚洲地区，富豪们对公务机了解甚少，私人飞机的市场前景并不明朗，但热爱销售的曹其敏毫不犹豫地接受了这个挑战。

1999 年，曹其敏创立了华翔航空有限公司（Sino Private Aviation Limited）。在她的记忆中，为了推销产品，她几乎敲过香港所有富豪的门。但那时整个亚洲地区都没有形成公务机及公务航空的文化，更别说销售了。但曹其敏从未想过放弃，没有在业绩上急于求成，而是以更为积极的心态深耕公司服务。“做服务行业，除了保证产品的品质以外，最重要的就是服务。尤其是我们卖这么贵的产品，如果只是一味地向客人推销，人家不会信任你。只有真心实意地与客人交心，他们才会觉得你的产品更有竞争力，更为他们着想，他们才会照顾你。先做朋友，后谈生意。”

事实也证明，从家族层面到曹其敏个人角度，对于当时香港经济及航空业发展的判断是正确及明智的。回归之后，香港的经济仍旧保持着高速增长，中央政府在政策、经济等各个层面不断推出利好措施，保证香港的繁荣与稳定。

2004 年，正式实施《内地与香港关于建立更紧密经贸关系安排》（CEPA 协议），保障了两地贸易投资的便利化；2005 年，香港首次举办世贸会议，提升了香港作为国际会议中心的地位。两地经济的进一步互动也促进了公务航空领域的发展。

那时，曹其敏经常往来于香港与内地，经由公务机这个桥梁对通用航空领域的了解与认识也不断加深。如果说公务机作为时间工具让她看到了大中华地区巨大的市场需求，那么直升机作为一种作业工具，更可以通过不同飞行作业任务满足社会的长足发展。

2008 年在中国的通用航空发展史上是极其重要的一年。5 月的汶川地震，牵动着全国人民的心。面对这一突发的自然灾害，国务院抗震救灾总指挥部决定调用直升机赶赴灾区救援，民航局指示中国航空运输协会通用航空委员会发布明传电报，在全国连夜调动 6 家通用航空公司前往现场参与救灾；而 8 月举行的北京奥运会又圆了全国人民一个共同的梦想。为了保障奥运会的顺利进行，北京市政府按照奥运组委会统一部署，组建奥运保安直升机飞行队。那时，直升机在传统作业之外，逐渐走入普通百姓生活，更直接让老百姓感受到通用航空服务带来的便利。奥运会结束后，直升机飞行队继续担负起北京空中巡逻的责任。

同年，通用航空商务交流会在上海举行。其中就建设北京奥运会和上海世博会的公务机保障能力，以及建设通用航空的应急救援能力以应对突发性灾难达成了业界共识。

1999—2008 年，曹其敏看到了大中华地区通用航空产业从无到有、从小到大不断成长的过程。在基于精准的市场判断之下，她决定在经营公务机销售的同时，将业务拓展到直升机领域。

2009 年底，曹其敏成立的华运航空工业有限公司（Aerochine Aviation Limited）被委任为贝尔直升机的官方代理，她又将重心转移到这一全新的领域。

华运航空成立之初，国内的直升机运营以传统作业为主，比如石油平台业务、农林喷洒业务等。2009 年 10 月，空管委召开低空空域管理改革研讨会，会议明确“适时有序开放低空飞行区域”，拟于 2015 年前在全国范围内逐步放开，2020 年前完善各项法规及低空管理模式。

2010 年，国务院、中央军委颁布的《关于深化我国低空空域管理改革的意见》为我国低空空域的开放进程制定了详细的路线图。“低空开放”成为新的经济增长点，而良好的宏观政策奠定了促进行业发展的基础。那时，很多民间资本逐渐进入通用航空领域，业务呈现多元化发展。

曹其敏对如此欣欣向荣的景象感到非常高兴，但又对整个行业的不成熟深感忧虑。安全、专业、良性发展是通用航空产业尤其是直升机运营的基础。结合她之前从事公务机领域多年资深的经验和人脉，曹其敏利用华运航空这一平台，在将国

际先进产品引入中国的同时，不遗余力地推广航空文化。

她作为亚洲公务航空协会（AsBAA）创始成员之一，游走于运营商、政府机构之间，为构建良好的通航发展环境积极发声。

通过信息传递、商务联络、会员协调、业务支持等促进整个行业的成长。经过多年的发展，华运航空不仅取得了良好业绩，在业内也享有了盛誉。

坚持 打造梦想版图

善于发现商机的曹其敏总是用心去走好事业的每一步，客户的需求总是事业的根本出发点，也是商机所在。在接触了很多潜在的公务机客户后，她发现公务机包机的市场需求强烈，很多潜在的买家都希望先通过包机来体验公务飞行的舒适及便利。并且，一些已购机客户也很愿意将多余的飞行小时进行对外销售而抵扣托管费用。

于是，曹其敏在 2013 年成立了 L' VOYAGE 华程悦航，主营公务机包机及定制旅游服务。这一平台不仅凝聚了客户资源，其倡导的“作为一种生活方式的公务飞行”理念也逐渐被客户接受。

有人说“港人是勇于拼搏的代表”。这一点在曹其敏身上得到了最好的印证。她对事业的追求从未止步：2015 年，华运航空工业有限公司在宁波设立航空服务中心；此外，业务领域拓展到直升机维修服务，在镇江成立旋翼机维修维护运营基地(MRO)。

2019 年，她将华运航空售后板块打包出售给贝尔直升机公司，实现了自身业务的再次转型。2018 年，看好中国二手公务机交易市场的曹其敏投资了咨询交易公司 Jet 8 Aviation Limited，以为亚洲客户提供全球化的公务机交易为服务特色。目前，曹其敏旗下所有业务都整合在盛龙通航集团旗下，满足客户的综合性需求。

对于今后的事业发展，曹其敏希望在“互联网+”的大趋势下，可以将通用航空与现代技术更为紧密地结合起来，在收集、整理大数据的同时，为行业发展做进一步的预测。对行业动态的精准把握始终是曹其敏得以在不同经济背景下胜出的优势，而对行业科技创新的支持也是她信以为奋斗目标的体现。

为了支持新技术的发展，盛龙通航集团成立了专门的投资板块 Prime Colour，以发掘航空领域中的新兴科技项目。目前进行中的天使项目为可见光无线通信设备（Li–Fi），具有紫外线功能的激光照明系统可以杀死空气中的病毒，其数据传输速度比 Wi–Fi 快 1 万倍。这一技术将被广泛运用于医院、学校和机场等领域，目前该项目已在申请美国联邦航空局（FAA）的认证，预计很快将会投入使用。華

苏用发

苏用发极重传承。

于家业，他与父亲共同创立的印度尼西亚苏钢集团，历经三代人拼搏，已发展成为领跑印度尼西亚经济的多元化产业集团；于祖籍国情脉，他寻根问祖，逢善必举，以善款、良策惠及苏氏血脉姻亲；于印度尼西亚华裔的文化承袭，他一力担当，牵头重建名校，复兴印度尼西亚华文教育，以拳拳赤子之心，力促多民族文化深度交融。

忠厚传家 仁心重教

——印度尼西亚苏钢集团董事长苏用发

苏用发一直以“学子”自勉。从早年间迫于时局的失学自修，到后来不遗余力地重振印度尼西亚华文教育、倡导三语教学，直至年逾古稀的日学不辍，他从未有过一刻倦怠，唯愿家业与祖籍国的千年文化，都能薪火相承，生生不息。

儒道兴业

苏用发常说：“我是印度尼西亚人，要为印度尼西亚尽忠；我是华人，要为中国尽孝。”他是这么说的，更是这么做的。

1947 年，苏用发出生于印度尼西亚棉兰，祖籍中国福建省泉州南安市。其父苏锥有，于 1937 年只身前往印度尼西亚谋生；其母杨柑枝，生于棉兰，是典型的东方温婉女子。

兄弟姐妹七人中，苏用发排行老二，自小他就喜欢听母亲讲古人博学成才的故事，入学后亦发奋刻苦，每门功课都很优秀，并在朗诵、演讲、唱歌、书法等方面表现不俗，被誉为学校的“文艺才子”。

进入中学后，文理兼修的苏用发已精通印、中、英三国语言，并尤其偏爱机械制造学科。他觉得，更先进的生产工艺，关联着更幸福的生活方式，立志在求学之路上潜心钻研，并憧憬着以此作为高等学府的专业奋斗方向。

然而天不遂人愿。1965 年印度尼西亚爆发了严重的“排华运动”，数十万华人在屠杀中丧命。随之而来的，是印度尼西亚政府颁布了一系列专门针对印度尼西亚华人的法律法规，比如禁止华裔使用华语、限制华裔宗教和文化习俗、更改华裔的族群称呼等，总计有 14 项之多。重压之下，华文学校被迫解散，苏用发的大学梦断了。

时局有变，非个体所能抗衡，接受现实的苏用发，并没有怨天尤人，而是迅速重新规划了自己的人生路径。失学后，他随即进入父亲的企业，白天工作，晚上就自修机械、制造、管理、冶金等专业课程，扎实的语言功底加上可以学以致用的操练环境，他渐趋谙熟了投资经商的种种学问，尤其为冶金学奠定了坚实基础。多年后，他常常感念，或许正是此番坎坷的际遇，才铺就了后来的人生轨迹。

1966 年，苏用发与父亲联手创立了印度尼西亚苏钢集团。刚开始的时候，规模很小，只有 20 多名工人，年产量不过 2000 吨。势单力薄，困难与挫折总是难免的，每每此时，苏用发总会来到母亲身边，也不说什么，只是吃一口母亲做的早点，喝一杯母亲泡的清茶；母亲也不问什么，只坐在一旁浅浅地笑着。然后，茫然无绪的思路清晰了，举棋不定的方案明确了，对于苏用发而言，母亲更近乎贴近心灵的精神支撑，几十年后，他笑称自己早已养成了“早请示，晚汇报”的生活习惯。

时光荏苒，至 2013 年，苏钢集团已发展成为主营钢铁制造，并涵盖生物质发电、焦化、水泥、棕榈油脂、食品生产、饲料加工、畜牧业、船务运输等多元领域的现代化企业集团，屡屡在印度尼西亚产业界书写佳绩。

尤其值得一提的，苏钢投资兴建了印度尼西亚第一座炼铁高炉及焦化厂，改写了印度尼西亚的冶金史；集团特种铸钢产品出口世界各地，成为全球三大供应商之一；快速发展的生物质发电，为印度尼西亚发展新能源开创了新模式；糖果厂日产量 100 吨，居亚洲第二位；特种铸钢，因年出口创汇近 4 亿美元，属于高附加值、高技术产品，苏钢连续五年荣膺印度尼西亚政府颁发的“出口业绩优秀奖”，苏用发亦受到印度尼西亚总统的接见和表彰。

印度尼西亚第一座炼铁高炉点火仪式

很多外商邀请苏用发跨国投资合作，但是都被他婉言谢绝了。原因是他希望将苏钢集团的绝大多数资产都聚焦投放在印度尼西亚。“一个企业对社会是负有使命的，而专注，是达成使命的重要前提。”苏用发说。

唯一例外的，是其与祖籍国的项目合作。

苏钢集团曾与中国陕西省政府签订关于钼钢、风力发电、太阳能合作协议。2015 年 6 月 18 日，苏钢集团与中国方正集团旗下的江苏苏钢集团，在北京方正集团总部签署合作协议，双方将在苏州合作生产矿山用耐磨钢球。一期规划年产 20 万吨，二期规划年总产能至 40 万吨，届时苏州将成为世界上最主要的矿山用耐磨钢球生产基地。2015 年 12 月 21 日，苏钢集团与中国新乡长城机械有限公司，就东南亚市场的镍渣生产线、水泥生产线等项目达成战略合作意向。“与祖籍国的合作，不是单纯的生意约定，而是海外华人应尽的一份心力。当你把自己的事业乃至梦想与祖籍国关联在一起时，那种根脉相连的情感，才真正有了依托。”苏用发说。

目前，苏钢集团的员工规模已扩充至 8000 多人。统率如此庞大的企业，苏用发从来不四处抛售自己的管理哲学，但事实上，他的确花费了不少心思，更被业内尊为儒商典范。

“儒商讲求财自道生，利缘义取，求和，不求斗。”苏用发说，自己为员工开出的薪水，不但高于印度尼西亚政府规定的标准，亦高于同类其他工厂约 30%，即使退休后，员工也可以享受高额的退休津贴。他想得很明白，和以处众，宽以接下，恕以待人，如此才可求众志成城。

由于集团内 95% 的员工信仰伊斯兰教，为方便他们祷告，苏用发特意与员工们合资，在厂区内修建了一座祈祷专用的清真寺。启用时，大家一致要求以他的名字为该建筑命名。这不是一个简单的即兴提议，伊斯兰的教义纯洁而强烈，当教徒们决定用一个非教徒的名字给清真寺冠名时，意味着他们对苏用发真挚的认同与虔诚的接纳。

和他打过交道的人都知道，苏用发不仅宽厚仁和，而且绝对是个言而有信的实诚人。“儒家讲，仁、义、礼、智、信的根基皆在于诚信，半个世纪的艰难创业，留给我最宝贵的心得有三条——企业产品有信誉、企业活动重信用、企业领导讲信义，企业才能信望优良，卓尔不群。”他说。

这不是空话。一直以来，苏用发承诺明天交货的，绝不会拖到后天；他答应提高员工待遇的，亦会千方百计实现。有生意伙伴问起：“这事谁安排的？”或者“这话谁说的？”如果得到的答复是苏用发，随即便如释重负，再无顾虑。想来，这便是信任的力量！

薪火相承

驰骋商场之外，怀抱拳拳赤子之心的苏用发，还将不少心血投注在祖籍国的教育、慈善事业上。他常对身边人说，评价一个人是否富有，不是计算他积累了多少财富，而要看他如何运用这些财富，

泉州市人民政府为苏用发立碑颂德

为社会做了什么。

1986 年，苏用发跟随父亲首次返乡回到福建南安，与印度尼西亚侨亲苏用炎一道，创办了梅元小学新校区，并先后捐资兴建了教学大楼——“有用楼”、教师宿舍楼以及附属幼儿园。2005 年，他再度捐资 70 万元人民币修建梅元小学“用发楼”，并为教室添置电脑设备、整修美化校区、修建运动场，更额外拿出 10 万元人民币，支持小学校董会奖励考入高等学府的优秀学子。

除了梅园小学，苏用发还和家人创办了南安玲苏中学。1992 年以来，他先后捐建了“锥有楼”“柑枝楼”“用成楼”“用福楼”“用斌楼”；2007 年，捐资 220 万元人民币修建了“用发科学楼”，并以 50 万元人民币创设玲苏中学教育基金会，亲自担任董事长。了解到学校 2010 年“校安工程”中重建食堂综合楼需要大量资金后，他又当即承诺捐资 100 万元人民币，用以改善办学条件。

不仅如此，逢善必举的苏用发还为家乡父老办了很多实事：他捐资 100 万元人民币给南安市慈善教育机构，设立“苏用发教育基金会”；捐资 50 万元人民币兴建康美卫生院“用发医技楼”；捐资 20 万元人民币修建梅元村水泥大道；捐资 12 万元人民币修建 “七凤图石壁浮雕”。2005 年，福建省泉州市政府在南安市康美镇为苏用发立碑颂德，并两度授予他“教育突出贡献金质奖章”以及“乐育英才金质奖章”。

惦念着苏氏的发源地在陕西武功，苏用发又捐资 63 万元人民币，在当地苏东中学建造了“锥有楼”；捐资 30 万元人民币兴建苏东六小；支持苏东二小完善水泥化操场，并启动该校 100 多名师生的饮奶项目。

关心祖籍国教育发展的同时，作为印度尼西亚苏北华社慈善与教育联谊会理事长、印度尼西亚苏北省棉兰崇文教育基金会理事长、印中经济社会与文化合作协会苏北分会理事长，苏用发亦对重振祖国的华文教育事业倾尽全力。

2007 年在苏用发的号召下，印度尼西亚苏北华社慈善与教育联谊会联合 40 位华人精英，在苏北棉兰市共同创建了亚洲国际友好学院，该学院是目前印度尼西亚唯一一所华文本科专业大学，各项配套体系一应俱全。

2008 年 10 月，苏用发率领崇文教育基金会代表团访问华侨大学，共同探讨发展华文教育、推动中华文化等各项事宜。此行，他心里揣着一个念想：一定要让 1965 年因政治缘由被关闭的崇文中学再次打开校门！重振棉兰的华文教育！

访问结束后的第二年，苏用发积极奔走，联络基金会同仁与各界名人名士共同筹建全新的崇文中学。2011 年 7 月 18 日，崇文中（小）学三语学校正式开学，并启动二期工程。就读在这里的孩子，同时接受汉语、英语、印度尼西亚语的三语教学，中介语言 80% 使用华文，毕业后将获得印度尼西亚政府认证的正式文凭。

开学典礼上，苏用发以“崇文回来了”作为开场，令在场嘉宾感慨万千。他致辞表示，随着崇文中学第一期工程的圆满竣工，崇文精神也得到弘扬，在新时代的召唤下，崇文再一次“站”了起来，再一次让校友们紧紧团结在一起，齐心协力培养下一代，为中华文化发扬光大出资出力，意义重大。同时，他还阐述了自己在印度尼西亚发展三语教育的心愿。“目前在国际教育界，能发展三语教育的国家少之又少，所以只要能坚持下去，让祖国的幼苗早早就开始接受多元化培养，那么未来，印度尼西亚的年轻人将是世界的顶尖人才，真正扩充话语权。这绝对有助于印度尼西亚的富强与多民族兄弟姐妹的团结，亦帮助中华文化与本土文化更好融合。”

除崇文中学之外，苏用发怀揣重振棉兰华文教育的拳拳之心，牵头复建了当地的另一所知名院校——棉兰华侨中学（现称棉中中小学，简称棉中）。

该校由当地华侨创办于 1945 年 11 月 25 日，曾经是具有相当规模、在印度尼西亚华人社会中知名度很高的中学，其培养的莘莘学子遍及全球。1966 年 3 月 26 日，因为当时的印度尼西亚政府以高压手段全面禁用华文，该校被迫停办。

20 世纪 90 年代末政权更迭后，印度尼西亚对华人的歧视政策被废除，华文教育渐渐复兴。彼时开始，棉中学校的校友便萌生重建母校的念头，并为之持续不断努力争取。

直至 2016 年 4 月 20 日，在该校校友、印度尼西亚苏北华社会长苏用发的带领下，“棉中联谊会”注册成立，迈出了该校重建的第一步。此后，苏用发又发起成立了“棉中教育基金会”，华侨华人纷纷慷慨解囊，参与重建母校的“圆梦”行动。

2017 年 6 月，棉中学校迎来了重建曙光。

“棉中联谊会”正式购置了位于印度尼西亚棉兰环城公路 Gagak Hitam 路段边的 1.6 公顷土地，作为该校重建的校址，重建工作迅速启动。

2018 年 7 月，“重生”的棉中中小学竣工。一栋 6 层高的现代化教学大楼拔地而起，篮球场、图书馆、大礼堂等设施一应俱全，60 个教室装修一新、宽敞明亮。

在学校的落成典礼上，中国驻棉兰总领事馆总领事孙昂感慨地说，棉兰是苏门答腊岛第一大城市，其 200 多万人口中，华人约占 20%。当前，印度尼西亚华人及友族子弟对接受华文教育的热情很高，“棉中”的重建和恢复招生，对棉兰教育特别是华文教育意义重大。

苏用发同时表示，作为一所非营利性学校，棉中中小学今后将以低廉的学费提供高质量的教学服务，让贫困家庭学生也享受到优良的教学环境，推动中华文化成为印度尼西亚多元文化重要的组成部分。“我希望华文人才教育能够薪火相传，生生不息。”

基于此番用心，目前，除上述开堂复课的华文学校外，悬系着苏用发殷殷期盼的，还有正在扩建中的火水山新苗三语学校、网眼同心国民三语学校、棉华中学三语学校等，都在共同为复兴印度尼西亚的华文教育同心蓄力。

2011 年 10 月 30 日，中国驻印度尼西亚大使馆邀请苏用发出席第二届世界华文教育大会，并在大会上表彰其为推动华文教育作出的突出贡献。

事实上，除亲身投入复兴华校外，苏用发一直以“学子”自勉，从早期的失学自修，到后来倡导三语教学，直至推及自身的日学不辍，他从来没有一刻倦怠。

走进他的办公室，映入眼帘的是墙上“学无止境”的字画。他说，70 多年的人生经历让他懂得，学习无时不在，在学校可以系统学习，离开学校后在其他任何地方同样可以学有所成。学习可以立人，可以安邦，可以改变个人甚至国家的命运。如果可以实现无人不学、无时不学、无地不学，国民的素养自然就会深厚，文明的风尚自然就能建立，很多矛盾争斗自然就会消除。

如今，苏用发非但没有因为年逾古稀而停止学习，反而更加勤勉，开始研修金融学，以期能为应对全球金融危机的冲击而寻找良策。“学习永远没有尽头，它是生命的必须，停止学习，生命之花便会枯萎。”

桑梓寻根

回望一路走来的人生，祖国与祖籍国，在苏用发心中向来不分彼此。“光阴有限，我要争取做更多的事情，回报两处故土的血脉亲情，帮两国人民世代修好。”

作为世界上穆斯林人口最多的国家，印度尼西亚约有 88%的国民信奉伊斯兰教。为维系印中两国友谊，苏用发自掏腰包，邀请伊斯兰教长老赴中国观光，踏足这片先前甚至抱有抵触情绪的土地，很多人第一次亲眼看见华夏文明孕育出的富饶与美丽，回国后，对中国的态度亦大为改观。毫无疑问，这对于推进两国友谊，促进印度尼西亚华人的生活稳定意义重大。

与此同时，自1986年随父亲首次返乡探亲后，苏用发便拉开了长达数十年的苏氏探根援乡之旅。

2000年，他倡立印度尼西亚棉兰苏氏宗亲会，任首届理事长。

2002年，与苏用炎捐资250万元兴建宗亲会会址。

2003年元月，他组团回安徽省阜阳市（苏姓入闽开宗之地）点灯祭祖，捐资40万元人民币修建“阜阳堂”，塑建阜阳始祖义公像。

2004年元月，捐资11万元人民币建造“阜阳门”。

2005年7月，时任第五届世界苏氏宗亲总会理事长的苏用发，带领总会干事前往陕西省武功县寻根问祖，除向苏门先祖、西汉民族英雄苏武敬献花篮、祭品外，还捐资26.5万元人民币塑建苏武牧羊铜像，并先后捐资125万元人民币整葺苏武陵墓、苏武纪念馆。

2006年清明，他率领海外侨亲以第一方阵参加黄帝陵祭祀大典，捐资10万元人民币，助建黄帝陵工程。同年9月，他领队世界苏氏宗亲总会访问团，前往河南固始寻根，捐资25万元人民币重建纪念苏武的蓼祖庙、光州刺史苏奕墓。

2007年3月，他多次奔波于印度尼西亚与中国厦门同安，协调促成第六届世界苏氏宗亲总会在同安的顺利召开，并捐资50万元人民币作为大会活动资金；同年亦捐资10万元人民币带领海外宗亲在泉州、南安展开联谊活动，并参加隆重纪念阜阳始祖苏义入闽1120周年庆典。这一年，他还多次主持召开“新编苏姓总族谱”编辑会议，捐资50万元人民币支持教授专家组整修《新编苏姓总族谱》。

2008年3月，他组团参加中国·武功“第七届世界苏氏宗亲总会”筹备会，捐资130万元人民币塑建苏武座像，捐资150万元人民币在阜阳始祖苏义肇基地建设“武功堂”。

情系苏氏血脉的同时，作为印中经济社会与文化合作协会苏北分会理事长，苏用发亦为敦睦印中友好作出了积极贡献。

受中国驻印度尼西亚大使馆委托，他经常承办或协办印度尼西亚有关文化、经济等方面的交流活动，并多次走访广州、上海、北京、厦门、西安、昆明、南京、深圳等地，寻找任何可能的潜在合作机会。

不仅如此，他还赞助失学青年读书、帮助困难华人渡过难关、深入亚齐海啸灾区赈灾、捐资救助雅加达水患灾民、资助福利院和孤儿院等。凭借在印度尼西亚特别是棉兰地区的影响力与号召力，逢善必举的苏用发也将慈善理念深植人心。

2019年，苏北华联第四届（2019—2023）理事会主席改选，在主席团成员及监事会主席的一致推选下，苏用发蝉联该职务。履任报告中，他特别感谢中国驻棉兰总领事馆、中国海外交流协会、国家汉办和多家合作院校的支持和合作，更不忘感谢苏北华社团体与各界人士对于支持华文教育的无私付出。

亦是在2019年发生的一件事，令苏用发激动的心情久久难以平复。这一年10月，他作为海外侨领代表，受邀出席新中国成立70周年系列活动！踏足金秋十月的北京，亲眼看见祖籍国的繁荣与富强，苏用发对自己身为中华后裔无比自豪。“70年沧桑巨变，中国崛起令世界瞩目，中国奇迹令世界惊叹！父辈们离开中国的时候，中国还处于战乱、贫荒的年代，我常听父辈们心酸地说，弱国无外交。如今，在崭新的历史时期，中国正在掌握越来越有力的话语权。尤其“一带一路”倡议，东盟是“一带一路”建设的重点和优先区域，而印度尼西亚是东盟最大的国家，除了经贸合作，两国在传统文化上越发深入的交集，也值得期待。

苏用发说，印度尼西亚的广大华侨华人正在发挥自己的独特优势，为中华民族伟大复兴添砖加瓦。有生之年，自己愿倾尽全力，与大家同心同德，一路向前。華

后 记

《华商功勋45年45人》在编撰出版过程中，得到了广大海内外华商企业及社会团体机构的积极响应与鼎力支持。

在此，我们衷心感谢荣誉入编《华商功勋45年45人》的华商领袖及其企业机构的高度配合。得益于他们的真诚分享，我们有机会将他们的经历、精神、思想与智慧较为翔实地呈现给读者。是他们的严谨、耐心、宽容与守信，保障我们历时一年按计划圆满完成并成功出版此文献。

同时，我们特别感谢多位新闻出版界前辈、老师给予我们的帮助和指点；感谢编撰团队、出版团队所有同事的辛勤付出！

本文献难免有疏漏和不当之处，敬请广大读者包涵并批评指正。

华商领袖编委会

2023年12月

图书在版编目（CIP）数据

华商功勋 45 年 45 人 / 华商领袖编委会著 . -- 北京：中国经济出版社，2024.2

ISBN 978 - 7 - 5136 - 7678 - 6

Ⅰ. ①华… Ⅱ. ①华… Ⅲ. ①华人 - 企业家 - 事迹 - 世界 Ⅳ. ① K815.38

中国国家版本馆 CIP 数据核字（2024）第 038234 号

策划编辑　姜　静
责任编辑　王西琨　马伊宁
责任印制　马小宾
封面设计　纪　鹏

出版发行　中国经济出版社
印 刷 者　北京华联印刷有限公司
经 销 者　各地新华书店
开　　本　889mm × 1194mm　1/16
印　　张　22.75
字　　数　740 千字
版　　次　2024 年 2 月第 1 版
印　　次　2024 年 2 月第 1 次
定　　价　580.00 元
广告经营许可证　京西工商广字第 8179 号

中国经济出版社　**网址** http://epc.sinopec.com/epc/　**社址** 北京市东城区安定门外大街 58 号　**邮编** 100011
本版图书如存在印装质量问题，请与本社销售中心联系调换（联系电话：010–57512564）